獻給敬愛的恩師
馮蔭坤教授
及
Prof. Richard Bauckham

聖經研究叢書

雅各書註釋

張略 著

基道出版社

▼

聖經研究叢書

雅各書註釋

A Commentary on the Epistle to James

作者
張略 Luke L. Cheung

責任編輯
蔡錦圖、吳國雄

裝幀設計
奇文雲海．設計顧問

■

出版 / 發行
基道出版社
香港沙田火炭坳背灣街 26 號富騰工業中心 1011 室
LOGOS PUBLISHERS
Unit 1011, Fo Tan Ind. Centre, 26 Au Pui Wan St., Shatin, Hong Kong
電話：(852) 2687-0331 傳真：(852) 2687-0281
網址：http://www.logos.com.hk

承印
陽光(彩美)印刷有限公司

●

7/2008 初版
Cat. No. LP167A
ISBN: 978-962-457-342-8

封面中的文本是古老的雅各書蒲草紙文本 (P.Oxy. LXV 4449)，約三至四世紀之間，
記載雅各書三至四章部分經文 (Epistle of James, III 13-IV 4, IV 9-V-1)，現存於英國牛津大學。

刷次	10	9	8	7	6	5	4	3		
年份	2027	2026	2025	2024	2023	2022	2021	2020	2019	2018

陳序

在新約書卷中，雅各書相當獨特。正如這本註釋的作者所說的，雅各書注重生活的實踐，所以有許多人，特別是華人，喜愛它；但是另一方面，雅各書這種注重生活的傾向又讓另一些人感到困惑，因為他們不知道如何將這本書的教導與保羅書信中所講的因信稱義調和。對一些現代研究聖經的學者而言，雅各書也是一本難以解讀的書卷。它明顯與保羅書信那種比較有條理和邏輯的論述不同，也與路加一使徒行傳那種歷史性的記載不一樣，文筆和體裁更是與約翰的著作有很大的差異。驟然看來，它非常實用，所說的話也很有道理，可是，仔細閱讀時卻又讓一些習慣於西方邏輯思維的人覺得雜亂無章。讀者們若是有這一類的問題，相信讀完這本註釋後必定會得到相當滿意的答案。

筆者認識本書的作者張略牧師已有多年。當他在香港的中國神學研究院修讀道學碩士時，無論是在學術或牧會的工作中，都得到老師們的賞識。畢業後先後牧會和進修，又回到中國神學研究院執教，同時在教會中也非常投入。他博士論文研究的，正是雅各書，而且得到指導老師極大的肯定，英文原著經已出版。雖然他回港後也曾以中文發表了他的一些研究心得，如今寫了雅各書全書的註釋，讓我們可以更全面地明白書中的信息，是中文讀者的福氣。在這本註釋中，讀者們會發現它有註解及釋義兩大部分。註解部分是原文解經，可以幫助我們明白經文的原意，寫得相當精細，含蓋了許多近代西方學者的看法和心得；釋義部分則是根據註解而指出經文的精意和應用，讓不懂聖經原文的讀者也可以明白雅各書中的信息。在這釋義部分，他也同時顧及了華人文化中的智慧和信徒生活呈現的問題。讓整本註釋成為一本結合了學術與實踐的佳作，更是反映了雅各書本身那種智慧傳統的精神。

筆者為張略牧師所寫的這本註釋感謝神，相信它會幫助讀者們更深地體會新約聖經中豐富的內涵，活出神所啟示的智慧的生活。

陳濟民
2007年9月
於大洛杉磯

序

筆者對雅各書的研究，始於在聖安德魯大學撰寫我的博士論文，這無疑是上帝特別恩典的安排，也是母校中國神學研究院給我的機會，同時得到金巴崙長老會香港區會在禱告和經濟上支持，神學院各同事及教會弟兄姊妹多方的關懷和愛顧，是我和內子常銘記於心的，知道這是上帝透過他們向我們施予的恩典。我的博士論文已於2003年出版。

筆者於2005至2006年間，得中國神學研究院給予一年的安息年假，便開始撰寫這本註釋書，在余達心教授的推薦下，我成為美國普林斯頓神學院研究中心（Center of Theological Inquiry）的成員，有九個月的時間在該處研究寫作。在這段期間我的姐姐病重由美國回港就醫，在她臨終前一星期，我和內子趕返香港陪伴她走人生的最後一段路，在這過程中，也得多謝普林斯頓神學院研究中心的主任斯特拉爾博士（Dr. William F. Storrar）的支持、慰問和代禱。

雅各書開宗明義的説：「我們落在百般的試煉中」，人生充滿了試煉，於此我們無可選擇，但我們可以選擇怎樣去面對，上帝也為我們預備了各種美善的恩賜和賞賜，叫我們能堅忍信靠祂。內子也是上帝給我極貴重的禮物，她的陪伴、耐心、代禱與愛顧，也是叫這註釋能面世不可或缺的因素。

這註釋書使用歷史文法研究的方法，注重原文的意思，並將經文重譯，註解的部分讀起來，難免令人有艱澀的感覺，我已盡可能在原文之後附以中文的翻譯，希望對原文不很熟識的人，也可大概知道是在討論甚麼。釋義的部分，希望可以彌補註解部分的缺欠，單讀釋義，也可以明白雅各書該部分的思想重點，釋義的部分也包括了應用，以補一般西方註釋書所較為忽略的。

在此多謝基道出版社的蔡錦圖弟兄接納推薦出版這書，並出版社一眾的編輯同工，給予我各方面寶貴的意見。

在此誠意的多謝陳濟民博士賜予序言，筆者在中國神學研究院就讀時，他是教務長，是他鼓勵我更深體察上帝在我生命中的呼召，從起初就讀部分時間文憑課程，轉為修讀道學碩士科。

我將這書獻給我的兩位恩師：馮蔭坤教授和包衡教授（Richard Bauckham），馮教授是我在新約研究上的啟蒙老師，我在「中神」就讀期間，他是我修讀最多科目的老師，他治學的嚴格不苟，一直深深的影響著我。包衡教授是我博士論文的指導教授，我本來沒有想過研究雅各書，是他為我打開了研究雅各書之門，他是舉世知名、手執牛耳的聖經研究學者，亦是研究德國神學家莫特曼的專家，其學問之淵博，令人讚歎，能授讀於其下，實是榮幸。這一切都有主的美旨於其中，但願讀此書的人，同樣能體驗到上帝恩典的豐盛，是祂以恩典帶引我們走上完全之路。

願榮耀歸給祂，直到永永遠遠，阿們。

張略

2007年10月

於中國神學研究院

目　錄

第一部 緒論

第二部 註解及釋義

專文目錄

縮寫表

中文聖經譯本

〔和〕 新標點和合本

〔呂〕 呂振中譯本

〔思〕 天主教思高譯本

〔現〕 現代中文譯本

〔新〕 新譯本

〔當〕 當代聖經

英文聖經譯本

ESV English Standard Version

KJV King James Version

NA Nestle-Aland

NAB	New American Bible
NASB	New American Standard Bible
NAU	New American Standard Updated
NEB	New English Bible
NET	New English Translation
NIV	New International Version
NJB	New Jerusalem Bible
NKJV	New King James Version
NLT	New Living Translation
NRSV	New Revised Standard Version
REB	Revised English Bible
TEV	Today's English Version
UBS	The Greek New Testament (United Bible Societies)

其他縮寫

ABD	Freedman, David N. (Ed.). 1992. *Anchor Bible Dictionary*. 6 Volumes. New York: Doubleday.
BDAG	Bauer, Walter, William F. Arndt, F. Wilbur Gingrich and Frederick W. Danker (Eds.). 2001. *A Greek-English Lexicon of the New Testament and Other Early Christian Literature*. 3rd sub edition. Chicago: University of Chicago Press.
BDF	Blass, F., A. Debrunner, R. W. Funk (Eds.). 1961~1967. *A Greek Grammar of the New Testament and Other Early Christian Literature*. Chicago: University of Chicago Press.
DSD	*Dead Sea Discoveries*
EDNT	Balz, H and G. Schneider (Eds.). 1990~1993. *Exegetical-Dictionary of the New Testament*. 3 Volumes. Grand Rapids, MI: Eerdmans.

LSJ	Liddell, H. G. and R. Scott (Eds.). 1968. *A Greek-English Lexicon*. New (9th) edition. Revised and augmented by H. S. Jones and Roderick McKenzie. Oxford: Clarendon.
LW	Pelikan, Jaroslav and Helmut Lehmann (Eds.). 1955~1986. *Luther's Works*. American Edition. 55 Volumes. St. Louis and Philadelphia: CPH and Fortress Press.
NIDOTTE	VanGermeren, W. A. (Ed.). 1997. *New International Dictionary of Old Testament Theology and Exegesis*. 5 Volumes. Carlisle: Paternoster.
PL	*Patrologia Latina*
TDNT	Kittel, Gerhard, Gerhard Friedrich and Geoffrey W. Bromiley (Ed.). 1964~1976. *Theological Dictionary of the New Testament*. Grand Rapids, MI: Eerdmans.
TSAJ	Texte und Studien zum Antiken Judentum

縮寫表沒有列出的期刊、參考書及系列的簡寫，均參照 David J. A. Clines, *The Sheffield Manual for Authors & Editors in Biblical Studies* (Sheffield: Sheffield Academic Press, 1997)。

第一部

緒　論

雅各書是一本深受華人信徒歡迎的新約書卷，部分是因為中國文化強調倫理關係，這也是本書的關注，而且雅各書強調生活實踐，這是華人在信仰上極之重視的。在研讀雅各書時，往往將重點放在信心必須有行為這主題上，這主題在雅各書中固然重要，但卻不能涵蓋全書。

雅各書可以說是充滿謎團的書卷，不論其作者、寫作日期、體裁、結構、主旨等，都具爭議性。更嚴重的，是關乎這卷書的權威問題。自十六世紀宗教改革時期開始，此書一直受到馬丁·路德（Martin Luther）對其評價所影響，路德質疑它的權威，由於本書缺乏「使徒的威嚴」，難以與保羅的著作同日而語，因為本書沒有像保羅那樣強調因信稱義的教義，反而說亞伯拉罕是因行為稱義，也沒有陳明基督的受苦、事奉和復活，這些關乎救恩的基督教福音信仰。在路德為雅各書所寫的前言中（1522年），他認為本書是值得珍惜的，因為它所宣稱的，並非人的教義，而且有力地強調上帝律法的重要，但卻認為此書並非使徒所寫（他不接受本書的作者是耶穌的兄弟雅各），它的權威不等同於其他新約的書卷，是屬於「草木禾楷」的書信（straw epistle；*LW* 35.362）。至1530年之後，路德雖然抽起了在雅各書序言中較尖銳的批評，這只是為了避免更多不必要的爭論，他一直沒有改變對此書的看法。當然路德不只質疑雅各書，也對希伯來書、猶大書和啟示錄的正典地位提出疑問，因為這幾本書在很早期的教會中，已有不同的評價，路德將這四本書置於新約書卷排列次序的最後（*LW* 35.397）。自路德以後，學者往往循此方向，透過保羅去詮釋雅各，將焦點置於保羅因信稱義與雅各因行為稱義的對比上。十九世紀德國杜平根學派更宣稱雅各與保羅是彼此對立的，並且認為本書的作者雅各堅持所有男性的信徒必須行割禮，這種推測，與使徒行傳和託革利免著作（〈接受書信的明證〉〔*Recognitions*〕）的看法，完全相反。

可幸的是，晚近學者愈來愈覺察到雅各書自身的獨特性，在新約的書卷中，是非常具有猶太教味道的，且可能是新約中最早寫成的。晚近有學者強調不應再在保羅信息的陰影下去理解此書，應從本書本身去了解其信息，這包括莊遜（L. T. Johnson）、穆爾（D. Moo）和法格模（H. Frankemölle）的釋經書，以及包衡（R. Bauckham）、克田（P. J. Hartin）和張略等的專門研究。

一

作者、寫作日期及地點

✝

本書開始時，作者自稱「上帝和主耶穌基督的僕人雅各」。在新約中記載了最少六至七位稱為雅各的，除了耶穌的兄弟雅各外，其餘兩位較為可能是本書作者的，有西庇太的兒子、約翰的兄弟雅各（可三 18；徒一 13），他是耶穌內圈的三位門徒之一（可五 37，九 2，十四 32～33；參可十三 3），但他英年殉道（徒十二 1～2；約於公元 43～44年間），在耶穌復活後不足十年，時間短促，使他不大可能是本書的作者，加上我們並沒有任何可靠的教會傳統認為這書是使徒雅各所寫的。亞勒腓的兒子雅各是十二門徒之一（可三 18；太十 3；路六 15；徒一 13），若他是馬可福音十五章40節所稱的「小雅各」，則他的母親是馬利亞，他有另一兄弟稱為約西的（參可十五 40、47），耶柔米（Jerome）認為亞勒腓即革羅罷（約十九 25），視小雅各、約西、猶大和西門（可六 3）為耶穌的表親（詳參「雅各生平」）。另一位稱為雅各的，是十二使徒之一猶大的父親（路六 16；徒一 13），他不見其他經傳，不大可能是本書的作者。

本書的作者和寫作日期的問題，息息相關。歷來的取向主要分兩大路線：(1)認為作者是耶穌的兄弟雅各，寫給散住在猶大地以外的猶太人，寫於公元46至62年之間；(2)認為作者並非耶穌的弟弟雅各，是一不見經傳的雅各，或是後人假託耶穌的兄弟雅各之名所寫的，目的是針對保羅的教訓或被歪曲了的保羅教訓，屬於較後期的著作，甚而是寫於二世紀初的（參 Lohse 1957；Deppe 1989:215～216；Popkes 2001:92）。西方學者多持第二種的看法。以下我們會詳細分析和評議這兩大路線所持的理據，確立本註釋書所採的立場。

不贊成此書是耶穌的兄弟雅各所寫的學者，主要的論據有以下幾方面：

1. 雅各書的文筆語法：不少認為在加利利長大的耶穌的兄弟雅各，不可能寫出這樣駢美及高水平的希臘文文學著作（Ropes, Kümmel, Dibelius），包括使用押韻句、押頭韻、不常用的疊詞和哲辯的文體，甚而自鑄新字。作者應是操希臘語，使用希臘文的舊約聖經，而非操亞蘭語的加利利人（參 Dibelius 1976:17；Deppe 1989:202～205）。

然而，自韓高對第二聖殿時期猶太教受希臘化的研究面世後（Hengel 1974），徹底改變了前人對巴勒斯坦猶太教受希臘化程度的看法，他的結論是希臘化在第二聖殿時期的影響是無孔不入的，不只是局限於散居於猶太地以外的猶太教思想，在猶太地本土的巴勒斯坦猶太教亦受其影響，只是程度上不同而已。韓高指出，當時住在耶路撒冷的猶太人能以希臘文寫作；並且第一世紀的加利利人能操流利的希臘語，並以希臘文寫作（參 Hengel 1989:19～29）。他的結論得到其他學者的支持（Sevenster 1968:146、191; Fitzmyer 1979:32～38; Freyne 1998:139～145），雖然有學者仍對加利利人是否能以高水平的希臘文寫作，表示懷疑（Deppe 1989:203～204; Chester 1994:14）。另一可能差不多所有學者過去都沒有考慮過的，就是耶穌的兄弟們包括雅各和猶大曾在埃及地接受過希臘式的教育（太二 14～15）。雖有學者認為雅各可能使用代筆人（如 Mayor 1913:ccxxvii），或是雅各的原著經後人修輯後成現有的雅各書（Davids

1982:22; Martin 1988:lxxvii），或是雅各的門生將他的教訓記載修輯成書（Wall 1997:10～11），但這些假說都無法證實，且並非最簡單而可能的解釋。無論如何，雅各書為一世紀加利利人耶穌的兄弟雅各所寫的，並非不可能的。

2. 雅各書中反映出較成熟的教制：有認為書中指出教會中有教師（三 1）及長老（五 14）等職分，取代了以屬靈恩賜為主的領導，反映出教會的教制已發展到相當的程度，與保羅的教牧書信中出現的教制，有相似的地方。

然而，有趣的是同樣的資料，亦可作為支持雅各書是早年寫成的佐證。教師和長老的角色，早已存在於猶太教中，並非只是到較後期教會教制才出現，這些頭銜，極可能是根源於早期猶太教。

3. 雅各書對禮儀律例的態度：有學者認為加拉太書二章12節指出那些支持猶太信徒不應與外邦信徒同席吃飯的人是以雅各為他們的領袖。使徒行傳二十一章24節提到，雅各鼓勵保羅行潔淨之禮；並且在使徒行傳十五章所載的耶路撒冷大會中，雅各在表達其意見時亦強調外邦信徒需在食物上有所禁戒，不可吃祭偶像的食物、勒死的牲畜和血。因此根據新約的其他記載，雅各是極之關注禮儀律例的。但雅各書卻絲毫未有提及禮儀的事（Dibelius 1976:17～18; Deppe 1989:205～206）。

新約其他地方記載有關雅各的事迹時，多涉及猶太信徒與外邦信徒的關係，然而雅各書根本不是要處理這問題，因此沒有明確提及禮儀律例亦非不正常。加上若雅各書是很早年的作品，在未有出現大批外邦人信主之前，矛盾並未出現，那麼沒有提及禮儀律例反是正常的。在雅各的其他傳統中，並未有單單強調雅各在禮儀律例上的虔誠，他是以虔守全律法的義者見稱，守全律法亦是雅各書中的一個重要的課題（二 8～12）。

4. 雅各書的道德教訓：不少學者將雅各書有關信心、行為和稱義的討論

（二 14～26），必定假設了讀者已熟知保羅對信心、行為和稱義的看法（參 Ropes 1916:35；Dibelius 1976:179；Deppe 1989:213～14）。[1] 再加上此書只強調道德行為，應是脫離了早期宣教時期有關猶太信徒和外邦信徒之間的衝突情況，轉而處理信徒所面對日常生活中的道德危機，與不少初期教父的書信相似，因此很可能是公元一世紀末或二世紀初的作品。亦有認為，雅各書所針對的讀者，是在二世紀居於城市較富裕而流動性高的中產人士，作者斥責他們對貧窮階層人士的剝削（Ropkes 1986:53～91）。雅各既死於公元62年，他便不可能是本書的作者。

然而，強調德道的操守，不一定就是二世紀的作品，在耶穌的教訓中，如登山寶訓（太五～七章），就強調神子民所應有的德行。[2] 若雅各書並非針對某獨特地方教會的問題，而是對應較廣泛的當代文化，則其強調道德教訓亦是可以理解的，這也是當時猶太教領袖寫給散居地猶太人信件內容的特質。

5. 雅各書很遲才被初期教會接受為正典：雅各書並未為公元二世紀（170～200年）羅馬的〈穆拉多利經目〉（Muratorian Canon）所採納。愛任紐（Irenaeus）、特土良（Tertullian）或居普良（Cyprian）都未有提及此書。約瑟夫（Josephus）和赫格西僕（Hegesippus）雖保留了有關義者雅各的傳統，但他們都沒有提及雅各曾有任何著作；亞歷山太的革利免（Clement of Alexandria）在他的書中，只有討論彼得前書、猶大書和約翰一、二書，但並未有討論雅各書。優西比烏（Eusebius）將它放在「具爭議的書卷」（ἀντιλεγόμενα）之列。若本書是耶穌的兄弟使徒雅各所寫的，為何未有得到廣泛的接納呢？

在雅各書作者及寫作日期的討論上，最具決定性的因素，相信是在雅

1 極少學者如韓高（Hengel 1987）認為雅各書是由雅各所寫的，同時是針對保羅因信稱義的教義。這樣一來，他便避免不了這假說所出現的內在矛盾，一方面雅各書是早期針對保羅的駁斥，另一方面又肯定此書所針對的，是屬於較後期強調德行品格的道德訓誡文體。

2 有學者甚至認為「登山寶訓」是針對保羅的言論，但參下文對這看法有力的駁斥：Davies 1964:316～341。

各書中對信心、行為和稱義的看法，雅各書的看法表面上與保羅因信稱義的看法有牴觸。又因雅各書在基督身分的課題上著墨不多，在早期教會基督論的爭議上，有被忽視的傾向。

雅各書不可能是後人假託使徒雅各之名寫的，因為雅各書缺乏所有當代託名著作的特性，例如對作者的身分或權柄作故事性的引申。若是託名寫的，為何不在問安語上用耶路撒冷的雅各或主的兄弟雅各，不是更加直接和清楚嗎？

支持雅各書是耶穌的兄弟雅各所寫的，主要的論據如下：

1. 作者的自稱：簡單地稱自己為「上帝和主耶穌基督的僕人雅各」，他必定是讀者所熟識的雅各，西庇太的兒子雅各早逝，因此我們可知的惟一可能，是主的兄弟雅各。
2. 巴勒斯坦的背景：本書內容反映出不少巴勒斯坦的境況。例如「地獄」一字（三 6）可能是來自耶路撒冷地區的。二章2至3節所描述「會堂」的設計，與巴勒斯坦地的會堂相似，並且在巴勒斯坦以外的地方，會堂是為祈禱的地方（προσευχή；參 Riesner 1999:207～208）；書中提及富有地主對工人的剝削（五 1～6），反映巴勒斯坦氣候的「秋雨和春雨」（五 7）的描述，都顯示作者熟識的是巴勒斯坦的環境（特別參 Davids 1999），因此甚有可能是身在耶路撒冷的雅各所寫的。
3. 猶太傳統的背景：作者對全律法的尊重（一 25，二 8～12），與歷史上被稱為義者、忠於猶太律例的雅各相做。而且沒有人會質疑，本書的內容有很強猶太傳統的意味，這正符合作者是主的兄弟雅各的說法。
4. 使徒行傳十五章：此書與使徒行傳十五章雅各信件的用字（十五23～29）有相似的地方（參 Mayor 1913:iii～iv；Guthrie 1990:742）：

    a. 希臘文「請……安」（χαίρειν）一字，在新約中只出現於雅各書一章1節、使徒行傳十五章23節和二十三章26節中。
    b. 雅各書二章7節：「你們所敬奉的尊名」與使徒行傳十五章17節「凡稱為我名下的」相似。

c. 雅各書二章7節，五章10、14節與使徒行傳十五章14、26節對「名」一字的用法相似。

d. 兩者都引用利未記：雅各書引用並詮釋利未記十九章（參下文）；使徒行傳十五章19至20節則詮譯利未記十八章。

e. 兩者均使用親切的稱呼：「弟兄〔們〕」（參徒十五 13、23）。

f. 其他相同的字彙：「〔弟兄們〕，請聽」（ἀκούσατε：雅二 5；徒十五 13）；「看顧／眷顧」（ἐπισκέπτεσθαι：雅一 27；徒十五 14）；「保守／禁戒」（τηρεῖν/διατηροῦν：雅一 27；徒十五 29）；「轉回／歸服」（ἐπιστρέφειν：雅五 19、20；徒十五 19）；「親愛的」（ἀγαπητός：雅一16、19，二 5；徒十五 25）。

5. 耶穌的教訓：雅各書與耶穌的教訓有不少相似的地方，耶穌的兄弟雅各十分可能親身聽過耶穌的教導，並且因為他們有同樣的出身，在措辭和思想形態上亦會相似。

6. 俄利根（Origen）的見證：三世紀教父俄利根確認此書是耶路撒冷的雅各所寫（參緒論八）。

在以上的佐證中，第2、3和5點極其量只可說是符合這卷書是主的兄弟雅各所寫的說法，並不能證明是誰所寫的。雅各書與使徒行傳十五章雖有平行，但我們不能忽略它們在字彙和內容上，都有非常大的差別（特別參 Deppe 1989:200～202）。而且有些類同只屬巧合，如「請聽」一字在路加福音和使徒行傳中就出現過一百五十六次。因此認為此書是主的兄弟雅各所寫的最有力的理據，可能是沒有其他人可以像他一樣如此能配合書中的內容，以及俄利根的見證。再加上認為此書不是主的兄弟雅各寫的，困難就更多更大。所以本書是雅各所寫的，仍是一個十分可靠的傳統。若是雅各所寫，則極可能是寫於耶路撒冷。

雅各書極可能是雅各早年所寫的，甚而可能是新約中最早的文獻。賓西引述狄比留（Dibelius）的見解，指出原始基督教有以下四種特性（Elliott-Binns 1956:46）：（1）強調耶穌的教導；（2）未經發展的基督論；（3）沒有任何救贖的教義；（4）企圖與猶太教保持密切的聯繫。雖然(2)和(3)是否原始基督教的特質是值得疑問的,但從表面上來說,雅各書都反映出以上所述的特性。此書大概是教會早期的作品,既沒有對基督復臨的遲延作任何的解釋、沒有複雜的教義、沒有提及因信仰基督的原故而受逼害、沒有將傳統看為是繼承下來的、沒有攻擊其他不正統的教義、沒有複雜的教會體制。其內容亦反映出一個宗教羣體初期的發展,有簡單的羣體結構,強調成員之間直接的關係(特別參 Johnson 1995A:118~121)。

若《革利免一書》曾引用此書,則此書必定成書於公元96年之前;雅各殉道於公元62年,若本書是雅各所寫,則必定是寫於在此之前。雅各書沒有討論任何有關猶太信徒與外邦信徒的關係,特別是針對禮儀的律法,因此本書極可能是寫於保羅寫加拉太書之前(約公元52~54年間),但是否在帖撒羅尼迦前書(約公元50~51年間)之前,則未能確定。也有可能是在耶路撒冷會議(徒十五章;約公元49年?),外邦宣教引起猶太信徒與外邦信徒的關係出現問題之前,估計大概在公元46至51年間。若是如此,本書可能是新約中最早寫成的書卷!

二

受書人

†

本書在卷首語中稱讀者為「在散居地的十二支派」(根據原文直譯),在新約的書信中,這是惟一一卷以此稱呼受書人的。「散居地」指在以色列地之外的地方(參申二十八25,三十4;賽四十九6;詩一四六〔一四七〕2),在當時來說,主要分東散居地和西散居地(參《多比傳》3.4;《猶滴傳》5.19;《馬加比二書》1.27;《所羅門詩篇》8.28,9.2)。「十二支派」是以色列全民的總稱(參創四十九 28;出二十四 4,二十八 21,三十九 14;結四十七 13;《便西拉智訓》44.23)。東散居地指公元前八世紀被亞述所趕逐北國兩個半支派的人散居的地方,即北米所波大米和瑪地亞(Media)。此外,還有在羅馬帝國統治之下幼發拉底河以東巴比倫的地方,有北邊支派的人(多在北巴比倫),亦有南邊各支派的猶太裔的後人在那裏聚居。西散居地是指地中海周圍在羅馬統治下的地方。居住在這些地方的猶太人,多是猶大、便雅憫和利未支派的人。[3] 在公元一世紀的時候，我們不能確定在散居地的猶太人的數目，然而有可能超過居住在猶大地的猶太人口。

有學者認為，這裏「散居地」和「十二支派」都是象徵性用法（如 Ropes 1916:118～127；Dibelius 1976:66～67；Wall 1997:12～13；Hutchinson Edgar 2001:97～101），信徒生活在「散居地」指一種生活的方式，在今世沒有永久的家園，在地上只是客旅和寄居的，不斷仰望那將來救恩得以完全實現的年代的來臨，繼承上帝所賜永遠的產業（參彼前一1，二 12；來十一8～10）。在當代猶太教的傳統中，使用「十二支派」指那在末後日子南北國的子民復合，以色列得到復興。保羅使用以色列這稱號時，有時作那屬靈的國度，而非民族上的以色列（羅九～十一章），他們是那真正承繼救恩應許的人（加三 21～四 7）。然而，有別於彼得前書，沒有任何證據顯示本書的讀者包括外邦信徒，書中也沒有提及外邦人如何被納入成為神子民；反之，全書都是針對當時在猶太人圈子中所出現的現象和問題。

在公元一世紀時，聚居於這些地方的猶太人仍與耶路撒冷保持密切的聯繫，在羅馬時期，每當逾越節、五旬節和住棚節的時候，成千上萬的朝聖者會到聖殿朝拜，而且他們的成年男丁每年都上繳半舍客勒的聖殿稅，有些富有的猶太人，為聖殿的運作及重修，捐獻大量的金錢。而耶路撒冷宗教領袖教導的權柄，亦伸延到散居地的猶太人。

此書極可能是主的兄弟雅各作為耶路撒冷教會的領袖，向散居在猶大境以外的猶太人所寫的巡迴信件（encyclical letter）。在當代有一些託名的次經書信，如《耶利米書信》（公元前四世紀末）、《巴錄二書》（或稱《巴錄啟示錄》78.1～87.1；公元一世紀末）和《巴錄四書》（或稱《耶利米書補篇》6.17～23；公元二世紀下葉），都聲稱是從耶路撒冷發給散居地猶太僑民的信件，這些信函都是取其靈感於耶利米書所載先知耶利米寫信給僑居在巴比倫的猶太人（耶二十九章）。雅各以耶路撒冷教會領袖的身分，寫信給散居地的十二支派，其做法與耶利米這種做法相似（Verseput 1998:702; Bauckham 1999A:21）。

3 有關猶太人自公元前八世紀之後到公元一世紀移居外地一般的情況及原因，可參黃、孫、張 2002:142～146，個別地區僑民的情況，則參上引書，頁146～163。

初期的彌賽亞運動，特別是猶太裔的信徒，並不視自己為有別於猶太教的另一新興教派或宗教，卻視凡承認耶穌是彌賽亞的猶太人（參雅二 1），都是屬於由這彌賽亞所召聚的十二支派的成員，亦是整個彌賽亞運動的核心代表，他們期望這運動會席捲全以色列民，因此雅各在這裏向那些宣認耶穌為彌賽亞的猶太人的教導，理論上亦是針對全以色列民的（Bauckham 1997:154），沒有理由只將這裏所指的散居地，局限於巴勒斯坦以北一帶的地區（如 Hiebert 1992:56）。「散居地的十二支派」是字面地指散居在東和西散居地、由彌賽亞所呼召屬於十二支派的猶太人。當然這樣稱呼他們這信仰的社羣，必然會引發末世的聯想，就是在末世彌賽亞來臨時，重新召聚十二支派的子民，帶來彌賽亞的國度。

雅各書並非針對某地區而寫的，而是回應當時一般的社會概況，讀者一般是貧農社會中容易受到欺詐和剝削的一羣（二 6、15，五 1～6）。當時的富有人多是為富不仁，在司法上得到袒護，貧窮人則受欺壓，這些富有人貪圖安逸的生活，自高自大，不可一世，在社會中只見他們彼此嫉妒爭競，明爭暗鬥（四 1～6；參四 13～16），卻漠視了貧窮人的需要（一 27，二16，四 17）。

三

體裁

†

雅各書具書信的格式，有典型希臘書信的卷首問安語，毫無疑問的，這是一封信函，然而信函是可以用作承載其他文學體裁作品的工具，因此單單將雅各書看為信件是不足夠的（如 Tsuji 1997:20～27；Niebuhr 1998）。學者對雅各書的體裁，歷來有不同的理解，以下是一些主要的看法：

1. 族長雅各對十二族長臨終贈言的喻意表達（Meyer 1930）：邁耶認為，雅各書是根據族長雅各留給他的十二個兒子臨終贈言（創四十九章）的一份底稿寫成的，後人將這著作喻意化了。邁耶承接一些學者的看法（Massebieau 1895 和 Spitta 1896），認為雅各書一章1節和二章1節所載耶穌基督的字眼，是基督徒後來加插進去的。真正的作者是一個居於散居地的猶太人，筆於公元前一世紀下半葉，後來由一位基督徒於公元80至90年間基於這份底稿將之修輯成雅各書。邁耶指出，雅各書中充滿了十二族長名字的喻意，主要的有：一章2至4節：

以撒即「喜樂」，利百加即「忍耐」，雅各即「經試驗得以完全」；一章18節：呂便即「初熟之果」；一章19至20節：西緬即「聽」；一章26至27節：利未即「虔誠」；三章18節：拿弗他利即「和平」；四章1至2：迦得即「爭戰鬥毆」；但即「審判」、「等候救恩」、「忍耐」；五章14至18節：約瑟即「禱告」；五章20節：便雅憫即「死亡與復生」。此外，還有一些較曖昧的，如二章5至8節：猶大即「至尊」；五章12節：西布倫即「起誓」等（特別參 Meyer 1930:282～283的列表）。

邁耶的推想完全缺乏説服力，那些所謂喻意都是牽強附會的。若雅各書的底稿是族長雅各的臨別贈言，那為何這些所謂喻意所佔的篇幅，少於本書的五分之一呢？同時在雅各的遺言中提及約伯和以利亞，都是不可思議，更不可能在其中找到大量耶穌的言訓！

2. 希臘式的哲辯（diatribe；Ropes 1916:12～14）：羅普斯（Ropes）認為，雅各書是屬於希臘式的哲辯。他認為哲辯的主要特色，是與一個想像的對話者作簡單一問一答的對談；另一特色是沒有一定的邏輯結構。在雅各書中最明顯的例子是二章18至20節，作者因應可能有的反對而作答辯。他認為以下的套語，常用在哲辯體裁之中：「不要受騙」（一 16）、「你們知道」（一 19）、「你願意知道」（二 20）、「可見」（二 22）、「看來」（二 24）、「有甚麼益處」（二 14）、「看哪」（三 4、5，五 4、7、9、11），以及用「不應當的」作結論（三 10）等。並且使用命令語氣動詞、辭令問句、比喻、名人的例證（如亞伯拉罕、拉結、約伯、以利亞）、責難（二 20，四 4）和強烈的對比（一 26，二 13、26，三 15～18，四 12）以及提問（四 12，五 6）或引句（五 20）等。

史都華（Stowers）指出在本世紀初時，學者普遍認為哲辯文體的內容為希臘哲士的道德教訓，風格則通俗生動，然而這種不準確的定義，產生不少混淆，以致錯誤地將一些非技術性的道德哲學文獻歸類為哲辯（Stowers, *ABD* 2.191）。因此近代學者多認為哲辯只是一種文體格式（literary form），一種文學的技巧，不可作為整份文獻的體裁（參

Malherbe 1986:129），當代老師往往採用這種方式教導其學生，就如蘇格拉底對話式的教學法一樣。雅各書的確使用了哲辯的格式（二 18～20），然而雅各書與蘇格拉底對話式的教導相距甚遠。

3. 希臘化猶太式的講章：不少學者認為，雅各書是雅各在散住猶太人的會堂中講道信息的蒐集（Stevenson 1924；Wessel 1953:80～96；Thyen 1955:15～16；梁康民 1995:3），[4] 亦有認為是一位敬虔的猶太人在會堂中所講的講章，內容是族長雅各向他的兒子遺言的撮要。支持此說的學者，除了韋塞爾（Wessel）和賽延（Thyen）外，均未有提供任何實質的證據。韋塞爾根據《米大示全集》中〈哈加達〉的文學特質，認為雅各書在四方面與它的特色相似（Wessel 1953:80～89）：（1）使用對話（二 16～20；參一13）；（2）稱呼受眾為「弟兄們」；（3）內容廣泛，雅各書則是不同主題講章的蒐集；（4）使用押頭韻，如雅各書四章2節。韋塞爾認為雅各書使用非常多命令語氣動詞和諺語式句子，反映出作者取材於初期教會的教理和耶穌的言訓。賽延則認為以下的用詞和文學風格，反映出雅各書是講章：「看哪」（三 4、5，五 4、7、9、11），「請聽」（二 5），稱聽眾為「弟兄們」（一 2，二1、19；三1；四 11；五 7、10、12、19），簡短的提問以引起聽眾的注意：「有甚麼益處」（二 14、17）；使用哲辯式對話、平行體、相關語、弔詭、修辭問句等（Thyen 1955:43～54）。

韋塞爾和賽延均未能清楚定義講章這體裁的特性是甚麼。當我們比較盧斯對哲辯體裁與賽延講章體裁之特質，便發現它們有很多相同的地方，他們所描述的特質，在所有保羅的書信中都可以找到！我們必須注意古時在印刷術尚未發達時，作者意識到他的作品，不僅供人私下安靜地默讀，且會在公眾場合中誦讀（參 Kennedy 1963；Achtemeier 1990）。因此文獻中有生動的修辭用語，並不能證明該文獻是哲辯或講道；況且這些修辭技巧亦可見

4 Davids 1982:22 認為雅各書的寫成分兩階段，先是使徒雅各一些講章和言訓，經雅各本人或後人編輯成現在的雅各書。Martin 1988:lxxvi 同樣認為本書經兩階段完成。但這些建議都是難以證實的猜測，是完全不需要的。

於其他體裁，譬如道德訓誡文體，因此有學者就認為稱某文獻為講章是太過不準確和含糊。但晚近學者在這方面有新的突破（Wills 1984; Black 1988; Stegner 1988），更有學者將講章看為是道德訓誡文體的一種（Attridge 1990）。無論如何，雅各書缺乏如希伯來書和《革利免二書》那種講章的格式：有正式的引論、援引經文作釋經或主題的闡釋及應用。

4. 希臘式的道德訓誡文體：自狄比留為雅各書撰寫的釋經書面世後，他主張雅各書為道德訓誡文體的說法，得到廣泛的認同（Dibelius 1976:3～11；支持他的有如 Kümmel 1975:404, 408；Perrin & Duling 1982:372～375）。狄比留認為在體裁上，道德訓誡文體是內容結構鬆散的道德勸導，這些勸導的題目廣泛而籠統，可適用於不同的場合，同時難以根據這類文獻的內容，有系統的整理出作者的神學或道德立場。就雅各書來說，全書的思路欠連貫性（路德也曾批評雅各書內容雜亂無章；*LW* 54.424～425），只是為方便記憶而使用相似的字眼將上下句連接起來，所以整卷書看來缺乏組織，某些主題在不同的地方重複出現。

雖然狄比留對雅各書的分類得到廣泛的支持，但他對勸導文體的看法，則受到猛烈的批評。根據近代學者的研究，德道訓誡體裁有以下四方面的特性（Perdue 1981B; Malherbe 1983; Cheung 2003:15～21）：（1）在勸導時使用命令語氣動詞；在道德辯論時使用教訓、戒律和格言；（2）使用道德的榜樣；（3）作者與讀者之間關係密切；（4）在傳統的教訓中取材；和（5）一般性的應用。雅各書基本上是有齊以上所述各方面的特質。狄比留認為勸導文體多是雜亂無章的說法，多為以後學者所垢病。

5. 希臘式的規勸文體（*logos protreptikos*）：規勸文體是屬於道德訓誡文體的一種（Berger 1984；Baasland 1988:3650；Johnson 1995A 和Hartin 2003 的註釋書），莊遜認為使用規勸文體的目的，是要規勸讀者接納某種特殊哲學思想，並且委身去實現這理想，他認為雅各書正是要規勸讀者要過一種合乎作為「神國的繼承者」（二 5）和「神的朋友」（二 23）的生活方式，所以在雅各書中有明顯的邏輯推論（Johnson 1995A:20～21）。

雅各書可以說含有規勸性的言詞，但將全書看為以邏輯推理支持某種哲理和生活，並不恰當。雅各書並未有以系統的理性論據去維護及支持它的信念，而是以律法傳統作為其道德的依據。晚近學者安倫（Aune）指出規勸文體多分為兩大段（Aune 1991:283～284）：(1) 負面地批評其他學說；(2) 正面地闡釋作者所倡導的學說，為何值得推崇。之後還可以有最後一段，是作者個人語重深長地呼籲讀者即時接受他的勸導。然而，我們不能簡單地將雅各書分為這樣的三大段，因此從格式和內容來看，雅各書都不像是規勸文體。

6. 猶太式的智慧文體：不少學者都注意到雅各書與猶太傳統的智慧文學有極多相似的地方（Martin 1988:lxxxvii～xciii; Chester 1994:8～10; Bauckham 1999A:29～34）。特別值得注意的，是晚近學者將作者雅各看為好像耶穌一樣的智慧教師（Witherington 1994:236～244; Bauckham 1999A）。過往不少持這看法的學者，只從本書使用的字彙、文學格式和主題，找出雅各書與猶太傳統的智慧文學相似的地方，而未有從文體風格作全面的比較。

   在第二聖殿時期猶太的智慧文體，主要有以下幾方面的特徵：[5] (1) 使用命令和勸勉、格言和諺語；尤為值得注意的，是在第二聖殿時期的猶太智慧訓導，有別於箴言的短句，有發展為較長主題性論述的傾向，並且多以格言作為段落的開始或／和結束。(2) 使用傳統資料，包括猶太傳統的舊約律法、先知和智慧文學及其他非猶太的傳統；(3) 開首和結語的段落為整件作品提供了解釋的架構；(4) 一般性的應用。

根據以上的分析，不難覺察到希臘式勸導文體與猶太智慧文體在格式上有不少相似的元素；如使用命令和勸勉、格言和諺語，及傳統資料，和一般性的應用。猶太的智慧文學中亦有使用古人作為榜樣（如《便西拉智訓》16.5～11、44～49）。根據甘米（Gammie）的分析，兩者同屬勸導文體的一種，它們之間的分別在於所選用的的傳統，主要是取材於希臘哲學還是猶太傳統智慧（Gammie 1990:48～51）。雅各書雖有使用希臘傳統的東

5 以下的特徵，可參《便西拉智訓》（約公元前180年）、《託福西萊德名書》（約公元前一世紀至公元一世紀之間）、昆蘭的智慧作品（1Q26；4Q415，416，417，418a，418b，423；約公元前一世紀中至末）等作品。特別參Cheung 2003:21～36詳細的分析。

西，但他主要是取材於猶太傳統智慧，這點會容後討論（參緒論五）。

反對雅各書是智慧文體的學者中，有認為雅各書未有討論一些常見於猶太智慧書的主題，如家庭成員之間的關係、婦女的角色、性倫理等（如 von Lips 1990:433）。但沒有任何一本猶太智慧書能涵蓋所有智慧傳統的主題，另一方面，雅各書的智慧與耶穌的智慧一樣，是一種反潮流的智慧，針對當時主流的社會文化，而非好像大部分的智慧作品，發揮鞏固現存社會秩序的作用，因此本書在選材上，必定較為狹窄。

另一反對本書是智慧文獻的原因是，智慧文獻中不可能有末世論，這就難以解釋雅各書中末世的信息（參 Penner 1996:102）。更有學者因為本書中存在天啟元素，而認為雅各書實屬天啟訓誡文獻（Wall 1990:11～22），並指出這書有三個天啟傳統的主題：(1)人類歷史已被決定的觀點；(2)善惡二元的思想，包括屬天和屬地的智慧，和聖善與邪惡的傾向；(3)上帝的拯救到基督復臨時才完全實現，現今神子民要經歷苦難，並且需要順服。雅各書中存在天啟末世論的思想，是不爭的事實，然而善惡二元的思想，並非天啟文獻所獨有。事實上，在第二聖殿時期，不同種類的猶太文學作品，都受天啟式末世論影響，其中最明顯的是昆蘭（Qumran）的智慧作品（特別參 Harrington 1996B:41；Collins 1997B:274）。4Q184 7提及邪惡婦人及受她誘惑的人所面對的命運時說：「在那永火之中，是她的基業，那些發光的人，斷不進去」，「那些發光的人」應是指但以理書（天啟文獻）十二章3節中的義人，惡人要承受永恆的刑罰是天啟的主題，這種關乎末世審判的主題，亦見於4Q416 1 10～13；4Q418 69 6、8、12。4Q416 1 14和4Q417 2 1.7將人類的歷史分為不同的階段（「永恆的階段」），與《以諾一書》等天啟文獻相似，最後一個階段稱為「真理的階段」，上帝會施行審判，所有不公將會蕩然無存（4Q416 1 13）。在這些第二聖殿時期的著作中，我們可見到智慧格言、先知言詞和天啟觀念的融合（詳參 Cheung 2003:45～47；另參 Schiffman 1995:210；Harrington 1994B:150～151；1996A:552；Collins 1997B:274）。這種的融合亦見於福音書所載耶穌的言訓之中。

我們可以歸結說雅各書是一份智慧的指導，以信函的方式寄給「散居的十二支派」，內容大部分取材於猶太的智慧傳統，然而又深受耶穌傳統所影響。

四

本書的取材及與當代著作的關係

†

智慧文獻的其中一種特性，是能吸納各種的思想，然而作者不只是將眾家學說蒐集成書，而是透過他個人的獨特觀點，作出整理及擴充。在內容上雅各書取材於大量猶太的傳統思想，最值得注意的，是雅各書透過耶穌的傳統去詮釋摩西的律法，並且重新演繹耶穌的教訓。同時雅各書與當代的一些猶太和基督教文獻，有不少相似的地方。

正如第二聖殿的智慧文獻一樣，雅各書不只是收集了猶太智慧傳統，還有律法和先知的傳統，揉合了祭司、智慧和天啟的元素。正如《便西拉智訓》38.39下～39.3在描述智者的任務時所言：「專注於敬畏至高者，專注於認識生命的法律的人，就迴然不同。明智人必考究歷代古人的智慧，必專務先知預言，必保留名人的言論，必領悟比喻的妙理，必考究箴言的真諦，必玩味喻言的微妙。」〔思〕

4.1 舊約的傳統

正如所有新約的著作一樣，雅各書使用了不少舊約聖經，更重要的是，作者以耶穌所帶來彌賽亞運動的角度，重新詮釋舊約經文。

4.1.1 律法的傳統

雅各不只在二章8節下直接援引利未記十九章18節下（〈七十士譯本〉），這節經文不只是利未記十九章9至18節的總結，也是倫理關係的基本原則，說明「愛鄰舍」應有的具體表現。利未記十九章是謂聖潔法典，記載了妥拉（Torah）的一些具代表性的基本命令，綜合了大部分十誡的要求，特別是十誡下半部分，其重點是要效法上帝的聖潔：「你們要聖潔，因為我耶和華──你們的上帝是聖潔的。」（十九 2）利未記十九章9至18節可分為五對法令（Hartley 1992:310; Crüsemann 1996:323～324），這五對法令，成了雅各書中重要的主題（參 Johnson 1982:397～398）。以下羅列了利未記十九章9至18節與雅各書主題上的關係：

利未記	雅各書	主題
十九 11～12	五 12	不可起誓
十九 13～14	五 1～6	不可欺壓貧窮人
十九 15～16	二 1～13	不可偏私
十九 17～18上	三 8～四 3、11，五 9、19～20	與鄰舍的關係

因此，將雅各書理解為利未記十九章9至18節的〈哈拉加米大示〉，也是合適的（Johnson 1982, 1995A:31; Wall 1997:87），然而作者並未有以律例的方式去表達上帝的道德要求，使它有別於如《米示拿》的那種拉比〈哈拉加〉。除了二章8節是直接引用舊約律法書之外，作者亦引用了十誡中的兩誡：「不可殺人」和「不可姦淫」（二 11）。

偽經《託福西萊德名書》（約公元前後一世紀）9至41節，同樣是取材於利未記十九章（參 van der Horst 1978B:66～67），與雅各書相似，它沒有引用任何關乎禮儀的律法，與《便西拉智訓》等的智慧文獻類同，它們的焦點都是倫理生活，這也是寫給散居地的猶太人著作的特性（參 Niebuhr 1987:20～26, 51）。這些文獻有別於如〈先賢集〉這類同樣以格言為主的法利賽文獻，後者追源溯始地記載這些教導出自那位先哲，同時也關注如何遵守禮儀律例。

4.1.2 先知的傳統

雅各也沿用了先知的傳統，除了使用審判神諭的格式外（參四 13～五 6節的註釋），他也使用先知式的呼籲（四 13，五 1「且聽，你們說」，比較賽四十三 5～6），同時以先知責備以色列人的口吻，斥責那些與世界為友的人：「你們這些淫婦啊」（四 4），舊約先知亦指稱那些違背聖約的人，就好像違背了婚約的人一樣，成為淫婦（賽五十七 3；耶三 9，十三 27；結十六 38，二十三 45；何三 1）。本書對富有人的責難（五 1～6），同樣見於阿摩司（二 6～7，三 10，四 1，八 4～6）和以賽亞（三 14～15，五 8～9）先知的教訓中。與新約其他著作一樣，本書將舊約先知所言末後審判的日子，那耶和華的日子稱為主的日子，是基督復臨的時候（五 7～9），在審判時，那些富足人，要因他們所犯的罪悲痛呼號，這正是舊約先知警告那些背道以色列民或犯罪的列邦的（參賽十 10，二十四 11，五十二 5，六十五 14；耶二 23，三十一 20、31；結二十一 17，三十一 12；何七 14；摩八 3；亞十一 2）。其他引喻的地方見於：一 9～11//賽四十 6～7；一27//賽一17、23。

4.1.3 智慧的傳統

在討論雅各書的體裁時，我們已證明此書是以當代智慧文學體裁寫成。本書亦大量使用了智慧的文學格式，其中最顯著的是使用格言（aphorisms）。格言的種類繁多，例如「蒙福語」（一 12；比較箴八 34～36；《便西拉智訓》26.1）、「辯論語」（一 13～15；比較箴二十 22；《便西拉智訓》5.1～6）、「梯層式推進語」（sorites；一 3；比較《所羅門智訓》6.17～19）、「等量語」（Measure-by-Measure sayings；二 13上；比較箴二十一 13）和比喻（如一 6、9下～11、23～24）等（見緒論五〈文筆風格〉）。

雅各書最多使用的是猶太智慧的傳統，作者在四章6節引用了箴言三章34節，事實上雅各書四章7節至五章6節，都是根據這段經文而作的引申（參該段的「結構」和「註釋」）。此外，五章20節，作者使用了箴言十章12節。

除了直接引用箴言書，雅各書中使用「智慧」（一 5，三 13、15、17）這字之外，一些傳統屬於智慧的主題有：智慧乃是從上帝而來（一 5；比較箴二 6；傳二 26；《便西拉智訓》17.11，39.6），人需要智慧，去完成上帝的心意（一 5；比較箴二 6，八 22～31；參《便西拉智訓》1.1～4，24.3～12；《所羅門智訓》7.7～12），上帝會因應人的禱告將智慧賜給人（箴二 3、5～6上；參《便西拉智訓》51.13～14），智慧分為兩種，有從上頭來的，也有是屬地的（三 13～18；比較箴言書智慧婦人與愚昧婦人：一 20～23，九1～6、13～18，及參《便西拉智訓》真與假智慧的對比：19.22～25）。此外，還有一些道德指導，如人生的短促不定（四 13～17；比較箴二十七 1；傳一 1～6）、要慎言（一 26，三 2～12；比較箴六 12～19，十六 27～28；參《便西拉智訓》5.13，19.6～12，23.7～8，28.12）、不動怒（一 19；比較箴二十七 4，二十九 11、22）、要謙卑（四 6、10；比較箴三 34）、不嫉妒（三 13～四2；比較箴十四 30，二十三 17）、要忍受試探和苦難（一 3～4、12～15，五 7～8、10～11〔以約伯為榜樣〕；比較箴二十七 21；《便西拉智訓》2.1）和照顧孤兒寡婦及要樂善好施（一 27，二 14～16；比較箴十九 17，二十一 3，三十一9、20）等，並反省智慧文體中的神義辯（一 13～17；比較箴十九 3；《便西拉智訓》15.11～12、20），都是與猶太智慧傳統有關的主題。

4.2 其他猶太傳統

不少當代猶太教的著作，都反映出智慧傳統對敬虔的理解，將律例化為實際生活的行動，例如《米示拿》的〈先賢集〉、《敍利亞門安德語錄》和《託福西萊德名書》。《大馬士革文獻》（CD）和昆蘭的《會規手冊》（1QS），雖然在格式上與雅各書迥異，但因為處理很多有關羣體生活的問題，在內容主題上也有相似的地方（詳參 Johnson 1995A:34～41）。

在芸芸的舊約偽經中，特別值得注意的是《十二族長遺訓》，雖然此書是基督教的著作還是猶太教的著作，仍有不少爭議，但相當肯定，它內中有不少早期猶太教傳統的資料。[6] 遺訓的體裁主要的內容有兩方面：(1) 道德性的勸戒：留下遺訓者對他的追隨者或後人的道德勸勉；(2) 有關將來末日的預言。《十二族長遺訓》還加上十二族長生平的一些事迹，用以說明遺訓中的道德主題。現存的《十二族長遺訓》的希臘文版附有分題，說明該遺訓的道德主題，如〈西緬遺訓〉的分題是「論嫉妒」、〈以薩迦遺訓〉是「論清心」、〈西布倫遺訓〉是「論慈悲和憐憫」。以上所列的主題，也見於雅各書，「論嫉妒」見於三章16至四章2節；「論慈悲和憐憫」見於二章13至16節；「清心」與雅各書的完全觀有密切的關係（容後討論）。它們之間相似的地方，不止於主題上，在整體觀念上也有相似之處。例如〈亞設遺訓〉1章3節至6章7節，講述人生二路（正與邪）與人性二端（向善與向惡）都是從上帝而來（1.4），人的傾向與抉擇是在邪靈和彼列的影響之下的（1.8～9，3.2，6.2），我們因此可將人分為兩類：「單面人」（μονοπρόσωπος）和「雙面人」（διπρόσωπος），單面人是那些遵行上帝律法的人，對上帝絕對專一的人（參 5.4，6.1），這樣的人是義人，必承受生命（6.5）；這正好與雅各書中所描述那些愛上帝的人（一 12），包括行義的亞伯拉罕作為上帝的朋友（雅二 23：φίλος θεοῦ）相吻合。另一方面，根據〈亞設遺訓〉，雙面人只有表面上的良善，然而整體來說是邪惡的，受制於自己的私欲（2.9），當人降服於自己的私欲時，便是被彼列所駕馭（1.8：κυριευθεὶς ὑπὸ τοῦ Βελιάρ），彼列是魔鬼的別號（林後六 15），因此人要遠離邪惡的傾向，以善行摧毀魔鬼的作為（3.2）。這種對雙面人的描述，與雅各書中「三心兩意／心懷二意」（δίψυχος）的人十分相似，這類人不全然信任上帝，立場搖擺不定（雅一 6～8），他們受私欲所操控（雅一 14～15，四 1～2），在魔鬼的駕馭之下（參

6 有認為，本書原是一份猶太教的文獻，後經基督徒加插新的資料進去（參 Kee 1983:777～778）。然而，這看法備受質疑，de Jonge（1953）就認為，本書是一位基督徒作者修輯其猶太教著作撮合而成。我們可以相當肯定在公元二世紀時，這文獻為基督徒所使用，以圖證明猶太人拒絕耶穌是彌賽亞是錯誤的，因為他們列祖也曾預言耶穌的來臨。晚近在開羅藏經庫（Cairo Geniza）發現了亞蘭文的〈利未遺訓〉和希伯來文的〈拿弗他利遺訓〉，在昆蘭也發現〈拿弗他利遺訓〉，這顯示《十二族長遺訓》最低限度有一部分是屬於早期猶太教的資料。另一方面，這書與《大馬士革文獻》、昆蘭的《會規手冊》和《戰卷》，也有很多相似的地方。

三 15，四 7～8）。人要順服上帝，抵擋魔鬼，魔鬼便會遠離他（雅四 7）。《十二族長遺訓》和雅各書有類似的宇宙（上帝與魔鬼）和人格（對上帝專心與不專心）的二元論（參 Cheung 2003:223～238）。

4.3 耶穌的傳統

雅各書不論在用字或觀念上，有不少與耶穌言訓相似的地方，在新約中是與耶穌言訓有最多接觸點的書信，特別是馬太福音中登山寶訓的言詞（太五～七章），以下是一些較明顯的例子：雅一 5//太七 7，雅一 6//太十一 22～24，雅一 17//太七 7～11，雅一 22//太七 24～27，雅二 5//太五 3（路六 20下），雅二 8//太二十二 39，雅二 13//太五 8，雅三 18//太五 9，雅三 12//太七 16～18，雅四 11～12//太七 1～2（路六 37），雅五 2～3上//太六 19～20（路十二 33下），雅五 12//太五 33～37。也有單是與路加福音平原寶訓相近的，如雅四 9//路六 21、25下，雅五 1//路六 24。有認為，雅各是引用Q典中耶穌的言訓，特別是Q^{Mt}（特別參 Hartin 1989，1991:44～80, 140～198, 220～233），[7] 但更可能是雅各從不同的渠道得悉耶穌的教訓，除了那些已記錄下來成為教會傳統教訓的一部分的耶穌言訓外，還有當時仍在坊間流傳的口頭傳統。

根據學者迪皮的研究（Deppe 1989:231～238），1833至1985年間有六十位研究雅各書的作者共列出了一百八十四處此書與福音書平行的句子，例如米亞就列出了六十五處（Mayor 1897:lxxxiv～vi），迪皮個人仔細精密的研究所得的結論是，只有八處是作者刻意旁索在符類福音書中耶穌的言訓（Deppe 1989:219～223）：

7 Hartin 認為，雅各手頭上有原本的Q典和Q^{Mt}，並且接觸到M（馬太獨特的內容）及馬可的傳統，但卻沒有看過完整的馬太福音，他認為他所擁有福音傳統來源出於在安提阿馬太的羣體，Hartin 的研究出現的困難是他未有清楚訂明如何界定旁索（allusions）。況且有時候，雅各的引用更似路加的版本而非馬太。他認為雅各在耶路撒冷寫這書，但卻溯源於在安提阿的資料，是有點奇怪。有關雅各書與符類福音的關係，參 Deppe 1989；Hutchinson Edgar 2001:63～68, 75～94。

雅一5	太七7；路十一9	求便得著
雅二5	太五3；路六20下	國度是屬於貧窮人的
雅四2~3	太七7；路十一9	求便得著
雅四9	路六21、25下	那些喜笑的要哭泣
雅四10	太二十三12；路十四11，十八14下	謙卑的升高
雅五1	路六24	富足人有禍了
雅五2~3上	太六19~20；路十二33下	不要積財於地
雅五12	太五33~37	不可起誓

有學者將耶穌和雅各平行的關注，歸納為七方面（Hutchinson Edgar 2001:69～72）：（1）肯定那些卑微或邊沿化的；（2）地位的逆轉；（3）末世的期待／審判的威脅或獎賞；（4）徹底行為上的要求；（5）上帝的憐憫；（6）上帝的賜予／倚靠上帝；（7）禱告的效果。

包衡（Bauckham 1999A:82）指出這些研究都基於一個假設，就是：若雅各是基於耶穌的言訓，他必定會旁索它們，這樣一來，便將研究的焦點置於這些旁索與原來耶穌的言訓在字句上有多少相同，但要多少相同才算是旁索，又或只是巧合？同時這些旁索的作用又是甚麼？包衡提出另一個全新的方式去理解這些相似的語句，他指出猶太的智者賢士，不只是收集、重複或旁索舊有的諺語格言，而是將這些教訓，作引申和擴充，便西拉就是很典型的例子，在《便西拉智訓》中，他不只在旁索舊約的經文，特別是箴言書，而是將讀者本來耳熟能詳的教訓發揚光大，熟練的讀者不只知道他是基於舊約經文，同時明白作者是針對讀者身處的環境，作出發揮和演繹（Bauckham 1999A:74～91，2001:116～122；亦見 Kloppenborg 2004）。同樣，雅各作為一位智慧的教師，也並非只是搬字過紙的將耶穌的教訓抄過來，他甚而沒有說這是出自耶穌的教訓，而是透過他個人的反省，針對他所理解讀者身處的環境，將耶穌的教訓以自己的方式表達出來（參一 5～6、23～25，二 5下、13，三 13～17，四 4下，五 12的註釋）。雅各好像天國的文士一樣，使用舊約聖經和耶穌的教訓，教導他的讀者（太十三 50）。

雅各深受耶穌將全律法歸結為兩條命令（可十二 28～34；太二十二

34～40；路十 25～37）這教導所影響，那完全的律法要透過「愛你的鄰舍」這命令去理解和實踐（雅二 8）；真正的完全是完全地愛神，能夠達致完全的途徑，就是要在忠於神這前題之下，遵守愛你的鄰舍這命令，這與馬太福音的登山寶訓，在觀念上不無相似的地方。

4.4 初期教會的教導

早期的彌賽亞運動相信耶穌為基督，上帝要藉著他復興以色列國，這彌賽亞運動就是以色列的復興運動，基督將要復臨，完成這復興的事業。雅各書表面上在這方面的著墨不多，然而基督為升天榮耀的主（二 1）和再臨的主（五 8～9），並且他使用耶穌的教訓教導那些信道的人，正是這以耶穌為中心的彌賽亞運動核心的信仰。從比較文獻的角度去看，雅各書與馬太福音所載的耶穌言訓有最多的接觸點（參 Mayor 1913:lxxv～viii；Davids 1982:47～48；Hartin 1991:141～142），有關雅各如何使用耶穌傳統，已於上文討論（見本書 4.3），這兩書可能都取源於類同的耶穌傳統。另一卷與雅各書有較多相似的新約書卷是彼得前書。

4.4.1 彼得前書

下表列出彼得前書與雅各書的相同點：

彼得前書	雅各書	共同點
一 1	一 1	散居地
一 6～7	一 2～4	喜樂／在百般的試煉中／信心的試驗
一 23～25a	一 10～11、18	引用賽四十 6～8
四 8	五 20下	引用箴十 12
五 5b	四 6	引用箴三 34
五 6	四 10	自卑……使你們升高

雖然他們使用相同的字眼，或引用相同舊約的經文，但往往所引經文

出現的文理迥異，重點有別，因此不應看為誰抄襲誰，而是他們沿用了共同的教會傳統。

4.4.2 使徒教父的著作

雅各書與《革利免一書》和《黑馬牧人書》在用詞和主題上，都有類似的地方，因此有認為這些教父著作是受雅各書所影響。特別的地方是這兩份教父著作，都是出於羅馬的；為何雅各的著作在羅馬的教會有這樣的影響力，就不得而知了。

4.4.2.1 革利免一書

《革利免一書》是在新約之外最早期的其中一份文獻，提供我們對公元一世紀末至二世紀初羅馬的信徒和教會一些寶貴的資料。此書可能是當代最廣為人知的教父著作，原因是本書的作者羅馬主教革利免有很高的知名度，廣為信徒所尊敬和愛戴。從體裁的角度去看，《革利免一書》較像大部分保羅的書信，是針對一個特定的地方教會——哥林多教會，這書無疑使用了希伯來書和哥林多前書（見 Hagner 1973:179～237），有很大的可能此書也使用了雅各書，以下的列表，展示在字彙和主題上，《革利免一書》與雅各書相似的地方：

詞彙	雅各書	革利免一書
「三心兩意」（δίψυχος）	一 8，四 8	11.2，23.2～3
「寬仁」（ἐπιεικής）	三 17	13.1，30.8，56.1，58.2，62.2
「嫉妒」（ζῆλος）	三 14、16，四 2	3.2、4，4.9～13，5.2～5，6.1～4，14.1
「擾亂」（ἀκαταστασία）	三 16	3.2，14.1，43.6
「情欲」（ἐπιθυμία）	四 2	3.4，28.1，30.1
「毀謗」（καταλαλία）	四 11	30.1、3，35.5
「謙卑」（ταπεινοφροσύνη）	四 10	21.8，30.8，31.4，44.3，56.1，58.2
「溫柔」（πραΰτης）	一 21，三 13	31.8

尤其值得注意是，「三心兩意／心懷二意」(δίψυχος)是雅各自鑄的字詞，除了雅各書外，在教父著作中，亦見於《黑馬牧人書》，另一卷相信是使用了雅各書的文獻。又例如「擾亂」(ἀκαταστασία)在教父著作中只出現了五次，三次在本書，另一次在《黑馬牧人書》(〈比喻篇〉3.4)，同樣可能是受雅各書影響，在《革利免二書》(11.4)這字的用法顯著有別於雅各書和《革利免一書》。「謙卑」(ταπεινοφροσύνη)也是類似的情況，在教父著作中，只見於《革利免一書》和《黑馬牧人書》。

它們在主題上亦有共通的地方：

主題	雅各書	革利免一書
寡言	一 19	30.4～5
不因言語乃因行為而稱義	二 18、24	30.3
亞伯拉罕因行為蒙福	二 21～22	31.1～2
亞伯拉罕被稱為神的朋友	二 21	10.7
要照顧貧窮人	一 27	8.4
人是按神的形像被造	三 9	33.5
針對羣體的內部衝突	四 1～3	46.5
針對嫉妒	三 14，四 1～2	3～6章
神賜恩予親近祂的人	四 7～8上	23.1
引箴三 34	四 6	30.2
謙卑與驕傲的對比	四 10	2.1，13.1，59.3，61.3
生命短暫如煙	四 14	17.6
智慧人的特徵	三 13	38.2
對神的描述	四 12	59.3
引箴十 12	五 20	49.5

雖然單從字彙不能確定《革利免一書》使用雅各書，但將字彙和主題加起來，則此書曾使用雅各書的可能性大增。

4.4.2.2 黑馬牧人書

《黑馬牧人書》不只在用字上與雅各書有很多相似的地方，特別在觀念和主題上，尤其是〈命令篇〉，與雅各書十分相近。《黑馬牧人書》可能是一本經編輯起來的作品，不是在同一時期內寫成，大概筆於一世紀末至二世紀中葉。它的內容強調基督徒的道德操守，特別是受洗之後再次墮入罪中，應如何處理。

《黑馬牧人書》在用字上和主題上，與雅各書有不少相似之處，例如使用「三心兩意」（δίψυχος；出現了 20x）與「專一」（ἁπλότης）的對比（〈異象篇〉2.2.4）也見於雅各書一章5至8節（上帝的專一和人的三心兩意）；這段經文信心與三心兩意的對比，也見於〈命令篇〉9.10下：「信心應許一切，完成一切；但三心兩意，既對本身沒有信心，在他嘗試作的一切事上都必失敗。」上文也曾提及一些本書與雅各書相同的字彙，以下將它們相同的主題列出：

主題	雅各書	黑馬牧人書
必須悔改	四 8	全書的主旨
道德二元論，並以神和魔鬼（世界）為代表	三 13～18，四 4、7	〈命令篇〉12.5.1～2，6.4～5，9.9、11
與世俗和財富為友的危險	一 9～12，二 5～7，四 13～16，五 1～6	〈比喻篇〉2.5，4.5，9.20，6.2.2，6.4.1；〈命令篇〉10.1.4
照顧貧窮人的重要	一 27	〈比喻篇〉1.8，9.26.2，9.27.2；〈命令篇〉8.10
慎言：不應毀謗人	四 11	〈命令篇〉2.2
舌頭壞的影響	三 8	〈命令篇〉2.3
邪惡的言語出於兩面派	三 10	〈比喻篇〉8.7、21
堅忍的重要	一 4，五 7～10	〈命令篇〉5.1.2
信心禱告的重要	一5～8，四3，五17～18	〈命令篇〉9.1.1～12
信心與三心兩意的對比	一 5～8	〈異象篇〉3.7.1，4.2.4；〈命令篇〉9.1.1～12

神的話語和命令能救人	一 21	〈比喻篇〉6.1.1
神是惟一能救人能滅人的	四 12	〈命令篇〉12.6.3
沒有行善的罪	四 17	〈命令篇〉8.2；〈比喻篇〉10.4.3
基督徒有責任幫助犯罪的人回轉	五 19～20	〈命令篇〉8.10

相當有可能《黑馬牧人書》曾參考雅各書（特別參 Johnson 1995A:75～79，2004:52～60），其重要性不只是雅各書在這些使徒教父的眼中有權威性，我們更可從這些書卷對雅各書的引用和詮釋，得悉他們對雅各書對某些觀念的理解，例如「兩面派」，畢竟他們比我們更接近雅各的時代，甚有值得參考的價值。

五

文筆風格

✝

雅各書所用的是共同語（希臘文音譯字是 *koinê*）的希臘文，用字簡明準確，有傾向使用修辭辯證，用語雖沒有保羅那樣獨特，卻比約翰的細琢，但又不及希伯來書的複雜。其用字類似於〈七十士譯本〉的希臘文。作者在二章8節和23節，並四章6節所引經文，均直接引自〈七十士譯本〉，此外還有其他受〈七十士譯本〉所影響的引喻（如一 11，二 25，五4、5、17、20）。一些詞句如「行道的人」（ποιηταὶ λόγου；一 22）或「行律法的人」（ποιητὴς νόμου；四 11），若讀者是不熟識〈七十士譯本〉的用語，便很容易把它們分別誤讀為「詩人」和「律法製訂者」。但內中有十三個字是〈七十士譯本〉中所沒有的。事實上，全書共有五百七十個字，在其中有七十三個字是新約其他書卷所沒有的（Ropes 1916:25; Hartin 2003:22）。

雅各書中有受閃族語言影響的句法，但並沒有任何證據顯示這書原來是以亞蘭文所寫，後被翻譯為希臘文（特別參 Mayor 1913:22 詳細的討論），這些閃族語法的影響，可能是來自〈七十士譯本〉的。其中包括句子之間無連接詞（一 16～18、19～27，二 13，三 8～11、15，四 7～10，五1～6、8～10）；句子之間使用“καί”（「和」）作連接詞（一 11、24，四 7～11，五 2～3、4、14～15、17～18等），這種的情況出現約三十二次之多。使用希伯來語的屬格結構（一 17：τροπῆς ἀποσκίασμα=「轉動的影兒」；一 23：τὸ πρόσωπον τῆς γενέσεως=「自然的面貌」；一 25：ἀκροατὴς ἐπιλησμονῆς=「善忘的聽者」；二 4：κριταὶ διαλογισμῶν πονηρῶν=「存歪念的審判者」；三 6：κόσμος τῆς ἀδικίας=「不義的世界」、τὸν τροχὸν τῆς γενέσεως=「生命的輪」；五 15：εὐχὴ τῆς πίστεως=「信心的禱告」）和定冠不定詞（articular infinitive），包括τοῦ + 不定詞（五 17）；εἰς τό + 不定詞（一 18、19，三 3）；διὰ τό + 不定詞（四 2）；ἀντὶ τοῦ + 不定詞（四 15）（參 Turner 1976:117～118; Johnson 1995A:7）。

雅各書反映出作為猶太傳統智慧文學的特質，在本書一百零八節中，命令語氣動詞最少出現有五十二次。但這些命令往往附有原因，有時則附以目的（如一 3，五 8）及推理（如四 4、7，五 7、16）。作者往往使用「我〔親愛〕的弟兄們」這稱呼，引入新一段勸勉的起首，這可見於一章19節；二章1節（警告語）；二章14節；三章1節（警告語）；四章11節（警告語）；五章7節；五章12節（警告語）和五章19節，特別是與警惕語齊用時，都表示一個新段落的開始（一 16除外）。作者不時使用諺語作為段落的總結語，如一章26至27節總結一章1至27節；二章13節總結二章1至13節；二章26節總結二章14至26節，亦是二章1至26節的總結；三章18節總結三章13至18節；四章10節總結四章1至10節；四章17節總結四章13至17節；五章6節總結五章1至6節；五章11節下總結五章7至11節；和五章19至20節總結全書。

段落之間往往以同字根的詞將兩段銜接起來，這些「接頭語」（catchword）可見於一章1節（χαίρειν）與一章2節（χαράν），一章3節（ὑπομονὴν κατεργάζεται）與一章4節（ὑπομονὴ ἔργον），一章4節（λειπόμενοι）與一章5節（λείπεται），一章4節上（τέλειον）與一章4節下（τέλειοι），一章12節（πειρασμόν）與一章13～14節（πειραζόμενος），一章26（θρησκός, θρησκεία）與一章27節（θρησκεία），二章12節（κρίνεσθαι）與二章13節（κρίσις），三章17節（καρπῶν）與三章18節（καρπός），和四章6節（ἀντιτάσσεται）與四章7節（ἀντίστητε）。

段落與段落之間不只用字詞將之相連，有時整段經文用作連貫上段與下段，總結上文，開下文的討論，這些連貫性段落，有承上啟下的作用（特別參 Parunak 1983；Cheung 2003:83～85）。一章26至27節一方面是總結一章2至25節，又是開以下二章1至26節要以憐憫相待；二章8至13節將上文二章1至7節的不要偏私，開下文二章14至26節的信心要有憐憫的行為；三章13至18節是上文有關慎言之討論的總結，亦引向下文四章1至12節有關嫉妒紛爭的問題；四章11至12節一方面是總結四章1至10節的討論，另一方面引入神最終審判的主題，為下文四章13節至五章11節的重點。

作者常用的修辭技巧，有押頭韻（以“α”作頭韻，見三 17：ἀγαθῶν／ἀδιάκριτος／ἀνυπόκριτος；以“ϵ”作頭韻，見三 17：ἔπειτα／εἰρηνική／ἐπιεικής／εὐπειθής／ἐλέους；以“δ”作頭韻，見一 1：...δοῦλος ...δώδεκα... διασπορᾷ；一 6：...διακρινόμενος... διακρινόμενος；一 21：δέξασθε／δυνάμενον...；三 8：... δαμάσαι δύναται ...。以“π”作頭韻，見一 2：πειρασμοῖς περιπέσητε ποικίλοις；一 11：...προσώπου...πλούσιος...πορείαις；一 17：πᾶσα...πατρὸς ... παραλλαγή；一 21：...περισσείαν ...πραΰτητι；一 22：... ποιηταί ...παραλογιζόμενοι；如上所示，一 21是以“δ”和“π”作頭韻；以“μ”作頭韻，見三 5：...μικρὸν μέλος...μεγάλα...）。此外，作者還使用雙聲疊韻（一 1：χαιρεῖν與一 2：χαράν；二 4：διεκρίθητε／κριταὶ διαλογισμῶν；二 20：ἔργων／ἀργή；四 14：φαινομένη ... ἀφανιζομένη），和韻律的六音節詩詞（hexameter；一 17：πᾶσα δόσις ἀγαθὴ καὶ πᾶν δώρημα τέλειον）。

在用詞上，有一些不常見的疊詞，如一章8節：「三心兩意／心懷二意」（δίψυχος）；一章21節：「所栽種的」（ἔμφυτον）；二章2節：「帶著金戒指」（χρυσοδακτύλιος）；三章8節：「滿了害死人」（θανατηφόρου）；五章11節：「滿心憐憫」（πολύσπλαγχνος）。此外，還有十個詞彙以上在當代未有出現過，在此書中首次見到，因此有認為雅各善於自鑄新詞彙（Adamson 1989:138）。

雅各書使用眾多的文學形式（特別參 Bauckham 1999A:35～60），格言或諺語方面包括「蒙福語」：「……有福，因為……」（一 12）；「若有人……」（一 5、23、26；三 2）；同義平行語（一 9～10上、15；二 26；三9、

12；四 2上下、8下、9下、10、11下；五 2、4、5）；對比及弔詭語（一 9～10上；二 5、18下、24；三 7～8上、15；四 10）；「在那裏……，那裏……」（三16）；「正如……，那樣……」（二 26）；衝突語（一 20；三 12下；四 4）；等量語（二 13上；三 6下、18）；修辭反問語（二 14；三 11～12上）；想像的對話（二 16～19）；辯論語（一 13）；梯層式推進語（一 3～4、15）；榜樣（二 21～15；五 10～11、17～18）；先知審判式的宣告（五 1～6）；還有多姿多采的明喻和比方（一 6、10下～11、23～24；二 26；三 3～4上、5～6、11～12；四 14和五 7下～8上）。而希臘式的文學格式，有哲辯（二 16～19）和德行綱目（catalogue of virtues；三 17）。

米亞對雅各書的評釋是本書風格最好的總結，他形容作者的風格為充滿幹勁和朝氣，而且表達生動活潑，往往在表達抽象的意念時，以具體實例說明之（如一 11、24）。他的言詞有力，言簡意賅，絕不含糊其詞。雖有時語帶譏諷，但亦以十足的牧者心腸，循循善誘（Mayor 1913: cclvii～ix）。

六

寫作背景、目的及信息特點

✝

有不少學者認為，雅各書的寫作目的（不論是否接受作者是耶穌的兄弟雅各）是針對保羅因信稱義的教導（參 Lindemann 1979；Limberis 1997），這看法是繼承了路德的傳統，以二章14至26節作為全書的核心，並視之為與保羅因信稱義的教導背道而馳（參加二 11～13）。例如，韓高認為本書是針對保羅而寫的，不只是二章14至26節針對保羅因信稱義的教導，四章13至16節其實不是針對商人，而是暗地裏針對保羅的宣教策略，與商人一樣，有詳細計劃好的宣教行程，對富足人的責難，實是對保羅要倚靠這些人在經濟上的援助有關（參五 1～6），三章1節對教師的警告，也是針對保羅而發的（Hengel 1987:253～261）。在此我們只得說，韓高這極具想像力的猜測，令人感到詫異！

亦有認為，此書是針對某種扭曲了的保羅思想，這種思想導人走向無律法主義的放任生活，[8] 然而值得疑問的是，若有關「只憑信心」這思想被

8　持這看法的學者甚眾，如 Bultmann、Kümmel、Lohse、Dibelius、Schrage、Goppelt、Laws、Davids、Lüdemann、Ropkes、Martin 等。

扭曲了，那為甚麼本書仍使用「存著信心」作為這彌賽亞運動成員的特徵（二 1）？也沒有提及一些對保羅因信稱義的教義來説相關的重要課題，如割禮、潔淨之禮、與外邦人同枱用膳等問題。況且我們沒有任何其他證據，顯示這種所謂扭曲了的保羅思想，在一世紀的教會圈子中出現過（特別參 Penner 1996:47～74 精湛的分析）。若本書真的是針對保羅或是有關他的教導，則作者的表達如此含糊，只可説是敗筆之作！

若我們接受本書是耶穌的兄弟雅各所寫的，在新約書信和使徒行傳中，我們沒有任何清楚的記載，説雅各與保羅是彼此敵對的（參加一 19，二 9；徒十五 12～19），反之，在加拉太書中，保羅給我們的印象是，雅各是耶路撒冷教會其中一個與保羅保持最緊密接觸的教會領袖（Hutchinson Edgar 2001:35）。

在討論本書作者時已提及，本註釋接受雅各書的作者是耶路撒冷教會領袖的雅各，這是他向散居於各處的猶太基督徒所發的信函。書中反映的社會環境是當代猶太人農業社會中一般的生活情況。當時差不多九成的人口，都是過著貧窮的生活。但真正稱為「赤貧」的，約是人口的一成以內，這些包括失去自己土地的貧農、受雇的工人、孤兒和寡婦、流浪者和乞丐及地位卑微的，如患痲瘋的、妓女、苦力、開礦工人及其他幹禮儀不潔之工作的人（Perrin & Duling 1982:56；張略 2003:205～210）。這些生活在社會的邊沿人，往往在法庭審訊中（當時的會堂可用作審訊）被屈枉（二 1～6），在富戶的欺凌下被剝削（五 1～6）。書中形容那些蒙神呼召的，就是這樣的貧窮的人（二 5），神的子民正是好像這些人一樣在世上無依無靠、無權無勢，但從信心的角度去看，卻有尊貴的地位，是屬神的子民。神終會為他們辯屈平反，審判那些窮奢極侈、剝削壓榨的富足人，末世的顛倒（eschatological reversal）已經開始（一 9～11；參緒論 9.5.2），「貧窮人」成為神子民的楷模。在當代，商人常被懷疑以不名譽的手段，牟取暴利。他們往往以自己能在買賣中得利而自誇。雅各並未有反對行商，但卻警告他們要有正確的態度，不要自以為是，不可一世（四 13～17）。這裏不是特別針對撒都該人（如 Martin 1988:lxviii, 156），雖然他們往往因支持這些商賈的活動而致富；也不是針對所謂在社會中力爭上游的中產階層（如 Popkes 1986:53～91），這是使用了工業革命後的社會分層方式套入農業社會是一種時空錯置的做法，並不適當。雅各承接了耶穌那種抗衡文化的精神，不嚮慕虛榮，以貧窮人的身分自居（一 9～11），尊重貧窮人（二 1～9），與貧窮人認同，專心仰賴那獨一施憐憫的主（四 7、15），在言語上純全（三 1～12），説真誠話而不起誓（五 12），不按人的社會地位的高下對待人，反之，要以憐憫和愛鄰舍待所有人（二 8、13）。

雅各勸勉讀者作為這彌賽亞運動初熟的果子的（一 18），要逆流而上，不要為世俗所同化（參一 26～27，四 1～6），在眾多的試煉之中（一 2、12），堅守耶穌所教導雙重愛的命令：愛上帝和愛鄰舍，憑著純一的信心，走上更臻完全的路（一 2～4）。他們一方面要愛上帝（一 12，二 2），親近上帝（四 7），要對祂付上忠實和忠誠，好像亞伯拉罕一樣，成為上帝的朋友（參二23），不要三心兩意（一 6～8，四 8），且抗拒被自己的私欲所引誘（一 13～15，四 1～2），[9] 拒絕世界的標準，不與世俗為友（四 4），這世俗的標誌是驕橫自大，與上帝為敵（四 4）；另一方面，要透過「愛你的鄰舍」的準則，去實踐那使人完全的律法，作為他們一切言語行為、待人處事的基礎（一 21～25，二 9～13，三 13～18，四 11～12）。從天上來的智慧帶有七種特質是人得以完全所必備的（三 17；參一 5），也是屬神的子民所要切慕的。這神子民的羣體若要成為一個完整的羣體，就要謙卑的來到主面前（四 6、10），並要彼此認罪、互相代求（五 13～18），將那些迷途的人，從罪惡死亡的路上挽回過來（五 19～20），並要存心堅忍，等候救主的再臨（一 12；五 7～11）。在上帝救贖的能力之下（一 18），祂有足夠的恩典（一 17，四 6，五 11），叫相信祂的人，最終得以完全，被召聚進到上帝的面前，領受那所應許的生命為冠冕（一 12）。

9　Martin（1988:144, 156）將四章1至2節字面地理解為戰爭打鬥，並認為雅各在此是要與奮鋭黨的做法劃清界線，我們不接受這看法，詳參該處註解的討論。

七

結構

✝

狄比留認為希臘道德訓誡文體的特徵之一，是缺乏統一的結構，只是鬆散地將不同的言詞和訓誨放在一起，雅各書正是這樣的一種情況，將不同的訓勉主題放在一起，且多次重複這些主題，內容發展缺乏連貫性，段落或句子之間使用了接頭語相連，好方便記憶，全書並無整體的設計可言（Dibelius 1976:3～7）。但我們在討論本書的體裁時已經指出，缺乏結構和連貫性，並非訓誡文獻的特質，也不是雅各書的特性。然而，學者對本書結構的理解，分歧甚大，不只是不同的方法得出不同的結構，就是使用同一種方法，也得出不同的結論。在此並無任何共識，可以說有多少學者，就有多少對結構的理解（特別參 Taylor 2004），以下只可以列出一些較典型的例子以說明。

費爾（Fry 1978）以「考驗與忍耐」為主題，組織全書，並發現全書出現倒影結構：

一 1　向那些在試煉中的人問安
一 2～8　考驗與忍耐
一 9～11　　富與貧（考驗的境遇）
一 12～15　考驗與忍耐
一 16～18　　　上帝的特性
一 19～25　　　　真正順服的考驗
一 26～27　　　　真正宗教的考驗
二 1～13　　　　　公義態度的考驗
二 14～26　　　　真正信心的考驗
三 1～12　　　　　無過言語的考驗
三 13～18　　　　真正智慧的考驗
四 1～10　　　　　真正忠誠的考驗
四 11～12　　　　　真正團契的考驗
四 13～17　　　謙卑
五 1～6　　富與貧（試煉的境遇）
五 7～12　考驗與忍耐
五 13～18　　禱告
五 19～20　　挽回那些在考驗中失敗的人

「考驗與忍耐」是一個相當富涵括性的主題，也無疑倒影結構存在於聖經的文獻之中（參 Lund 1992），我們可以針對這兩方面提出疑問，首先是主題的涵括性，「忍耐」這詞只在一章3節和五章7至11節中出現，其他地方這主題如何得到發揮？譬如說：「無過言語的考驗」（三 1～12）如何說在言語上要忍耐呢？梁康民（1995）以信仰的考驗作為涵括性主題的（Hiebert 1992 也選用類似的主題：「信心的試驗」，和「活的信仰應有的表現」），他將全書分為七大段，是謂七重信心的考驗，並以一章2至8節為導言，五章19至20節為全書的總結，[10] 對梁氏來說，信仰的考驗即信心的考驗（頁11）， 然而信心這詞的出現，只集中於第二章，固然信心的考驗在本書中確

10　其他使用信心這主題的學者，參 Vouga 1984:18～23；Martin 1988:cii～iv。

是一個重要的主題，卻未能涵蓋全書，其情況與費爾所提供的結構一樣，第三章有關舌頭的誤用和兩種智慧的對比，就完全沒有提及信心的問題。

費爾的結構第二個問題是關於倒影結構（或「對稱平行」）的工整性，最明顯的是：一章16至18節（上帝的特性）如何與四章13至17節（謙卑）成對應性的倒影。同時學者在建立倒影結構時，往往缺乏嚴格客觀的準則，[11] 有時候用字彙，有時候用主題，有時候用文法，而且我們也要問，若作者是刻意使用倒影結構，他的目的是甚麼，一般來說有三：文學上的駢美，表達重點所在，或是易於記憶。這三方面都假設有一般閱讀能力的讀者，可以清楚得悉這結構，若然要好像找密碼般尋得一個複雜的倒影結構，這雖然並非不可能，但我們必須對此採取極之審慎的態度，必須查究作者為何要這樣做。

另一類完全不同的入手方式是使用格雷馬斯（Greimas）的結構符號學的分析，卡迦（Cargal 1993）使用這工具找出雅各書本書結構與全書主旨的關係，他認為不應以邏輯推理去尋找出本書思路的發展，本書的主旨可從一章1節和五章19至20節這相對應平行的「倒轉」和「假設」的特質（inverted and posited nature）中找到，這主旨是挽回。然而，在分析段落結構上，學者批評卡迦只使用倒轉和假設的特質作為其考慮的原則，不只是過分狹隘，而且變得主觀失衡（參 Watson 1995 的書評），例如他認為一章2至4節並非作者本身的立場，而是他要糾正的立場，而且作者並不支持「貧者的敬虔」，而是排斥這看法（Cargal 1993:58），從整卷書的角度去看是完全不可能成立的。

近年在聖經研究中，修辭研究的方法大受歡迎，威爾能（Wuellner 1978）是這方面的先驅，他使用這方法分析雅各書，這書首部分是書信的卷首語（一 1），然後是引言（*exordium*；一 2～4），敍述（*narratio*；一 5～11），命題（*propositio*；一 12），這書的主要論理（*argumentatio*），這部

11 雅各書有時候重複地論述一些主題，在訂出所謂對稱平行的結構，要特別審慎。例如李保羅（2005）認為雅各書的結構為：A. 論苦難中的忍耐（一 2～25）；B. 從舌頭論真正虔誠的生活（一 26～二 13）；C. 要有有行動的信心（二 14～26）；B'. 從舌頭論真正智慧的生活（三 1～五6）；A'. 論苦難中的忍耐（五 7～10）。我們大可疑問為何C不是屬於B的一部分？虔誠的生活和智慧的生活可涵括信徒生活的各部分，如此籠統的分法，對我們了解全書的鋪陳方式幫助不大。有趣的是，不同的學者，提出不同的所謂對稱結構，參 Reese 1982。

分可分為六大段(一 13~27,二 1~13,二 14~26,三 1~18,四 1~12,四 13~五 6),每段的長短相約。不少學者都使用類似的分析,說明雅各書修辭的結構。[12] 我們難以將雅各書這猶太的智慧文獻分類為任何一種修辭辯詞,亦難以將這些典型辯詞的結構,套進雅各書,然而雅各書個別段落議論的部分(參二 1~13,二 14~26,三 1~12,三 13~四10;觀此參 Watson 1993A,1993B;Wachob 2000:59~113),使用修辭分析可幫助我們了解這些個別段落的統一性,及其議論的進展。因此本註釋在使用傳統的段落結構分析(discourse analysis),在適當的地方,亦採用修辭的分析。

包衡(Bauckham 1999A:61~69)則認為,雅各書大致可分為三部分:甲、前言(一 1),乙、序言(一 2~27)和丙、解說(二~五)。第三部分可分為十二小段:(1)偏私和愛的命令(二 1~13);(2)信心與行為(二14~26);(3)舌頭(三 1~12);(4)真與假智慧(三 13~18);(5)呼籲三心兩意的人悔改(四 1~10);(6)針對彼此毀謗(四 11~12);(7)譴責商人(四 13~17);(8)譴責富有的地主(五 1~6);(9)堅持直至主復臨(五7~11);(10)說真實話(五 12);(11)禱告(五 13~18);(12)叫犯錯者回轉(五 19~20)。包衡指出這些段落的開始和結束,都有共通的地方,這種結構的方式,與當代的猶太智慧文獻更為接近。

在結構的問題上,本註釋所採取的立場,認為這建構必須建基於當代智慧文獻的一般結構和格式。在討論本書體裁時,已經指出當代智慧文獻其中一種特質,是以其前言及結語作為全書詮釋的框架,我們因此可以將此書分為四大部分:(1)前言(一 1);(2)序言(一 2~27);(3)釋義(二 1~五11);(4)結語(五 12~20)。

前言反映出書信的一般格式,包括了作者、受書人和祝謝語(有關格式,參 Doty 1973:29~33;Stowers 1986:20;White 1986:195, 200)。有關本書的序言,近年較觸目的研究是法蘭西斯(Francis 1970)的分析(Davids 1982:25;Wall 1997:44~45 都接受這分析),他認為本書與當代希臘化猶太信件一樣(參《馬加比一書》10.25~45,約瑟夫《猶太古史》8.50~54 和約翰一書),有雙重的序言,重複本書所包含的重要主題,本書亦同樣有雙重序言

12 Baasland 1982:122~123,1988:3655~3659;Frankemölle 1990:161~197,1994:1.152~180;Elliott 1993;Klein 1995:39~42;Thurén 1995:208~282 等。

（一 2～11／一 12～15），以喜樂和祝福為這序言的起始語，他同時認為這兩段對應於保羅書信中感恩禱告及祝福語，保羅書信的感恩禱告也同樣將書信中主要的主題勾劃出來。然而，在這書中要喜樂的勉勵（一 2），與保羅的感恩禱告是全然不同的；同時也難以將二章12節的蒙福語看為是對上帝祝謝的演化。我們視本書的序言導出本書的主旨：得以完全，包括個人及羣體怎樣才可以得以完全，其中有甚麼阻礙，上帝在其中的角色，這些也是本書結語的關注。一章19至20節更是回應了一章1節：上帝所召聚的末世羣體是一個悔改得生命的羣體。有關序言和結語較仔細的結構分析，請參註解部分（另參 Cheung 2003:60～71）。

另一個智慧文獻的風格是以格言作為各分段的結束，在雅各書中有另一頗一致的做法，就是以「〔我的〕弟兄姊妹們啊」（ἀδελφοί〔μου〕）配以禁誡性命令語氣動詞，作為一個主要段落的開始（二 1，三 1，四 11；同樣情況亦見於五 12），以格言作為大段的總結（二 26：「身體沒有靈魂是死的，信心沒有行為也是死的」；四 10：「你們要在主面前謙卑自己，主就使你們升高」；五11下：「主是滿有慈悲，大有憐憫的」），在此將釋義分為三大段：二1～26，三1～四10，四11～五11。在最後一大段最後的三個小段中，也用了這格式（五 7、9、10）。在這三大段中的分段，有時候使用修辭反問語作開始（二 14，三13），有時候分段會使用格言（二 13，三12，三18，四 17），也有時候以修辭問句作結（四 12，五 6）。

帕溫勒（Parunak 1983）在他一篇討論「聖經中的轉接技巧」（Transitional Techniques in the Bible）的文章中指出，往往兩段好像全不相關的經文，透過中間一段轉接語或段落，將之連繫起來，方法是透過一些表面上容易分辨得到的相同處，例如相同的字彙，這轉接語或段落便好像一扇門的鉸鍵一樣。雅各書有三個段落，與這裏所描述的轉接段落十分相似。從表面去看，二章1至7節與二章14至26節並沒有任何直接關係，前者論不要偏私，後者論信心要有行為。二章8至13節一方面承上仍在處理有關不可偏私的主題（參二 9），又開出下段要有憐憫行動的主題（參二 13）。表面上三章1至12節不可誤用舌頭與四章1至10節針對世界的價值，在表面上也沒有任何關係，三章13至18節可視為轉接段落，一方面是那些三章13節那些「有智慧和有見識的」，可以是指他們中間作教師的（參申一

13～15），同時三章12和18節都使用了相同的圖像：樹結出果子，再加上在用字上的相同：「苦毒」（πικρόν）見於三11和14節，「不定」（ἀκατάστατον／ἀκαταστασία）見於三章8和16節，「充滿」（μεστή）見於三章8和17節。然而，三章13至18節是討論有關嫉妒（三 14、16：ζῆλον與四 2：ζηλοῦτε）這主題的重要部分（特別參 Johnson 1983:327～347；1985:167～169）。

類似的情況亦見於四章11至12節，雖然其轉接的情況，顯得更為含糊，有學者認為應與四章1至10節屬同一單元（Davids 1982:169；Thurén 1995:280；參 Moo 2000:197），有認為此段落是獨立的（Adamson 1976:175; Laws 1980:186; Townsend 1994:84），也有認為應與四章13節至五章6節成一單元（Johnson 1995A:292; Motyer 1985:155ff.）。此段有關不可毀謗人與三章1至12節的不可誤用舌頭，可視作首尾呼應，同時再次強調審判的臨到（比較三1），也可視此段為三種自高自大的人的表現（Johnson 1995A:292）。

值得注意的是，二章8至13節、三章13至18節和四章11至12節，彼此之間有重要的關連。作者在二章12節勸勉讀者要按照那使人自由的律法「說話行事」，三章13和14節分別勉勵讀者要以謙卑行事，要憑真理說話，四章11節則警戒信徒不可毀謗（說話）律法，也不要成為不行律法的人（οὐκ ποιητὴς νόμου）。二章13節強調有憐憫的重要，三章17節所言從上而來的智慧其中一種表現是「滿有憐憫」，二章8節的「偏待人」與三章17節「沒有虛為」是它的對比。二章8至13節和四章11至12節都強調遵守全律法的重要性，上帝會根據祂的律法審判人的言行。那使人自由的律法和那從天上而來的智慧都是出於那獨一的上帝，那位制訂律法者，也是那位審判的主，祂會基於人的言語行為審判世人。這就益發突顯了三章13至18節獨特的地位，其中有關從天上而來的智慧所有的七種特性，都是與全書的主題內容緊扣相連的，因此這段可以說是全書的高潮，對真智慧的描述和歌頌，也是智慧文獻的重要特色（參該處的註解）。有學者以不同的方法，達致類同的結論（Taylor & Guthrie 2006）。

另一方面，這三段經文亦與一章19至25節有密切的關係，同樣強調人言語行為的表現（一 19、22）。與二章8至13節和四章11至12節一樣，這段的主題是關乎要遵守上帝的律法。一章25節指稱這律法是完全的（τέλειον），在二章8至13節指這律法雖要完成（二 8：τελεῖτε）。謙虛（πραΰτης）是領受律法所需有的態度（一 21），這態度也是智慧的人必須具備的（三 13）。這四段經文可以說綜合了全書的主旨：靠著上帝的律法和從天上而來的智慧，以謙虛的心過更臻完全的生活。

以下的結構，一方面基於以上所討論有關當代智慧文獻的特性，並以「完全」作為組織全書的主題，正如我們在討論本書寫作目的中已指出，這是作者主要的關注。

雅各書的結構

1 卷首語（一 1）

2 前言——得以「完全」的重要（一 2～27）

- 2.1 完全與全然愛上帝（一 2～18）
- 2.2 完全與實行使人自由的律法（一 19～27）

3 本體（二 1～五11）

- 3.1 要有完全的信心：實行王者的律法（二 1～26）
  - 3.1.1 完全的信心與偏待人是互不相容的（二 1～7）
  - 3.1.2 偏待人和沒有憐憫的行為是有違王者之律（二 8～13）
  - 3.1.3 完全的信心必定有行為的表現（二 14～26）
- 3.2 要有從上而來的智慧（三 1～四10）
  - 3.2.1 謹慎言語（三 1～12）
  - 3.2.2 天上與屬地智慧的對比（三 13～18）
  - 3.2.3 慎防嫉妒（四1～10）
- 3.3 上帝末世審判的來臨（四 11～五11）
  - 3.3.1 針對惡意批評者（四 11～12）
  - 3.3.2 針對高傲和不義的富有人（四 13～五6）
  - 3.3.3 勸告讀者要堅忍（五 7～8）
  - 3.3.4 針對彼此埋怨（五 9）
  - 3.3.5 總結的榜樣：先知們和約伯（五 10～11）

4 結語——得以「完全」的關注（五 12～18）

4.1 論起誓（五 12）

4.2 信心的禱告（五 13～18）

5 全書總結——信徒彼此的責任（五 19～20）

八

納入正典的過程

✝

雅各書並未為公元二至四世紀間（不太確定）羅馬的〈穆拉多利經目〉所採納。愛任紐、特土良或居普良都未有提及此書。然而，雅各書與《革利免一書》和《黑馬牧人書》（公元一世紀末至二世紀初）在用字、主題和看法上，有不少平行的地方，因此有學者相信它們使用了雅各書（參緒論4.4.2.1，4.4.2.2）。在敍利亞的東正教會中，遲至412年五世紀的敍利亞《別西大譯本》（Peshitta）才見雅各書的出現。

亞歷山太的革利免是否有援引雅各書是具爭議的，並未能確定（參Johnson 1995A:128～129）。雅各書被確認為主的兄弟使徒雅各所寫，最早見於亞歷山太的俄利根（185～254；《出埃及記講章》3.3；《羅馬書註釋》4.8），他是革利免的學生，在他的著作中援引雅各書超過三十多次，並將之視作「經書」（《利未記講章》2.3）。亞歷山太的亞他那修（Athanasius, 297～373）和區利羅（Cyril, 376～444）對雅各書均推崇備致，並被收入亞他那修的新約正典名單之中（參《節期書信》）。東方教會最早肯定雅各書為正典。耶路撒冷的區利羅(Cyril, 315～386)亦將雅各書納入正典。君士坦丁的主教屈梭多模(John Chrysostom, 347～407)就曾寫有雅各書的註釋。

四世紀的教會史家優西比烏在討論有關新約的正典時,將所有福音書和保羅書信看為已受到確認為正典的(*homologoumenoi*),而雅各書、猶大書、彼得後書和約翰二書和三書則是屬於受爭議的書卷(*antilegomenoi*)之列(《教會歷史》3.25.3),縱然這些書卷為大部分教會的其他作者所熟悉的(*gnôrimoi*;《教會歷史》3.25.6)。這些受爭議的書卷是有別於那些「不純正的」,如《黑馬牧人書》(3.25.34)。優西比烏將雅各書看為是「大公書信」的首卷,他認為雖有人因為此書甚少被古老的傳統所引用,好像猶大書一樣,但它們在大部分當時的教會中,被公開地採用,這是人所共知的(2.23.25)。

直至四世紀末葉,雅各書才為西方教會廣泛地使用。高盧主教希拉連(Hilary of Poitiers, 315～367)、魯非諾(Tyrannius Ruffinus, 345～410,將俄利根著作從希臘文翻成拉丁文)、奧古斯丁(Augustine, 354～410)和耶柔米(331～420年)都有使用此書,並將之視為正典。奧古斯丁著有雅各書的註釋,可惜現已遺失。在他們的影響下,雅各書權威地位,再沒有備受懷疑。在「希坡會議」(393年)和「迦太基會議」(397年)中,都出現在正典的綱目之上(參 Bauckham 1999A:113～114)。雅各書在表面上與保羅因信稱義的教義相阻,做成它的正典地位未有被教會很快地確認。亦可能因為本書並未有在一些主要的神學辯論中,為初期教父所使用,因此雅各書並不是被排斥,而是遭忽視(Moo 1985:17)。當耶路撒冷於公元70年被羅馬人所毀後,猶太教在雅麥尼亞(Yavneh)重新建立以法利賽主義為主的拉比猶太教下,猶太基督教受到猶太教更明顯的排斥,其發展受到很大的限制,耶路撒冷的教會作為宣教的母會漸次失去其領導的地位,在公元二世紀後,猶太基督教式微,雅各書是最能代表猶太基督教的著作,也同時不那麼受到重視(Tasker 1956:125)。

直至宗教改革運動時,路德因雅各書有關因行為稱義的教訓,表面上與保羅因信稱義的教訓有矛盾,在他1522年出版的新約德文譯本的前言中,就曾稱雅各書為「草木禾楷」(*LW* 35.362),在1546年的版本中,他對此亦沒有作任何的修改，這可能與當時羅馬天主教引用雅各書二章24節與路德爭論有關因信稱義的道理，不無關係。在「聖雅各和聖猶大書信的前言」中，他同時對本書是否具有使徒的權威，提出質疑。除了因其內容與保羅因信稱義的神學相阻之外，雅各書亦沒有提及耶穌的死和復活（另參 *LW* 54.424），以及有關基督的靈的工作。他更批評雅各書的內容雜亂無章，但卻肯定此書在道德教導上的價值。有認為，路德對雅各書的態度並不一致，例如他在1530年所撰寫的《路德大問答》中就曾兩次引用雅各書，支持他觀點（一6～7，三5）。〈奧斯堡信條〉（Augsburg Confession, 1530）的主要撰寫人，路德的同工墨蘭頓（Philipp Melanchthon），在回應羅馬天主教在〈駁斥奧斯堡信條〉（Confutation of the Augsburg Confession）引用雅各書二章24節對抗因信心稱義之理時，強調要從整卷書的文理去理解這段經文，而不是斷章取義地使用，他認為應從雅各書一章18節，人藉著真道得生命這角度去理解因信稱義，並且凡是因信稱義的人，必定會有上帝所悅納的行為，並且怎樣可以認出使人稱義的信。加爾文（《雅各書註釋》）就認為，沒有理由懷疑這書正典的地位。雅各書在新約正典中的地位，未受動搖。

九

主題信息

✝

一般討論雅各書的主題時，會使用如「神」、「基督」、「貧富」等，這裏希望能透過雅各書本身所呈現的信息特點，將這些課題包括在主題信息的討論之內。例如神觀在雅各書中是與上帝是獨一完全的那位，有密切的關係，因此這方面的討論置於「完全」這主題之下討論。

9.1 完全

雅各書指出上帝所要在神子民身上看見的是「成全完備，毫無缺欠」（一 4），這可以說是全書的綱領。「成全完備」（τέλειοι καὶ ὁλόκληροι），「成全」和「完備」可以說是同義詞，在這裏的意思是「完全的完全」，在質和量上都完全，亦即「沒有任何缺乏的」。

「完全」的觀念，不只局限於"τελ-"這字根的詞彙。從早期猶太教和基督教的觀點去看，有七個很重要的特性（Cheung 2003:162～177；另參 Hartin 1999:17～39）：

1. 得以完全代表過一個正直、公義、真實誠信和聖潔的生活，一心忠於上帝，實行祂的旨意，並以清潔的心去尋求祂。
2. 真正的完全是要行上帝的律法，並且是一個人有敬虔智慧的表現，從早期基督教傳統去看是要實踐愛的命令。
3. 利未記十九章2節的聖潔法典（holiness code），即要效法上帝（*imitatio Dei*）的聖潔，過聖潔的生活，是呼籲人要聖潔和完全背後的基礎。
4. 完全／完整涉及一個成長成熟的過程，這過程指個人的，同時亦是羣體的。
5. 最終的完全只可以在終末的時候達成，最後是在乎那完成祂在祂子民身上的工作的上帝。
6. 真正的完全是品格上的特質，也是行為上的表現。
7. 那立約羣體對完全或聖潔的要求，帶來這羣體獨特的敬虔模式。

「完全」這觀念最主要的意思是對上帝全然的忠心，不存異心的忠誠，亦是〈示瑪〉（*Shema*^{c}）中所表達的信仰：全然地愛上帝。完全也指全然順服上帝的命令，從基督教傳統的角度去看，是透過愛的命令去遵守上帝的律法。

在雅各書中，“τέλειος”「完全」這形容詞共出現了五次（一 4上、4下、17、25，三 2），在整個新約中，這形容詞只出現過十九次。其動詞“τελεîν”「得以完全」則出現於二章8和22節，名詞“τέλος”「結局」見於五章11節。「完全」與書中一些重要的主題相關：工作／行為（一 4；二 22）、智慧（一 5、17）、信心（二 22）和律法（一 25；二8、10）。真道、使人自由的律法和智慧，都是從神而來完全的恩賜（一 17）。「完全」是信心經歷試驗之後，所要達致的最終目標（一 4）。作為一個完全的人（參三 2），必能全然地控制自己的舌頭。然而，正如上文所指，雅各書完全的觀念，並不止於這字根的字彙，當代猶太和基督教傳統的看法，亦見於雅各書。以下會從完全作為神與人之間關係那種完整的委身去理解完全這觀念在雅各書中的意義（詳參 Hartin 1999；Cheung 2003:181～194）。

9.1.1 上帝的恩典和完全的委身

雅各書一章5節說上帝是「厚賜與眾人也不斥責人的」（〔和〕），「厚賜與眾人」（ἁπλῶς）這詞是有關完全觀念的字彙之一，其基本的意思是「純一」或「單純」，在這裏雖然可理解為慷慨大方，然而將之理解作純一，更能與下文（一 7～8）的「三心兩意」作鮮明的對比。當人需要智慧時，上帝從不猶疑、絕不需再三考慮，必將人所需的智慧賜予人，祂對人的善意是毫無保留的，這可見於祂將使人得以完全所需的禮物，包括智慧、真道和律法賜給人，上帝作為那救贖的主，以真道叫人得著新的生命，成為救贖中初熟的果子（一 18），並為人預備了生命的冠冕（一 12），叫人得以智慧和真道，去對抗人內心的邪情。上帝的恩典實在是人得以完全惟一的途徑（四 6上）。上帝是那創造的主宰，相對於那不斷轉動的天星，祂的信實是永不改變的（一 17）。祂對那些愛祂之人的應許是永不落空的（一 12，二 5）。上帝是那位「滿有憐憫，大有慈悲的」（五 11）。基於上帝的本性，信徒可以禱告祂（一 5），奉主的名為病人禱告求醫治、為罪人求寬恕（五 14～16），若我們親近祂，祂就必親近我們（四 8），我們實應歌頌那為主為父者的聖名（三 9，參五 13）。

有趣的是，用「純一」形容上帝，在之前的猶太著作中，從沒有出現過，這極可能是要以上帝的完全純一，作為人效法的榜樣。這正是利未記十九章2節的重點：「你們要聖潔，因為我耶和華──你們的神是聖潔的」，也是耶穌對此演繹的重點：「所以，你們要完全，像你們的天父完全一樣」（太五 48），「你們要慈悲，像你們的父慈悲一樣」（路六 36）。

9.1.2 愛上帝與得以完全

因為上帝是純一完全、作事專一的，人才可能得以完全。雅各書一章4

節和五章15節所述人的信心，是人對上帝專一的表現，亞伯拉罕是最好的例子，他是上帝的朋友（φίλος θεοῦ），因為他相信耶和華是獨一的主，並專一地愛祂。這種專一反映於猶太信仰傳統〈示瑪〉的宣認。

〈示瑪〉（שׁמע；*Shema*^{c}）是希伯來文的中文音譯字，意即「要聽」，出自申命記六章5節：「以色列啊，你要聽，耶和華是以色列的神，主是獨一的，你要盡心、盡性、盡力愛耶和華你的神。」〔按原文另譯〕，「示瑪」這命令語動詞在希伯來文經文中排於句子的首位，猶太人以此字代表他們這敬拜一神的基本信仰，是猶太教的基本信條。[13]

根據法利賽拉比的解釋，「盡心、盡性和盡力」不只是全心全力的意思，而是指要在三方面去愛上帝。在《米示拿》〈祝福篇〉9.5有以下的闡釋：正如在那裏說：「你們要盡心、盡性和盡力去愛主你的上帝。」

- 以你們的全心——用你兩方面的傾向，善的傾向和惡的傾向；
- 以你們的全性——就算祂拿去你的性命；
- 以你們的全力——用你們所擁有的金錢；另一解釋：你們要為祂所量給你們的分量，深切感恩。

「盡心」是以善和惡的傾向去愛上帝（參本書專文「邪惡傾向」），[14] 指不異心地愛神（參《論申命記》§32〔申六5註〕）。「盡性」指願為上帝獻上自己的生命，甚而要面對苦難和殉道；根據斐羅（Philo，《論特殊法律》3.45），亞倫的死是謂他的「完全」（另參《所羅門智訓》4.7～13），《馬加比四書》7章15節就更將殉道為「完全」了忠於妥拉的一生（參《偽約拿單的五經他爾根》申六5；《巴比倫他勒目》〈論祝福〉9.7，14b）；根據《馬加比四

13 有猶太的傳統認為「示瑪」源於族長雅各，在《尼奧菲特的他爾根》記載雅各臨終時，叫了十二支派來（指他的十二個兒子），警告他們不要敬拜偶像，他們就同心一意的說：「以色列啊，要聽，耶和華以色列的神，主是獨一的，你們要盡心、盡性、盡力愛耶和華你的神。」〔按原文另譯〕無巧不成話，這書是新約的雅各，向散住十二支派所說的話。

14 有些〈七十士譯本〉的譯文以“ διάνοια ”「意」代替“ καρδία ”「心」，有些猶太文獻也以「意」代「心」，將「心」看作「心思意念」（參1QCS 1.12；CD 14.11）。在創八21（〈七十士譯本〉），用“ διάνοια ”「意」釋譯希伯來文的“ יצר ”「傾向」；參〈七十士譯本〉創六5使用同字根的動詞。

書》7章15節，為愛上帝而殉道是「成全」那忠於妥拉的生命。「盡力」指以自己所擁有的一切去愛上帝，可以指金錢（《巴比倫他勒目》〈論祝福〉54a），可以指產業（《盎克羅的他爾根》；《別西大譯本》），可以是財富（《巴比倫他勒目》〈論逾越節〉25a，〈論聖日〉82a，〈論公會〉74a；《偽約拿單的五經他爾根》；《尼奧菲特的他爾根》），也可以是權力或力量；「盡力」在《米示拿》隨後的另一解釋，理解這要求為要以感恩的心，領受上主所給予各人不同的分。

根據猶太古舊的傳統，他們每天背誦〈示瑪〉兩次，一次在早上敬拜獻祭前，一次在入夜之後，模擬申命記六章7節「躺下，起來」這兩個時間。猶太人對〈示瑪〉的重視，叫我們相信這從〈示瑪〉引申出來的這三個主題，必為當時猶太人所熟知。況且引申〈示瑪〉的主題作為智慧的教導，已見於猶太的傳統之中（Overland 2000 指出箴三 1～12是根據〈示瑪〉引申的教導），也見於「耶穌的傳統」（參緒論 4.3）。雅各書一章2至18節是根據這三方面作出引申和詮釋。雅各書一章2至18節的三個主題：試煉、墮陷和貧富，分別對應於法利賽猶太拉比對盡性、盡心和盡力的理解。雅各雖然沒有提及殉道，但在試煉中要堅持忍耐到底，以致得以完全，與忠於上帝以致殉道，也不遑多讓。人變得三心兩意或墮陷於情欲之中，正是因為受自己的私欲或惡的傾向所支配，要能盡心，便必須克服內心的偏情。貧富的逆轉正好說明人所擁有的一切都在乎上帝，愛上帝者不在乎貧或富，而是以上帝所賜為滿足和喜樂，以感恩的心領受。雅各在安排這三個主題上，先闡釋與「盡性」有關的主題，可能因本書的主旨是如何得以完全，「盡性」與此有最直接的關係。信徒是否愛上帝，永志不渝地忠於祂，要不斷地經受考驗，這些考驗一方面是外在的，叫人氣餒，甚而放棄（參五 1～6），同時也是內在的，是從自己的私欲而來的壓力（一 13～14），人要以信心剛毅地克勝（一 4，五 7～11）。根據一章2至4節和一章12節，「愛上帝的人」（一 12）就是那些最終經歷試煉而得以完全的人（一 4）。

在猶太的傳統中，〈示瑪〉與遵行上帝的律法是不可分割的（如申六 5～9，十 12～13；尼一 5；《便西拉智訓》2.15，14.1等）。亦有將〈示瑪〉與十誡連在一起（出二十 6；申五 10）。在第二聖殿時期，十誡往往是在誦讀〈示瑪〉之前，先由祭司讀出（《米示拿》〈論連續獻祭〉5.1），在昆蘭發現的祈禱盒，也是將〈示瑪〉與十誡並列（8QPhyl）。在雅各書中，〈示瑪〉的宣認也是與實行律法不可分割，單單有正確的宣認是不足夠的（二 19）。

愛上帝一方面是一種對上帝的態度，以祂為生命的中心，是得以完全的個人及羣體所必須有的定位，愛上帝與實行祂的律法是不可分割的，這是通往完全的途徑，得以完全是宗教性的，也是道德性的。

9.1.3 愛鄰舍與得以完全

全備使人自由的律法或至尊的律法並不是指「愛你的鄰舍」這一條律例（參該處註釋），而是指一組的命令，這些命令是要透過「愛你的鄰舍」這原則去詮釋、應用和實踐（二 8）。前文已提及，作者使用了利未記十九章中有關的律例，作為全書一些主要討論的主題，雅各以耶穌愛你的鄰舍這命令，去重新詮釋起誓（五 12），人若忠實誠信，剛正不阿，便不需要起誓，起誓只會叫人說話要分出可信和不可信兩種，這是危險的（比較太五 33～37，二十三 16～22）。忠實誠信是信徒羣體得以穩固建立之本。偏待人（二 1～7）、欺詐雇工（五 4），不只是不誠實的表現，也是違反了愛之律。

雅各書信心與行為的關係，也應從「完全」這觀點去理解。單單有信心，是不完全、不完整的，真正的信心，要有行為才算是完整的（二 22）。惟有愛上帝（一 12，二6），並以愛鄰舍的心去實行律法，有好憐憫的心，這才是踏上這通往完全的路。最終的完全，只有在基督復臨時才得以達成（一 12）。

總括來說，完全代表全心一意地忠於上帝（一 8，四 8），以愛實踐完成全律法的要求（二 8～12，四 12），不只是聽、還要行（一 22～25），不只是說、也要行（二 16），不只是信、更要行（二 22），活出內外、言行一致的生活方式，這是誠心宣認〈示瑪〉（申六 6，十一 13；參雅一 12，二 19，四 12）的人，所應有的表現。惟有這樣，人才可以克服內心的偏情，個人才得以完全（一 4，三 2），羣體才得以完整，不致分裂（三 14～四 6），羣體成員的身心靈得到醫治和建立（五 13～20）；這全是靠賴從上帝而來的恩典和智慧（一 5，17～18，三 15～18，四 6上，五 11）。

9.2 「兩面派」

「完全」的相反不是「不完全」，而是「兩面派」(詳參張略2005)。若「完全」是盡己愛神，「兩面派」就是三心兩意，對神不專一的表現(一 6~8，四 8)。「兩面派」的表現是搖擺不定，對上帝的信心不堅定，對上帝的忠誠起了動搖(一 6~8)。三心兩意的人，因為不能堅定地行在上帝的路上，其人生沒有上帝的道作為引導，以致他們所走的路搖擺不定，失迷了方向，不得安寧。三心兩意的人對上帝的忠誠是分裂的，表面上願意信靠上帝，但卻不能全心全意，反而去愛世界，以世俗為友，仍不知道這樣是與上帝對立，是與上帝為敵的(四 4)。這世界的價值判斷是錯誤的(二 5)，是不義的。

「兩面派」的人是表裏不一(二 14~20)、作虛弄假和自欺欺人的(參一 16、24、26，四 13，五 12、19)，他們不能制服自己的舌頭，不一致地二用(三 9~12)。並且他們做成羣體中成員的不和，引起嫉妒紛爭(四1~4)。

引致「兩面派」的原因，一方面是人內在的私欲或邪惡的傾向(一13~15)，另一方面是這世界的種種誘惑(四 4)，和魔鬼背後的工作(參四7)，使人「失迷真道」(五 19)。惟有在神的恩典下(四 7)，藉著神的道及從天上而來的智慧，才可以叫人克制內心的情欲(一 18、19)，叫人愛神，成為神的朋友(二 23；參四 4)，並且得以完全。

9.3 真道、栽種的道與律法

真道是上帝向人所賜完備恩賜的一種，對比於一章15節私欲—罪—死亡這過程，真道能叫人從罪中轉回，叫人得著生命(一 18)，這真道極可能是指福音的信息(林後六 7；弗一 13；西一 5；提後二 15；參彼前一25)。這真理是惟一可以叫人從私欲的迷途中得以挽回，叫人不致被蒙騙，最後被毀滅的方法。一章21節稱這道為「所栽種的」(參該處註釋)，這是上帝所給予人的另一種「性情」，是惟一可以抗衡人天生邪情的力量。「領受」一字並非單指接受，而是對上帝的道有深切的體悟，從中得著智慧，這樣必能救人脱離死亡。

那使人完全和得以自由的律法，是神所賜真道的一個重要的部分（一18），即是說，神對公義的要求是福音的一個不可分割的部分。雅各形容律法是「完全」的（一 25），即這律法能導人走向完全（參詩十九 7），這律法亦是使人自由的（一 25，二 12），因為它能叫人脫離惡欲，自由地去愛神和愛人。這律法也是屬於神國的，帶有神國的權柄，是由彌賽亞所帶來的（二9；參二 5），而且必須透過耶穌所教導「愛你的鄰舍」（利十九 8）這原則去理解和實踐，因此雖然這律法仍是摩西的律法，但其焦點已有所轉移，這亦能解釋為何雅各並未有討論任何有關禮儀的律例。

實行律法應有的具體表現，是謂這宗教應有的形態，包括憐憫的行動（看顧在患難中的孤兒寡婦）、脫離世俗，並且慎言（一 26～27）。將來那創立律法的審判的主，要憑此律法，作為祂公平審判的標準（二 12，四11～12）。為這原故，屬神的子民不只要研讀律法，且要立意遵守這律法，完成神所要求的義，便能得以完全和得享自由，將來必得到神的祝福（一19～25）。

9.4 智慧

人需要智慧，正如人需要律法一樣，去克服人心的偏情（一 5），在試煉中得勝，以致得以完全。智慧與聖靈的作用非常相似，它們在創造中都擔任重要的角色（創一 2；伯三十四 14；詩一〇四 30等），約書亞（申三十四 9）和彌賽亞（賽十一 2）都被視作為智慧的靈所膏。智慧和聖靈都出自耶和華的口，可能是猶太傳統將他們併在一起的原因（參《所羅門智訓》7.7、27～28；另參弗一 17），有學者認為雅各書的智慧的作用，就好像羅馬書八章的聖靈一樣，智慧的七種特質，也與聖靈所結九種果子相似（加五章）。然而，我們也不可忽視它們不同之處，在保羅和約翰的神學中，聖靈是那賜新生命的靈，但在雅各書中是真道叫人得到新的生命；另一方面，在保羅的思想中，聖靈是一次過臨在神的兒女的身上（羅八章），但雅各書卻要請人要不斷向上帝祈求智慧，因此說雅各有智慧聖靈論，似乎是誇張了的說法，更不消說有任何的智慧基督論（參「智慧與聖靈」）。

在猶太的傳統中，一個人是否有智慧，在乎他是否遵守上帝的律法（如《便西拉智訓》1.26，6.37，15.1、15），正如《便西拉智訓》33.2所言：「凡恨惡妥拉的，不可能有智慧」；智慧甚而與妥拉等同（17.11～14；參《巴錄書》4.1）。然而，在猶太傳統中，智慧又是從上帝而來的禮物（《便西拉智訓》6.32～37），惟有有智慧的人才可以明白妥拉（特別參 Schnabel 1985；另參本書專文「智慧與實行律法」）。

在雅各書中，智慧分為兩種，一種是屬地的、屬自然的和屬於惡魔的（三 15），這種智慧只會引來嫉妒紛爭，因為是出於個人自私的欲望。真正的智慧是從上（從神）而來的，有七種（完全的數目）的特質（三 17），最終帶來的是神所要求的義的完成（三 18）。智慧與實行律法，兩者息息相關；三章13節稱呼他們中間的領袖為「有智慧有見識的」，這正是申命記一章13至17節對以色列人領袖的稱呼，同時申命記四章6節指出以色列是一個偉大的民族，正是因為他們的智慧與見識，他們之所以有智慧，是因為他們遵守耶和華的律法。

同時智慧亦是從神祈求而來的（一 5），這智慧同時是溫柔或謙虛的來源（三 13），根據猶太人的傳統，溫柔是真正學習律法的條件，摩西能親近上帝，因為他為人謙和（民十二 3）。拉比希利是一位出色的拉比，正是因為他的溫柔，使他在解釋律法上，特具權威性（《巴比倫他勒目》〈論安息日諸限制的融合〉13b）。這從上而來的恩典，叫人樂意向神敞開自己，謙卑順服在祂的權柄之下。

9.5 末世論

在討論本書體裁時已經指出，在第二聖殿時期的智慧文獻，特別是昆蘭的智慧著作，都帶有末世的論調，事實上在第二聖殿時期的作品，不少都受天啟末世論的影響。事實上，本書一開始以「散居地的十二支派」作為本書的受書人，已挑起末世的思想，因為到末世的時候，上帝要將分散的十二支派，重新召聚，耶穌作為彌賽亞，擔承了這重要的角色，信徒是「初熟的果子」（一 17），以色列人及外邦人會陸續的加入這彌賽亞運動的行列（參徒一 7～8），上帝的國度要得到復興。

9.5.1 信奉「基督是主」的末世羣體

本書雖然只有兩次提及主耶穌基督（一 1，二 1），然而它們都在本書兩個重要的位置，一章1節是全書的開始，二章1節為本書引言之後本體的開始，前者作者用作界定自己的角色：「作上帝和主耶穌基督的僕人」，後者則界定了讀者的身分：「信奉我們榮耀的主耶穌基督」。「我們榮耀的主耶穌基督」（詳參本書註解部分）指耶穌是基督，也是那得勝作王的榮耀的主，是祂將天國帶來。雅各書雖然沒有記載耶穌的死和復活，二章1節卻指出基督是那升天得榮耀的主，亦即假設了他的死和復活。信徒可以奉耶穌基督的名（五 10、14），以祂的權柄去叫人得以醫治。從耶穌而來彌賽亞運動成員的特質，就是信奉這位榮耀的主，並遵守祂更新的神國律法（二 8），這說明為何耶穌的言訓在這書信中佔如此重要的角色（參緒論 4.3）。在上帝的拯救計劃之中，讀者們都只是「初熟之果」（一 18），其他的會陸續被納入這被拯救的行列之中，上帝的定旨是要整個創造最後得到更新。

這位主亦是將臨的主，「主」（κύριος）一字在雅各書中出現了十四次之多，在四章10節之前出現了五次，有兩次是指上帝（一 7，三 9，四 10），另兩次是指基督（一 1，二 1）。有趣的是「上帝」（θεός）一字在雅各書中出現了十五次，沒有一次是在四章10節之後出現，而四章10節之後「主」一字出現了九次之多，其中五次是指上帝（四 15，五 4、10、11〔2x〕），其餘指基督（五 7、8、14、15）。「主」在本書下半部出現頻密，強調那將臨的審判，主必再臨（παρουσία）審判世人（五 7～8）；上帝雖是最終審判者（四11～12），將那審判的責任，交付主基督（五 7～8）。主神必在這宰殺的日子（參〈七十士譯本〉耶十二 3），處治那些自高自大欺壓他人的（五 1～6）。愛神的人卻要得著生命作為冠冕（一 12）。

9.5.2 末世的顛倒

有關地位顛倒的主題，早已見於舊約（參如撒上二 7～8），先知書中也有強調在審判中的顛倒，以賽亞書二章9、11至12節：「卑賤人屈膝，尊貴人下跪；所以不可饒恕他們……到那日，眼目高傲的必降為卑；性情狂傲的都必屈膝；惟獨耶和華被尊崇。必有萬軍耶和華降罰的一個日子，要臨到驕傲狂妄的；一切自高的都必降為卑……」（參但四 37；番三 11）。在第二聖殿時期，這逆轉的主題，特別見於《以諾一書》92至105章（另參《巴錄二書》83.10～23）。路加福音對這末世地位顛倒的主題，特別著重（十四 16～24，十六 19～31，十八 9～14），天國的信息，對那些貧窮和謙卑的人來說是喜訊，但對於那些有財有勢的權貴來說，卻是一種威脅，因為上帝是眷顧那些無依無靠，只知依靠上帝的貧窮人。

有關雅各書中所指的富人是否基督徒，歷來爭辯甚多。當代窮人在富有人家之下受欺壓的情況，雅各書二章1至6節那種在法庭上屈枉正直，以致偏倚（有關這裏的場景是法庭而非敬拜，參註解），是最清楚不過的寫照。我們視富足人和貧窮人為一種「定型標籤」（stereotyping；Malina & Neyrey 1988），作為一種社羣分類，指出兩類人典型的生活價值、行事方式和處事態度。典型的富有人是自高自大、貪得無厭，只知貪圖享受、欺壓貧窮人，不敬畏上帝（參五 1～6）；貧窮人則是無依無靠，朝不保夕，但卻是敬畏上帝。惟有我們看到自己是貧窮的，才能意會到我們在上帝的眼中看為寶貴，不是我們配得有的，也絕對不在乎我們所擁有的，包括在社會上的榮譽地位。作者以這樣的定型：富有人是惡名，貧窮人則是美名，勸導讀者要與貧窮人認同，並且要有他們那種對上帝的倚靠。在末世的角度下，人的地位開始轉變，富足的人所享受尊貴的地位已被顛倒，原來他們在今世在人眼中認為可炫耀的一切，不只變得暗淡無光，他們要放棄以這些自恃（一 9～11）；那些貧窮一無依靠的人，卻是神所珍貴的，是神子民的楷模（二 5）。對富有的人來說，他們要否定自己所誇耀的財富和社會地位上的優越，謙卑在上帝的面前，才可以得救（參四 10）。在上帝之下，所有人都是平等的，都是貧窮的，然而在信仰的範圍之中，在上帝的恩典下，卻是富有的（二 5）。雅各這種對當代的權貴和既得利益者的對抗，是具有顛覆性的，拒絕了被既定的社會文化所同化，並有別於那些內固社會結構的傳統智慧（Witherington 1994:239, 241, 244～247 認為雅各書只是傳統智慧的看法是錯誤的）。於此，雅各與耶穌一樣，其智慧都是抗衡文化的教導（Bauckham 1999A:100～108，2001:126～131；參 Johnson 1995B:195～

196），對讀者固有的價值思維提出挑戰，叫他們重新思想自己的生活方式和價值取向。

9.5.3 基於律法所要求的行為受審判

上文已交代這末世的羣體，正等候著審判的主的來臨（9.5.1）。這審判是根據那使人自由的律法進行的（二 12～13），對那些沒有按照愛鄰舍的命令施憐憫的人，要受到無憐憫的審判（二 13）。四章11至12節警告說，那些惡意判定鄰舍的，要受到上帝的審判，因為當人毀謗別人時，便是有違愛鄰舍的命令。上帝是獨一的，惟有祂有權制訂律法，祂也要按這律法施行審判，祂的審判是不會偏袒的。這裏所指按律法而有的行為，是從信奉耶穌基督是榮耀的主而來的（二 1），是宣講天國臨到，真理在改變人心一個不可分割的部分（一 18、21），那些盡己愛上帝，遵從祂命令的人，在他一切所作的事情上，必然蒙福，最終得著生命為冠冕（一 12、25）。這種因行為受審判的教導，可見於新約的其他地方（太十二 37，十六 27，二十五 31～46；羅二12，十四 10；林前三 15，四 5；林後五 10；參林前一8；西一 22；腓一 10；來六 9～10）。

第二部

註解及釋義

一

卷首語（一1）

✝

1 上帝和主耶穌基督的僕人雅各，向散居地十二支派的人問安。

卷首語的作用好像人與人對話時的問安語一樣，並且給予我們有關寫信人和收信人的資料。本書與當代希臘的信件的格式相似，分開三個部分：「甲──（寫信人）致乙──（收信人），χαίρειν〔問安〕」，這格式亦見於使徒行傳所載的兩封信函之中（十五 23，二十三 26），當代三分之二的希臘蒲草紙信件，都是使用這簡明的卷首語（White 1984:1734）。這格式由公元前四世紀一直沿用至公元四世紀（Doty 1973:5, 29），在當代猶太人所寫的希臘信件中，也常用這卷首格式（參《以斯得拉一書》6.7～8；《馬加比一書》10.18、25，13.36，14.20；《馬加比二書》1.1，11.16、34；約瑟夫《生平》217，229，365～366）。這三部分的卷首語，在原文中以十五個字組成，在新約具完整卷首語的書信中是最短的（希伯來書和約翰一書沒有卷首語，約翰三書的卷首語並不完整，缺了問安語）。

一1 上帝和主耶穌基督的僕人雅各，

作者是耶穌的兄弟雅各（有關雅各的身分，參緒論二）。這裏上帝和主耶穌基督，並非指同一位（如 Vouga 1984:31, 36），將他們兩者並排，顯示耶穌獨特的地位，並祂與上帝之間獨特的關係。“δοῦλος”「僕人」即「奴僕」，指雅各同是屬於上帝和主耶穌基督（possessive genitive），在他們的權柄之下，順服他們吩咐而行，同時亦是帶著他們的權柄說話和行事（參五 10），這書中所言也是帶有他們的權柄。在舊約，以色列民被稱為「主的僕人」（詩一三五 1，一三六 22；賽四十九 3；結二十八 25），不少以色列民的領袖，都被稱為主／神的僕人，如約書亞（書十四 7，二十四 29；士二 8）、摩西（申三十四 5；書一 1、13、15，八 31、33，十一 12，二十二2、4、5；王下十八 12；代下一 3，二十四 6；尼十 30；但九 11）、大衛（「我的僕人」：撒下七 8、25、29；代上十七 4；結三十四 23），並舊約所有的先知（摩三 7；耶七 25，二十五 4；結三十八 17；但九 10；參珥三 2）。在使徒行傳十六章17節，保羅和隨行者為「至高上帝的僕人」，新約中耶穌被稱為僕人（腓二 7），這稱呼亦用在信徒身上（徒二 18，四 29；林前七 22；彼前二 16；啟十 7，十九 5，二十二 3、6；參羅六 16），只有一次保羅稱自己為上帝的僕人（多一 1）。信徒被視為是基督的僕人（弗六 6），保羅將自己（羅一 1）和提摩太看作基督的僕人（腓一 1；參加一10；西四 12），這亦是當時教會領袖的自稱（彼後一 1；猶1）。一方面表示出作者承認自己作為服侍神和主耶穌的地位，而且他寫此信亦並非根據他自己個人有的名聲或威望，乃因他是神的僕人。

向散居地十二支派的人問安。

“χαίρειν”「向……問安」是當時希臘信件常用的問安語（徒十五 23，二十三26），這裏沒有保羅書信那種帶有很濃厚宗教意味的問安語，然而不能就此認為這是反映出本書是寫於保羅書之前（如 Mayor 1913:31）。受書人是「散居地十二支派」，對他們的身分，歷來有三種不同的看法：（1）象徵性地指基督徒（如 Konradt 1998:64～66）；（2）指僑居的猶太人，包括基督徒和非基督徒（Ropes 1916:119, 124; Adamson 1989:11～12）；（3）指僑居的猶太裔基督徒（Hort 1909:xxv; Davids 1982:64）。

“ διασπορά ”「散居地」一字在〈七十士譯本〉中出現了十二次(申二十八 25,三十4;尼一 9;賽四十九 6;耶十五 7,四十一 17;詩一四六 2;但十二 2;《猶滴傳》5.19;《馬加比二書》1.27;《所羅門詩篇》8.28,9.2),全部都是指上帝因為以色列人的罪,將他們分散,叫他們僑居在猶大地之外的地方(特別參 van Unnik 1983,1993)。然而,先知的應許是,他們在分散後會重新被召聚(賽十一 12,五十六 8;參《猶滴書》13.5,14.7;《西卜神諭篇》2.154~75;〈便雅憫遺訓〉9.2)。在新約「散居地」這字另有兩次出現,一次作字面用(約七 35),另一次作象徵性用法(彼前一 1)。「十二支派」指全以色列民,他們是從「雅各和十二支派」而出(徒七 8;參結二十四4,二十八21,三十六21;書四5;結四十七13),在第二聖殿時期也是以此稱呼以色列民(《便西拉智訓》44.23;《所羅門詩篇》17.26~28;約瑟夫《猶太古史》1.221)。使用「散居地的十二支派」必會引來末世的聯想,就是彌賽亞來,要召聚分散的十二支派(賽十一 11~13;耶三 18,五十4;結三十七 15~23,四十九 1~29;亞十 6~12),耶穌選召十二門徒,並指他們要坐在十二個寶座上審判十二支派(太十九 28//路二十二 30),也同樣是指這末世的盼望。雅各書的讀者就是這羣耶穌作為彌賽亞所重新召聚的一羣,這彌賽亞運動要席捲全以色列民,叫他們都成為這復興上帝國度的一分子(參緒論六)。

問安

這裏使用“ χαίρειν ”「向……問安」一字作問安語,有別於保羅書信所使用那較為複雜並受基督教崇拜所影響的問安(White 1984:1740, 1742),反映本書寫於彌賽亞運動的早期。

二

前言——得以「完全」的重要（一 2～27）

✝

不同人士對雅各書的前言或序言的長短有不同的看法，主要有三種不同的分段：（1）一 2～12；[15]（2）一 2～27；[16] 和（3）一 2～18。[17] 支持第一種看法的，以潘納（Penner 1996:144～149）為例，他建基於雲聶司（von Lips 1990:413～414）的分析，認為一章2至12節中蘊含著一個對等結構（A-B-A'）：A—信徒面對試煉（一 2～4＝A），B—兩個與信徒有關的主題（一 5～11）：智慧與逆轉（一 5～8＝B1；一 9～11＝B2），A' —信徒面對試煉（一 12）。潘納認為一章13至15節不屬於序言的部分，因為這段沒有末世的主題。若是如此，一章6至8節也可以說是缺乏末世的主題，事實上一章6至8節與一章13至15節，有不可分割的關係，我們會於下文分解。雖然一章13節與上文沒有任何連接詞，然而這情況也見於一章12節，這似乎

15 Wuellner, Elliott, von Lips, Frankemölle, Penner, Konradt.

16 Francis, Amphoux, Davids, Hartin, Bauckham.

17 Dibelius、Baasland、Thurén、Edgar、Moo、Vouga（並Martin）視一章2至19節上為序言，可以說是這看法的一種。

是作者的寫作風格，因為一章16、17和18節都是這樣，不能以沒有連接詞去斷定一章13至15節開始另一主要分段。況且與一章2至4節一樣，一章12節和一章13節以相關字“πειρασμός/πειράζειν”「試煉、試探」緊扣相連，主題同是試煉／試探。戴維斯（Davids 1982:78～79）就認為一章3至15節有關上帝的在人面對試煉這過程中的角色，是直接引申自上文有關試煉的主題。若我們視一章3至18節為一整段，而不是一章3至15節，則這段並非缺乏末世的主題，一章18節中所言「初熟的果子」明顯是末世救贖的實現。雖有學者（Verseput 1998）認為一章12至18節應看為一整段，因為昆蘭文獻其中一份智慧文獻（4Q185 1～2 ii.8～11）有類似的結構，以「蒙祝語」（beatitude）作為開始，但兩者的相似程度令人質疑。

在此我們視一章2至18節為序言的第一大段，全段有兩分段：一章2至11節和一章12至18節。我們雖然不接受法蘭西斯（F. O. Francis）將一章分為兩段，作為書信格式的一種，視它們為本書的雙重引論，但他觀察到此兩分段有不少平行的主題是非常正確的。從字彙上去看，一章2至4節與一章12至15節，以三對字詞連繫起來：“πειρασμός—πειράζειν”「試煉、試探」，“δοκίμιος—δόκιμος”「熬煉、考驗」，和“ὑπομονή—ὑπομένειν”「堅忍、忍受」；面對試煉而堅忍不屈是兩段共通的主題。同時一章5節形容上帝是「專心一意和不苛責人的」，與一章17節描述上帝是眾光的父，並且「一切美善的恩惠和各樣完美的賞賜，都是從上而來的（ἄνωθεν）」，是源於祂，為同出一轍的觀念：上帝是那賜恩者。一章5節的「智慧」（三 17：ἡ ἄνωθεν σοφία「從上而來的智慧」）與一章18節的「真理的道」，都是從上帝而來，能引領人得到生命。一章8節所指那些「三心兩意的人」（ἀνὴρ δίψυχος），四章8節稱這人為罪人，這和一章13至15節中描述那些被引誘墮入罪惡中的人，也就是同一類人。

於此，我們將一章2至11節再細分為三小段，一章12至18節則分為兩小段。我們可以得到以下平行的結構：

一 2～4：面對試煉得以完全	一 5～8：三心兩意的誘惑	一 9～11：貧富的逆轉
一 12：面對試煉得到冠冕	一 12～18：人心墮入誘惑	—

以上三個主題：試煉、墮陷和貧富，雖有關連，但卻不明顯。我們可以不同的方式將這三者連繫起來，例如：若要在試煉中得勝，便要避過墮陷，貧富是勝過試煉的試金石，或說有智慧的人才能正確地衡量貧富的輕重。但為何作者以「貧富」作為例子？事實上，有關貧富逆轉這課題（一9～11）為何在這段文理中出現，往往令註釋者大惑不解；有認為貧者是有信心的人，對比於富者是三心兩意的人；有認為這裏是以一具體的方式重複一章2至4節的主題，如何在試煉中可以喜樂（Hort 1909:14; Ropes 1916:144）；亦有認為是對富者的警告，指財富是一種試煉（Martin 1988:22～23）；也有將這裏貧富逆轉的看法，看為是有智慧的人應有的觀點，對那經受試煉的人生作適當的評價；甚而有認為這是獨立的一小段，與上下文無關（參 Laws 1980:62；Moo 1985:66）。

雅各書一章2至18節的三個主題：試煉、墮陷和貧富，分別對應於法利賽—猶太拉比對盡性、盡心和盡力的理解（參緒論 9.1.2：「愛上帝與得以完全」）。我們將一章2至18節作以下的分段：

2.1　完全與全然愛上帝（一 2~18）

2.1.1　完全的操練（一）

2.1.1.1　要盡性愛上帝（1）：以信心、忍耐到完全（一 2~4）

2.1.1.2　要盡心愛上帝（1）：求智慧，不三心兩意（一 5~8）

2.1.1.3　要盡力愛上帝：論貧富，惟神恩是賴（一 9~11）

2.1.2　完全的操練（二）

2.1.2.1　要盡性愛上帝（2）：要忍耐堅持到底（一 12）

2.1.2.2　要盡心愛上帝（2）：不為情欲所誘惑（一 13~18）

一章2至18節以兩個第二身眾數命令語氣動詞所包涵：“ἡγήσασθε”「你們要以為」（一 2）和“ μὴ πλανᾶσθε ”「你們切勿受騙」（一 16），當中有六個第二身單數命令語氣動詞：“ ἐχέτω ”「你要有」（一 4）；“αἰτείτω”「你要求」（一 5）；“αἰτείτω”「你要求」（一 6）；“οἰέσθω”「你〔休〕想」（一 7）；“ καυχάσθω”「你要炫耀」（一 9）；和“ λεγέτω”「你〔不要〕說」（一 13），一章19至27節則只使用第二身眾數的動詞，這裏動詞身位的轉變（Berger

1977:23; Guthrie 1994:52），支持一章2至18和一章19至27節是兩個段落。然而，一章這兩大段有何關係？歷來有不同的理解。

我們可以將一章19節的“ἴστε”看作命令語：「你們要知道」（參註解），因此不將一章19至27節看為一章2至18節的總結，一章19節開始另一個獨立段落，一章19至27節的重點是信守律法而有敬虔的表現。猶太傳統中有關〈示瑪〉的經文，不只是申命記六章4至5節，而是申命記六章4至9節，並且加上申命記十一章13至21節和民數記十五章37至41節，這些經文都強調要謹守遵行耶和華的誡命律法，這正是雅各書一章下半段的主題。一章總題，也是全書的總題，是如何過完全的生活，要生命得以完全，就必須要愛上帝和遵守祂的律法（參緒論）。

一章2至27節的結構

2 前言——得以「完全」的重要（一2～27）
- 2.1 完全與全然愛上帝（一 2～18）
- 2.2 完全與實行使人自由的律法（一19～27）

2.1 完全與全然愛上帝（一2～18）

2 我的弟兄姊妹們，你們遭遇到各式各樣試煉的時候，都要當作全然的喜樂。

3 因為知道你們的信心經過熬煉，就能生出堅忍。

4 這堅忍必須有完全的成就，使你們十全十美，毫無缺陷。

5 你們當中既有欠缺智慧的，就該祈求那位全心全意和不苛責人地賜予人的上帝，上帝必賜給他。

6 不過他要以信心祈求，一點也不躊躇不決；疑惑的人，就像海中的波浪，被風吹盪翻騰。

7 因為這樣的人休想從主那裏得到甚麼。

8 三心兩意的人，在他一切的行徑上，都搖擺不定。

9 卑微的人，要因得著崇高的地位而炫耀；
10 富有的人，卻要因得著卑微的地位而炫耀。因為他都要
過去，好像野地的花一樣：
11 日頭出來，隨著起了熱風，使野地乾涸，其中的花就凋
謝，它的美貌也就煙消雲散了；富有人在他作業經營中，
也要如此化為烏有。
12 忍受試煉的人是有福的，因為他既經得起考驗，必能得
著主向那些愛祂的人所應許，那生命的冠冕。
13 人被誘惑，不可以說：「我是被上帝誘惑」；因為上帝不
能受邪惡誘惑，祂自己也不誘惑人。
14 然而各人受到誘惑，是被自己的情欲所勾引餌誘；
15 然後情欲懷了孕，就產生罪來；罪既長成，就生出死來。
16 我親愛的弟兄姊妹們，你們切勿受騙。
17 一切美善的恩惠和各樣完美的賞賜，都是從上而來的，
是從眾光的父那裏降下來的，在祂並沒有變換或轉動的陰影。
18 祂定意用真理的道生了我們，使我們在祂所創造的萬
物中，作為一種初熟的果子。

2.1.1 完全的操煉（一）（一2～11）

2.1.1.1 要盡性愛上帝（1）：以信心、忍耐到完全（一2～4）

一2 我的弟兄姊妹們，

作者雖然只是使用“ ἀδελφοί ”「弟兄們」（vocative case），但我們在翻譯時，使用性別涵括性名詞「弟兄姊妹們」，這信的對象是彌賽亞羣體的成員，性別並非作者的關注，這裏「弟兄」指讀者，亦包括姊妹（NRSV, NLT, NET）。在雅各書中，作者十五次以「我的弟兄〔姊妹〕們」稱呼讀者（一 16、19，二 1、5、14，三 1、10、12，四 11，五 7、9、10、12、19），其中三次形容他們為「親愛的」（一 16、19，二 5）。不只是以色列人以弟兄稱呼同胞（參出二 11；申十五 3；參太五 22；徒三 22，十三 15）。在舊約次經《馬

加比二書》開始的時候，記載了一封信函，以此作開始：「在耶路撒冷和猶大地的弟兄們（οἱ ἀδελφοί），向在埃及的猶太弟兄們（τοῖς ἀδελφοῖς）問安（χαίρειν），願你們得到真平安」（1.1）。中國人也有將自己同胞稱呼為兄弟，以表示親切。這種稱兄道弟的方式，成為初期教會信徒羣體最普遍的稱呼，這是因為信徒都成了上帝家裏的人，而且根據馬太的記載，耶穌教導門徒要以弟兄相稱（二十三 8），路加亦稱在耶路撒冷最早期的信徒為弟兄（徒一 15）。雅各在此稱讀者為“ μου ”「我的」弟兄，表達了他們是平等的，同屬於從耶穌而來這彌賽亞運動羣體的成員（一 1：「十二支派」），倍添一份親切感。

你們遭遇到各式各樣試煉的時候，都要當作全然的喜樂。

這節的主句有四個希臘文字的拼寫，都以“ π ”作為開始：“ πᾶσαν”「全然」，“ πειρασμοῖς ”「試煉」，“ περιπέσητε ”「遭遇」和“ποικίλοις”「各式各樣」，最後那三個字是連續的，產生雙聲疊韻的效果。原文此句以「都要全然當作喜樂」作開始，“χαρά”「喜樂」（χαράν：predicate accusative）一字與一章1節最後一個字“ χείρειν ”「問安」是諧音字。“ ἡγεῖσθαι ”「當作」即認定，指衡量過事實而有的看法、態度或所作的決定，是一種經過深思的判斷（徒十五 22；帖前五 13；帖後三 15）。此處使用過去不定時態而非現在式，可能是要表達一種緊迫性（ingressive aorist），然而是否指每一個特定的行動（如 Hiebert 1992:62），則不能確定，也可能是用作原則性（Young 1994:142）。要「當作喜樂」是一章2至4節的主調。“ πᾶς ”「全然」排於此句之首，似有強調的作用，這字可視作喜樂的形容詞，即「完全」、「純然」，亦可以是「當作」的副詞（如 Johnson 1995A:176），即「當作」所有的態度，不作他想的看為是喜樂。然而，按字序，用作形容詞可能性較大，即將之看為是百分之一百，沒有滲雜，毫無保留的喜樂（Moo 2000:53; NRSV），過於指其喜樂的程度，即「最大的喜樂」（NEB）。遭遇試煉是值得喜樂的（〔當〕）。這裏的說法，雖與彼得前書一章7節相似，但無論在文理和用字的意思上都有分別（特別參 Dibelius 1976:76～77），彼得前書強調的是因著救恩而得的喜樂，並不排除現在於患難中會經歷愁苦，同時在那裏“ δοκίμιον ”一字指試驗的結果，而非試驗這過程或藉著試驗（參下節的註解）。舊約偽經《巴錄二書》52.5～6節有類似的教導：「至於義人，他們現在要作甚麼呢？在現在你們受苦的患難中要喜樂，你們為何要看到你們的敵人淪落呢？要為你們的靈魂作好準備，去得著那為你們而保存的，就是為你們的靈魂所預備的，為你們存留的獎賞。」“ πειρασμοῖς ”「試煉」是與格（dative case），因為動詞“ περιπίπτειν ”「遭遇」的受詞是以與格表達的。這裏所說的試煉並不局限於因信仰的緣故所面對的迫害，作者強調這些試煉是“ ποικίλοι ”「各式各樣」，即試煉是多樣的，這多樣化對應於“ πᾶς ”「全然」，試煉縱然不同，但反應和態度仍應是一樣（Hiebert 1992:62; Wall 1997:48）。“ ὅταν ”「每當」這不定時間性連接詞，說明了試煉的臨到，可以是隨時隨處，可以在我們毫無準備的時間下發生。“ περιπίπτειν ”「遭遇」這字在新約中只出現三次，在此作墮入或遭遇（參路十 30：「落在強盜手中」；徒二十七41：「遇著兩水夾流的地方」），「各式各樣的試煉」指所遭遇任何形式的患難和逆境，可以是個人的遭遇，也可以是羣體的。原文“ πειρασμοῖς ”「試煉」在新約中用作外在的試煉或內在的試探，例如提摩太前書六章9節的意思明顯是指試探：「但那些想要發財的人，就陷在迷惑（εἰς πειρασμόν）、落在網羅和許多無知有害的私欲裏，叫人沉在敗壞和滅亡中」（另參路二十二 40、46），例如彼得前書一章6節則明顯是指試煉：「因此，你們是大有喜樂；但如今，在百般的試煉中（ἐν ποικίλοις πειρασμοῖς）暫時憂愁。」（另參彼前一 6；太二十六 41；路二十二 28；徒二十 19；啟三 10）《便西拉智訓》2.1～6有這樣的教導：「我兒，當你到來服侍主時，要預備自己面對試煉（εἰς πειρασμόν），你的心要正直，並要堅忍，在患難中不要衝動行事；靠賴祂，不要偏離，好叫你最後的日子興盛。凡臨到你身上的，都要接受；在受屈辱時，要忍耐（μακροθύμησον）。因為金在火中被提煉，屈辱的火爐煉出那蒙悅納的；信靠祂，祂會幫助你，使你的道路正直，在祂裏面有指望。」有時候，我們並不能很明確知道是指試探還是試煉，例如主禱文中：「不叫我們遇見試探（εἰς πειρασμόν）」（太六 13）似乎兩者皆可。在這裏也相當明顯是指外在的試煉，有關在雅各書中試煉與試探的分別，容後討論（參一 13註解）。

一3 因為知道你們的信心經過熬煉，

作者在一章2至4節使用了一種梯層式的推進。雖然由5至8節作者都以相關語節節緊扣，卻沒有進展性（雖然 Hartin 2003:64；Brosend II 2004:35 認為有），與梯層式推論有別。基於這種文學格式，4節的"δέ"不應看為有對比性（如 Martin 1988:16；Wall 1997:50），而應是連續性的。這裏理解"γινώσκοντες"「知道」是表達基礎（ground）的分詞，即3至4節是2節落在試煉中仍要認定為喜樂的基礎。有認為，此處反映出早期教會一般信徒都應認識的教理（Davids 1982:68），但不能肯定。" ὑμῶν "「你們的」置於它所修飾的" πίστεως "「信心」之前，有強調的作用。" πίστις "「信心」一字在雅各書中出現了十四次，是本書的鑰字之一。正如金或銀需要煉淨一樣，信心同樣需要經過熬練。原文" δοκίμιον "「熬煉」可理解為「經得起考驗」（如〔呂〕：「試驗及格」；參彼前一7；雅一12），有異文在此作" δόκιμον "（110 431 1241），指考驗所得的成果，即得到驗證或真材實料的意思，但大部分的抄本都使用" δοκίμιον "，而且這字比較不普遍，因此應視為較可靠（Metzger 1975:679）。有認為，" δοκίμιον "「熬煉」這字可視作一個過程，即我們的信心在熬煉中生出堅忍，但有學者指出這字從來就沒有當作過程使用（Hort 1909:5），也不是指熬煉的結果，即「信心得到的驗證」，而應視作工具（Dibelius 1976:72～73），〈七十士譯本〉詩篇十一篇7節（十二 6）和箴言二十七章21節以此字翻譯煉銀的鼎；即我們的信心藉著熬煉而生出堅忍。這信心是「你們的」（ὑμῶν）信心，可視作整個羣體，但也不排除是指個人的信心。

就能生出堅忍。

按" ὑπομονή "「堅忍」這名詞來自動詞字" ὑπομένειν "，其基本意思是「保持在（μένειν）……之下（ὑπό）」，這字可從字源去理解其含意，因為這是一個通透的字（transparent）：其字源清楚反映出這字的字義，即活在痛苦下的能耐。這種態度，正是以色列人在外族的管治之下，仍不斷地仰望上帝，祂是一切盼望的源頭，仰望祂的人便可從祂得力（賽四十13），這正是在末世將臨的盼望之下生活的人，所應有的態度（哈二 3；番三 18；但十二 12），符類福音多次使用這字時，都帶有這種含意（如太二十四 13//可十三 13；太十 22，十三 13；路八 15，二十一 19）。“ ὑπομονή”「堅忍」這字在《馬加比四書》中多次出現（1.11，7.22，9.30，11.22，16.19，17.12），是所有為信仰而殉難的烈士所具的德性；能為信仰忠貞到底，是堅忍的表現，要堅持到甚而將自己的生命獻上的地步。〈約瑟遺訓〉二章7節記載約瑟臨終時向他的兒子和兄弟這樣說：「在十次的試煉（πειρασμοῖς）中，我得到驗證（δόκιμον），在全部試煉之中，我堅持忍受；因為堅忍是有力的矯正，忍耐（ὑπομονή）產生很多美好的事物。」雅各在五章10至11節會給予讀者一些在聖經中所載能忍耐的榜樣。羅馬書五章3至4節與這裏所表達的甚為相似：「因為知道患難生忍耐，忍耐生老練，老練生盼望」，有關此段經文與雅各書這裏的異同，參 Dibelius 1976:74～76。“ κατεργάζεσθαι ”「產生」一字原文是現在式，指不斷地進行中。

一4 這堅忍必須有完全的成就，使你們十全十美，毫無缺陷。

有認為這節開始時的“δέ”，帶有輕微對比性（Martin 1988:16; Wall 1997:50），這是可能的，但因為作者使用了梯層式推進的格式（參下文），因此較可能是接續性的用法。原文“ ἔργον τέλειον”字面的意思是「完全的工作」，堅忍並非徒勞無功的（參雅二 14、17）。“ τέλειος ”「完全」這形容詞在雅各書中共出現了五次（一 4〔2x〕、17〔δώρημα τέλειον：完全的賞賜〕、25〔νόμος τέλειος：完全的律法〕，三2〔τέλειος ἀνήρ：完全人〕），在這裏首次出現；新約中這字只出現了十九次，這字是本書的鑰字（參緒論 4.1）。“ ἔργον ”「工作」一字與上文“ κατεργάζεσθαι ”「生出」為同字根名詞，可看為「作為」、「表現」或「功效」。堅忍最終要帶來的是完全的成效。當堅忍發揮其完全的成效時，這個人或羣體便能「十全十美，毫無缺陷」。「十全十美」實是兩個希臘文的字“ τέλειοι ”和“ ὁλόκληροι ”，這兩字以連接詞“ καί”「和」連起來。有關「完全」這字猶太傳統的背景，參 Cheung 2003:163～70。“ ὁλόκληρος ”一字，在〈七十士譯本〉中可作完整無缺（申二十七 6；書九 2；結十五 5；亞十一 16），在第二聖殿時期的猶太典籍（《所羅門智訓》15.3：ὁλόκληρος δικαιοσύνη「完整的義」；《馬加比四書》15.17：εὐσέβειαν ὁλόκληρον「完整的敬虔」；斐羅：《論亞伯拉罕》形容挪亞是「完全的」〔τέλειον〕，有完備的品格〔34〕，從起初便是完整完全的〔τέλειος ὁλόκληρος ἐξ ἀρχῆς；47〕）和新約中（帖前五23：ὁλόκληρον... ἀμέμπτως〔和〕：「完全無可指摘」），引申為道德上的完整無缺，不為邪惡所玷污（W. Foerster, *TDNT* 3.766～67）。這兩字彼此強化，可理解為「完全的完全」（參〔呂〕：「完全又完整」）。"ἐν μηδενὶ λειπόμενοι"「毫無缺欠」是以反面的方式表達這完全。當堅忍發揮其完全的果效時，這人便會是一個「十全十美」（〔現〕）的人，一個「完全人」（τέλειος ἀνήρ；四 2）。這裏並不是說信心經過試驗之後，最終會產生完全無瑕疵的信心（如梁康民 1995:29）。

梯層式推進

費施曹（Fischel 1973:119）定義梯層式推進（Sorites）為「一組向前推進的句子，透過邏輯推動或靠賴一連串不可否認的事實，一步一步的邁向結論的高峯，每一句接續之前一句最後的鑰字（或鑰句）」，概略地可以用以下方式表達：A...B，B...C，C...D等。這種格式在舊約中所見不多（可參王上十九17；何二21；珥一4），這文學手法在希羅文獻中相當普遍，例如辛尼加（塞涅卡）的《道德信函》（Seneca, *Moral Epistles* 85.2）中便曾引用斯多亞派的看法，作者表示不同意以下的言詞：「凡是審慎者，便有節制；凡有節制者，便能知足；凡是知足者，便無煩惱；凡無煩惱者，便無憂愁；凡無憂愁者，便能快樂。」在第二聖殿時期，這格式已為猶太典籍所使用，《所羅門智慧》提供另一個極佳的例子：「智慧的開端是對訓誨有最真摯的渴慕；關注訓誨的便是愛她；愛她的便遵守她的律法；留意她的律法便有永恆的保證；永恆將人帶到上帝的跟前，因此渴慕智慧的，便引向天國。」（6.17～19）在新約亦可見於彼得後書一章5至7節：「有了信心，又要加上德行；有了德行，又要加上知識；有了知識，又要加上虔敬；

有了虔敬，又要加上愛弟兄的心；有了愛弟兄的心，又要加上愛眾人的心」，這是一種德行梯層的推進。羅馬書五章3下半節至4節是另一例子：「因為知道患難生忍耐，忍耐生老練，老練生盼望……」羅馬書八章29至30節屬於護教式的梯層式推進。

2.1.1.2 要盡心愛上帝（1）：求智慧，不三心兩意（一5～8）

一5 你們當中既有欠缺智慧的，就該祈求那位全心全意和不苛責人地賜予人的上帝，上帝必賜給他。

原文以" δέ"與上句連結，但並沒有對比性，只是接續上文的鋪陳（參一 9、19、22）。原文一章4節的" λειπόμενοι "「缺欠」和一章5節的" λείπεσθαι "「欠缺」是諧音字，將上段與此段連繫起來。作者假定讀者中尚有人（τις）未有從天上而來的智慧（第一類條件句）。有關人需要智慧這課題在舊約和猶太傳統中的理解，詳參 Cheung 2003:134～137。這裏所言的智慧，並非一種理論的知識，不只是一種對上帝心意的理解，更是如何去實踐上帝的旨意。在第二聖殿時期的文獻中，智慧與聖靈的關係密切，甚而有將智慧等同於聖靈（《所羅門智訓》9.17），它們同是從上頭而來（《黑馬牧人書》〈命令篇〉11:8），保羅在加拉太書五章22至23節所描述聖靈所結的果子，與雅各書三章17節從天上而來智慧的特質，非常近似。對保羅來說「屬靈的人」（加六1；林前二 13、15，三1）也可以說是雅各書所言「有智慧和見識的人」（三 13）。然而，祈求聖靈和祈求智慧兩者是全然不同的，根據福音書的傳統，祈求聖靈的降臨是關乎聖靈在五旬節一次過的救贖歷史中的實現（參路十一 13），在保羅的思想中，聖靈是內住在所有屬上帝的兒女的生命之中，這裏與雅各書一章5節作者勸勉讀者要不斷祈求能得到智慧，是截然不同的。在雅各書中，智慧與實行律法有不可分割的關係（參「智慧與聖靈」）。

智慧的本源是上帝，是在猶太傳統中一個根深柢固的觀念，這見於智慧和天啟的傳統（箴二 6，八 22～31；傳二 26；《所羅門智訓》

7.25，8.21，9.4、17；《便西拉智訓》1.1～4，17.11，24.3～12，39.6，51.17；11Q5.3；4Q185 2.11～12；《以諾一書》5.8～9，14.3，49.1～2，51.3）。箴言二章6節：「因為，耶和華賜人智慧；知識和聰明都由他口而出。」《便西拉智訓》1.1：「所有智慧都是出於上主，它與祂永遠同在。」在此得智慧並非要叫人得脫離試煉，或是在試煉中得智慧（如 Luck 1967:253～255；Cargal 1993:65），而是在試煉中有智慧，以致可面對試煉的挑戰；祈求智慧的目的是叫人體察箇中的意義，行在上帝的旨意之中，過義的生活。根據《便西拉智訓》4.17～18，智慧會與人在困苦路上同走，她會叫人懼怕顫驚，會紀律他們，直至他們信任她，然後她會叫他們得到喜樂，將奧秘向他們顯露；《所羅門智訓》9.6強調若沒有從上帝而來的智慧，就算在人中間被認為是完全的，也算不得甚麼。「祈求」（αἰτείτω）這動詞是現在式，祈求並非一次過的行動，而是不斷的操練，是一生之久對上帝的倚靠和信賴的表現。“ἐν πίστει”即藉著信心，“ἐν”為工具性的用法。信心不只是倚靠和信賴，也是忠實誠信的態度。“διδόντος”「賜予」和“ὀνειδίζοντος”「苛責」這兩個分詞都是作形容詞用。

人是否能得到智慧，他的禱告是否蒙應允，最終取決於我們祈求的對象——上帝，雅各形容上帝的賜予是“ἁπλῶς”「全心全意」（或作「專心一意」）和“μὴ ὀνειδίζοντος”「不苛責人的」。“ἁπλῶς”「全心全意」這副詞在新約中只在此出現，據我們現在有的文獻所知，與此相關的字從沒有用在上帝的身上，只形容人的行動（如《革利免二書》2.2：「我們全心全意地向上帝獻上禱告」；《黑馬牧人書》〈命令篇〉2.6～7：專心一意地服侍），這字可理解為「慷慨地」（《黑馬牧人書》〈命令篇〉2.4），大部分中文譯本都採這解釋（〔現〕：「豐豐富富地」；〔呂〕：「大量賜予」；〔當〕：「樂意厚賜」），但這並非最經常的用法。與這字同字根的另一字“ἁπλότης”，在多處出現都可以理解為「慷慨地」（參〔思〕、NAB；參《馬加比三書》3.21；約瑟夫《猶太古史》7.332；羅十二8；林後八2，九11～13），然而這字更基本的意思是「單一地」、「單純地」（參 LSJ），在這裏帶有全心全意（wholeheartedly）、誠心誠意（sincerely）的意思（O. Bauerfeind, *TDNT* 1.386；參弗六 5；西三22；林後十一 3），我們將這字理解為「全心全意」，一方面對比於下文有些人的「三心兩意」，另一方面，與「不斥責人」合起來，表達上帝的賜予，絕對不會是別具用心的，祂將智慧賜予人，並沒有絲毫的猶疑或躊躇，祂那種樂意賜予的態度，是最明顯不過的（參太七7～11；路十一9～13；《便西拉智訓》1.9～10）。" ἁπλῶς "「全心全意」是屬於完全這觀念的字彙，上帝的完全是相信祂的人最終的保證，這種專心一意、全不分心的特質，也應是那些祈求祂的人所具有的（Davids 1974:430; Wall 1997:52）。《便西拉智訓》1.10下這樣說：「祂將智慧供給那些愛祂的人。」" μὴ ὀνειδίζοντος "「不苛責地」並非用作直接形容上帝，而是分詞 "διδόντος"「賜予」的副詞，說明上帝的賜予，是不苛責人地賜予。為何要描述上帝的賜予，是一種「不苛責人」的賜予？《便西拉智訓》20.14～15就描述「愚昧人」施予人小恩小惠，卻對那接受他禮物的人諸多批評，同時他要求那受他恩惠的人作出償還（另參《沙斯特士格言》339：「那施予又苛責人的，是侮辱人」；另參〈先賢集〉5.13）。上帝絕對不是以這種態度去施予人的。當人禱告上帝時，需要確認上帝是怎樣的一位上帝，這也是路加福音十一章5至8節「友人到訪」的比喻耶穌所要帶出的信息，上帝並非迫不得已，在無可奈何之下才為我們作點事，祂絕對是專心樂意去幫助我們的。

" δοθήσεθαι" 直譯為「他便得到賜予」，本身為被動語態字，假設了主詞是上帝（divine passive），上帝是那賜予者。上帝應許會將智慧賜予祈求祂的人，同樣是猶太傳統中常見的主題（箴二3、5～6上；《便西拉智訓》51.13下～14；《所羅門智訓》6.12、14，8.21～9.4）。《所羅門智訓》就以呼籲讀者尋求智慧作開始，以禱告作結束（19.22），以此強調得著智慧與禱告的關係（Gilbert 1984:308）。

智慧與聖靈

有學者（Kirk 1969-1970; Bieder 1949:111～112; Gowan 1993）認為，雅各書所言智慧的作用，即新約其他書信中聖靈的工作，從這

角度看，智慧便好像一種道德的力量，可以抵擋罪惡的試探和人生的試煉，他們的觀點得到不少學者的支持。[18] 在舊約的記載中，智慧已經與上帝的靈連上密切的關係，它們都在創造中擔任重要的角色（比較創一 2；箴三十四 14；詩一〇四 30與箴八 22～31）；那賜予工匠的智慧，是從上帝的靈而來的恩賜（出二十八 3，三十一 3～4）。約書亞（申三十四 9）和彌賽亞（賽十一 2）都有智慧的靈的恩膏。在《便西拉智訓》1.9，智慧的傾倒，與約珥書三章1至2節聖靈的賜下相和應。它們分別連於上帝的道，是上帝賜予人的恩物。在《便西拉智訓》39.6 "πνεῦμα συνέσεως"「見識的靈」與"ῥήματα σοφίας αὐτοῦ"「它智慧的言語」是平行的。在《所羅門智訓》9.17，智慧被等同於從上而來的聖靈，「智慧的靈」進到那些祈求者的生命之中，使他們成為上帝的朋友和先知（參7.7、27～28，比較雅一 5），同時是智慧引領以色列人過紅海（比較出十五8）。根據斐羅，在創造時那吹入人生命裏的靈是神聖的，叫人能領受上帝的知識（《論特殊法律》1.36～38），聖靈與實踐的智慧有密切的關係（《創世記問答》1.90；《論偉人》22～25）。至於死海文獻，在昆蘭羣體中智慧的啟示是來自聖靈的工作（1QH 20.11～13，6.12～13，8.6～11），藉著上帝的靈在人的靈裏的工作，這羣體得悉妥拉中隱藏的智慧（1QH 12.31～32）。

新約以弗所書一章17節聖靈指為智慧的靈，歌羅西書一章28節所言的智慧與以弗所書那一段智慧的靈平行，帶有道德的意味而非知識性的，叫人得以完全。在新約多處其他的地方，往往將聖靈和智慧相題並論（徒六3、10；林前二13，十二8）。在《黑馬牧人書》〈命令篇〉11.8，形容聖靈是從天上而來的（ἄνωθεν），他所有的特性，與雅各書所形容從天上而來的智慧極之相似：溫柔、閑靜和謙虛、保守自己不受邪惡和今世虛妄的欲望所影響。羅馬書八章所描述聖靈的工作，叫人

18 參 Davids 1982:52, 55；Moo 1985:53；Martin 1988:133；Hartin 1991:102～104, 114～115。

能抵擋邪惡，與雅各所說智慧的功用相似。加拉太書五章22至23節所描述聖靈所結的九種果子與雅各書從天上而來智慧的七種特質，也是大同小異。

然而，雅各書事實上沒有直接提及聖靈，有別於福音書、保羅和約翰對聖靈的看法，他們都認為聖靈是一次的賜下，一方面是在五旬節的時候那獨特救贖歷史的時刻，另一方面是聖靈內住於所有上帝的兒女；但雅各強調要不斷的祈求智慧（一 5），因此這裏並沒有所謂「智慧聖靈論」（wisdom-pneumatology；支持者如 Davids 1982:56；Martin 1988:133；Hartin 1991:115），更沒有「智慧基督論」（wisdom-christology；支持者如 Hoppe 1977:72～81, 98～99；Luck 1984:22；Hartin 1991）。雅各使用智慧而不用聖靈可能是他將指出如何透過妥拉及其實踐，即智慧，叫人得以完全，這對於那些有深厚猶太教背景，尤其是法利賽背景的信徒來說，特具意義。

一6 不過他要以信心祈求，一點也不躊躇不決；

這裏使用“αἰτεῖν”「祈求」這動詞與上節連接。上帝雖然應允祈求者可以得到智慧，但是要有一個先決的條件，這條件就是要有信心，有信心的相反是疑惑（一 6下）和三心兩意（一 7～8），以正反的方式說明倚靠上帝的重要。“διακρινεῖν”一字在新約中可用作判別人（林前四7，十一 31），也可作把不定主意、猶疑（徒十 20；羅四 20），耶穌也將這態度對比信心（可十一 23；太二十一 21），對比於有信心和上帝的專心一意。作者使用關身語態現在式分詞，指內心不斷反覆的較量思量（特別參 Spitaler 2007），卻下不定決心忠於上帝而行，這樣的人一方面想得到從上帝而來的祝福，另一方面不願放棄要滿足自己的欲望。作者以正反的方式說明禱告的人應有的態度。在雅各書中，祈禱是一個重要的課題（參四章1至3節，五章13至18節）。《黑馬牧人書》（〈命令篇〉9.1、6～8）有這樣的勉勵，與雅各書這裏極為相似：

他對我說:「當除去你自己的三心兩意,向上帝祈求甚麼時,也絕對不要三心兩意,對自己說:『我既經常犯罪得罪祂,我怎能向主祈求呢?』……但那些完全人以信心祈求一切,倚靠上主,他們就能得著,因為他們祈求時絕不猶疑。三心兩意的〔祈求〕必一無所得。因為所有三心兩意的人,除非他回轉過來,否則鮮有得救的。因此要潔淨你的心,除去三心兩意,戴上信心,因為它是強壯的,並相信上帝會將你所祈求的賜給你。每當你向上主祈求而較緩慢才得到時,不要因為你未能迅速得到你心靈所祈求的,而變得三心兩意,因為這無疑是因為某些試探或某些罪過,是不為你所知的,致使你較緩慢才得到你所祈求的。因此不要停止你心靈的禱求,你必會得著;但你若氣餒和在祈求時三心兩意,則你只可責怪你自己,而不是那賜予你的那位。

雅各書一章5至6節與耶穌言訓

有學者認為,雅各在一章5至6節是旁索耶穌的言訓(參 Davids 1982:73;Deppe 1989:219),馬太福音七章7和11節記載耶穌這樣說(與路十一9、13平行):「你們祈求(αἰτεῖν),就給(διδόναι)你們;尋找,就尋見;叩門,就給你們開門……你們雖然不好,尚且知道拿好東西給(διδόναι)兒女,何況你們在天上的父,豈不更把好東西給(διδόναι)求(αἰτεῖν)他的人嗎?」這裏“ αἰτεῖν ”和“ διδόναι ”都見於雅各書一章5節,馬太那段所謂的「好東西」,在路加平行經文中指「聖靈」,在雅各書則是「智慧」。包衡(1999:107~108,2001:118~119)正確地指出這裏雅各作為一位智慧的教師,使用了耶穌的言訓,針對他的讀者,作出引申和擴充,對雅各來說,讀者最需要的那「好東西」(太七 11)是從天上而來的智慧,以致他們能行上帝的旨意(三 17)。同樣,耶穌教導門徒要憑信心祈求,不要疑惑(太二十一 21下~22//可十一22下~24),雅各也是這樣教導讀者,而且進一步引申疑惑的人是怎樣的情況(一 6~8)。

疑惑的人，就像海中的波浪，被風吹盪翻騰。

這裏使用“ διακρίνειν ”「疑惑」一字與上句連接，“ γάρ”「因為」是要説明“ ὁ διακρινόμενος ”（substantival participle）「疑惑的人」的實況是怎樣的；這下半節與一章7至8節可看為要憑信心、不疑惑地祈求的原因（連續兩個 γάρ）。“ ἔοικεν ”「就好像」（從 εἴκω 而來，LSJ）這字是完成式，然而其意思是現在式，在新約中只在此處及一章23節出現，隨著這字的名詞為與格。“ ἀνεμίζεσθαι ”「吹動」和“ ῥιπίζεσθαι ”「翻騰」兩字是同義詞。“ ἀνεμίζεσθαι ”「吹動」在此書之前從未有出現過在任何希臘文獻之中，可能是作者自鑄的（Laws 1980:57）。雅各以被風吹到搖擺不定的海浪，去形容這些疑惑的人的情況（參弗四14）。雅各書的特式之一是運用大量具圖像性的比喻和例子：如翻騰的風浪、凋謝的花、鏡子、馬、船舵、小火、馴獸、泉源、雲霧、農夫的勞苦等。在以賽亞書五十七章20節就形容惡人「好像翻騰的海，不得平靜；其中的水常湧出污穢和淤泥來」（《便西拉智訓》33.2：「那在律法上弄虛作假的人，就好像風暴中的一條船」；參猶13；《馬加比四書》7.1～3）。在希臘的道德勸勉的著作中，常用被風浪吹動至東搖西擺，形容一個沒有德性的人，那種混亂不堪、不得平靜的內心世界（參斐羅：《論亞伯拉罕之遷徙》148；《論偉人》51；《論初步學習》60；《論該隱的後裔和被逐》22；《論耕種》89），這樣的人，內心往往充滿了衝突和矛盾。

一7 因為這樣的人休想從主那裏得到甚麼。

一章7至8節在原文中為一整句，以“ γάρ ”「因為」作為與上句的連接詞，解釋為何要用信心求（一 6上），不然就不能得著，也有強化一章6節下的作用。若我們視一章6節上與一章8節是對應的話，便出現A-B-A'的結構，這節便成為重點的所在，回應一章6節上，為何要藉著信心去祈求，不然便不能得著。“ὁ ἄνθρωπος ἐκεῖνος”「這樣的人」與一章8節的“ ἀνὴρ δίψυχος ”「三心兩意的人」為等位（in apposition）。“ οἰέσθειν ”「休想」在新約中出現三次（約二十一 25；腓一 17），意思是「期待、假想、幻想」（LSJ）；一章5節那位賜恩的上帝，同時又是這位主，不會答允這樣的人的祈求（參四 3）。這裏的主是指上帝，而不是指基督。

一8 三心兩意的人，在他一切的行徑上，都搖擺不定。

"δίψυχος"「三心兩意」與上文的"ὁ ἄνθρωπος ἐκεῖνος"「這樣的人」等位，進一步解釋「這樣的人」的特質。"ἀνὴρ δίψυχος"和"ἀκατάστατος..."都是 nominative case，這兩者與一章7節的"ὁ ἄνθρωπος ἐκεῖνος"等位，同樣指那疑惑的人，這種結構，亦見於三章8節。疑惑的人即三心兩意的人（參《革利免一書》23.2）；根據《坦庫瑪米大示》23b，拉比坦庫瑪解譯申命記六章5節和二十六章17節時，有以下的評論：「那些願意向上帝禱告的人，不要存有二心：一個向著上帝，一個向著其他事件。」"δίψυχος"「三心兩意」(〔現〕、〔思〕、〔當〕)這字在雅各書之前並未有在任何文獻出現過，可能是雅各自鑄的字，按其字源的意思是「兩個靈魂／生命」，這字詳細的意思，參下文「三心兩意的人」。原文用了"ἀνήρ"，直譯為「男人」，但這裏並沒有強調性別之分，與"ἄνθρωπος"「人」同義。"ἐν πάσαις ταῖς ὁδοῖς αὐτοῦ"「在他一切的行徑上」在〈七十士譯本〉的申命記之中出現了四次(十12，十一22，十九9，三十16)，都是吩咐人要「在他一切的行徑上」，遵守上帝的律法(參〈七十士譯本〉詩一1、6，十五11，一一八1、32；箴一15；《所羅門智訓》5.6)，這片語泛指人的生活、其行事為人。"ἀκατάστατος"「搖擺不定」這字在雅各書另一次出現是在三章8節，那裏譯作「難於駕馭」。在箴言五章5至6節就形容那些淫婦引領人走向那死地和陰間的路，是「變遷不定」(נוע)的路。以賽亞書五十四章11節(〈七十士譯本〉)用這字翻譯「被颶風拋盪」。雅各平行地描述疑惑的人是被風所吹動翻騰的海浪，三心兩意的人則是被風所拋盪，不得止息。

三心兩意的人

原文"δίψυχος"「三心兩意」原為"ψυχή"「生命」加上前綴"δι-"，在雅各書以前的文獻中從未有出現過，這字的來源爭論甚多(參 Porter 1990)。在此之前，類似以"δι-"「二／雙重」作為前綴的字也不少："δίγλωσσος"「雙舌」(《便西拉智訓》5.9，18.13)、"διπρόσωπος"「雙面人」(〈亞設遺訓〉2.5)和"δύο γλώσσας"「二

舌」、“ ἀκοὴν διπλῆν ”「雙聽」、“ διπλοῦν ”「兩面」(〈便雅憫遺訓〉6.5～7)。在使徒教父著作中，與原文“ δίψυχος ”同字根的字，出現甚多，形容詞就出現共二十三次，動詞“διψυχεῖν”二十五次，名詞“διψυχία”十九次，其中最多出現於《黑馬牧人書》，分別為二十次、二十一次、十八次，相信他們都是受雅各書的影響，他們如何理解這字，亦成為理解這字極有價值的參考。“δίψυχος”一字可能是雅各自鑄出來的，亦有可能已沿用於當代說希臘語的猶太羣體中(Laws 1980:60～61; Martin 1988:20)。

在〈七十士譯本〉中，“ ψυχή ”「生命」往往用作翻譯希伯來文“ לב ”「心」(如詩六十八21、33；賽七2、4，二十四7；耶四19)，因此希臘文“δίψυχος”可理解為「兩條心」。《便西拉智訓》1.28勸讀者說：「不要違背敬畏主，不要以二心(ἐν καρδίᾳ δισσῇ)就近祂。」「二心」與違背(ἀπειθεῖν)是平行的。「二心」與虛偽、驕傲和詭詐息息相關(1.29～30)。「二心」的說法，亦見於詩篇十二篇2節(בלב ולב)，在〈七十士譯本〉中作“ ἐν καρδίᾳ καὶ ἐν καρδίᾳ ”。在昆蘭的《會規手冊》(1QS 3.17、18；另《大馬士革文獻》20.9、10；參 Wolverton 1956:168)，將「二心」的觀念表達為意志的分裂：一方面供奉內心的偶像，以頑梗的心行事，但表面上卻好像在事奉上帝。同樣1QH 12.13～18形容那些在信仰上倒退的人是以「二心」去尋求上帝(12.14)、以頑梗的心行事，並且在偶像中找尋上帝(12.15)，這樣的人並不跟隨上帝的路而行(12.17、18、21)。另一份較後期的文獻《以斯拉啟示錄》一章25至27節將“δίψυχος”對比於對主的一心一意，這樣的人無法進到上帝的同在之中。雅各書四章8節「三心兩意的人」是與“ ἁμαρτωλοί”「有罪的人」平行的，根據《便西拉智訓》2.12，罪人是行在一條「雙線路」(ἐπὶ δύο τρίβους)之上，意思是這人不知要靠近上帝還是靠近魔鬼。三心兩意的人是一個典型的罪人，需要得著潔淨(雅四8)。他是“ τέλειος ἀνήρ ”「完全人」的相反(雅三 2)。

2.1.1.3 要盡力愛上帝：論貧富，惟神恩是賴（一9～11）

一9 卑微的人，要因得著崇高的地位而炫耀；

"δέ"接續上文的鋪陳（參一 4、5）。「人」原文是"ἀδελφός"「弟兄」，我們使用性別涵括名詞。"ὁ ἀδελφὸς ὁ ταπεινός"「卑微的人」是貧窮的人的別號（參〔現〕、〔思〕），這裏使用卑微而不用貧窮，為要強調這些人對上帝所有的態度，他們與上帝的關係；因為他們貧窮，他們深深體會自己在社會上的地位卑微，本來就沒有甚麼值得羨慕，他們惟一可以倚靠的，就是上帝。"ὕψος"「高」指高位，可用在物件的高度上，在此作社會的地位上。"ἐν τῷ ὕψει αὐτοῦ"可看為時間性，即「在高升的時候」，也可看為原因：「因著得到高升」。這高升可以指將來，即將來得到獎賞的時候（Dibelius 1976:84），但也可看作現在，根據雅各書二章5節，在物質及社會上貧窮的人，在信心上卻是富足的，可見這高升不只是將來的，是上帝使卑微的人高升，在上帝的眼中，他們的地位是有尊榮的。這裏並非指貧窮人因勤奮而致富，對比於下文的富足人因飛來橫禍而降卑（如梁康民1995:43）。"καυχᾶσθαι"「炫耀」一字在新約出現時，多帶有負面的意義（四16；羅二17、23，三27；林前一29，四7，五6；林後五12，十一18；加六13；弗二9）。在〈七十士譯本〉，同樣也有視為一種負面自以為是的態度（士七2；撒上二3；箴二十9，二十五14，二十七1；《便西拉智訓》11.4；《馬加比三書》2.17），如詩篇四十八篇7節：「那些倚仗財貨，自誇錢財多的人（ἐπὶ τῷ πλήθει τοῦ πλούτου αὐτῶν καυχώμενοι）；一個也無法贖自己的弟兄，也不能替他將贖價給神」（參耶九22：財主不要因他的財物誇口〔ἢ καυχάσθω ὁ πλούσιος ἐν τῷ πλούτῳ αὐτοῦ〕）。然而，這字也可用作向上帝喜極高呼（代上十六35；詩五12，三十一11，一四九5；《便西拉智訓》50.20），也有正面用作值得炫耀的（《便西拉智訓》30.2；參24.1～2），也是這裏的用法。

一10 富有的人，卻要因得著卑微的地位而炫耀。

「富有的人」指在物質上豐厚的人。與一章9節的類似的介詞片語一樣，"ἐν τῇ ταπεινώσει αὐτοῦ"（直譯「在他的卑微中」）可看為是時間性或是原因。"ταπεινώσις"「卑微的地位」與上句的"ὁ ταπεινός"

「卑微人」是同字根字。有認為“ὁ ἀδελφὸς ὁ ταπεινός”「卑微的弟兄」（原文直譯）是指信徒，因為他是弟兄，是信徒羣體的一員，原文「富有的人」則沒有「弟兄」一字，所以是非信徒。但原文這兩句為平行句，因此雖然沒有使用「弟兄」一字，也可看為是簡化了的表達，正如在原文中動詞「炫耀」只出現一次，但按平行對稱的理解，第二句的主要動詞也應是炫耀，因此也有學者認為他們兩者同是信仰羣體的成員。[19] 但也有學者認為這裏的富有人原不是信仰羣體的成員，他們的降卑是指他們因為成為信徒而失去了名譽和／或財富。[20] 有沒有「弟兄」一詞並非關鍵的所在，而是如何理解貧窮和富有的分別要為得到升高和降卑而炫耀，有認為富有人的降卑是一種諷刺的説法，即富有人固然有他們享盡榮華富貴的時候，但他們的前途並非一片光明，反之，有災難等待著他們，就由得他們為此而炫耀吧（參 Maynard-Reid 1987:42～43）。但這裏所指的災難是人最終要面對的死亡，不只是富有人會遇到，卑微人也免不了。有關“ταπείνωσις”「卑微的地位」的理解，除了上文提及有學者認為是因成為基督徒而受迫害，失去財富或社會上的聲譽外，也有認為這是指在屬靈上的降卑，好像耶穌一樣。我們可以這樣理解：不論是卑微人或是富有人，他們對價值的看法要有根本上的轉變，對今生一般人所誇耀的世俗事物和社會地位，要有全新的評價，基督的來臨，帶來一種根深柢固價值上的逆轉。對富有的人來説，他們要否定自己從前所誇耀的物質財富和社會地位上的優越，謙卑在上帝的面前，才可以得救，意識到自己的卑微，才是他們真正所要誇耀的（參太五 3）！

一10下～11 因為他都要過去，好像野地的花一樣：[11] 日頭出來，隨著起了熱風，使野地乾涸，其中的花就凋謝，它的美貌也就煙消雲散了；

“ὅτι”「因為」説明了富足人要因得到卑微地位而炫耀的基礎。“ἄνθος χόρτου”直譯為「草的花」，指野地上的小花，這裏的用字受〈七十士譯本〉以賽亞書四十章6節的影響，那裏也是用「草的花」，而不是希伯來聖經的「田野上的花」，在〈七十士譯本〉中，多次使用小花

19 Mayor、Knowling、Hort、Ropes、Mitton、Reiche、Mussner、Sidebottom、Adamson、Hiebert、Moo、Loh & Hatton、梁康民。

20 Dibelius, Laws, Davids, Martin, Wall, Stulac, Hartin.

短暫的燦爛這圖像描述人生的短促(伯十四2;詩一〇二15;亞二2)。這些小花在烈日下轉眼消逝(παρέρχεσθει)。原文一章11節與上句以“γάρ”字相連,要表達以下是引申上句,富足人如何好像野地的花一樣。“ἀνέτειλεν”「出來」、“ἐξήρανεν”「乾涸」、“ἐξέπεσεν”「凋謝」、“ἀπώλετο”「消散」(原文直譯為「消滅」)都是 gnomic aorist,指在生活中常見的現實;另一可能是視這是翻譯希伯來文的完成式,強調凋萎的突如其來和徹底的臨到(Moule 1959:12)。作者使用這幅圖畫是要針對富有人往往忘卻自己的渺小,他們只不過是草場上的野花一朵。作者引用了以賽亞書四十章6至8節(參詩一〇三 15、16)說明生命的短促:「凡有血氣的盡都如草;他的美容都像野地的花。草必枯乾,花必凋殘,因為耶和華的氣吹在其上;百姓誠然是草。草必枯乾,花必凋殘,惟有我們神的話必永遠立定。」作者描繪在阿拉伯的沙漠及曠野中常見的景象,其中植物的成長,從萌芽到消滅,是一個轉眼即逝的過程:「起風」、「乾涸」、「凋謝」、「消滅」,最後的“ἀπώλεσθαι”「消滅」這動詞,可用於末世的審判。作者在此並沒有如以賽亞書一樣視這小花凋萎的過程為上帝審判的工作,也未有將轉眼即逝的花與上帝的永存作對比(參彼前一24~25),雅各視野地的花的凋殘,為自然界一種自然的現象,只強調富者的命運也不過如此(Martin 1988:23~24)。除了在新約中曾兩次引用以賽亞書這經文外(彼前一24~25),在死海文獻的4Q185和《巴錄二書》82.7也曾援引,它們以此描述亡國後猶太人散居於以色列地之外的境況,4Q185 frg. 1~2 14 更鼓勵上帝的子民當聽到惡者的命運時,要從上帝的能力中得到智慧。這雅各書所寫給讀者,同樣是散居地的以色列民(一1),但有別於以上兩文獻,雅各書並未有引用這經文針對以色列的敵人要面對上帝的審判,而是強調了面對困境的上帝子民要得到上帝的祝福(一12;參 Verseput 1998:704)。

富有人在他作業經營中,也要如此化為烏有。

原文“πορεία”一字的意思是「行旅」,這名字取源於其同字根動詞“πορεύεσθαι”「去」,這字可用在實際的旅程(〈七十士譯本〉民三十三2;路十三22)或指生活的方式(箴二7;耶十23)。這裏並非字面地指這些富足人正在某行程之中(如 Mayor 1913:47;Moo 2000:70),也不是針對商人往來行商（四13～17；如 Mussner 1981:75；Maynard-Reid 1986:47），而是指在人生這旅程，參與生活中不同的活動，在作業經營，積聚財富，或是享受生命之時，死亡會突然的臨到，他們不只不能保住自己的性命，也會失去他們所擁有的一切，最終所有都會煙消雲散。“μαραίνειν”「化為烏有」一字主動語作摧毀（《所羅門智訓》19.21），被動語可作植物的凋謝、消逝（《所羅門智訓》2.8），這裏使用了被動語。有認為，這裏所描述生命的突然終結，帶有末世的意味，基督的復臨會終止今生的一切活動（參可十三33～36；路十七28～37；帖前五2～3）。

2.1.2 完全的操煉（二）（一12～18）

2.1.2.1 要盡性愛上帝（2）：要忍耐堅持到底（一12）

一12 忍受試煉的人是有福的，

一章12節重複了一些在一章2和3節中所用過的重要字眼：“πειρασμός”「試煉」、“ὑπομονή”「忍耐」（名詞）／“ὑπομένειν”「忍受」（動詞）和“δοκίμιον”「熬煉」／“δόκιμος”「考驗」，與一章2至4節一樣，一章12節同樣提及忍受試煉最終所要達致的結果，但並非只是重複前者所說過的，而是作另一方向的引申：前一段強調今世瞧向的目標，後一段強調將來所會獲得的獎賞。當然這兩者也是息息相關的，因為要到終末的時候，才可達致終極的完全。正如我們在一章2至3節中已經指出，“ὑπομένειν”「忍受」並非一種消極的退縮，而是積極的承擔，奮勇的面對；在〈七十士譯本〉中，多次作「忍耐的等候」（詩二十四3、5、21，二十六14，三十二20；箴二十9）。原文「人」用了“ἀνήρ”，即「男人」，而非沒有性別之分的“ἄνθρωπος”（參一8、20、23，二2，三2），但作者並非指男性而忽視女性，他大概是受〈七十士譯本〉在翻譯希伯來文“אַשְׁרֵי הָאִישׁ”或“אַשְׁרֵי אָדָם”時使用了“μακάριος ἀνὴρ ὅς”所影響（如詩一1，八十三6；箴八34，二十八14），這裏泛指任何人，不分男女。在本書將要總結的時候，作者再次重申：「你看我們以那些堅忍的人為有福的（μακαρίζομεν τοὺς ὑπομείναντας）」（五11）。

蒙福語

“אשרי”「有福了」一字在舊約中出現了四十五次，以「……的人有福了」這諺語格式出現，在箴言書有八次（三13，八32、34，十四21，十六20，二十7，二十八14，二十九18），在約伯記出現一次（五17）、傳道書一次（十17）、詩篇有二十六次（參三十二20，五十六2），在其他書卷中，申命記（三十三29）、士師記（一32）、列王紀上（十8）、歷代志下（九7），全部各一次。有學者指出這些蒙福語所嘉許的，都是與提升生命素質的活動有關（Perdue 1985:17），包括研讀和實踐妥拉（詩一篇；箴二十九18）、照顧貧窮人（詩四十一2；箴十四21）、信靠上帝（詩一一二1，一二八1；箴十六20）、敬畏上帝（箴二十八14）、尋找智慧（箴三13）、聽命於智慧（箴八33～34），他們所得到的祝福，往往是在今生實現的。至第二聖殿時期的著作，蒙福的人所得的賞賜並不只是今生的，亦是上帝所賜給他們最終永恆的獎賞。這些蒙福語都不是在敬拜的背景中使用，而且只用在人的身上，不會用在上帝或物件的身上，並且不是可以祈求得來的（參Hanson 1994:89）。

在舊約次經中，以希臘文“ μακάριος ”「有福了」表達這諺語有十三次，特別值得注意是其中十一次見於智慧文獻《便西拉智訓》（希臘文版：14.1、2、20，25.8、9，26.1，28.19，31.8，34.15，48.11，50.28）。在第二聖殿時期，這諺語不只局限於智慧文獻中出現，亦見於天啟文獻，其中一些帶有末世的主題（《以諾一書》58.2，81.4，82.4，99.10，103.5；《以諾二書》41.1，42.6～14，44.4，48.9，52.1～14，61.3，62.1，66.7），同樣情況見於昆蘭的智慧文獻中（4Q185 2.1～3.1；4Q525 fig. 2.1～10），也見於耶穌的言訓（參太五3～11，十一6，十三16，十六17；路六20～22，七23，十23，十一27～28），其中最廣為讀者所熟識的，當然是登山寶訓中的「八福」。

特別與此段相似的是但以理書十二章12節（《狄奧多田希臘文譯本》；公元二世紀）：「忍耐的人是有福的」（μακάριος ὁ ὑπομένων）。作者使用“μακάριος”「有福的」這諺語的格式，重申一次勉勵愛上帝的人，要毅然的面對試煉。雅各用這蒙福語，與福音書所載為耶穌的原故受逼迫是有福的（太五 10～11；路六 22；參《黑馬牧人書》〈異象篇〉2.2.7）有相似的地方，然而這裏並非只是針對因信仰的原故而帶來的苦難（如 Davids 1982:67；Martin 1988:14～15），卻是泛指在人生中所有的遭遇的一切患難（參一2～4註；如 Ropes 1916:133；Laws 1980:51～52）。

因為他既經得起考驗，必能得著主向那些愛祂的人所應許，那生命的冠冕。

“ὅτι”表達原因，作「因為」。“δόκιμος”「考驗」一字有別於一章3節的“δοκίμιον”「熬煉」，那裏「熬煉」是使信心產生忍耐的工具，這裏「考驗」指經過測試後得到認可，品質的優秀得到保證，因此在此譯作「既經得起考驗」。雖然這裏的「冠冕」，可能是指在競技場上得勝者所戴的桂冠，這冠冕是用月桂葉編織成的花環（林前九25；提後二5；參提後四 8；彼前五 4；啟二 10），然而作者和讀者都是猶太人，他們對這些希臘的競技抱抗拒的態度，因此這不應是雅各所用的意象，因而較可能是指王帝所戴的華冠（參撒下十二 30），為人戴上冠冕，是一種表揚某人在公共事務上的功績（參來二 7～9）或顯示其職級（參撒下十二30；賽二十二 21），也可象徵性地用作任何方式的獎賞，是得勝或有功者所配得的（箴十七 6；賽二十六 1～5；《便西拉智訓》25.6）。愛上帝及忠於祂的人，最終都要得著上帝所應許給他們的冠冕，在〈七十士譯本〉詩篇五篇12下至13節有這樣的演繹：「凡是愛你名字的人，都在你裏面誇耀，因為主你賜恩給公義的人，為他們加冕，好像恩惠的盾牌」（καυχήσονται ἐν σοὶ πάντες οἱ ἀγαπῶντες τὸ ὄνομά σου ὅτι σὺ εὐλογήσεις δίκαιον κύριε ὡς ὅπλῳ εὐδοκίας ἐστεφάνωσας ἡμᾶς）；啟示錄二章10節有同樣的應許：「你務要至死忠心，我就賜給你那生命的冠冕」（比較提後四8「公義的冠冕」；彼前五4：「榮耀冠冕」）「生命的冠冕」即這冠冕就是生命，“τῆς ζωῆς”為 appositive genitive 或 genitive of definition。人能得到生命的冠冕是基於上帝的應許，原文動詞“ἐπαγγέλλεσθαι”「應許」是沒有主詞的（divine passive），在猶太人的傳統中，很多時候儘量避免使用上帝的名字，有可能作者是受了這種習慣所影響；然而毫無疑問的，那應許的是上帝或主。有關生命作為應許，在新約中只見於教牧書信（提前四 8；提後一 1；多一 2）；雅各書二章5節以另一種方式表達那些愛上帝的人所得的賞賜：「這國度是上帝應許給那些愛祂之人的」，國度平行於這裏生命的冠冕，類似的平行也見於福音書中耶穌的教訓，例如馬太福音十九章16至23節，有一個人問耶穌如何才能得永生，耶穌在總結時說財主進天國是難的；約翰福音三章1至21節，耶穌與尼哥德慕論從上而生，將進天國與得永生看為是同一件事。能承接生命冠冕的人是愛上帝的人，這是屬於上帝的國度、上帝的子民所有的特性。全心全意地愛上帝是全書引導性的主題。注意這裏並沒有直說愛「上帝」或「主」，而使用了代名詞「他」，可能反映出與當代猶太人一樣，他們儘量避免稱呼上帝的名字（Hartin 2003:90）。《黑馬牧人書》（〈異象篇〉2.2.7）有這樣的勸勉：「因此你這些行公義的人，必須要堅持，不三心兩意……你們在將臨極大的患難中能堅毅不屈的有福了，凡不否定自己的生命的也是有福。」同樣《革利免二書》（11.5）也有類似的鼓勵：「因此，弟兄姊妹們，讓我們不要三心兩意，但要存盼望而堅毅不屈，我們都要得到那賞賜。」有認為雅各是引用耶穌的言訓（沒有記載於四福音之內的），雖有可能，但難以證實。

2.1.2.2 要盡心愛上帝（2）：不為情欲所誘惑（一13～18）

一13人被誘惑，不可以說：「我是被上帝誘惑」；因為上帝不能受邪惡誘惑，祂自己也不誘惑人。

原文“πειρασμός／πειράζεσθαι”「試煉」，的確可看為是正面或是負面，若是負面，便應譯為試探或誘惑，不論是名詞或動詞，在當代的文獻中出現不多，但在〈七十士譯本〉和新約中則非常普遍（H. Seeseman, *TDNT* 6.23～24）。作者在一章2節用名詞“ πειρασμός ”「試煉」時，並沒有負面的含意，也並未有討論這些試煉的由來，是出於上帝還是出於魔鬼，只是指出人要面對試煉，這是一件事實。當作者在此使用這字同字根的動詞（πειράζεσθαι；在一章13～14節出現四次）和形容詞（ἀπείραστος）時，其意義則是負面的，指陷入罪惡之中，名詞是客觀和外在的，動詞和形容詞則用作表達主體的反應，指發自人的內心而付致於外在行為的表現（Cheung 2003:216～217; Hartin 2003:90）。“πειραζόμενος”「試探」這分詞是時間性的用法，即「當某人受到誘惑的時候」，不可說“ὅτι ἀπὸ θεοῦ πειράζομαι”「我是被神試探」，“ὅτι”引入所說內容（recitative use）。有學者認為，這裏使用“ἀπό”「從」而不是“ὑπό”「藉」，是表明上帝是那使試探環境出現的那位，而非直接的試探者（Mayor 1913:40; Ropes 1916:155; Hiebert 1992:90），這是可能的，特別下文當談及人犯罪是因為自己的私欲，就使用了“ὑπό”；然而我們並不能完全確定這是作者原來的用意，因為“ἀπό”與“ὑπό”在字意上有重疊的地方（Wallace 1996:368）；“ἀπό”作本源的用法，見於下文一章17節：一切的恩物都是從（ἀπό）「眾光之父」那裏降下來的。這裏的指控也可能是指上帝是人受試探最終的本源及原因。並且舊約的確有記載上帝「試驗」人，為要證明祂的僕人是否忠心（創二十二1；申八2，十三4；參出十五25，十六4，二十20；申十三3）及堅定他們的信心。在兩約中間的文獻中，有傾向將試煉的由來，轉移到鬼魔的身上，例如《禧年書》（17～19）就指是魔鬼（＝瑪撒提曼，Mastema）挑起和進行試探亞伯拉罕。神不「試驗人」的意思，是指祂絕對不會誘惑人犯罪！箴言十九章3節就有這樣的說法：「人的愚昧傾敗他的道；他的心也抱怨耶和華」；又《便西拉智訓》15.11～12、20：「不要說：『是主的原故（διὰ κύριον）叫我跌倒』；因為祂不會作祂所憎厭的。也不要說『是主騙我走錯路』（αὐτός με ἐπλάνησεν οὐ）；因為祂沒有需要犯罪的人……祂沒有吩咐任何人不敬虔，他也沒有給任何人犯罪的自由」；當代猶太哲士斐羅也有類似的提醒：「當人的思想犯罪，偏離德性；就會埋怨神靈，將所犯的罪歸咎於上帝」（《寓意解經》2.78）。只有那些被蒙騙的人（一 16），才會有這樣的想法，對上帝作出這樣的埋怨或無理的指控。一章13節上聲明將人犯罪的責任歸咎於上帝，認為是祂使人受誘惑而犯罪，這看法是絕對錯誤的，一章13節下則是雅各提出支持他這觀點的論據。雅各提出兩個原因（γάρ）說明為甚麼不可說人是被上帝試探，而這兩個原因亦彼此相關，都涉及上帝的本性：「上帝不能被惡試探」和「他也不試探人」。第一個原因是：上帝不受邪惡所誘惑。"κακῶν"「邪惡」這屬格作工具解（genitive of means），即「不受邪惡誘惑」，"ἀπείραστος"這字從未有在〈七十士譯本〉中出現，新約也只在此處使用這字，這字主動的意思（active sense）可作「不試探」，因這是下句的意思，這裏不應是這種用法。被動的意思則有以下三個可能性：（1）沒有邪惡的經驗；（2）不能或不會受邪惡誘惑（Burdick 1981:172; Loh & Hatton 1997:33; Moo 2000:74）；（3）不應受邪惡誘惑（Davids 1982:82～83），參申命記六章16節：「你們不可試探耶和華一你們的神。」不論是那種解釋，其含意仍是清楚的：上帝與邪惡無干（Martin 1988:35; Hartin 2003:91）。第二個原因是："πειράζει αὐτὸς οὐδένα"「祂自己也不誘惑人」的"αὐτός"「他」是強調代名詞，因此譯作「祂自己」；祂沒有任何的意圖，叫人受試探而犯罪。

辯論語

雅各在此是使用一種傳統辯論的格式（Debate Saying），這格式以「不要說」作開始，然後引用對手（一般來說，以第一身稱）的觀點，跟著是作者對這觀點予以還擊（Crenshaw 1983:135）。這格式見於猶太的智慧文獻（參箴二十22；傳七10～13；伯三十二13～14；《便西拉智訓》5.1～6，11.23～26，15.11～12，16.17～19，31.12～13；參申八17～18；耶一7，五24～25）。《便西拉智訓》5.1～6使用了一連串辯論格式：「不要依賴你的財富，不要說：『我已足夠了』；不要依從你的心思和力量去追求你內心的欲望（或作『傾向』），不要說：『誰可以比我更有力量？』因為主必懲罰。不要說：『我犯了罪，然而甚麼都沒有發生在我身上呢？』因為主不輕易發怒。不要以為一定可以得到饒恕，以致你罪上加罪，不要說：『祂有極多的慈悲，祂會饒恕我眾多的罪』，因為憐憫和忿怒都在乎祂，祂的忿怒要臨到罪人。」這格式有時候在神義辯（theodicy）的主題下使用，但並不局限於此。

一14～15 然而各人受到誘惑，是被自己的情欲所勾引餌誘；[15] 然後情欲懷了孕，就產生罪來；罪既長成，就生出死來。

這節說出人犯罪的真正原因。“ἕκαστος”「各人」指每個個別的人，與一章13節的“οὐδένα”「不……任何人」對應。「誘惑」如一章13節所指出是動詞，帶有負面的含意，即受誘惑至犯罪。這裏將一個人受誘惑的原因，歸咎於人自己的情欲。原文“ἐξελκόμενος”「勾引」和“δελεαζόμενος”「餌誘」這兩個被動語態分詞，修飾主要動詞“πειράζεται”「誘惑」，即誘惑的方式是透過勾引和餌誘（modal participles）。“ὑπὸ τῆς ἰδίας ἐπιθυμίας”「被自己的情欲」這介詞片語，可視作修飾誘惑，或是兩個分詞勾引和誘惑，按字排列的次序，兩者皆可。“ἰδίας”「自己的」這強調個人代名詞置於強調的位置，突顯了人犯罪的根源是在每個人自己身上。由於整句的主要意思繫於主要動詞誘惑，似乎這介詞片語應視作修飾誘惑（如 NRSV, NLT）；有認為作者是故意含糊（Davids 1982:84）；但情欲發揮勾引和餌誘的作用，在希臘的文獻中可以見到，則這介詞片語用作修飾兩個分詞的機會較大（如 ESV、NJB；Hiebert 1992:93），可參《革利免二書》17.3：「我們不要容讓自己被世俗的情欲誘惑到相反的一面去（μὴ ἀντιπαρελκώμμεθα ἀπὸ τῶν κοσμικῶν ἐπιθυμιῶν）。」然而，從全句的大意去看，修飾主要動詞或兩個分詞的分別不大。“ἐξελκόμενος”「被……勾引」用於釣魚，以魚勾將魚拉出水面；“δελεαζόμενος”「被……餌誘」用於打獵，設置捕捉動物的餌作陷阱。有認為，「勾引」引致「餌誘」，亦有認為「餌誘」引致「勾引」，然而在希臘的文獻中，都曾使用這兩個比方解說情欲發揮的作用，其意思相近，不存在先後的次序問題（Hiebert 1992:93; Hart & Hart 2001:38）；例如斐羅《每個正直的人都是自由的》159：「他被推向私欲，被情欲所餌誘」（πρὸς ἐπιθυμίας ἐλαύνεται ἢ ὑφ' ἡδονῆς δελεάζεται）。雅各強調面對試探的人之個人責任（參箴言五至九章，特別五和七章），人的私欲是罪惡的由來。這裏以婦女受孕產子的過程為比方，說明情欲引致罪惡，最後的結果是死亡。正如一章2至4節，作者在此再次使用梯層式的推進（Davids 1982:85; Johnson 1995A:194）。「情欲懷了孕，就產生罪來」和「罪既長成，就生出死來」這兩句是完全平行的：

ἡ ἐπιθυμία	συλλαβοῦσα	τίκτει	ἁμαρτίαν,
ἡ ἁμαρτία	ἀποτελεσθεῖσα	ἀποκύει	θάνατον.
(主詞)	(分詞)	(主要動詞)	(受詞)

"συλλαβοῦσα τίκτει"「懷孕……產生」可能是一種閃族語言的表達方式(參〈七十士譯本〉創四1),以分詞表達在主要動詞之後連續發生的事,有認為這裏包含了兩個步驟(如 Hiebert 1992:94～95),亦有認為是一個連續的過程(如 Adamson 1976:73),理論上雖可分出步驟,但正如一章4節,作者的重點不是要強調這階段,而是整個過程至結果。"ἐπιθυμία"「情欲」這字及其同字根動詞"ἐπιθυμεῖν",在〈七十士譯本〉和新約中,可以指美好的渴望(箴十24;路二十二15;參腓一23;林後五2),但大部分用作邪惡的欲望(出二十17;申五21;可四19;羅一24,六12,七7～8;加五24;西三5;提前六9;提後三6,四3;多三3;彼前一14;彼後二10;約壹二16～17;猶18)。有學者(Davids 2001:74; 2005C:462～463)認為這裏所指的情欲可能是指中性的「驅力」(drives),正如佛洛伊德所認為人的「本我」(*id*)所具備的。在後期拉比猶太教中有所謂「雙重傾向說」(two inclinations),指人有兩種傾向,一種向善,一種向惡,向善的傾向叫人能順服上帝的律法,向惡的傾向不完全是不好的,因為沒有了這傾向,人便失去了娶妻育兒的動力,但也是這傾向叫人跌入罪惡之中,這種說法的確與佛洛伊德所言的「本我」十分相似,雅各書是否有同樣的看法,並未能確實肯定,然而這是可能的(參四1～2註解),肯定的是,情欲是人內在與生俱來的傾向。"ἐπιθυμία"「情欲」是單數字,在此被擬人法地描繪為一個誘惑人的女性,繼而珠胎暗結,正如婦人懷孕最終會生產,情欲就好像這懷孕的婦人一樣,生出來的是罪,這過程也並未就此完結;作者繼續使用成長的比方,罪惡會成長成熟,最終所得的是死亡。雖可能是珠胎暗結,最後也要成落地娃娃。這裏對情欲引致犯罪的看法,可能與猶太教傳統中對創世記六章5節(「耶和華見人在地上罪惡很大,終日所思想的盡都是惡」)的詮釋有關;《摩西啟示錄》19.3對亞當的犯罪,作了以下的結論:「因此情欲是一切罪惡的源頭」(ἐπιθυμία γάρ ἐστιν κεφαλὴ πάσης ἁμαρτίας)。在新約中,多處提及罪與死亡的密切關係(約八21;羅

五12、21；林前十五56）。“ ἀποτελεσθεῖσα ”「長成」這字的字根是「完全」（τελ-），容許情欲不受控制地發展，最後展現的是死亡；對比於有信心和忍耐，最後所得的是完全（一4），是生命的冠冕（一12）。有認為，作者使用婦人比喻情欲，是取材於當代希臘思想中，將婦女看為誘使男人受騙犯性方面的罪惡之源頭，並且視堅忍（ὑπομονή）為情欲（ἐπιθυμία）的對比（Wilson 2002），注意兩者都是陰性字，況且在斐羅的著作中，屢次視利百加是堅忍的預表（參《論亞伯與該隱之獻祭》1.4；《壞與好為敵》1.30、45），並且認為這裏受某些猶太傳統的影響，視撒但是那引誘夏娃犯罪的，並使用了與性有關的語言達成這種誘惑（參〈呂便遺訓〉2.8）。然而，這些看法都缺乏理據的支持，一章18節描述父上帝用真道生了我們，上帝以女性的角色出現，但卻絕對不是罪惡的根源！堅忍在這裏的對比，不是情欲，而是犯罪（參一3），情欲的對比是信心（蘊含於四章3節有關禱告是否蒙應允，也存著這種對比）。亦有認為，在此使用女性作誘惑的圖像，反映出父權宰制的傾向，壓抑女性的地位（Wolmarans 1994），但同樣一章18節以女性的生子與上帝作比較，那不是反過來提升女性的地位了嗎？

兩條路

作者在此使用了傳統智慧文獻中「兩條路」的主題（Two Ways Motif），從希伯來的背景去看，這主題建基於舊約立約文獻祝福與咒詛的對比（利二十六1～39；申二十八，三十15～20），申命記三十章15至18節為這主題作了清晰的撮要：「看哪，我今日將生與福，死與禍，陳明在你面前。吩咐你愛耶和華─你的神，遵行他的道，謹守他的誡命、律例、典章，使你可以存活，人數增多，耶和華─你神就必在你所要進去得為業的地上賜福與你。倘若你心裏偏離，不肯聽從，卻被勾引去敬拜事奉別神，我今日明明告訴你們，你們必要滅亡；在你過約旦河、進去得為業的地上，你的日子必不長久。」在智慧文獻中，善惡的對比（箴十二28～十四2），以致智慧與愚昧對人的呼籲（九1～6對比九13～18），都是這主題的發展和引申。耶穌在總結登山寶訓的時候

（太七13～27；參路六43～49），也用了兩條路、兩道門（七13～14）、兩種樹（七15～20）和兩種人（七24～27），說明所有的道德抉擇，會為人帶來祝福或咒詛，是生命或死亡的選擇。有關兩條路、兩種傾向和兩個靈界對壘的關係，特別參 Cheung 2003:223～239。

雅各在此所描述有關情欲的作用，與後來拉比猶太教所描述的「邪惡傾向」，有相似，也有不同之處。

邪惡傾向

根據拉比猶太教（公元70年後承接法利賽猶太教而成的正統猶太教），人裏面有兩種傾向：邪惡和美善，兩者都是上帝所造的。"יצר הרע"「邪惡的傾向」（*hara yeser*）本身並不是邪惡的，是上帝所創造的，人若沒有了它，便不會有性的衝動，及其他進取的欲望（《創世記大米大示》9.7）。但這邪惡的傾向，需要人那善的傾向平衡之，這美善的傾向藉著妥拉（律法）而發揮其作用。邪惡的傾向必須要在妥拉的駕馭之下，人才不致受它控制而犯罪。因此有拉比說妥拉是邪惡傾向的解藥（antidote），當人專注研讀實行妥拉時，邪惡的傾向便不能操縱他（《論申命記》§45）。

邪惡的傾向顯露於人的仇恨和貪婪（《論申命記》§33）、忿怒（《米示拿》〈先賢集〉4.1）和虛榮（《創世記大米大示》22.6）。根據《巴比倫他勒目》〈論安息日〉105指出邪惡的傾向叫人不能把定主意，一時作這事，一時作那事，最終慫恿人去拜偶像。《巴比倫他勒目》〈論最後一道門〉16a更將邪惡的傾向擬人化為撒但，就是那死亡的使者。

雅各書並沒有如拉比猶太教中所述的那種雙重傾向的說法，然而其中所指情欲的作用，的確與猶太教中對邪惡傾向的理解，有相似

的地方。這情欲必須要受到控制，上帝以真道生我們（一18），正是要處理人邪惡的傾向，同時這栽種的道，能幫助我們行在上帝所要求的義當中（一19～25），正如在拉比猶太教中認為惟有妥拉，才可以叫人克服人內在邪惡的傾向。

一16 我親愛的弟兄姊妹們，你們切勿受騙。

作者親切地勸勉讀者，“ ἀδελφοί μου ἀγαπητοί ”「我親愛的弟兄姊妹們」（一19，二5），在新約中多次使用“ ἀγαπητός ”「親愛的」稱呼信眾羣體中的成員（徒十五25；羅一7，十六5、8、9、12；林前四14、17；林後十二19；猶3、17、20）。“ μὴ πλανᾶσθε ”「你們切勿受騙」指不要被誤導（參五19），“ πλανᾶν ”「欺騙」一字在新約中多是指被誤導至道德上的敗落（太十八12～13；林前六9，十五33；加六7；提後三13；約壹一8，三7）。要對事情的原委有正確的看法，不應自欺欺人，否則只會叫自己誤入歧途。不要以為上帝是叫人受試探的那位，也不要以為祂在人面對試煉時，只袖手旁觀。

一17 一切美善的恩惠和各樣完美的賞賜，

“ πᾶσα δό | σις ἀγα | θὴ καὶ | πᾶν δώ | ρημα τέ | λειον ”屬於不工整的六步音節句（hexameter；Ropes 1916:159）。哥林多前書十五章33節在「你們切勿受騙」（μὴ πλανᾶσθε）之後是一句引句，加上這裏反映出音節韻律，因此有認為這句是引自某處（Ropes 1916:159; Dibelius 1976:99～100），但卻不能確定，亦找不到出處。此處的韻律可能只是作者善用相關語使然（Laws 1980:72）。雖有認為“ πᾶσα δόσις ἀγαθή ”「一切美善的恩惠」和“ πᾶν δώρημα τέλειον ”「各樣完美的賞賜」有不同的意義，前者強調那賜予的行動是美善的，後者則強調那份禮物的本質是完整的（Hiebert 1992:99; Hart & Hart 2001:41），但我們視它們基本上是同義的，重複是為了強調，加強修辭的效果。“ ἀγαθή ”「美善」一字見於三章17節，從上頭而來的智慧所結的果子是

“καρπῶν ἀγαθῶν”「美善的果子」，上帝美善的恩物叫人能結出美善的果子。“τέλειον”「完美」一字在原文中與一章4節的“τέλειοι”「完全」的成就是同一個形容詞。上帝是一切美善和完美之源，祂不但不會誘惑人，引人走向死亡，反之，祂會賜予我們所需的一切，去面對試煉及從情欲而來的誘惑，惟有祂才可以叫人邁向完全（一4），並且得著生命為冠冕（一12）。事實上，上帝本身就是美善（太十九17//路十八19）和完全的（太五48）。

都是從上而來的，是從眾光的父那裏降下來的，

“ἄνωθεν”「從上而來的」一字，見於三章15節：智慧是從上而來的，即從上帝而來（參約三章的「從上而生」）；上帝在創造和救贖這兩大領域中，祂都是那位施恩者。“καταβαῖνον ἀπὸ τοῦ πατρὸς τῶν φώτων”可視作解釋“ἄνωθέν ἐστιν”，即「是從上而來的」，就是「從……那裏降下來的」（Hort 1909:290; Hartin 2003:92）；另一可能，是將這分詞子句看為與“ἐστιν”連為 paraphrastic construction（參 Dibelius 1976:100）。在三章13至18節，作者就描述那從天上而來的智慧所有的特質。“ὁ πατὴρ τῶν φώτων”「眾光的父」指上帝是眾星的創造者，祂是造物的主宰。這裏並不是好像斐羅所說，上帝是光是不變的本體（《論夢》1.75）；在當代猶太教的典籍中，最類似的說法見於昆蘭祈禱文4Q503（frg. 13～16 6.1）“אלוהי אורים”「眾光的上帝」和《亞伯拉罕遺訓》（B 7.5）“πατὴρ τοῦ φωτός”「光之父」，這是引申於耶和華是那位創造日月星宿的主（創一14～18；詩一三六7；耶四23，三十一35；參《便西拉智訓》43.1～12）。值得注意的是在〈示瑪〉禮儀的第一個祝頌中，那創造的上帝被形容為這宇宙的主宰，祂創造了眾光，以光照這世界和住在其中的，並且每一天更新祂的創造，這祝頌文以「願頌讚歸給你，主，眾光的創造者（יוצר המאררות）」作結。這裏可能反映出在第二聖殿時期猶太人〈示瑪〉禮儀第一個祝頌文中的主題，確認上帝的信實和慈愛，祂是那位創造和管理眾光的主（Verseput 1997A:179～191; Cheung 2003 n.24），第二個祝頌文的主題關乎救贖，見於一章18節。有關〈示瑪〉希伯來文的祝禱文及其英文翻譯，參 Hoffman 1997。

在祂並沒有變換或轉動的陰影。

“παρ’ ᾧ”即「至於祂」（dative of association），以下是關乎上帝的本性；這裏“ᾧ”這關係代名詞雖可理解為中性，指以上所說的事情：一切恩典是從神而來這事實，是不會改變的（如李保羅2005:44），但若作者是這意思，他會使用“περ’ οὗ”「關乎這事」，況且在新約和〈七十士譯本〉，“παρ’ ᾧ”這介詞片語都是用在一個人物身上，而不是指事情，因此不應將這裏的關係代名詞理解為中性。在新約中曾多次使用“οὐκ ἔνι”這否定式表達（林前六5；加三28；西三11）。“παραλλαγὴ ἢ τροπῆς ἀποσκίασμα”「有變換或轉動的陰影」有不少異文的問題：（1）“παραλλαγὴ ἢ τροπῆς ἀποσκίασμα”「變換或轉動的陰影」，支持這讀文的有 א[c]、A、C、K、P，大部分的小楷希臘文抄本，及〈武加大譯本〉；（2）“παραλλαγὴ ἡ τροπῆς ἀποσκιάσματος”「轉動陰影的變換」支持這異文有 א*、B；（3）“παραλλαγὴ ἢ τροπῆ ἀποσκιάσματος”「變換或轉動〔這兩者〕的陰影」有少數小楷希臘文抄本支持這異文；（4）“ἀποσκίασμα ἢ τροπὴ ἢ παραλλαγή”「變換或轉動或陰影」見於兩份後期的抄本（Dibelius 1976:102支持這修訂的讀文）；（5）“παραλλαγὴ ἡ τροπῆς ἀποσκίασμα”「變換或陰影的移動」，見於奧古斯丁；（6）“παραλλαγὴς ἡ τροπῆς ἀποσκιάσματος”（難以翻譯），見於P[23] 等。各種不同方式的組合，幾乎都可以找到。這反映出這裏所用的字，甚為罕見，不易理解，這三個名詞在新約中都只有在這裏出現，且“παραλλαγή”和“τροπή”兩字的意思相似，因此有傾向將它們修改為相同的格（case）。 這裏的翻譯是基於第一種讀文，其外證最強，亦可能是最原本。然而，無論那個異文，其意義也相近。“παραλλαγή”指物體的移動，也可作天星在其軌迹上轉動。“τροπή”同樣可作星體或節令的轉變（〈七十士譯本〉申三十三14：ἡλίος τροπῶν；伯三十八33：τροπὴ οὐρανοῦ；斐羅《寓意解經》1.8：τροπαὶ σελήνης《所羅門智訓》7.18：τροπῶν ἀλλαγή），這字在斐羅的著作中，常象徵性地引申作人的出爾反爾、脆弱多變（斐羅《寓意解經》1.26，2.32、34、60、62等）。“ἀποσκίασμα”這字在〈七十士譯本〉、斐羅、約瑟夫和新約中從未有出現過，指影子。“παραλλαγή”「變換」和“τροπή”「轉動」兩者都可用於星宿之上，指天上星宿的更替出現的變動，或轉動所帶來的陰影。這裏形容上帝這創造主並非好像被造的星宿一樣，轉來換去。有認為，這裏雅各與斐羅的著作一樣（《論基路伯》88～90），強調上帝是永恆不變的本體（如Ropes 1916:161～162；Dibelius 1976:102～103），但這裏雅各所強調的，並非上帝的本體不變，而是祂對人善意的永遠不變，一章18節正是強調這點（Martin 1988:39），這是關乎祂的道德本性，祂永遠都是一致的，絕對不會出爾反爾（參詩一三六7）。希臘和拉丁教父們使用這節經文，證明基督和聖靈的神性，在東正教的禮儀中，常以宣讀此段經文作為敬拜的結束（參 Johnson 2004:80～82）。

一18 祂定意用真理的道生了我們，使我們在祂所創造的萬物中，作為一種初熟的果子。

救贖是建基於上帝的「定意」（βουληθείς），祂的旨意已定，無人能改；祂早已計劃叫人能得著生命，不致循罪惡死亡的路一直走下去，將這字置於此句之首，有強調的作用（Hiebert 1992:102; Johnson 1995A:197）；這動詞“ βούλεσθαι ”在新約有時候用在上帝的計劃或決定（參太十一27；路十22，二十二42；林前十二11；來六17；彼後三9）。斐羅則使用這字在上帝的創造的工作上（《論世界之創造》16、44、77、138；《論栽種》14），他亦用此字與救恩相連（《論亞伯拉罕之遷徙》1.2；《誰是神選立的後嗣？》112）。原文“ ἀπεκύησεν ”「生了」一字，與一章15節“ ἀποκύει ”「生出」，為同一動詞：罪惡成長成熟，最後所生出來的是死亡。這裏的過去不定時態動詞（aorist）對比於一章15節的現在時態（gnomic present），為要表明這是上帝在某決定時刻所作的救贖和創造之工（Martin 1988:39）。這裏上帝是基於自己永恆的意旨，對比於人是出於內心的偏情，上帝要帶領人進到另一旅程，祂要將生命賜予人（參一12）。“ λόγος ἀληθείας ”「真道」原文為兩個名詞，直譯為「真理的道」，它們都沒有冠詞，反映希伯來語法（BDF §259[1]），可理解為屬於真理的道（possessive genitive）、或真理這道（epexetical genitive），或宣示真理的道（objective genitive；Hiebert 1992:103）。在舊約的希臘文譯本，真理往往與上帝的道或律法有關（申二十二20；撒下七28；王下十6，十七24；詩九13，一一八43；箴二十二

21；傳十二10；耶二十三28；但八26；亞八16；瑪二6；參《所羅門詩篇》16.10；〈迦得遺訓〉3.1；《以諾一書》104.9）。在雅各書五章19至20節中，一個人迷失真道，即誤入歧途（πλάνης ὁδός：直譯為「欺詐的路」），便是墮入罪中；行在真理的道中，便是叫人的生命得著拯救，不致陷入罪惡和死亡之中。可見叫人得著拯救的方法是透過這「真理的道」（instrumental dative）。在新約的其他地方，「真理的道」看為福音真道（參林後六7；弗一13；西一5；提後二15；另參徒二十六25；羅十17；林前四15；加二5、14；帖前二13；提前三15；彼前一23～25），上帝藉著這道創立了屬於祂的羣體。雅各書在此與其他新約的傳統一樣，將真理的道指那能拯救人的福音。

創造還是救贖？

有認為雅各書一章18節並非救贖的描述，而是關乎人的創造（如Spitta 1896:45～47；Elliott-Binns 1956～1967）。但這裏不接受創造的解釋，基於以下四個原因：

第一，一章18節的「生了」是要回應一章15節罪會生出死亡，因此所要處理的是罪的問題，而非創造的事實。

第二，早於舊約，已有使用「出生」的圖像描述以色列是上帝所生的兒子（申三十二18；參詩二十二9，九十2；民十一12）；新約中不同的作者，也使用這圖像描述新約神子民的誕生：保羅（林前四15；弗一5；多三5）；彼得（一3、23）；和約翰（約一13，三3～8；約壹三9，四10）。在更後期的猶太教中，一個人皈依猶太教，同樣使用類似的描述。

第三，在猶太教的著作中，有將道看為創造的工具，但卻從沒有將這參與於創造的道，形容為真理的道。若所描述的是創造，為何說是透過真理的道？況且在雅各書，真理這詞與一個人是否仍在罪和死亡之中有關（五19～20），卻並未與創造連上關係。

第四，在猶太教的典籍中，也從沒有將人看作為是創造中初熟的果子。按照創世記的記載，人的出現是在所有物件被創造之後！

雖然斐羅的確使用“ γεννᾶν ”「出生」（《寓意解經》3.219）去表達上帝創造之工，然而在舊約及第二聖殿時期的猶太天啟末世論的

思想（apocalyptic eschatology），往往使用創造的圖像去表達新的救贖，這將臨的救恩就好像創造一樣的前所未有。

雅各在一章10下至11節曾引用以賽亞書四十章6至8節上；彼得前書一章 24至25節在引用同一段經文時，重點在以賽亞書四十章8節下：主的道的永遠長存，彼得指這道是「所傳給你們的」。無論是以賽亞書或是彼得前書，其重點都是對比人生命的短促及上帝的永恆穩固。雅各書除了一章10至11節講述人生的短促外，更於一章17節則以上帝的不變對比於星宿的變幻不定。這從上帝而來真理的道，正是叫人體會現世財富，不是人永恆的倚靠，惟有那些從真道而生的，才可以承受生命的應許（一12；參二5）。這裏使用了“ εἰς τό ＋ 不定詞（infinitive）”這冠詞不定詞表達目的（articular infinitive of purpose），說明上帝藉著真道叫人得著新生命的目的，但也蘊含著結果的意味，因為這已經實現在創造之中。原文“ αὐτοῦ ”「祂的」放在“ κτισμάτων ”「創造物」之前，有強調的作用，所有創造物都是屬於上帝，是祂所創造的（參提前四4；啟五13，八9），他們並非從情欲而來的（一15）。“ κτίσμα ”在〈七十士譯本〉中大部分出現於與智慧文學相關的作品中（《所羅門智訓》9.2，13.5，14.11；《便西拉智訓》36.14），在新約中見於提摩太前書（四4）和啟示錄（五13，八9），雅各的意思與保羅所言“ καινὴ κτίσις ”「新的創造」相同（林後五17；加六15；弗二10，四24）。“ ἀπαρχήν τινα ”直譯為「某種初熟的果子」，為要指出這所謂「初熟的果子」是象徵性的用法。在舊約中，園中初熟的果子，都應分別出來獻給耶和華（出二十二28，二十三19；申十八4，二十六2、10；民十八8～12；尼十37；參士十一13）。初熟的果子是為了頭生的人和牲畜的買贖而獻上的（出十三2～16；民三12～16）。根據尼希米記十章36至37節，收成中初熟的果子，與人和牲畜並排在一起，當作感恩的祭獻給上帝，這些食物也是為了供養祭司所用。這「最初」也是代表最好的，是特別挑選出來的，是當年收成的樣版。以色列也被稱為「初熟之果」（出二十三19；耶二3）；斐羅稱以色列為「對造物者和父來說，好像初熟之果一樣」（《論特殊法律》4.180）。然而，這種說法在猶太傳統中，並不普遍。在新約中只有象徵性的使用「初熟的果子」；保羅說聖靈內住於信徒之中是初熟之果，表明將來那要來臨的救恩（羅八23）。基督從死裏復活，成為死了的人初熟的果子，基督是樣版，將來在基督裏死了的人，也要好像基督一樣，從死人中復活（林前十五20；參《革利免一書》24.1）。同樣，在上帝救贖歷史當中，以色列也是初熟的果子，它指向於那更多的收成（羅十一16）。以拜尼土是在亞西亞這地方的初熟之果（羅十六5），司提反一家則是亞該亞初結的果子（林前十六15），他們都是在這些地方最早信主的，以後還陸續有來（參帖後二13）。根據啟示錄十四章4節，「羔羊的追隨者」是作為上帝和羔羊的初熟果子，是隨著得蒙救贖者的先驅。

一章17至18節與〈示瑪〉的祝頌文（*Birkat Hatorah*）的主題，有不少相似的地方，〈示瑪〉第一個祝頌文的主題是創造，上帝是眾光之父，第二個祝頌文的主題是啟示，特別是從妥拉（律法）而來的啟示，是祂所賜予人另一種的光；禱文中稱上帝為「我們的父」、「我們的父、慈悲的父」，因著上帝對人的愛將生命的律法教導人，祂從萬民中以愛揀選了以色列民，領他們從地的四角到以色列地（參賽十一12），是祂帶來救贖、拯救和平安，用真理（באמת）叫他們得親近祂的名，他們以愛宣告上帝是獨一的。雖有學者認為這裏的祝頌文是受詩篇一百三十五篇（〈七十士譯本〉）的影響（如Ng-Law 2003:46～48），但有見於雅各書首章與〈示瑪〉之間的密切的關係，因此更可能是受〈示瑪〉祝頌文的影響。

2.2 完全與實行使人自由的律法（一19～27）

19 我親愛的弟兄姊妹們，你們要知道；各人都要「敏於聽、訥於言、緩於怒」；

20 因為人的忿怒不能達成上帝所要求的公義。

21 因此，你們要脫去一切的污穢和種種的邪惡，以謙卑的態度領受那所栽種的道，這道能拯救你們的生命。

22 然而你們要作實行真道的人，不要只作聽道的人，變成蒙騙自己。
23 因為聽道而不行道的，這樣的人就好像一個人，對著鏡子察看自己本來的面貌：
24 他察看自己後，就走了，隨即忘掉自己是甚麼樣子。
25 惟有那細察那完全、使人得自由之律法的，並且恆常如此，這人便成為一個不是隨聽隨忘，而是身體力行的人；這人在他所行的事上，必然有福。
26 既有人認為自己是虔誠的，然而不控制他的唇舌，這實在是欺騙自己的心，這人的虔誠是一無是處的。
27 在父神看來，那純正無瑕的虔誠，就是看顧在患難中的孤兒寡婦，保守自己不受世俗的污染。

有認為這段與上文的關係不明，但正如我們在討論本章結構中指出，上文所關注的是有關〈示瑪〉的主題，由這裏開始是關於愛上帝應有的表現，就是遵守祂的律法。與雅各書其他地方一樣，作者在開始一個新段落時，使用了直呼語「我親愛的弟兄姊妹們」，和命令語氣動詞“ἴστε”「你們要知道」。“ταχὺς εἰς τὸ ἀκοῦσαι, βραδὺς εἰς τὸ λαλῆσαι, βραδὺς εἰς ὀργήν”「敏於聽、訥於言、緩於怒」這三重諺語，位於整段的開始，為要引進此段的主題。一章20至21節上發揮有關忿怒的主題，這主題與下文四章1至10節所討論在羣體中的紛爭有關。一章21節下同時引進另一主題，就是「要聽」，這是轉接句，一方面承接上句的思路，並宣告下段的主題（Dibelius 1976:112）。一章22至25節發揮「要聽」的主題，一章26節發揮言語的主題，這亦是三章1至12節的主題，一章26至27節一方面是全段一章19至27節的總結，也可以說是一章全章的總結：

2.2.1 實行律法叫人得以完全（一19~25）
2.2.2 真正的敬虔表現（一26~27）

2.2.1 實行律法叫人得以完全（一19～25）

一19 我親愛的弟兄姊妹們，你們要知道；

有些抄本（K P Ψ Syr. Byz.）在這裏使用“ ὥστε ”「因此」，但“ ἴστε ”這寫法有更強的支持（ ℵ c B C [81] 1739 itff vg *al*）。異文的出現是由於更容易將一章18與19節連貫起來，視一章19節起為上文的總結（Adamson 1976:78 就是因為這原因接受異文“ὥστε”）。原文“ ἴστε ”一字可作直述語氣（如 Mayor 64～65；李保羅2005:51）或命令語氣（如 Dibelius 1976:108～109；Davids 1982:91；梁康民1995:65），各有學者支持。雖有認為若所知道的是指下文的內容，則會隨後連接詞“ ὅτι ”（如李保羅2005:51），但四章17節就不是這種結構。在雅各書四章4節，當作者要表達直述語氣的「知道」時，使用了“ οἴδατε ”，況且，雅各在使用「我親愛的弟兄姊妹」時（一16，二5），都是附以使用命令語氣動詞的，因此這裏將之理解為命令句，大部分新的英文譯本，都採這種理解（參 NRSV、NIV、ESV、NJB）。事實上，作者在此書中使用了十五次呼格名詞時，只有一次肯定不是隨著命令語氣動詞（三10）。19節下有“ δέ ”作連接詞，不應視作對比性，這句與上句根本沒有可以對比之處，好像一章4、5、9、10、15 節“ δέ ”字的用法一樣，都只是承接（continuous）上文的連接詞。有學者（Baker 1995:85）指出這是雅各的寫作風格之一，他舉例說在雅各書二章23節中，當作者引用創世記十五章6節（〈七十士譯本〉）時，就將原來的“καί”轉為“ δέ ”。

各人都要「敏於聽、訥於言、緩於怒」；

“ πᾶς ἄνθρωπος ”這表達方式受閃族語法的影響，一般只會使用“ πᾶς ”，這種用法在新約中並非不普遍（參約一9，二10；加五3；西一28）。作者再次親切地稱呼讀者為「親愛的弟兄姊妹們」。「敏於聽、訥於言、緩於怒」在原文是三句平衡的短句：

ταχὺς εἰς τὸ ἀκοῦσαι　　快聽

βραδὺς εἰς τὸ λαλῆσαι　　慢說
βραδὺς εἰς ὀργήν　　慢動怒

這諺語蘊含的思想，在猶太的智慧文學中，早有類似的教導，我們不需要將這裏蘊含著的受詞，局限於上帝的道（如 Hort 1909:35～36；Ropes 1916:168～169；Adamson 1976:178），然而作者在這段以後，將這三節式的諺語應用到人應如何公義敬虔地生活，就是將那使人自由完全的律法活出來。

"ταχύς"指快捷、敏銳、毫不遲延，其中單數性拼寫"ταχύ"，與"βραδύς"「緩慢」一樣，本身雖為形容詞，但作副詞用（參可九39；路十五22）；見其同字根副詞"ταχέως"（參路十四21，十六6）。對比於"βραδύς"，指緩慢、遲鈍（路二十四25）。"ἀκοῦσαι"「聽」和"λαλῆσαι"「說」這兩不定式動詞是解釋性的用法（epexegetical infinitives；Wallace 1996:607）。

以下是一些猶太傳統的文獻中，與這三方面有關的言詞：

「敏於聽」（另參《便西拉智訓》21.15；〈先賢集〉 5.12）

- 《便西拉智訓》5.11～13：要敏於聽，但要有耐性的回答；若你有這知識，便回答你的鄰舍，若是不然，便該用手摀口。
- 《便西拉智訓》6.33：若你愛慕聆聽，便有所得；若你屈身細察，便有智慧。
- 《便西拉智訓》6.35：你要用心聆聽一切聖言，叫成語不逃離你。

「訥於言」（另參箴十六13；傳五1；《便西拉智訓》5.13，19.6～12；1QS 7.9）

- 箴言二十九章20節：你見言語急躁的人嗎？愚昧人比他更有指望。
- 《便西拉智訓》4.29：你的言詞不要狂傲和怠慢，不要疏忽你的行為。
- 《便西拉智訓》22.27：誰可以用手摀我的口，誰可以為我的唇作聰明的封印，叫我不致因它們跌倒，我的舌頭不致毀滅我。

「緩於怒」（另參箴十六32；傳七9上；《馬加比四書》2.16；《託福西萊德名書》57、63；〈先賢集〉 2.10，5.11）

- 箴言十五章1節（〈七十士譯本〉）：忿怒摧毀合理的對答。
- 箴言十六章32節上：不輕易發怒的，勝過勇士。
- 《便西拉智訓》1.22：不義的忿怒不能叫人稱義，因為他的忿怒叫他轉往下墜。
- 〈但遺訓〉2.2、4：我兒女們啊，忿怒有叫人盲目的力量，無人得以真理認人……因為忿怒的靈以詭詐的網羅，使他雙眼變瞎，以謊話使他的心昏昧，叫他有獨特的視野。

保羅書信中亦有提及人的忿怒，同樣不是完全禁止，但卻是審慎處理（西三8；弗四26、31；參太五21～26）。雖然忿怒與言語不一定相連，然而當人在怒火中燒的時候，往往說出極不適當的話（參箴二十九11；傳七9；太五22），說了的話就好像潑了出去的水，要收回也收不來，對個人和羣體來說，可以做成極大的傷害（請參三1～12的釋義）。這雅各自創的格言，明顯是受了猶太智慧文獻中的言詞所影響（Bauckham 2001:122）。

一20 因為人的忿怒不能達成上帝所要求的公義。

在一章20節，雅各指出為甚麼（γάρ）要跟隨以上的諺語所指示的去行，可能不只是局限於為何應「緩於怒」。這裏一方面對比人（ἀνήρ；參一12的註）與神（θεός）。“ ὀργὴ ἀνδρός ”「人的忿怒」指從人而來的忿怒（subjective genitive or genitive of production）或是「人那種忿怒」（attributive）。根據猶太教的傳統，忿怒是出自人的「邪惡的傾向」（〈先賢集〉4.1；《巴比倫他勒目》〈論安息日〉105b），一如復仇和貪心（《論申命記》§33）；根據斐羅，“ὑπομονή”「堅忍」是值得推崇的，因為她能為忿怒降溫，叫人免犯大罪（《論亞伯拉罕之遷徙》1.210），並將忿怒列於要被去除的邪情之中（《論耕種》1.17：τὰ ἡδονῆς καὶ ἐπιθυμίας ὀργῆς τε καὶ θυμοῦ καὶ τῶν παραπλησίων παθῶν；另參《論醉酒》1.223；《論變亂口音》1.48；《每個正直的人都是自由的》1.45）。“ἐργάζεσθαι”「達成」這字在雅各書另一次出現見於二章9節，指偏心待人的是「犯」罪。這字的意思是「做」、「實行」，也可引申為「達成」（見一3同字根動詞：κατεργάζεσθαι；參〈七十士譯本〉詩十四2和徒十35：ἐργαζόμενος, κατεγράζεται；《黑馬牧人書》〈異象篇〉2.2.7：οἱ ἐργαζόμενοι τὴν δικαιοσύνην），這裏使用現在式，顯示這是一般性的真理：人的忿怒不能達成上帝的義。原文"δικαιοσύνη θεοῦ"直譯為「上帝的公義」，可理解為「上帝般的公義」（genitive of description），「上帝所加諸的公義」（genitive of origin；如保羅在因信稱義問題上所用的法律用語），或「上帝所要求的公義」（objective genitive: 'right for God'）。有英文譯本（REB；參 NJB）將這裏視作：人不能以為自己的忿怒可以成就上帝的懲罰，但這並非一般對公義的理解。神的義應看為是道德上，即上帝所要求的義，這是根據上帝的標準而訂立的，這是雅各書對「義」一貫的理解（二23，三18），指義行。這裏並非說人的忿怒有違上帝所要求的公義，而是上帝所要求的義，並非人透過自己的忿怒，可以達成的；反之，急躁莽衝的人，往往是成事不足，敗事有餘。

一21 因此，你們要脫去一切的污穢和種種的邪惡，

"διὸ"「因此」歸結一章19至20節。"ἀποθέμενοι / πᾶσαν / ῥυπαρίαν /... περισσείαν /... πραΰτητι"一連串的"π"，發揮了雙聲疊韻的作用。"διὸ"「因此」歸結人若要達成上帝所要求的公義，以下是他必須有的行動。這句的主要動詞是命令語氣的"δέξασθε"「領受」，修飾這主要的動詞的有分詞"ἀποθέμενοι"「脫去」，這分詞繫於主要命令語氣動詞"δέξασθε"「領受」，同樣帶有命令語氣（可理解為 participle of means）。「脫去」用在脫去衣服（參《馬加比二書》8.35；約瑟夫《猶太古史》8.266），象徵性地表達除掉缺德的行為（參羅十三12；弗四31；西三8；來十二1；彼前二1；《革利免一書》13.1；《革利免二書》1.6），在歌羅西書三章8節和以弗所書四章31節，都視忿怒為其中一種需要除掉的毛病。有學者認為使用「脫去」這字反映出在洗禮時受洗者藉著脫去衣服穿上新衣的方式，表達得到潔淨和新生（Braumann 1962:405; Martin 1988:48），然而我們看不到這裏為何會提到洗禮，況且這句是帶有命令語氣，並非指一次過洗禮的事件；極其量我們只可以說雅各使用了洗禮所用的字彙，卻以他自己的方式去演繹（參 Popkes 1986:136～146）。也有認為這裏所言者是關於割禮（Allison 2000:165～166），因為“ ῥυπαρία ”一字與割禮所要除掉污穢有關（斐羅《論特殊法律》1.5），這裏是象徵性地講述割禮的意義。然而，若收信人都是猶太人，難以想像為何雅各要這樣曖昧的提及割禮的意義，而且單單這字不能確定是與割禮有關。“ῥυπαρία”「污穢」就好像衣服上的污垢一樣，雅各在二章2節就使用了這字同字根的形容詞“ ῥυπαρός ”形容那人的衣著污穢。在舊約撒迦利亞書三章3至4節，先知在異象中看見大祭司約書亞穿著污穢的衣服，天使吩咐他脫去這污穢的衣服，並對約書亞說：「我使你脫離罪孽，要給你穿上華美的衣服」，脫去污穢的衣服就是脫離罪孽。與此相關的是雅各在一章27節勸告讀者不要被這世界所染污，視世界是不潔和污染的源頭。“περισσεία κακίας”「種種的邪惡」直譯為「豐富的邪惡」（attributed genitive or genitive of content）。“ περισσεία ”沒有「剩餘」的意思（如〔和〕、NJB、NET）。有認為，“κακίας”「邪惡」這屬格有可能不只修飾“ περισσεία ”「眾多」，也包括“ῥυπαρία”「污穢」，若是如此“κακίας”「邪惡」可作形容“ ῥυπαρία ”「污穢」，即「邪惡的污穢」（attributive genitive）或污穢即邪惡（epexegetical genitive）。但更可能是“ πᾶσα ῥυπαρία ”「一切的污穢」平行“ περισσεία κακίας ”「種種的邪惡」，以重複的方式表達同一件事。「一切的污穢」和「種種的邪惡」指在人的生命中所出現一切邪惡的行為和敗壞的品德。“κακία”「邪惡」這字經常在新約的邪惡綱目中出現，作為諸般邪惡的一種（羅一29；林前五8；西三8；多三3；彼前二1），在這裏則有涵括性，泛指邪惡。按「脫去」這分詞置於主要動詞「領受」之前，可能是指在領受前先要有的行動（參 Porter 1993:380～381），不然便會防礙一個人去領受這道。

以謙卑的態度領受那所栽種的道，這道能拯救你們的生命。

“ἐν πραΰτητι”「以謙卑的態度」這介詞片語可連於上句的分詞“ ἀποθέμενοι ”「脫去」（如 UBS），亦可連於下句的主要動詞“ δέξεσθαι ”「領受」，這裏接受第二種理解，正如差不多所有中英文譯本一樣，因為“ δέξεσθαι ”「領受」是最接近這介詞片語的動詞。忿怒往往是驕傲的表現（參《便西拉智訓》10.18），驕傲的相反正是謙卑，表達一種接納和受教的態度。這特質經常出現於新約德行的綱目中（參林前四21；加五23；弗四2；西三12；提後二25；多三2；彼前三4、15）。

所栽種的道

學者對“ ὁ ἔμφυτος λόγος ”「所栽種的道」歷來有不同的理解，“ ἔμφυτος ”「栽種」一字，在新約中只在此出現。這裏的意思並非「移植」，有另一字可用於植入：“ ἐμφυτεύειν ”，也沒有理由要譯作「深植」（deep-rooted；如 Ropes 1916:172～173）。有認為，這字的意思應是「與生俱來的」、「天生的」，雅各是受斯多亞派思想的影響，「天生的道」即「道的種子」（λόγος σπερματικός），根據斯多亞的思想，是神在創造人時安放於人裏面對上帝的知識，是人與生俱來所有的宇宙的理性（Hort 1909:37; Knox 1945:14～15）。一般持這觀點的，同時認為雅各書一章18節所指的是創造而非救贖（參 Jackson-McCabe 2001 的論文；特別參 Marcus 2001；Green 2002 對這論文的評論），然而這論點薄弱，特別參上段本書專文「創造還是救贖？」。有學者認為「所栽種的道」實指「人天生的理性」（Jackson-McCabe 2001），但有別於如《馬加比四書》以人的理性為主題，雅各書並沒有討論任何關於人理性的功用，《馬加比四書》雖然歌頌理性，也指出上帝為了人的理性，賜予律法（2.23）；猶為值得注意的是，雅各在這裏並非討論人的創造，他所關注的是人的得救（「這道能拯救你們的生命」）；況且這道若然真是與生俱來，又何以需要領受呢？

在〈七十士譯本〉中，“ ἔμφυτος ”見於《所羅門智訓》12.10：“ ὅτι πονηρὰ ἡ γένεσις αὐτῶν καὶ ἔμφυτος ἡ κακία αὐτῶν ”「因為他們出身是邪惡的和他們的邪惡是天生的」；在使徒教父《巴拿巴書信》中則出現了兩次：1.2：“ ἔμφυτον τῆς δωρεᾶς πνευματικῆς χάριν εἰλήφατε ”「你們所領受屬靈恩賜的『栽種／天賦』恩典」，和9.9：“ οἶδεν ὁ τὴν ἔμφυτον δωρεὰν τῆς διαθήκης αὐτοῦ

θέμενος ἐν ἡμῖν"「那將祂的約那栽種之恩賜，安放在我們裏面的，知道……」，談到上帝將恩賜或恩典栽種在人裏面。過往註釋者沒有留意《所羅門智訓》12.10對理解"ὁ ἔμφυτος λόγος"「栽種的道」的重要性，這段記載有兩個重要字彙在雅各書一章21節同時出現："ἔμφυτος"「栽種」和"κακία"「邪惡」，作者勸勉讀者要脫去邪惡，根據《所羅門智訓》這邪惡的本色是與生俱來的（約瑟夫《猶太戰記》4.647：διὰ τὴν ἔμφυτον ὠμότητα「基於他先天的野蠻」〔另參斐羅《論特殊律法》3.138〕，7.86：ἔχων πατρόθεν ἔμφυτον τὴν ἀνδραγαθίαν「有從他父親而來天賦的勇氣」；另參斐羅《論美德》1.23；《論賞與罰》1.5），雅各書所講說的這道，就是一章18節中所說真理的道，要成為這新創造的人生命的特質，惟有這進到人本性中的道，方能與那與生俱來人的情欲對抗，叫人的生命得以完整，這道要成為有新生命的人的本性。昆蘭文獻中一份文獻4Q504（frgs 1～2 col.2 12～14）記載了以下的禱告：「記念你為子民前所行的奇事，因我們是藉著你名被召〔……〕……盡（我們）全心和盡（我們）全性，並將你的律法栽種在我們心裏（לתשת תידתכה），〔以致我們不會偏離〕或左或右；因你醫治我們的瘋狂、眼瞎和〔心裏的〕迷亂。」這裏所言「栽種律法」的作用，與雅各書這裏所說栽種的道，不無相似的地方。心靈的瘋狂、眼瞎及意亂情迷，正是在情欲紛擾下的表現，這栽種的道是要醫治人從情欲而來的敗壞。

根據先知的預言（耶三十一31～33；結三十六26～27），在末後的日子，上帝要與祂的子民另立新約，在這新約中律法再不是外加於人，而是安放於人的內心，人可以真正地經歷從情欲和罪惡的捆綁中得到自由。這先知書所預言末世的應驗，可能是這裏「栽種的道」及下文「使人自由完全的律法」（一25）的背景（Ward 1966:127～132; Martin 1988:46, 51; Baker 1995:91）。

"δέξεσθαι"「領受」這動詞在新約中多次出現，與接受神的道或福音有關（參路八13；徒八14，十一1，十七11；林後十一4；帖前一6，二13），然而在新約其他地方，除了以弗所書六章13節以聖靈作寶劍的比方，" δέξασθε "這字的意思是「拿起」而非「領受」之外，其餘的都是以直述語氣出現，同時都是指過去已發生的事。根據布切斯爾（F. Büchsel, *TDNT* 2.52）的解釋，" δέξεσθαι "一字可作「接受、聽或明白某人所說的話」，在舊約的智慧文學中經常用在神的話語或律法，或是與智慧有關（〈七十士譯本〉箴一3，二1，四10，九9，十8，二十一11，三十1）。在申命記三十章1節和以賽亞書五十七章1節（〈七十士譯本〉）這字的同字根字" ἐκδέξεσθαι"可作「敬虔的洞見」（W. Grundmann, *TDNT* 2.52）。我們可以歸結說，這裏並非單單指在信道時接受那真理的道（一17～18），而是要學習明白這道，這道的特質在於它能救人的生命。"δυνάμενον"「有能力」為形容式分詞（attributive participle）。" Ψυχή "一字雖可理解作靈魂，但這裏並非要對比身體和靈魂的救恩，因此將之譯作「生命」較為合理。救恩是雅各書重要的主題：只有信心而沒有行為，這信心不能救人（二14），惟有上帝那絕對的賜律法者和審判者能拯救人和毀滅人（四12），信徒羣體一個非常重要的任務，就是拯救人的生命，叫人不致死亡（五20）。

一22 然而你們要作實行真道的人，

這裏的"δέ"帶有對比的意味，「領受」並不止於聆聽。雅各一致地將" γίνεσθαι "看為「要作」而非「就是」，要成為一個行道的人（一25，二4、10、11，三1；參 Ropes 1916:174；Hartin 2003:98）。原文" ποιητής "「實踐者」一字在當代的意思是「創作者或製作者」，例如使徒行傳十七章28節便使用這字作「詩人」。這裏"ποιηταὶ λόγου"反映出閃族語法，在〈七十士譯本〉中有「實行律法的話語」（申二十九28：ποιεῖν πάντα τὰ ῥήματα τοῦ νόμου τούτου；另參二十七26，二十八58，三十一12），也有「律法的實行者」（參《馬加比一書》2.67：οἱ ποιηταὶ τοῦ νόμου）。昆蘭羣體視自己有別於其他猶太人，因為他遵守妥拉（עוצי התורה）（1Q14 7.10～11，8.1，12.4～5）在新約中亦有這樣的用法（羅二13：οἱ ποιηταὶ νόμου），另參雅各書四章11節。這裏並非只是要人行道，而是要成為一種行道的人，實行真道是這人的特質。

不要只作聽道的人，變成蒙騙自己。

“ ἀκροαταί ”「聽道的人」在新約中除了在雅各書出現了三次之外（一22、23、25），就只有在羅馬書二章13節出現：「原來在上帝面前，不是聽律法的（οἱ ἀκροαταὶ νόμου）為義，乃是行律法的（οἱ ποιηταὶ νόμου）稱義。」保羅和雅各一樣，對比聽者與行者的分別，反映出他們都承接了共同的猶太傳統。在希伯來人的生活中，一般的人對律法書的接觸是透過聚會中聆聽律法書公開的誦讀。聽道本身是需要的，但只是（μόνον）聽道是不足夠的（參太七24～26；路六47～49）。“ παραλογίζεσθαι ”「蒙騙」在新約中另一次出現見於歌羅西書二章4節：「我說這話，免得有人用花言巧語迷惑（παραλογίζηται）你們」，被蒙騙會使人偏離信仰；“ ἑαυτούς ”是反身代名詞（reflexive pronoun），即「他們自己」。“παραλογιζόμενοι”「蒙騙」這分詞並非用作形容主詞「你們」，而是連於「聽道的人」，這裏的翻譯將之理解為：「不要成為單是聽道的人」，以致變成蒙騙自己（participle of result）。「只作為聽道的人」是蒙騙自己，因為這是不足夠叫他們的生命能得著拯救的（參二21）。〈先賢集〉5.14描述四種研讀妥拉態度的人：（1）這人去到會堂，聽到妥拉，卻不實行；（2）這人實踐妥拉，卻沒有到會堂，這人會因他所行得獎賞；（3）這人去會堂，又實踐妥拉，是敬虔人；（4）不去會堂，又不實踐妥拉，是不敬虔人。雅各一方面針對第一類人，另一方面鼓勵信徒要作第三類人。〈先賢集〉1.17強調說：首要的事，不是闡釋律法，而是實行律法。《巴比倫他勒目》〈論安息日〉88a就認為「行律法」比「聽律法」更重要。

一23 因為聽道而不行道的，這樣的人就好像一個人，對著鏡子察看自己本來的面貌：

“ὅτι”「因為」用作引入一個例證，說明為何單單聽道是自欺的，不能發揮拯救的效用。原文“εἰ”引入第一種條件句，假定事實上有這樣的情況，就是有聽道而不行道的人。這裏字詞的排次是「聽道」先於「行道」，與一章22節的「行道」先於「聽道」，為要強化22節的勸勉。原文有“οὗτος”「這樣的人」（demonstrative pronoun）一字。原文「一個人」用“ ἀνηρ́ ”，但並非單指一位男人，見一章8節的註解（參一12、20），在動詞“ ἔοικεν ”之後是用與格。當時的鏡子多是使用黃銅或是銅與錫的合金所造（參林前十三12），是當時最能清楚反照自己相貌的用具。“ κατανοοῦντι ”「察看」這分詞形容「這人」（attributive participle），這字並非指馬虎的看（如Mayor 1913:72；Johnson 1995A:208, 214），而應是仔細的察看；〈七十士譯本〉詩篇一百一十八篇15和18節使用這字作細察上帝的道路和作為。原文「察看」一字，雖與一章25節譯作「細察」的希臘文字不同，但其意思相似，都是指仔細的觀察；問題不在有否仔細觀察，而是觀察之後的反應。“τὸ πρόσωπον τῆς γενέσεως αὐτοῦ”原文直譯為「他存在的面貌」，引申為「他原本的面貌」或是「他出生的相貌」，即他天然的相貌（參《所羅門智訓》7.5），鏡中所反照的影像，正是照鏡的人天生的樣貌。有認為，這裏所指的是看見自己是神的形像（如 Hort 1901:39；Martin 1988:50, 55），或看見一個人事實如何，對比於他應該如何（Laato 1997:51～52）。這鏡子既不是智慧的隱喻（如 Wall 1997:80），也不是如有學者認為，使用了希臘道德訓誨文體常用的比方（如 Johnson 1988；Townsend 1994:29～30），他們認為鏡中所示的是一個理想的人物，一位眾人的模範，當一個人注視這面鏡中的影像時，是要效法這鏡中所示的模範，這鏡的比方是要提醒讀者一些他們所熟識古聖先賢的榜樣，例如本書所提的亞伯拉罕、喇合、約伯和以利亞。然而，雅各使用這比方時，鏡中的影像不是看到人作為上帝的形像，不然在鏡前的便是上帝了！也不是一個理想人物的影像，鏡中所見的是他「自己」（ἑαυτόν，一24）。斐羅（《論冥想生活》78）提供這比方一個非常相似的對照，他將律法比喻作一面鏡（ὥσπερ διὰ κατόπτρου），人在其中反省自己的生命：「這全律法……是最適合那理性的人開始反思自己的地方，在這些話語中得見其美妙的觀點」（參斐羅《論逃走與尋獲》1.213）。

一24 他察看自己後，就走了，隨即忘掉自己是甚麼樣子。

這裏所用的「察看」，與一章23節的「察看」為同一動詞（κατανοεῖν），這裏則是過去不定式動詞，“ ἐπελάθετο ”「忘掉」同樣是過去不定式，在此句這兩者都屬於 gnomic aorist。“ ἀπελήλυθεν ”「走了」這動詞卻是完成式，可能不是指一種永久的狀態（如 Mayor 1913:72；Hiebert 1992:121；Hartin 2003:99），在比喻或比方中常有出現使用完成式，是一種戲劇化的表達（BDF §344; Zerwick 1988:693; Young 1994:128）。這人在鏡中察看自己的相貌後，走了，就立即（εὐθέως）全然忘掉自己的樣子。“ἐπιλαθέσθαι”「忘掉」一字在〈七十士譯本〉中多次用作勉勵以色列民不可忘記主神和祂的約，並約中的律法（參申四23，六2，二十六13；詩一一八16、61、93、141等）。“ ὁποῖος ἦν ”「是甚麼樣子」這片語在新約中常用於問題句上（林前三13；加二6；帖前一9）。

一25 惟有那細察那完全、使人得自由之律法的，並且恆常如此，

“ δέ ”對比以下這人的反應與一章23至24節所描述那看鏡子那人的反應，亦轉向於作者認為讀者應有正面的態度和反應。這裏“ παρακύπτειν ”「細察」一字指屈身察看，在〈七十士譯本〉中，這字常用於從窗戶外望（創二十六8；士五28；王上六4；代上十五29；箴七6；歌二9；《便西拉智訓》14.23），帶有刻意細察的意味，其含意與一章23和24節的“ κατανοεῖν ”「察看」分別不大，都指專心的細察。這裏所用“ παρακύπτειν ”「細察」一字和“ παραμένειν ”「恆常」一樣，從未有用於研讀之上，這是承接了以上照鏡的比方。“ παραμένειν ”「恆常」是現在式，帶有持續、經常的意味，但不是指繼續地細察（如 Knowling 1904:33～34），而是恆常逗留在律法之中，這「恆常」一方面與上文的「走了」作對比，亦與「忘掉」成對比。「恆常」的意思是不離棄、不忽視律法，願意專注於思想和實踐律法的要求。

這裏所呈現的主題：要聽而遵守，與耶穌在總結登山寶訓時所使用兩所房子的比喻表達了相同的信息（太七24～27；參路六47～49），在鋪陳上亦有相似的地方，都是使用比方，同時有兩種不同情況的對比，先是負面的，後是正面的。這裏雅各可能是根據耶穌的教訓，以另一個比方作說明（Bauckham 2001:121）。

完全、使人自由的律法

「律法」一字並無冠詞，是相當普遍的寫法（參二8、12）。這裏以兩種方式形容律法（νόμος τέλειος τὸν τῆς ἐλευθερίας），一方面這律法是完全的（τέλειος），在〈七十士譯本〉的詩篇十八篇8節（希伯來聖經是十九章7節）形容主的律法是“ἄμωμος”「無瑕疵的」，這字與“τέλειος”「完全」是同義詞。在這詩篇之中，律法對於人有六方面的作用，律法使人甦醒、有智慧、得快慰、明亮人的眼目、引導人和得公義（Craigie 1983:181～182）。「甦醒人的生命」與雅各書一章21節的救人性命相似，〈七十士譯本〉使用的“ἐπιστρέφειν”「甦醒」一字，這字正是雅各書五章20節所用作「回轉」，最後能得救。實行這完全的律法，便可達成上帝的義（一20）。「完全的律法」不只是指律法是全備的，同時亦是人得以完全所不可少的（Martin 1988:46; Tsuji 1997:111），「使人得自由」正是人得以完全的表現。這是從上帝而來賜給人的其中一種完全的禮物（一17）。這裏並未有意圖對比摩西的律法與外邦人的律法（如 Dibelius 1976:116；Klein 1995:68）。有認為，這裏稱律法是完全的，是因為基督已經完全了律法，這律法是彌賽亞時期的新律法（Davies 1964:402～405; Davids 1982:99～100），然而作者在此書中並非這樣用「完全」和有關的字彙（特別參 Cheung 2003:93 nn.13, 14）。

這律法能使人得自由。「使人自由」之前的冠詞有強調的作用，其功用猶如關係代名詞（Dana & Mantey 1955:148）。學者對「使人得自由的律法」有不同的理解，有認為這裏是受斯多亞派思想的影響（如 Dibelius 1967:116～117），認為律法指宇宙的理性，遵從這理性而行，便可以得到內裏的自由。斐羅亦可能是受這種思想的影響，因此也有類似的看法，將摩西的律法看為好像宇宙理性一樣，可使人得到自由，但這自由最終都是從上帝而來的（如《論亞伯與該隱之獻祭》127；《每個正直的人都是自由的》42；《論變亂口音》93）。作者在用字上可能是取材於希臘的哲學，正如斯多亞派的思想一樣，但其自由的觀念，卻是屬於猶太傳統的。

自由從猶太人的經驗來說，首要的是指從奴隸的生活中得釋放，就是上帝救贖以色列民出埃及，使他們得到自由，叫他們得以事奉耶和華（出六2～12；利二十五42；申六20～25）；在有關禧年的傳統中，也引用出埃及這典模，去理解自由（利二十五38、42；參《以斯拉四書》7.96～98、101，13.25～26、29）。因此亦有學者認為，雅各在這裏是指貧窮人從壓制中得釋放的自由（Ward 1966A:115～127; Wall 1997:93～95），作者使用了這比喻講述國度來臨的實現。這些學者的建議固然吸引，但這與律法又有何直接的關係？我們在此視自由為一個人可以自由地盡己去服侍上帝，並實行祂的旨意（參 L. I. Rabinoqiz, *JudEncl*.: 7.118；J. P. J. Olivier, *NIDOTTE*: 1.987～88）。從雅各書的上文去理解，是指這藉著真理的道得以更新的神的子民，要從情欲中得著釋放，並得以自由地忠心服侍上帝，領受這栽種的道叫人得以自由，遵守這道中的律法，叫人實踐愛自己的鄰舍，以致個人和羣體都得以完全。這自由有宗教和道德的含意。〈先賢集〉6.2b 為出埃及記三十二章16節註疏時，有這樣的闡釋：「不要讀作 *haruth*（刻在），反要讀作 *heruth*（自由），因為除了那投身研讀妥拉的人之外，你找不到自由的人。」

從以上的角度去看，真理的道與栽種的道是相同的，前者強調使人得到更新，後者強調要將這道從內擴充至外，從生命的更新到生活的改變。完全使人自由的律法與真道卻是有分別的；律法提供了具體生活的指南，叫這福音真道所要求對上帝的順服，能實現於信徒日常生活之中。[21]

這人便成為一個不是隨聽隨忘，而是身體力行的人；這人在他所行的事上，必然有福。

“οὗτος”「這人」正好對比於一章23節的“οὗτος”。“ἀκροατὴς ἐπιλησμονῆς”直譯為「忘記的聽者」，屬閃族語法，即「善忘的聆聽者」

21 有不少學者將道與律法等同，如 Ropes 1916:173；Adamson 1976:34, 81；Martin 1988:45, 49；Hogan 1998:87。不贊同它們兩者是一樣的，參 Laws 1980:85；Laato 1997:51；Konradt 1998:72～73。

(genitive of quality)。恆常專注於那完全、使人自由律法的人，便不是這樣的人。" ποιητὴς ἔργου "直譯為「行道的人」(objective genitive)，這裏譯作「身體力行的人」，ποιητής 這字又見於四章11節。好像一章12節一樣使用了「蒙福語」(beatitude)作為這段的總結。"ἐν τῇ ποιήσει"「所行的事」亦見於《便西拉智訓》51.19，指這人的行事為人。這裏可能反映出雅各受耶穌的話語所影響：「還不如聽上帝之道而遵守的人有福」(路十一28)。

2.2.2 真正的敬虔表現(一26～27)

一26 既有人認為自己是虔誠的，

原文「虔誠」(θρησκός〔形容詞〕；另參一27：θρησκεία〔名詞〕)這字可以有不同的理解，有多數英文譯本都將這字譯作宗教、宗教性(religion, religious)。其名詞在〈七十士譯本〉和新約分別出現了四次，在〈七十士譯本〉中，有兩次見於《所羅門智訓》(14.18、27)，兩次都與偶像敬拜有關(參斐羅《論特殊法律》1.315)，另外兩次見於《馬加比四書》，記載安提阿古以此稱呼猶太人的信仰：" θρησκεία Ἰουδαίων "「猶太人的宗教」(5.7)；"θρησκεία ὑμῶν"「你們的宗教」(5.13)。在約瑟夫的著作《猶太古史》中，用作宗教或敬虔的活動：" θρησκεία πρὸς τὸν θεόν "「對上帝的敬虔」(1.222)；" πάτριος θρησκεία "「祖先的宗教」(19.278)；" κατὰ τὰ Πάτρια θρησκεύειν "「根據祖先的宗教活動」(20.10)。新約在歌羅西書二章18節用作"θρησκεία των ἀγγέλων"「天使的敬拜」(可能並非指敬拜天使，而是指與天使一起敬拜)，使徒行傳二十六章5節記載保羅用這字描述猶太人對上帝的敬虔(τῆς ἡμετέρας θρησκείας)，其用法與約瑟夫的相似(另參《革利免一書》45.7)。在《革利免一書》62.1這名詞指基督教信仰。我們可歸結說，這字是關乎某宗教信仰及其外在表現，是眾人可以見到的。遵守那完全、使人自由律法的羣體，有一定的信仰形態，是人所共知的。" δοκεῖν "「認為」在這裏帶有負面的含意，指一種錯誤的假定(參太三9，六7，二十六53；可六49；路八18，十三2，二十四37；徒十二9；林前三18；約壹五39)。這人假定自己是敬虔的，但這假定並無根據。

然而不控制他的唇舌，這實在是欺騙自己的心，這人的虔誠是一無是處的。

“ χαλιναγωγεῖν ”「控制」一字在新約中只在雅各書中出現（參三2），在《黑馬牧人書》（〈命令篇〉12.1～2）使用這字在控制人的情欲（參坡旅甲《致腓立比書》5.3），在《託福西萊德名書》57用在控制情緒上；斐羅的用法則與這裏一樣，用在舌頭的操控上（《論夢》2.164：γλῶτταν ἀχαλίνωτον）。在這裏“ χαλιναγωγῶν ”「控制」是這分詞表達相應情況（accompanying circumstance），於此帶相反意味即「然而不控制自己的唇舌」。「他的唇舌」指他的說話，這主題會在三章1至12節有更詳細的引申（另參四22，五12）。原文整句直譯為：「若有人自以為虔誠，然而不控制他的唇舌，但欺騙自己的心。」這整句包含了兩個對比：虔誠—不控制，認為—欺騙（Dibelius 1976:121; Hartin 2003:101），有學者將「欺騙」一字理解為「放縱」（Johnson 1995A:211），所對比的是「控制」和「放縱」，但將“ ἀπατᾶν ”理解為放縱是相當罕有的用法。他這樣理解的另一原因是要解釋“ ἀλλά ”「但」這相反的連接詞，然而可視這字為強調語，即「實在」（Robertson 1934:1185; Dana & Mantey 1955:240～241）。一個人若假定自己是敬虔，但卻不控制自己的唇舌，實在是欺騙（ἀπατῶν：participle of concession or result）自己。“ τούτου ”「這人」這指示代名詞（demonstrative pronoun）置在句子的首位，有強調的作用。“μάταιος”「一無是處」置於主詞「虔誠」之前，是次要的強調，這字即白費、毫無價值（〈七十士譯本〉出二十7；多三9；林前三20，十五17），亦可作愚昧（〈七十士譯本〉詩五10，十一3），在〈七十士譯本〉（代下十一15；賽四十四19；耶二5，十3；結八10）和新約（徒十四15；羅一21，八20；彼前一18）中用於偶像的敬拜，沒有作者認為應有敬虔表現的虔誠，是徒具外表的，不只不能救那人，而且是與拜偶像無異，將自己認同於這世界的價值（一27）。

一27 在父神看來，那純正無瑕的虔誠，

“ παρὰ τῷ θεῷ καὶ Πατρί ”「在父神看來」原文直譯為「在神和父面前」（παρά + dative：sphere），即在祂的判斷之下（BDAG 757；參羅

二13；林前三19；加三11；彼前二十四20）。"θεὸς καὶ πατήρ"原文直譯為「上帝和父親」，保羅常在書信的開始，以這方式稱呼上帝（另參彼前一3、17），譯作「父神」。這裏有可能在提醒讀者，他們的父神是那照顧孤兒寡婦的，這也應是那以上帝為父的神的子民所關注的（Ng 2003:48～50）。原文在這裏以兩個形容詞以正反的方式描述父神所認可的虔誠："καθαρά"「潔淨」和"ἀμίαντος"「無瑕疵」，在〈七十士譯本〉和新約，"καθαρός"「潔淨」可用作身體上（並視作適合作為禮儀及獻祭用途）、禮儀上（如利七19，十10，十三17等）和道德上（如詩五十一10；哈一13；箴十二27；伯八6，三十三9；太五8；彼前一22；提前一5，三9；提後二22）。在散居地猶太教的思想中，已有傾向將禮儀潔淨靈意化為道德和屬靈上的意義（F. Hauck, *TDNT* 4.647）。" ἀμίαντος "「無瑕疵」同樣可用於身體和禮儀上（利五3，十一24；申二十一23；《馬加比二書》14.36），也有用作道德上的潔淨（《所羅門智訓》3.13，4.2，8.20；來七26；彼前一4；參來十三4用作性生活的潔淨），在彼得前書一章4節用作形容那在天上的基業；希伯來書七章26節則形容那天上作為大祭司的基督。在古典希臘文中，當將這兩字一併使用時，表達「完全無玷污的潔淨」（F. Hauck, *TDNT* 4.647）。這裏作者並未有刻意對比禮儀上與道德上的潔淨（如 Knowling 1904:34；Mitton 1966:75～77），也不是在對比猶太教注重外表，基督教注重內在。在第二聖殿時期，對潔淨的不同理解，往往造成不同派系的分歧，這裏雅各所強調的那上帝所接受的敬虔，是在實際的行為表現上，這是這從基督而來的彌賽亞運動所有的特質。事實上新約整體都有這樣的傾向，將五經中有關禮儀上的要求，轉化為道德上的要求，這種強調早已見於先知的傳統（參賽一1～11，五十八3～7；耶七21～23；何六6；摩五21～24；彌六6～8；詩五十一1～17）。這傾向亦見於從耶穌而來的傳統（太七7，二十三23；可七14～23）。

就是看顧在患難中的孤兒寡婦，

虔誠的表現是「看顧在患難中的孤兒寡婦」，" ἐπισκέπτεσθαι "「看顧」（epexegetical infinitive）指「以助人的意圖去見某人，探望」（BDAG 378）。孤兒和寡婦在當代社會中是貧窮人的代表，在舊約中多次將兩者相排並列（出二十二21；申十18；賽一17；結二十二7；亞七10）。在舊約聖經中，不論是五經（出二十二20～21，二十三9；利十九9～10，十九33，二十三22；申十17～19，十四28～29，十六9～15，二十四17～18，二十六12～15）、先知（賽三5、14～15，五7～10；耶二十二3；何十二8～9；摩二6～8；彌三1～4；番一9；亞七8～10；瑪三5），還是寫作（箴十九17，二十一3，三十一9；參《便西拉智訓》4.9～10，29.8，34.21～22，35.13～15）的傳統，都屢次強調耶和華是那照顧孤兒寡婦的，這亦是猶太教重要敬虔表現（參〈先賢集〉1.1、2，5.13；《大馬士革文獻》6.16、21；《託福西萊德名書》22～23、26、28～29；〈以薩迦遺訓〉3.8；〈西布倫遺訓〉7.1～2；斐羅《論特殊法律》1.57）。富者應如何對待貧窮人是雅各書中一個重要的主題（參二1～7，14～16，五1～6）。有學者認為因為在新約中，多次將患難（θλῖψις）與末世的來臨連上關係（參太二十四21、29；可十三19、24；啟二10），這裏使用了末世的語言，在諸般的試煉中為讀者提供指引，亦提醒讀者這些試煉將要過去，基督復臨仍是迫近眉睫（Laws 1980:89～90; Martin 1988:53; Hartin 1996:494）。但作者只是強調孤兒寡婦是在極艱難的生活環境之中，與末日的臨近無直接關連（參徒七11）。初期教會十分注重照顧有需要的貧窮人，其中最值得關注的是孤兒寡婦（參徒六1～3；提前五3～16；《革利免一書》8.4；伊格那丟《致士每拿書》6.2；《伊格那丟致坡旅甲書》4.1；坡利甲《致腓立比書》6.1；《黑馬牧人書》〈命令篇〉8.1.10，〈比喻篇〉1.1.8，9.27.2）。

保守自己不受世俗的污染。

大部分的希臘文抄本這裏都是“ἄσπιλον ἑαυτὸν τηρεῖν”，但有學者（Roberts 1972:215～216）認為這裏原本應作“ὑπερασπίζειν”「保守」（參 P^{74}），因為這異文更能配合作者的思路，並與二章1節銜接。然而，始終這異文的外證較弱，無論哪一個版本是更接近原文，對這裏作者所要表達的意思，分別不大。“ἄσπιλος”「污染」這字沒有在〈七十士譯本〉、約瑟夫、斐羅或使徒教父的著作中出現過，在新約中見於提摩太前書六章14節：「要守這命令，毫不玷污（ἄσπιλον），無可指責，直到我們的主耶穌基督顯現」，象徵性地表示在道德上無污點。雅各指出污染的源頭是

“ κόσμος ”「世界」，這裏是這字第一次出現。「世界」代表著一個與上帝對敵的價值體系，這世界污染信徒的生命，信徒要潔身自愛，與這世界保持距離，維持（τηρεῖν）自己（ἑαυτόν）不被這世界污染。

釋義 （一1～27）

完全與全然愛上帝（一2～18）

作者雅各一開始便呼籲那些散居於各地的猶太信徒，要以不同的眼光放眼看這世界：每當遭遇各式各樣的試煉時，都要將它們全然看為是喜樂的因由（一2）。作者強調人生遭遇各式各樣不同的試煉，是無可避免的事實，信徒也不例外，沒有豁免；這些人生的試煉隨時隨處都可以發生，我們必須要有此心理準備，便不致措手不及；坦白說，人生就是一個試煉場。無論我們是生在哪一個時代、活在哪一種社會環境，無論我們是哪個年齡、幹哪行業，無論我們願意或不願意、喜歡與否，我們都會面對生命的試煉，縱然這些試煉在不同的時間、以不同的形式出現，可以是疾病、死亡（參五14）、貧窮（參二6～7，五1～6）、或由於信仰的原故而帶來的迫害（二7），無論個人或羣體，都要面對試煉，可能是一早我們已預知，也可以是突如其來，如同不速之客。面對試煉，要緊的並非探究試煉的來源是出於上帝還是出於魔鬼，而是以積極的態度迎向它們。縱然人生面對試煉挫折是難於避免的，甚而沒有可選擇的餘地，我們卻可以選擇怎樣去面對。

因基督耶穌的原故而得著喜樂，是初期教會信徒的共同經歷（參徒八8，十三52；羅十四17，十五13；林後一5，八2；加五22；腓一4、25；西一11；彼前一8；約壹一4；約貳12）。在苦難中喜樂，也是新約一個重要的主題，例如保羅在腓立比書中就多次勉勵腓立比教會在患難中要喜樂（三1，四4，另參太五11～12；路六22～23；約十六20～22；林後六10，七4，八2；西一24；帖前一6）。大部分人會因能逃避試煉而沾沾自喜，但這裏卻叫我們以全然喜樂的態度迎向困境。作者並非要我們反乎人性地在苦難中強顏歡笑，也不是輕看在其中經煉時所有的掙扎、挫折、痛苦、煩惱、恐懼和憂傷，這些都可以叫人氣餒偏離信仰（參五19～20），然而他要讀者注目苦難在我們生命中所能發揮正面積極的果效，就是可以提升我們的生命，成為磨煉我們得以完全的機會（一3～4），最終經歷試煉的人，要顯出他是屬於上帝的，是祂所愛的，亦是愛上帝的，並且蒙祂賜予生命為冠冕（一12），這末世的救贖是經歷試煉時能喜樂的最終原因。「喜樂要背負我們，誠然我們要背負苦痛。」[22] 我們不是從面對困境那即時有的感受去看人生，反之，要觀乎其對生命所帶來的祝福，接納甚而擁抱試煉，要為這試煉所要帶給我們的祝福而欣喜，知道上帝必定會垂顧，並且賞賜那些面對困難仍竭誠愛祂的人（參一12）。這喜樂的表現是內裏的寧靜平安和泰然自若，內心所充滿的是對上帝的信任，認定祂是美善的主（一5），祂已為我們預備美好的恩賜，叫我們能承受重重的壓力，經煉重重的難關（一17）。喜樂是確信我們是屬於這位滿有慈悲的主（五11；參一18），祂是這宇宙的掌權者，我們深信總有一天，這些陰霾都要過去，在我們的生命上結出碩果纍纍，上帝的公義和平安，終會實現在地上，並且整個世界都要更新過來（一18；參五7～8）。不只在順境時歌頌上帝（五13），在逆境時也可向上帝獻上禱告（五13）和感恩（參腓四4～7）。[23] 有了這嶄新的角度，我們便能欣然地面對人生種種的試煉和變遷，不致自怨自艾、怨天尤人，或是憤世嫉俗，對一切不如意的事充滿忿恨和不平，或是沉溺在顧影自憐中而不能自拔。亦有人千方百計的趨吉避凶，將關注放在如何避過試煉，結果是愈要走出困囿，就愈受其捆鎖；試煉和挑戰，本來就是人生旅程中不可能避免的，上帝所關注的是這遭遇各種試煉的個人或羣體，生命經過磨難而更臻完美。這代表人要盡己地愛上帝，萬死不辭、赤膽忠肝地愛上帝。

面對試煉能將之當作喜樂，這角度是建基於某種信念是作者希望讀者掌握的。在試煉中所測試和熬煉的是我們的信心（一3上），信心指對上帝的忠誠，是否專心一意地愛上帝，追隨祂的心意而行；信心是一種對上帝的依附，一種矢志不渝的投身。「鋼在火中煉、刀在石上磨」，同樣信心

22 J. M. Trotter, *Christian Wholeness: Spiritual Direction for Today* (Wilton: Morehouse-Barlow, 1982), p.82.

23 有關喜樂與歡樂的異同，及喜樂在信徒生命中的意義，可參 G. T. Smith, *The Voice of Jesus: Discernment, Prayer and the Witness of the Spirt* (Doweners Grove: IVP, 2003), pp.68~72。

要經過熬煉，方能綻放異彩，也正如彼得前書一章7節所言：「叫你們的信心既被試驗，就比那被火試驗仍然能壞的金子更顯寶貴，可以在耶穌基督顯現的時候得著稱讚、榮耀、尊貴。」信心藉著熬煉會生發出另一種生命的素質：堅忍（一3下）。「堅忍」並非一種消極態度，也不是沒有任何行動，屈服於惡劣的環境之下，而是一種主動積極的態度，在危難中站穩崗位、有堅定不移的立場，仿似一個戰士，在激戰中堅守崗位，毫不膽怯退縮（另參五7農夫的忍耐）。這種在重壓下仍一力承當，咬緊牙關、弘毅堅韌，甚而視死如歸，絕不放棄的精神，在新約中屢次強調是信徒和教會在面對困難時，應有的素質（參路八15；帖後一4；啟二2，十三10）。耶穌說：「惟有忍耐到底的，必然得救」（太二十四13）。中國有語云：「登山耐險路，踏雪耐危橋」，傾險的人情、坎坷的世道，都要靠這能耐而支撐過去！要心志堅定不移：「泰山崩於前而色不變，麋鹿興於左而目不瞬」，盼能達到從容不迫、百折不撓的境界。這並不是說要克服內心的恐懼是一件容易的事：我們恐懼失敗、排斥、不安定，年青時怕別人對我們的評價，年長了又怕失去權柄和影響力。惟有將生命的焦點和信任，都放在上帝的身上，才能跨過種種的難關。當我們對上帝缺乏信心，失去從上帝而來的喜樂時，我們便很容易氣餒喪志，喪失勇氣和膽量，便容易作出錯誤的抉擇，將自己帶入深淵之中。

「堅忍」是有真實信心的人經過熬煉必定會有的生命素質，這雖然是寶貴，然而仍不是最終的結果，最終的目的是要人得以完美完整，反面來說：毫無缺陷（一4）。「得以完全」是本書的主旨（參緒論），正如耶穌在登山寶訓中勉勵門徒：「你們要完全，像你們的天父完全一樣」（太五48），信心經歷熬煉最終的目標，就是個人和羣體得以在上帝面前，有完美的生命、完整的品格，能立德立品，表裏一致。這種生命的奮進，並非一種階段式的靈性操煉，完成了一個階段再到另一階段，而是一個不斷進行的過程；每次在試煉中，信心都因著熬煉而生出堅忍，堅忍到底便顯出生命的成熟、完整和完美，叫人能剛正不阿，具完備的人格。（有關達致完美與完美主義的分別，參張略2003。）然而生命得以完全既不是一蹴而就，也不能揠苗助長，是一個歷煉的旅程。這是人得以完全的路線圖，要有信心眼光的人，才能有此定向，也要有智慧的人，才知道如何按此路線圖去走。

反過來看，若我們將人生看為自己的欲望得到滿足，將凡阻礙我們得到即時快感的看為障礙，不正視試煉，甚而用盡自己的方式去逃避試煉時，我們便是不斷地遠離完全，背向上帝的心意。人不能走向完全，是因為他們對上帝缺乏信心，在憂慮、恐懼和抗拒中，搖擺不定，不能專一忍耐，未能堅持到底去愛上帝（一12）。一般人在世上所追求的都是平靜安舒、一帆風順的生活，要接受「藉試煉而邁向完全」，並不容易；試煉原來是一種邀請，邀請我們看清楚自己的實況，反省我們的信仰及我們與上帝的關係，試煉也是一種邁向完全的邀請。當我們接受，甚而擁抱試煉，以信心忍耐去承受，拒絕顧影自憐、迴避上帝，試煉便成為我們更深去體會上帝的美善和慈悲的機會。

或許我們可以在此稍作引申，人生的試煉不只是逆境，順境對某些人來說，可能是更大的試煉！有些人在患難中能剛強，卻在安逸中失落，在安舒的生活中失去了對上帝的忠信，不再堅持，不再盡己地愛上帝，有關這點，作者會在一章13至15節作出提點。

在《孟子．告子下》，孟子有這樣的勉勵：「故天將降大任於斯人也，必先苦其心志，勞其筋骨，餓其體膚，空乏其身，行拂亂其所為，所以動心忍性，增益其所不能。」孟子勉勵人要把一切的挫折困頓，看為磨煉自己意志的機會，這樣方可成大器，為大用。孟子的教訓於此與雅各各有異同，孟子看上天要人去承擔任務，就透過困苦艱難去鍛練這人、激動這人去完成天命。雅各書這裏似具中國文化所言那種強調樂天知命、忍辱負重的精神，然而雅各突顯了人對上帝有絕對的責任，在困境中，人對上帝的忠實誠信會受到考驗，雅各並沒有對困境何來，作任何的猜測，只是強調這是提升生命，叫生命能更臻完美的機會。在一章5節，雅各指出能成大器，為大用，並不是單憑人獨力可以成就的，不只是一種君子自強不息的人文精神，而要倚賴上帝所賜予的智慧。「對那些將自己的軟弱呈獻在上帝跟前的人，上帝所能作的是遠遠大於那些靠賴自己剛強的強者所能作的」（Dorrit Pfau 1969）。[24] 要盡性的愛上帝，就要全然地獻上自己的生命，被上帝所塑造。根據拉比的記載，在公元二世紀猶太第二次逆變時期，拉比亞基巴被羅馬

24 Trotter, *Christian Wholeness*, p.1 所引。

人捉拿處以極殘酷的刑罰，用鐵梳將肉從他的身上刮下來，在行刑時亞基巴就在背誦〈示瑪〉：「以色列啊，你要聽，耶和華是我們的神，主是獨一的」，他在呼出最後一口氣時，正是唸到此句希伯來文最後的那個字：「一」（《巴比倫他勒目》〈論祝福〉61b），這位獨一的主是配得我們一心一意將自己惟一的生命獻上的主。本書的作者雅各，也在公元62年，為主殉道（參附錄〈雅各生平〉）。

人若要得以完全，當然需要信心，及從信心而來的堅忍（一3～4），試煉並非達致完全的障礙，反而是達到這目的的工具。然而，單是人的努力是不足夠的，人還需要那從上帝賜下的智慧（一5上）。這裏假設讀者是缺乏智慧，要祈求上帝賜予。體會自身的缺乏和不足而向上帝祈求，是非常重要的，所羅門就有這種體驗：「……但我是幼童，不知道應當怎樣出入。僕人住在你所揀選的民中，這民多得不可勝數。所以求你賜我智慧，可以判斷你的民，能辨別是非。不然，誰能判斷這眾多的民呢？」（王上三7下～9）所羅門面對放在他面前眾多艱巨的責任，他深深體會自己的缺乏，極需要上帝賜予智慧，在凡事上能作適當的判斷和裁決。這裏的智慧並非指聰明伶俐、智商特高、思考特強，作奸犯科的人，不一定比行為正直的人的思維較差，然而從聖經的角度去看，這些不是智慧人，都是愚昧人；智慧也並非只是知識而已，而是一種分辨和實踐，一種活出上帝心意的洞見。雅各在三章17至18節會更詳細描述有這從上帝而來的智慧的人，在生命上有何表現。求得的智慧，不是使我們能心想事成、得心應手，而是能按上帝的心意而行，得上帝為我們預備的，就是那生命的冠冕（一12）。

在經歷人生的種種試煉時，我們的內心往往充滿疑惑：「上帝你為何容讓這些事發生在我身上？為何你使我弄到這田地？你又會讓甚麼事發生在我身上呢？上帝是否與我作對？」這些問題叫我們的心靈沉重，在這變幻的人生中，甚麼是真正可靠的呢？歸根究底，這些疑惑是關乎上帝是一位怎樣的上帝：祂會真正關心我們嗎？

這裏描述上帝的賜予是「專心一意和不苛責人的」（一5下），在我們所有當代文獻中，從來沒有形容上帝為「專心一意」的，這副詞只有用在人的身上。這是因為雅各刻意將上帝與那些疑惑或三心兩意的人作對比（一6～8），上帝不只樂於將智慧賜予人，並且充滿誠懇、毫無保留的，祂是非常願意我們能得到智慧。上帝是「不苛責人地」賜予，祂接受我們的缺乏和軟弱，祂是慷慨的、心懷廣闊的、絕無機心的，以鼓勵和諒解的態度去回應人的需要，祂從不低貶那些接受祂禮物的人，也不會因為我們不斷的祈求而感到煩厭，祂的誠意是絕對不容質疑的（參一16～17），祂將智慧賜予我們，只有一個目的，就是為了我們的好處，叫我們能邁向完全。雅各在這裏引申耶穌有關禱告的教導：求就必得著（太七7～11//路十一9～13），那裏耶穌強調上帝作為父，會拿好東西（馬太）／聖靈（路加）給祂的兒女，這裏雅各強調那誠懇的上帝，會將智慧賜予有需要的人。上帝對人的關切，並非叫人能從心所欲，而是將人最需要的賜予他。

然而，並非所有祈求智慧的人，都可以得到智慧。若有人禱告求智慧，卻未得到，原因並不在於神，因為祂極之樂意賜予人，問題在於祈求者的態度。人要以信心去祈求智慧（一6上），信心是祈禱得應允必須有的條件（參五15；參太二十一22//可十一24），信心不只是相信上帝會應允，而且是願意忠於上帝，一種不斷仰望上帝的態度，樂意行在上帝的旨意之中。信心帶引我們進入得以完全的旅程之中，這旅程第一樣需要學習的是安靜在上帝面前禱告祂，這是基督徒的信心所必然有的表現和特性，因為一切在乎那施恩的上帝。當耶穌在曠野四十晝夜，面對魔鬼的試探時，他就顯出對上帝那種絕對的委身和信任，不是用自己的方式去面對惡劣的環境，或是達成他人的期望，而是相信上帝，以祂的方式去完成上帝的旨意，這是委身於上帝的信心（太四1～11//路四1～13）。

相對於信心的是躊躇不決（一6下）；當人躊躇不決時，上帝必不會應允他的禱告，他不要妄想從上帝那裏得著甚麼（一7），更不消說智慧了。這裏雅各再次使用耶穌的教訓，耶穌曾對門徒說：「我實在告訴你們，你們若有信心，不疑惑〔躊躇不決〕，不但能行無花果樹上所行的事，就是對這座山說：『你挪開此地，投在海裏！』也必成就」（太二十一21），躊躇不決是信心的死敵。「躊躇不決」（參二4）並非指理智上懷疑上帝的存在，而是對是否忠於上帝顯得猶疑不決、舉棋不定，內心掙扎而拿不定主意。祈求神賜智慧的禱告未蒙垂聽的原因，不在於神沒有誠意，而在於人沒有誠意。雅各使用翻騰的風浪去形容這樣的人：「就像海中的波浪，被風吹盪翻騰」，這樣的人，內心充滿衝突和矛盾，反映在他們的行事為人之上，常是搖擺不定,好像牆頭草一樣,隨風擺柳,把不定主意要愛上帝還是愛世界,對上帝缺乏絕對的忠實誠信,不願委身去行上帝的旨意。這人一方面以為自己是相信上帝的,另一方面卻在為自己籌算,要憑自己的手段,達成自己的欲望,這樣的人的情意是分裂的;雅各給這樣的人另一種稱號:「三心兩意的人」(一8;參四8),即「雙面人」。就正如耶穌曾說:一個人不能事奉兩個主,不能又事奉主,又事奉瑪門(太六24),但這人卻要腳踏兩板橋,企圖一腳踏兩船,又希望事奉主,卻又事奉瑪門。這裏並未有解釋為何人會變得三心兩意;根據猶太傳統的思想,人變得心意分裂是因為人受內在惡的傾向所影響,雅各在一章14至15節稱這惡的傾向為情欲,在情欲的驅使下,人便不能盡心地愛上帝,反而與世界為友(四4),遠離上帝(參四8上),為滿足自己的情欲而不擇手段,這樣的人需要悔改回轉(四8下~9)。

當我們願意向完全進發,上帝必定會站在我們那邊,祂應許會答允我們的需求,賜智慧予我們,祂明白我們在試煉中會經歷到無助和無能,祂要為我們導航,叫我們經過試煉的風暴,賜我們所需的智慧和恩典,去應付所面對的困難。雅各的「專心一意」和「不苛責人」這兩個是用作形容人的形容詞,使用在上帝身上,為要表達我們可以在人的經驗中了解上帝,而上帝也要成為人的榜樣。人的問題在於他受到內在情欲驅使,使他不能專心一意的愛上帝,反而是諸多推搪,成為一個三心兩意的雙面人,並不盡心地愛上帝。

貧窮的人是屬於卑微的人,雖然他們在社會中地位低微,往往受別人白眼和歧視,然而他們的地位得到提升(一9),是因為他們蒙上帝所揀選成上帝國度的承繼者,得以繼承現在及將來上帝所賜予他們的祝福(二5;參太五3;路六20),卑微的人要以此為榮,因為他們已是屬於上帝國度的子民。這種炫耀與那些高傲商人的誇耀(四15)大為不同,卑微人得以讚嘆欣喜,是因為他們信靠上帝已將他們抬舉,有別於高傲的商人的浮誇和自恃。上帝揀選貧窮人,貧窮人是天國繼承者的楷模,一方面他們在物質生活上沒有保障,另一方面,他們全心地倚靠上帝作為他們生命惟一的保障。從信心的角度去看,卑微人實是富足,他們是蒙上帝所揀選,成為天國的繼承人(二5)。

不論這些富有人是否信徒,惟有他們看清楚自己在上帝面前卑微的地位,才能真正體會上帝國度的特質,惟有自知貧窮,與卑微的人認同,才得以進去（太五3：「虛心〔原文最譯為『心靈貧窮』〕的人有福了，因為天國是他們的」），這就是他們的降卑，不自恃自己的能力及所擁有的財富地位，這些都不是他們值得誇耀的，反之，他們要降服在上帝的面前（四10），惟有單單仰賴上帝，才是真正值得他們炫耀的（一10上）。雖然不論富貴或貧窮，都要面對死亡的命運，他們同樣都要謙卑在上帝的面前（四10），但富足的人生活在充裕和安穩之中，舒適的生活往往叫人陶醉，認為這一切都是必然的，容易忘記生命不在人手中這事實，況且往往是富有人的驕傲叫他看不起貧窮人，「炎涼之態，富貴更甚於貧賤」，因此作者特別針對富有人，向他們提出警告：他們的生命和他們所擁有的世物，都將要化作飛灰；他們在地位和財富上所得的保障，只是一種假象，並非絕對的保障；當世人以欽羨的目光注視這些富有人和他所擁有的榮華富貴時，這些都要在他們的眼前煙消雲散（一10下～11）。雅各在本書中多次探討貧富之間應有的關係；富有人要使用他們的財富，去服侍那些有需要的人（二15～16），而不是不擇手段地去不斷積蓄財富（二6，五1～5），盡是貪圖世上的享受（四3）。

在舊約中先知早已預言，先知以賽亞就預言在審判的日子，會出現地位上的逆轉：「一切自高的都必降為卑……驕傲的必屈膝；狂妄的必降卑。」（二12、17）上帝國度的來臨，已帶來這末世的逆轉，卑微的人和富足的人都需要重新為自己的生命定位，從信心的角度看清楚自己在上帝面前的地位，而並非從世界的角度去看評價自己的身分和價值。

根據猶太傳統的理解，盡力的愛上帝表示以自己所擁有的一切服侍上帝，不論是健康或財富，這些原都是從上帝而來，要滿足於上帝所賜予的分，並以感恩的心過每天的生活，貧與富，都要面對人生的試煉，正如有話說：「飽暖思淫欲，貧窮起盜心。」「盡力」不是堅持自己有能力，而是看自己一切的能力，一切所擁有和沒有的，都是出於上帝。人所有的，從永恆的角度去看，原就不能加增他一些甚麼，上帝也不會因人的富有而看重他，也不會因人的貧窮而輕視他。人不要信任自己的權力和財富，過於愛上帝，只要按上帝所賜的，存感恩的心去服侍上帝和鄰舍。我們生活在一個市場主導、物質享受掛帥的社會，媚神諂鬼、禁忌求福，為個人利益而不擇手段的，大有人在。雅各作為一位智慧的教師，提醒讀者相信上帝，是要盡心、盡性、盡力去愛祂，承認一切都是從祂而來，願意將一切獻呈在祂手中，因為祂是我們生命中獨一的主，這信念要主導我們的人生（prime directive）。

一章12節以另一種方式重複並引申一章2至4節的教導。一章2至4節是一個過程到目標的剖析，這裏更清楚指出最終得以完全，是建基於上帝的應許。那些在試煉中能忍受的人，當他們經歷過考驗，以自己的生命證明他們實在是那些愛上帝到底的人，是神國的子民，是這國度羣體的成員（參二5），他們必能得著上帝在約中所應許的，就是生命的冠冕，作為他們的獎賞。在登山寶訓之中，耶穌多番使用「蒙福語」描述屬上帝子民所有的特質，「蒙福」可譯作「值得祝賀、嘉許或欣喜」，這裏可以說是回應一章2節要將試煉全然看作喜樂，因為能經得起考驗的，正是顯示我們是屬於上帝的，愛上帝是屬於上帝的子民必定會有的表現（參二5）！試煉並非上帝對人的懲罰，反之，在其中顯示我們對上帝的愛，並上帝保守和應許的真實，體驗祂恩典和能力的機會。是否蒙福不是用我們今生所擁有的世物去衡量，不是用我們生活水平的高低作量度，也不是一生平坦安逸的人便是有福的，而是靠著上帝去歷盡艱辛，能有從上帝而來的視野，才是最蒙福的。現今的苦難和試煉都要過去，上帝要將尊榮加於那些尊重愛慕祂的人，將來所要的承受的福分，才是最終的結局。

雅各似乎意味當人遇到試煉經不起考驗時，會提出抗議，推說這是因為上帝將難當的試煉放在他面前，叫他犯罪跌倒（一13）。或許這是人自然的反應，當面對挫折壓力時，往往先將責任投於自身之外，上帝於此成為一個方便投射的對象：「是我受到上帝的試探而犯罪。」

在華人教會圈子中有一種傳統的教導，分別試煉和試探：試煉是從上帝而來，試探則是從魔鬼而來，並且往往以最終的結果判定是從上帝而來還是從魔鬼而來，若這人勝過困難，那必定是從上帝而來的試煉，若他失敗，那必然是中了魔鬼的詭計；然而不單聖經中沒有這種簡單的分野，當信徒經歷困境時，分別出這是從上帝而來還是從魔鬼而來，不只不容易，而且毫無作用！對遭逢困境的人來說，既不能減輕他的重擔，也不能幫助他作出抉擇。原文「試煉／試探」一字，可以指客觀而外在的境遇，這事物本身並不一定使人犯罪，一切只在乎人如何選擇（參太二十六41；路八13；林前十13；林後十三5；加四14；來二18，四15，十一17），同一字在原文也可看為是主觀和負面的，即受試探而犯罪（參帖前三5；加六1；提前六9）。作者在此作了清楚的劃分，當他使用名詞時，指客觀和外在的試煉，使用動詞或形容詞時，則涉及主體的參與，是負面的，指受試探而犯罪；即一章2、12節的是指試煉，一章13、14節都是指試探。比方說，有人遺下了他的錢包在公共汽車的座位上，給你發現，這遺下的錢包對你來說是試煉，它是客觀地存在，其本身沒有好與壞，也不一定使你犯罪，若你將這錢包歸還失主，你還可能得到嘉獎；然而當你起了貪心將這錢包據為己有時，你便是受了試探而犯罪，這便成了你主觀犯罪的經驗，那便是你的試探。當某事發生，與其思索是來自上帝或鬼魔，而感到摸索迷離，倒不若將重點放在如何在這事件中堅守自己的崗位，顯出對上帝堅定不移的愛。

雅各在這裏為上帝辯護，指斥「我是被上帝試探——而犯罪」的說法，不只是對上帝不公平，而且完全誤解了上帝的本性，是一派胡言。作者提出了兩個彼此相關的原因，以否定的方式描述上帝的本性（一13）：（1）「祂不能被惡試探」和（2）「祂也不試探人」。（1）上帝不受邪惡所誘惑。上帝的全善是不容質疑的，在祂裏面並沒有絲毫邪惡的意圖，祂沒有邪情，因此絕對不可能被罪誘惑，邪惡對於祂來說，亦沒有任何的吸引力。任何的邪惡也不可能出於上帝，上帝不只與邪惡無干，事實上，上帝與邪惡是誓不兩立的（參四4）！不單如此，雅各在一章17至18節指出惟有上帝才能救人脫離邪惡。（2）基於以上的認知，我們可以清楚上帝絕對沒有意圖叫人受誘惑而犯罪，人陷入試探之中，並非出於上帝的陰謀！熟悉舊約的人會指出，在舊約中，的確有記載上帝試驗人，例如申命記十三章3節這樣說：「你也不可聽那先知或是那做夢之人的話；因為這是耶和華—你們的神試驗你們，要知道你們是盡心盡性愛耶和華—你們的神不是」；又例如上帝為要試驗亞伯拉罕，叫他帶以撒上摩利亞地的山去，把他獻為燔祭（創二十二1～2）。然而，根據雅各的定義，上帝並非試探亞伯拉罕叫他犯罪，放在亞伯拉罕面前的是試煉，是否試探就在乎他的心意抉擇！上帝從來就不是驅使人犯罪的那位。

那麼，人為何會受試探而犯罪？雅各似乎意味到當人犯罪失落時，會將責任推卸到別人身上，對象可能是環境、別人，甚而上帝！作者透過對人犯罪的過程細緻的分析（一14～15），認定犯罪的人要承擔所有的責任：沒有例外的，人之所以被試探而犯罪，是在他自己裏面的情欲作祟，被這情欲所勾引誘惑，這情欲是人犯罪的根源；嚴格來說，不是外界的事物誘惑我們犯罪，而是我們裏面的「內鬼」——情欲，使我們失陷，我們要抗拒從我們內裏而來從情欲而來的敗壞；外在的境遇只是提供了人被情欲控制的機會。耶穌也是這樣描述人：「從人裏面出來的，那才能污穢人；因為從裏面，就是從人心裏，發出惡念、苟合、偷盜、凶殺、姦淫、貪婪、邪惡、詭詐、淫蕩、嫉妒、謗讟、驕傲、狂妄。這一切的惡都是從裏面出來，且能污穢人。」（可七20～23）作者使用了婦人懷胎產子的比方，情欲就好像一個懷孕的婦人，當繼續讓他發展下去時，所生下來的是罪惡，罪惡長大了，生產出來的是死亡。當人容讓自己的情欲不受控制地佔據我們的生命，死亡便是必然的結果；罪惡起初只是稀客，卻會變成熟客，最終成為主人，叫人難以自拔；最初我們還可能認出它是罪，但當習以為常時，便失去了對罪的敏感性，沉溺於其中，好像我們的免疫系統失調一樣，不再對入侵的細菌作任何的反擊，被它侵吞我們的生命。罪惡最終叫我們走入死亡之路，這是一條「自殺」的途徑，是一條死胡同。然而，責任不在上帝，不在環境，不在世界，不在魔鬼，人自己是責無旁貸的，是人向自己的情欲首肯，是人容許罪惡的出現，最終要自食其果，惡貫滿盈，接受死亡的厄運。在情欲發動起始時，就是當人的意志還是最強，在較清醒的時候，便要將它壓制，不然人在情欲的驅使下，會愈來愈泥足深陷，自毀生命。公元八世紀的拉比卡拿（Kalla Rabbati II, 6 引於 Lapide 1986:74），對罪的源由，就有這樣的描述：「邪惡的幻想引來情欲；情欲引致意向，意向引致追求，追求引致行動。這是叫你們知道一個人要從下一步轉回到上一步是何等的困難。」

我們在討論一章6至8節時已指出，人之所以變得疑惑和三心兩意，並非因為他缺乏智力，而是因為他沒有專心一意的信靠上帝，這裏亦說明了人對上帝不專一的根源，是因為個人對自己的欲望失卻了控制，反被情欲所牽制和操控，是這邪情叫人分心，造成人內心的紛擾混亂，不能清楚的看到事情的真相，以致作出種種錯誤的決定，墮入迷途。情欲在人裏面，好像有它自己獨立的「生命史」一樣，起初可能只是細微邪惡的念頭，發展成心思和表現，或是一連串的計謀和行動，只嚐一點、咬一口，便進入一個很多時候難以逆轉的過程，人在情欲的誘惑下，最終是自食其果，承擔死亡的後果。在這過程中，情欲往往可以發揮其隱藏自己的能力，就好像動物的保護色，叫人不易覺察，以致人入了自己的「天仙局」也不自知，明眼人可以看出這被蒙蔽的人是兩面人，但他自己卻在蒙騙自己，陷入困局中而難以自拔。人生中遍佈各種的陷阱和深淵，一念之差便足以叫人墮入萬劫不復之地。對那些縱情聲色的人來說，只要自己喜歡，便可不顧一切為要叫自己的欲望得到滿足，可不問甚麼，也別問為甚麼，不問是與非、對與錯，容讓自己的情欲將自己掩蓋，最終失迷於罪惡深淵之中。

我們縱然沒有選擇的要面對人生各種的試煉（一2），然而我們可以選擇怎樣面對試煉，可以憑信心堅持到底，也可以受情欲誘惑而犯罪，前者引向完全和生命（一4、10），後者將人帶進死亡（一14，參五19）：

信心	→	忍耐	→	完全／生命的冠冕
情欲	→	罪惡	→	死亡

信心與情欲，或說人對上帝的愛與人的自戀，在人裏面起了爭戰。信心和情欲同時存在於人裏面，然而如何可以讓信心的力量克服情欲的力量？在上文的一章5節，雅各已指出上帝會賜予我們智慧幫助我們，在一章13節，雅各已從反面的角度看過神的本性：祂不會誘惑人犯罪，亦不會被惡誘惑至犯罪。從一章17至18節，雅各要從正面看上帝是一位怎樣的上帝，祂如何幫助人面對情欲的誘惑。

首先，雅各再次強調（一16），一切對上帝所提出的指控都是無稽的，是胡言亂語的，這只是人為逃避責任所編造出來的謊言，是妖言惑眾（參五19）。上帝對人所面對的困境，不只不是始作俑者，祂更不會落井下石，祂並非虐待狂，絕對不願見人陷於罪惡和死亡捆鎖之中！上帝並沒有視若無睹，祂已為人類預備了應變的方案。在這被造的世界，日月星辰轉動，帶來日夜時候節令的瞬息萬變，有別於此，那在被造界之上的上帝，祂作為那創造眾星的造物主，是始終如一的，祂對人的恩典和良善，從未間斷，祂的信實是永遠不變的，天父絕對不會違反自己的本性而行事（一17；參來十三8；提後二13）。這裏稱上帝是「眾光的父」，不只肯定祂是那位創造者，而且祂是那位可以倚靠的父親，是萬物的本源。上帝是一切美善的源頭，祂要賜下恩典，叫人得以走向完全（一4），最終得到生命為冠冕（一12）。這裏所說的恩惠和賞賜，包括智慧（一5，三15、17～18）、律法（四12）和恩典（四6，五11）。上帝不只是那位造物主，祂也是那位救贖的主宰，在祂永恆的意旨中，已經先作出了主動，用真道生了我們（一18）。這真道正是耶穌基督的福音（特別參林後六7；弗一13；西一5；提後二15）。作者刻意使用「生了」一字，這字正是上文一章15節所用罪長成便會「生出」死來。上帝是生命的主，祂藉著這道建立了一個屬於祂的彌賽亞的羣體，這羣體就好像舊約中所描述在農作物收割時首批的收成，以後便陸續有來，同樣這羣體在上帝的創造之中是新的一羣，同時這是一個不斷發展的運動，會將更多的人收納進這個羣體之中，最終叫整個創造得到救贖和更新。上帝是獨一的，祂的計劃是叫整個被造界在祂裏面同歸於一。

面對試煉，一方面可以叫人發揮人美善的潛能，但也可叫人的劣根表露無遺。在此，雅各一方面要我們真誠地面對自己，我們裏面既有信心，也有情欲，有剛強也有脆弱、有勇氣也有怯懦、有知識也有愚昧，一方面我們要接受我們是按照上帝的形像被造的（三9），另一方面也要接受和面對自己的陰暗面，我們不需要因我們的軟弱而消沉沮喪，反之，我們要轉向那獨一的造物者和救贖主，惟有祂能救我們脫離情欲的操控和罪惡的捆綁，在祂那裏才有正本清源之道。我們絕對不應將責任推搪給上帝（或推卸給魔鬼或任何事和人），上帝向人懷抱著的是善意，祂清楚明白我們的現實和困境，並且樂意向我們施予厚恩，這善意要不斷激發及堅固我們對祂的愛，就好像幼童對其父親的全能那種全然的信任。神藉著真理的道，不只叫人能離開情欲的路，和那走向罪惡和死亡的旅程，祂叫人得著一種能對抗情欲誘惑的新的能力；並且將整個世界，就是那屬於祂所創造的，帶進一個新的秩序之中，在新的環境之下，這屬於上帝的彌賽亞羣體，要不斷的成長茁壯，直至那日得以完全，接受生命的冠冕為賞賜。

完全與實行使人自由的律法（一19～27）

在一章19節，作者以三句短語綜合了以下一章20至27節所涉及的三個主題，這三個主題亦連於此書各部分：

敏於聽 →	一21~25	→ 二1~26	信心要有行為的表現
訥於言 →	一26	→ 三1~12	謹慎言語
緩於怒 →	一20	→ 四1~10	羣體中的爭執

聽、言和怒三者是彼此相關的，在溝通的過程中，最重要不在說甚麼，重要在於我們是否聽得清楚，明白對方所言，然後按照所聽者作出回應，這是所有成熟的信徒，特別是領袖、輔導員、導師、教牧，所必須具備的態度和能力；反之，怒氣這激動的情緒往往叫人無法聽得清楚他人所說的，由怒氣所引發的言語，往往帶來莫大的傷害。在箴言書中屢次勸告人要控制自己的忿怒：「不輕易發怒的，勝過勇士；治服己心的，強如取城」（十六32），並要謹慎自己的言語：「多言多語難免有過；禁止嘴唇是有智慧」（十19）。這裏三短句的諺語，有一般性的應用，作者在此將之應用在人對上帝的道的反應。猶太教口傳妥拉《米示拿》〈先賢集〉5.12 描述有四種不同的門徒：聽得快而失得快——他所得被他所失的抵消；聽得慢而失得慢——他所失的被他所得的抵消；聽得快而失得慢——這人有快樂的命運；聽得慢而失得快——這人有邪惡的命運。

一、緩於怒（一20）：處理怒氣有兩種錯誤的方法：為它感到內疚而否認它的存在，往往做成它好像計時炸彈一樣，在不適當的時候，向著不適當的人，爆出不適當的話；或是率性放任地發洩，正如一些錯誤的流行心理學所鼓吹的。聖經雖沒有完全禁止怒氣，但卻要人審慎處理（太五21～26；弗四26～27），原因最少有兩方面：(1) 忿怒的來源：忿怒的人往往以為自己忿怒是來自事情的不公平，他所發的是義怒，然而忿怒可能源於不正當的動機，如嫉妒（四1～6）、驕傲（四11），可能是因為對人缺乏耐性，是報仇心理的作祟（五7～8），是埋怨的表現（五9）。有時候，忿怒的對象不是他人，而是自己，對自己的不滿和不接納。(2) 憤怒容易做成偏見，人被自己強烈的情緒所沖昏、所操控，以謾罵、詛咒或言過其實的字眼宣洩其內心的情緒，尤有甚者，更訴諸於暴力，這樣的發洩固然可逞一時之快，卻無助於解決問題，反會把情況弄得更糟、更壞；在這種情緒的控制下，人就不能聽到對方所言，忿怒沖昏人的思想，叫人難以對事物作客觀的評斷。不適當的處理忿怒，會嚴重破壞人與人之間的關係，和羣體的團結，也會對自己做成傷害。忿怒可以變成對寬恕、憐憫和愛的拒絕，也就變為對上帝、對他人和對自己的拒絕！這裏雅各勸告人要緩於發怒，因為人在怒火中燒時所作的，鮮能達成上帝所要求的公義，伸張正義，結果往往是適得其反的，破壞多於建立。

二、敏於聽（一21～25）：怎樣才可以達成上帝所要求的義？人必須要有決心除去一切缺德的行為，好像脱去污穢的衣服一樣，這表示我們得承認我們有脆弱的一面，願意將這些向上帝敞開，受祂的光照。這也是聆聽過程極重要的步驟：放下自己的議程、自己的欲求，真誠地開放自己去聆聽接受上帝向我們的啟迪，透視我們的本相。雅各在本書結束的時候，提醒我們要彼此認罪、互相代求（五16），叫我們的罪惡在人面前曝光，這是上帝所預備的途徑，叫我們透過弟兄姊妹之間彼此的支持，擺脱罪惡的捆鎖。並且要存著溫柔或謙卑的態度，讓那叫我們得著新生命的真道，在我們生命的道田上成長。謙卑是一種不自恃，願意降服在上帝面前，不亢不卑，一方面覺察自己容易受到情欲的牽引，和外物的挑逗，容易墮入自欺和犯罪的迷思，需要回到上帝的跟前求寬恕。有時候，我們只是聽到我們所希望聽到的，那些使我們心感不安的，我們便選擇性地拒絕接受，這是缺乏謙卑的表現。謙卑代表願意開放自己的心靈，以致對自己有真切的認識，在上帝的啟迪和指引之下，以上帝的眼光去看待自己，藉此讓上帝的道在我們生命中生根成長。雅各書一章21節所指的領受，並不只是一次過的接受，而是讓這賜我們新生命的真道（一18），在我們生命中不斷工作，改變我們的心思意念，隨著是我們對事物的感覺和情感反應，在行為上結出果子來。這裏稱這道為「栽種的道」（一21），正因在我們裏面的欲望是與生俱來的，上帝的道在我們的生命中，要成為人的第二性情（second nature），惟有這道可醫治人心的意亂情迷和人的敗德壞行，叫人能達成上帝所要求的義。這就是上帝為我們所預備，拯救我們生命的道路（參箴二1～5）。

雅各進一步澄清領受上帝的道，絕不可能只是停留在聆聽這階段。一個蒙上帝拯救的人，必定要成為行道的人，不只是聽道的人；聽道只有一個目的，就是行道；真正的聆聽，會帶引我們進入一個實踐的旅程。參與聚會、聽好的講道信息、閱讀好的屬靈書籍、每天靈修讀經，這些都是好的，但若以為幹了以上的活動，便是「屬靈」，完成了責任，這是大錯特錯，且是自欺欺人，這些途徑是要幫助我們明白上帝的道，最終的目的是要將上帝所要求的公義實踐出來。未達到此點，就是仍未見到這人得上帝的道拯救的證據。作者在一章26至27節談到真正敬虔三種特性，及三章15至18節以同樣的方式表達人若有從上而來的智慧，必定有七種特質，都清楚說明行道的人應有具體的表現。

雅各進一步以照鏡的比方，對比兩種閱讀的方法（一23～25）：

人照鏡的比方	行道的人
察看（23、24）	細察（25）
從鏡子中看自己本來的相貌（23）、自己（24）	那完全、使人自由之律法（25）
就走了（24） 隨即忘掉（24） 聽道而不行道的人（23）	恆常如此（25） 不是隨聽隨忘，而是身體力行的人（25）

雅各指出問題不在於那面鏡是否能清澈地反映出物像的真相，這裏的對比，並不是一種不經意的隨便看看，另一個是專注的細察，兩者同樣都是對所見之物，有清楚的印象和了解，那面鏡子並沒有撒謊。這兩者的對比是他們看清楚後的反應。其一的反應是視而不見、聽而不聞，全然忘記了照過自己的樣貌，沒有絲毫行動上的反應，作者指出這種情況是荒謬的。這樣忽略所見所聞是自我欺騙的變法；反映出這人心裏拒絕聖經的標準，不願將自己所犯過錯定為罪，為自己巧立各種名目，求為自身解脱而編造出種種虛假的故事；例如虐待妻兒變為嚴格紀律，極其量只是偶然下重了手；瞞税是不滿政府浪費納税人的錢，是公義的表現；姦淫或通姦是表達愛意；兇殺是為社會除害；貪慕虛榮變為有為進取；性侵犯兒童是性教育；對人作無情的鞭韃是「愛心説誠實話」；在第二次世界大戰時殺害猶太人是為了整體人類血脈的純潔。這些都是為自己的惡行披上漂亮的外衣，不只是欺騙自己，還希望別人認同。他們並不一定不明白上帝的要求，而是由於內心的拒絕，叫自己跌入自我欺騙的網羅之中，看不清事實的真相。這種荒謬的情況可以出現於個人，也可見於羣體社會之中，變成集體的失憶、麻木和瘋狂。這種的盲目，也可能是因為已習慣了某種的思考或行為模式，懼怕任

何轉變，不敢正視問題，產生選擇性的注意和視野，將真相和真理埋沒了。有時候，我們可能情願將這「鏡」塗得迷糊，叫自己看不清楚，或只是看到那理想的自己，也不願看到那真正現實的自己。真理揭示人的真相，叫人正視自己的實況，為要叫人得到真正的自由（約八32）。

只有學習而無實踐、只有理論而無行動、只有知識而無表現，都是自欺的，讀聖賢書所學何事，無非是要立品立德，對上帝能盡己，對人能兼愛；要有正確的知識、誠懇的態度和切實的言行。申命記八章11至14節、19至20節這樣提醒以色列人：「你要謹慎，免得忘記耶和華—你的神，不守他的誡命、典章、律例，就是我今日所吩咐你的；恐怕你吃得飽足，建造美好的房屋居住，你的牛羊加多，你的金銀增添，並你所有的全都加增，你就心高氣傲，忘記耶和華—你的神，就是將你從埃及地為奴之家領出來的……你若忘記耶和華—你的神，隨從別神，事奉敬拜，你們必定滅亡；這是我今日警戒你們的。耶和華在你們面前怎樣使列國的民滅亡，你們也必照樣滅亡，因為你們不聽從耶和華—你們神的話。」不聽上帝的話語，後果堪虞。

雅各一方面強調我們要排除一切邪惡的用心（一21上），這些會閉塞我們的生命，要從心靈的魔障中釋放出來，就要以謙卑的態度來到上帝的道面前（一21下），另一方面要我們時常持續不斷地，將我們的意情智，放在上帝面前，被上帝的話語審視、啟發、開導、建立和醫治，真切地體會我們的罪惡、不足、脆弱和傷痛。上帝的道就能打開我們生命成長之路，成為我們路標和嚮導，叫我們靠著上帝的恩典邁向完全。這使人完全的律法，能甦醒人的生命（參詩十九7），能叫人經歷真正的自由，從情欲中得到釋放，並能自由地去愛上帝和愛鄰舍，這是走向完全惟一的路；將律法的要求實踐出來是一條蒙福的路（一25）。正如耶穌明言：聽上帝的道而遵守的人是有福的（路十一28）。

有時候，我們的讀經是「消費者的閱讀」（consumer reading）方式，只求多和快得到資訊，或是以為閱讀了便是已經得到了，並非正途，真正的讀經是眼到、耳到、心到，以謙卑態度作深層次的聽，讓這「栽種的道」（一21）在我們的生命中工作，然後通過內裏的轉變，而形諸於外的行為表現，且要不斷地浸淫在上帝話語之下，才能在我們的生命中將上帝的道活出來（參腓二16）。要專注細察那使人自由和完全的律法，並時常如此，表明默想是一個不可或缺的過程，讓我們將自己心思、情感和人生經驗，完全敞開在上帝的道面前，透過對上帝話語不斷的細嚼反芻，體察我們與上帝並與人的關係，我們的好與壞、是與非、對與錯、善與惡、得與失、成與敗，在上帝的道的檢視之下，將我們生命的真相完全的揭露，叫我們無所遁形（參來四12～13），無論個人或羣體，都要不斷地如此行，才可以知道我們是健康還是患病、完整還是殘缺，從而得以肯定和矯正，讓這道成為我們內裏的教師，引導我們作診斷、糾正和醫治的工作，從內而外的，叫我們回應祂的訓誨，日省吾身，惟有這樣，才可真正經歷生命的自由，擺脱邪情魔障的束縛，能欣然的愛上帝和愛鄰舍。上帝的道是一面鏡子，而非一塊透明或不透明的玻璃，上帝要我們透過認識祂的心意去透視自己的生命。亦惟有這樣，我們才能超越突破我們自身的限制，擺脱從情欲來的操控，進到完全的地步。

三、訥於言（一26）：雅各指出人可能有錯誤的假定，以為自己是敬虔的，有所謂敬虔，其實與拜偶像無異，並不能證明這人實在是屬於上帝的，徒有敬虔的外貌，而沒有敬虔的實質表現（提後三5），也是一種自欺欺人；敬虔的表現，也即是上帝公義具體顯露於屬上帝羣體中間（一20）。敬虔的其中一種重要表現，是他能控制自己的言語，不説無謂、無益、不盡不實的話，有時候説話並非用來表達，而是用作掩飾，我們要清楚我們説話背後的動機，要謹慎自己的言語，作者會在三章1至12節對此課題作更詳細的引申（並四22，五12），一個完全的人便能全然控制自己的舌頭（三2）。慎言不只是不説不該説的話，也包括在何種情況下應保持緘默，能閉口不言，並且在適當的情況下説合適的話，中國儒家的思想亦注重人的言詞，不只是「病從口入、禍從口出」，人的言語更是反映出一個人的道德修養，「觀其言、知其行；觀其行、知其心；知其心者、知其人也」。我們的言語代表了我們這個人。

一切的判斷，必須基於父上帝的觀點，是祂定下一切的標準，而不是這世界，祂所要求的完全無玷污、全然潔淨的敬虔，是有清楚外顯的表現，而並非只是一種內在的感覺；但「逆定理不常真」，不一定有外在表現的便是真正的敬虔，雅各書所強調的是表裏一致，由真理所培育的生命，不可能沒有外顯的表現，這應是內外一貫的。正如上帝內裏沒有私欲，祂是一位樂意賜恩的上帝（一13、17～18），祂是裏外一致的，信徒也要這樣。雅各在一章25節已指出敬虔的其中一種表現，是能控制自己的舌頭，他在此再提出兩種重要的表現：照顧在患難中的孤兒寡婦和保守自己不受世俗所沾染（一27）。孤兒和寡婦在當時社會中是貧窮人的代表，他們必須依賴他人的照顧，不然難以維生；在舊約中屢次提及上帝是照顧孤兒寡婦的上帝，在利未記的聖潔法典中，就曾這樣吩咐以色列民：「在你們的地收割莊稼，不可割盡田角，也不可拾取所遺落的。不可摘盡葡萄園的果子……要留給窮人和寄居的。我是耶和華——你們的神」（十九9～10），上帝是站在貧窮人那邊的（二5），屬上帝的子民也要效法上帝。初期教會對照顧這些有需要的貧窮人，不遺餘力，看為是教會的重要責任（參徒六1～3；提前五3～16），對社會弱勢羣體的關懷，是敬虔一個不可分割的部分。耶和華就曾這樣訓斥以色列民：「我厭惡你們的節期，也不喜悅你們的嚴肅會。你們雖然向我獻燔祭和素祭，我卻不悅納，也不顧你們用肥畜獻的平安祭；要使你們歌唱的聲音遠離我，因為我不聽你們彈琴的響聲。惟願公平如大水滾滾，使公義如江河滔滔。」（摩五21～24）縱然關懷社會，追求社會公義，不是福音的內容，但卻是領受福音的人所不可沒有的表現。作者會在二章詳細的討論如何看待那些有需要的人。

「世界」不只是指外在的物質環境，還是人所建立的文化、所建構的制度，在聖經中往往代表著一個與上帝的價值全然相反的價值體系。我們這世界所吹噓的是物質的享受和個人的成就，為此而爭名奪利、爾虞我詐、顛倒是非，只顧自己的利益而忽視他人的需要，漠視社會公義和憐憫的行動。生活在這種氛圍之下，信徒容易被這些觀點和價值所習染，被同化、受污染，在這世界的染缸中打滾，變得隨波逐流，好像人身體上的免疫系統失調一樣，漸漸地察覺不到外來入侵的細菌，被它們蠶食我們的生命，叫信徒的生命異化變質。雅各告誡讀者要出污泥而不染，潔身自愛，堅守上帝的價值，防範這世界所帶來不良的影響。使徒約翰也是這樣警惕信徒說：「不要愛世界和世界上的事。人若愛世界，愛父的心就不在他裏面了。因為凡世界上的事，就像肉體的情欲，眼目的情欲，並今生的驕傲，都不是從父來的，乃是從世界來的。這世界和其上的情欲都要過去，惟獨遵行上帝旨意的，是永遠常存。」（約壹二15～17）

要建立完備的品格，必須要盡心、盡性和盡力的愛上帝，在上帝寬宏的恩典之下，祂以智慧和真道，叫我們在這信心的路上，就是實踐上帝律法的路上，更臻完美，活出敬虔的生命。這樣的人必蒙上帝所祝福，將來必得享生命為冠冕。

三

本體（二1～五11）

†

3.1 要有完全的信心：實行王者的律法（二1～26）

1 我的弟兄姊妹們，你們不要又信守我們榮耀的主耶穌基督，又以外貌待人。

2 因為若然有一個人，戴著金戒指、穿著華麗的衣服，進到你們的集會中；然而又有一個衣衫襤褸的貧窮人進來。

3 你們就看重那穿華麗衣服的人，說：「請上坐這裏。」對那貧窮人卻說：「你站在這裏吧！」或「坐在我的腳凳下邊！」

4 那豈不是你們的內在分裂，變為判斷偏邪的審判官嗎？

5 我親愛的弟兄姊妹們，請聽，上帝豈不是揀選了在世界眼中看為貧窮的人，使他們成為在信心上的富足人、和國度的承繼人嗎？這國度是上帝應許給那些愛祂之人的。

6 你們反倒羞辱貧窮人。豈不是富貴人仗勢壓迫你們，不就是他們將你們拉到公堂麼？
7 豈不就是他們自己侮蔑你們所求告那尊貴的名字嗎？
8 若然你們能依照聖經完成國度的律法，就是「要愛你的
鄰舍如同自己」，那做得好極了。
9 但你們若按外貌對待別人，就是犯罪，被律法判定為犯法
的人。
10 因為若有任何人要遵守全律法，卻違反了一條，就是犯了眾條。
11 因為那說：「不可姦淫」的，也說「不可殺人」；縱然你沒
有姦淫，卻殺人，你就成為違反律法的人。
12 你們將要怎樣按照那使人自由的律法受審判，你們就該
怎樣說話、怎樣行事。
13 因為對不實行憐憫的人，審判是沒有憐憫的；憐憫可向審
判誇耀。
14 我的弟兄姊妹們，若有人說自己有信心，卻沒有行為，有
甚麼益處呢？難道這信心能救他嗎？
15 若有一個弟兄或姊妹衣不蔽體，且欠缺每天的食糧，
16 而你們中間有人說：「平平安安的去吧！願你們穿得暖，吃
得飽！」 卻不給他們身體所需的必需品，有甚麼益處呢？
17 照樣，信心若然沒有行為，就其本身而言是死的。
18 卻有人說：「你有信心麼？」我說：「我有行為，把你沒有行為的
信心指給我看，我便藉著我的行為，將我的信心指給你看。」
19 你相信上帝只有一位；你做得好極了；連鬼魔們也相信，
且顫慄發抖！
20 愚妄的人啊！你願意知道沒有行為的信心是行不通的嗎？
21 我們的祖先亞伯拉罕，把他兒子以撒獻在祭壇上，豈不是
基於行為得顯為義嗎？
22 你看，信心與他的行為並肩而行，而信心藉著行為才得成全。
23 經上所說：「亞伯拉罕相信神，這就算為他的義」得到了
應驗。他被稱為上帝的朋友。
24 可見人得顯為義是基於行為，不是單基於信心。

25 妓女喇合不也是這樣麼？她接待了使者，又從別的路上放
走他們，不也是藉著行為得顯為義麼？
26 因此正如身體沒有靈魂是死的，照樣信心沒有行為也是死的。

從二章開始，雅各以耶穌所教導雙重愛的命令：愛上帝和愛你的鄰舍如同自己，去解釋利未記十九章9至18節中所載的律例（利未記十九章是法典的縮影），將這些應用在讀者的身上。全章以呼格“ ἀδελφοί μου ”「我的弟兄姊妹們」和禁誡性命令語“ μὴ ἔχετε ”「不要有」作開始，以警句「正如身體沒有靈魂是死的，照樣信心沒有行為也是死的」作結，以警句作段落的總結是當代智慧文體的特色。“πίστις”「信心」一字起首尾呼應之效，這也是全章的主題：持守耶穌基督信仰的人，所應有的行為表現。這信心應有的表現，循兩方面顯露出來：不偏私及具憐憫；這兩方面都是根據上帝的旨意——祂的律法。

在二章1至13節作者討論第一個主題：不可偏待或歧視貧窮人，為何作者以這主題作開始？是否代表這問題在他們中間最為嚴重？可能是因為這主題與審判有直接的關係，這書信格式中本體的結束（五 1～11）論到的，正是上帝最終的審判，地上的審判最終要受天上的審判。這裏所討論的偏待人，指審判中的不可偏私，地上一切的審判都是相對的，有時候甚而是沒有公義的，上帝的審判才是最重要的，主從不偏待人（申十 17；利十九 15；加二 16；羅二 11），我們一切的說話行事，最終都是要向上帝交代（二 12），二章12至13節是這大段的總結，二章13節是由兩句警語組合而成，注意這節由上文的第二身轉為第三身，作為支持（γάρ）二章12節。一章1至13節這大段還可分出兩小段，二章1至7節和二章8至13節（參 Johnson 1995A:218～236；Moo 2000:98～118）。二章1至7節以「榮耀的主耶穌基督」作開始（二 1），這正是富足人所褻瀆的名（二 7）。在二章8節至13節中，“ νόμος ”「律法」一字出現了五次（全書這字只出現十次），是這段的主題，「不偏待人」是律法中的條例之一（二 9），作者認為應使用利未記十九章18節「要愛你的鄰舍如同自己」〔按原文直譯〕去體會律法的真諦，這律法是王者（βασιλικός）的律法（二 8），是給予上帝國度（βασιλεία）的子民的（二 5）。

二章12至13節與二章14至26節有兩個接合點：（1）審判：這包括定罪和得救，是審判的兩面（二12～13◄──►二14、16；參四12）；（2）行憐憫（二

13◄——►二15～16）。另一方面，二章8至13節這段落與二章14至26節在一些特別重要的用辭上，有相同的地方：二章8節的“ καλῶς ποιεῖτε ”「你們做得好極了」和二章19節的“ καλῶς ποιεῖς ”「你做得好極了」；二章8節的“ τελεῖτε ”「完成」與二章22節的“ ἐτελειώθη ”「成全」是同字根動詞。

二章14節再次以“ ἀδελφοί μου ”「我的弟兄姊妹們」作開始，二章14至26節全段屬於哲辯格式，主題是信心與行為，“ πίστις ”「信心」一字出現了十一次（全書共十六次），“ ἔργα ”「行為」（眾數）一字則出現十四次（全書共十五次）；二章14與二章26節起首尾呼應的作用，強調必須兼備信心和行為。二章26節是作結的警句。

二章1至26節的結構

3.1.1 完全的信心與偏待人是互不相容的（二1～7）

3.1.1.1 本段主題：不可偏心待人（二1）

3.1.1.2 偏心待人的例子（二2～4）

3.1.1.3 偏心待人的不當之處（二5～7）

① 偏心惡待貧窮人有違上帝的看法（二5～6上）

② 偏心善待富有人不當的三個原因（二6下～7）

3.1.2 偏待人與沒有憐憫的行為是有違王者之律（二8～13）

3.1.2.1 偏心待人有違律法（二8～11）

3.1.2.2 綜合和總結性言詞（二12～13）

3.1.3 完全的信心必定有行為的表現（二14～26）

3.1.3.1 信心必須有憐憫的行動作配合（二14～17）

① 本段主題：信心沒有行為是無用的（二14）

② 信心沒有行為的例子（二15～16）

③ 結論：信心沒有行為是死的（二17）

3.1.3.2 反駁持異議者的理論（二18～25）

① 以哲辯方式回應持異議者（二18～20）

② 聖經的例證（二21～25）

3.1.3.3 總結性言詞（二26）

從修辭議論的角度，二章可作以下分段（Watson 1993A; Wachob 2000:73; Hartin 2003:128）：

二章1至13節的修辭大綱

主題（*propositio*）：不要偏待人（二 1）

原委（*ratio*）：在羣體中間出現偏待人的例子（二 2～4）

理據（*rationis confirmatio*）：上帝揀選貧窮人，有別於富足人苦待貧窮人（二 5～7）

1. 以上帝為榜樣為理據（*paradeigmatēs*）（二5）
2. 相反於上帝的做法（*enantios*）（二6上）
3. 透過社會中的例子作為抗議的理據（*parabolē*）（二6下～7）

修飾（*exornatio*）：聖經的論據——愛鄰舍如同自己的原則去實踐律法（二8～11）

結論（*complexio*）：審判與憐憫相應（二 12～13）

二章14至26節的修辭大綱

主題：沒有行為的信心不能救人（二 14）

原委：在羣體中信心沒有行為的例子（二 15～17）

理據：與假想敵的對話——信心與行為的不可分割（二 18～19）

修飾：聖經的論據——亞伯拉罕和喇合（二 20～25）

結論：信心沒有行為是死的（二 26）

3.1.1 完全的信心與偏待人是互不相容的（二1～7）

3.1.1.1 本段主題：不可偏心待人（二1）

二1 我的弟兄姊妹們，你們不要又信守我們榮耀的主耶穌基督，

作者再次呼籲讀者“ ’Αδελφοί μου ”，此句原文可直譯為：「你們不能按外貌待人有我們耶穌基督榮耀的主的信」(μὴ ἐν προσωπολημψίαις ἔχετε τὴν πίστιν τοῦ κυρίου ἡμῶν Ἰησοῦ Χριστοῦ τῆς δόξης),一方面認定讀者要有對基督的信(“ἔχετε”為命令語氣動詞,且置於此句的開始,有強調的作用),另一方面警惕他們不應有按外貌待人的表現。有學者認為此句應作問句,若是如此,則難以解釋為何下節以“γάρ”「因為」作開始。有學者認為「有我們榮耀的主耶穌基督的信」這段是後加的(如 Meyer 1930:118~121;Dibelius 1976:127),此信基本上是猶太教的著作,是後來基督徒加上此句,然後拿來供基督徒使用,然而這是基於對本書作者及寫作背景的一些假設,並沒有任何版本上的支持,從來找不到沒有此句版本的雅各書;況且“ὁ κυρίος ἡμῶν Ἰησοῦ Χριστοῦ τῆς δόξης”這短句在新約中只在此出現,在理解這一連串名詞之間的關係有一定困難(參以下註),顯示這不大可能是後加進文本之中,因這只會帶來不必要的注意(Brosend II 2004:57)。此句有幾個重要的問題:(1)異文:有些抄本(614 syr^{p})將“τῆς δόξης”「榮耀的」置於“τὴν πίστιν”「信心」之後,並將之看為「榮耀的信心」(如 Reicke 1964:27),然而支持這異文的抄本證據甚為薄弱。(2)這一連串屬格名詞之間的關係:有認為這句應作「我們的主耶穌基督,那榮耀」(Hort 1909:47~48; Mayor 1913:80~82; Laws 1980:94~97),將榮耀看為是主的稱謂,這看法的好處在於能按照字的先後排列翻譯,但在新約中卻未有將耶穌基督稱為是那榮耀的;有認為「榮耀的」應修飾「主」,此句便應翻譯作「我們榮耀的主,耶穌基督」(如 Johnson 1995A:220~221;Moo 2000:101),這翻譯也是可能的,哥林多前書也這樣稱耶穌為那「榮耀的主」(二8),在舊約中以此稱上帝(〈七十士譯本〉民二十四11;參《馬加比二書》2.8;《以諾一書》25.7,36.4,40.3,63.2),顯示祂是坐在寶座上的那一位。包衡(Bauckham 2001:133)認為這稱謂是表達上帝是那「榮耀的王」的另一方式,反映於詩篇二十四篇及其他猶太的文獻(1QM 12.8,19.1; 4Q427 7.1.13; 4Q510 1.1)。然而,最簡單的理解,是將「榮耀的」看為是希伯來語法,即 genitive of quality,指「我們的主耶穌基督」是榮耀的,直譯便成為「榮耀的我們的主耶穌基督」(Mussner 1981:116; Davids 1982:106~107; Hartin 2003:117),惟按中文語法,在此譯作「我們榮耀的主耶穌基督」。在舊約，「榮耀」往往與王權有關，上帝是那位榮耀的王（詩二十四 7～10，二十九 3），終有一天全世界會得見上帝在祂的創造和救贖祂子民的榮耀。信徒所相信的這耶穌基督，正是那位榮耀的王，祂將那末世的國度帶到今世，凡相信祂的，都要成為國度的繼承人（二 5）。有學者認為在保羅的書信中「榮耀的主」，與基督是智慧有密切的關係（林前二 6～8；弗一 17），推斷這裏雅各是將耶穌基督看作智慧的化身（Hoppe 1977:72～78; Luck 1984:22）。然而，雅各書並未將智慧與基督的身分兩者連上任何的關係。學者克畋（Hartin 1991:95～97）的看法主要是基於他對一系列文獻發展關係的推論：最早為Q典，其中耶穌被視作智慧的特使，最後發展到馬太福音時，地上的耶穌是智慧的化身，雅各書則介乎兩者之間。然而，不只是Q典是否存在成疑，克畋假定基督論是趨向於將智慧擬人化，並以此作為以上三份文獻發展的推理，明顯是循環論證（circular argument），自圓其説（特別參 Bauckham 1993:299；另參 Penner1996:116～120 對克畋在這方面的批評）。（3）信心應作主詞屬格（subjective genitive）還是受詞屬格（objective genitive）。過往學者大多認為這裏的信心這屬格是客觀性的用法，即對基督的信（Ropes 1916:187; Dibelius 1976:127～128; Martin 1988:59），但愈來愈多學者認為應是主觀性的用法，講述耶穌基督的信，即耶穌基督的忠信（Johnson 1995A:220; Wall 1997:109～110; Hartin 2003:117, 129），他們認為在雅各書中，信心的對象是上帝而非耶穌（二 19、23）。更有學者認為雅各與保羅的觀念相近，這裏的信指耶穌在世上忠於上帝的律法，照顧那些有需要的人，這種忠信成為屬於基督的羣體之榜樣（Wall & Lemcio 1992:259～261; Wall 1997:109～110），然而這只是將某種對保羅神學的解釋，套進這裏。在雅各書中，多次使用主這字指耶穌基督，主與上帝往往是可以互換的，因此客觀性的用法，並非不合理。"ἔχειν πίστιν"「持有信心」在二章14和18節再次出現，指「信靠順服於」、「忠心委身於」，意即忠於耶穌基督，忠於祂的人，同樣忠於祂所教導，就是透過「要愛你的鄰舍如同自己」這原則去遵守律法，這是為甚麼信守基督的人，不應按外貌待人，因為這並非愛鄰舍的表現（二 8）。這新興彌賽亞羣體的特質，是信守榮耀主耶穌基督和他的教導（參一 1）。

又以外貌待人。

“ μὴ ἐν προσωπολημψίαις ”「不……以外貌待人」置於此段的開端，有強調的作用。“ ἐν προσωπολημψίαις ”「以外貌待人」指同步的情況（accompanying circumstances）。希臘文“ προσωπολημψία ”（名詞）／二章9節：“ προσωπολημπτεῖν ”（動詞）「以外貌待人」這字的字根由兩部分組成：「面」（πρόσωπον）和「接受」（λαμβάνειν），這字並未見於當代的希臘文文獻及〈七十士譯本〉（BDAG 887），在〈七十士譯本〉利未記十九章15節，使用了“λαμβάνειν πρόσωπον”翻譯希伯來文“נשׂא פנים”（「接受面」；參〈七十士譯本〉：瑪一8，二9；《以斯得拉一書》4.39；《便西拉智訓》4.22～31），指在法庭中因人的情面而徇私枉法。《以斯得拉一書》4.48～41強調偏袒是在社會中建立公義的障礙，是真理的對頭，歷代的掌權者應盡力維持公義和真理。《便西拉智訓》7.6警告說：若一個人不能除去不公，反而受制於有權勢者，就不如不當法官好了。雅各這裏的複合字可能是作者根據猶太人的傳統自鑄的。上帝從來不會因個人情面而偏心待人，祂是那為孤兒寡婦伸冤，並照顧貧窮人，以憐憫對待有需要的人的（申十17～18），新約也屢次記載上帝會施行公義的審判，絕不偏待人（徒十34；羅二11；弗六9；西三25；彼前一17）。

3.1.1.2 偏心待人的例子（二 2～4）

二2 因為若然有一個人……進到你們的集會中；

二章2至4節為一整句，是全書其中一段最長的句子（另一段參四13～15）。整句以“ ἐάν ”「若然」作開始，假設句包含了五句子句，共有五個過去不定式動詞（εἰσέρχεσθαι 〔2x〕, ἐπιβλέπειν, εἰπεῖν 〔2x〕），一句關係述句，兩個獨立直接引句，內有三個命令語氣動詞（καθῆσθαι 〔2x〕，ἱστάναι），總共八句組成。主句在第4節，屬修辭問句（又稱「反詰語」），預期的答覆是肯定的（使用 οὐ）。這裏的條件句屬第三類條件句（ἐάν），即有可能有這種的情況出現，雅各不一定指在讀者中間已經出現了這情況，作者只是以這比方或例子說明何謂偏心待人，“ γάρ ”「因為」用作引入這比方。「集會」一字原文“συναγωγή”可作會堂或聚會，若看為是聚集，在新約中只有在此處是這樣理解。在新約其他地方經常用“ἐκκλησία”，亦即教會一字，作基督徒的聚集（參五 14），而不是用“συναγωγή”。作者仍在使用猶太教中慣用的字彙，反映出這書寫於彌賽亞運動的早期，雖然較後期馬吉安的信眾都使用這字指他們聚會的地方或他們的羣體（參 Dibelius 1976:132～134）。這聚集的性質，歷來有兩種看法，有認為這裏的場境是敬拜的，也有認為是審訊，在散居地的猶太教的會堂，這兩方面的活動都有。早於1960年代，偉特（Ward 1966:23～107）在他的論文中已指出不但舊約的經文當提及不要偏心待人時，多與審訊有關，在拉比的討論中，偏待人的問題都是涉及審判上的公正問題，現在大部分學者都接受這理解。[25] 如《巴比倫他勒目》〈論宣誓〉31a：「我們怎樣知道，若兩人進到法庭，一個穿破舊的衣服，另一個穿上好值一百彌那的衣服，他們應對他說：『選擇與他一樣的衣著，或是使他穿和你一樣的衣著』。」另《論利未記》利十九15：「你不能任由其中一個訴訟的當事人說他要說的話，卻對另一個說：『長話短說！』你不可讓一個站著，而讓另一個可以坐下。」有關法庭中審判的公正，反映出雅各是解釋和應用利未記十九章15節。「聚集」一字之前沒有冠詞，並非指某一個審訊的聚會，況且下文說他們需要被帶坐或站的地方，反映出不是經常的教會敬拜或團契聚會。這裏使用了擁有代名詞“ὑμῶν”「你們的」，也不能叫我們斷定所指是特定的基督徒聚會，即敬拜或團契（如 Moo 2000:10），作者同樣可以用這種方式談及審訊的聚會。有學者指出在此使用這擁有代名詞有三個可能的原因（Brosend II 2004:63）：(1) 強調這是基督徒或猶太基督徒的聚會，有別於猶太教會堂的聚會；(2) 強調在讀者身處的羣體中發生的事，有別於其他的信徒羣體；(3) 強調他們對在這聚會中所發生的事，要完全負上責任。頭兩個可能性在本書中找不到其他支持，因此在此我們接受第三個理由。

當時猶太人的會堂，除了用作禱告之外，還進行各種不同的活動，猶如

25 Ward 1966A，1969；Maynard-Reid 1987:55～61；Martin 1988:58, 61；Johnson 1995A:227；Penner 1996:269～270；Wall 1997:112；Wachob 2000:76～77, 154～193；Hartin 2003:118。正如 Allison 2000:162～165 指出，Ward 不是第一位提出這裏可能是指會堂的審訊，但 Ward 卻是第一位提供有力證據的。持異議的，參 Brosend II 2004:61～62。Jackson-McCabe 2001:163 n.118 則認為雅各是藉著這審判場境中出現重富輕貧的不公情況，引申到針對當時文化中那種恩主蔭客的聯約，另參 Batten 1999:365。

猶太人的社區中心，他們也可以成立自己的法庭，審理一些較為輕微的案件，並有權對有罪者執行罰款或鞭笞（參林後 十一24～25）。

戴著金戒指、穿著華麗的衣服，

「戴著金戒指」原文“ χρυσοδσκτύλιος ”也可能是作者自鑄的字，有認為這裏所描述的，是一個當時羅馬社會上流騎士階級的人或甚而是政客（如 Reiche 1964:27），然而在猶太人的文化中，戴指環是相當普遍的（參路十五 22），因此我們不能完全確定就是這階層的人，然而下文二章6節對富足人的批評，意味作者所指的，可能是當時社會中顯赫的權貴。“ λαμπρός ”「華麗」指發光，鮮艷明亮（參路二十三 11），這人衣著光鮮，明顯是有名譽地位的貴人。此處的描述對比下句他們與貧窮人在外表上清楚可見。

然而又有一個衣衫襤褸的貧窮人進來。

與上句所描述的那人，成強烈對比。“ δὲ καί ”指兩人同樣都是進到這聚集之中。作者使用的“ πτωχός ”「貧窮」有別於一章9節的“ ταπεινός ”「卑微」，更清楚指出他們的地位與富有人的對比，他們之間的衣著也有天淵之別：“ ἐν ἐσθῆτι λαμπρᾷ ”「穿著華麗的衣服」對比“ἐν ῥυπαρᾷ ἐσθῆτι”「衣衫襤褸」。

二3 你們就看重那穿華麗衣服的人，說：「請上坐這裏。」

他們不同的衣著，帶來對他們不同的接待。他們不一定對審訊的程序陌生，只是審訊過程，包括誰坐著或站在哪裏，是由負責審訊的社羣領袖主理，因此由他分配安排。主理們請他們入座時，態度和語調也有分別；對那穿華麗衣服的人，投以關切的注意（ἐπιβλέπειν；參路一48，九38），禮貌恭敬的請他上坐（σὺ κάθου ὧδε καλῶς）。

對那貧窮人卻說：「你站在這裏吧！」或「坐在我的腳凳下邊！」

對那貧窮的只呼喝他“ σὺ στῆθι ἐκεῖ ”「你站在這裏」，或是“ κάθου ὑπὸ τὸ ὑποπόδιόν μου”坐在地上，近於那主持審訊者的腳凳。在舊約中，「在腳凳之下」有時候用作將敵人置於卑下的位置（如詩一一〇1），坐在那裏反映出一個人的社會地位。這裏用介詞“ ὑπό ”並非指在腳凳底下，「下面」是腳凳的位置，這裏指坐在地上，在腳凳的旁邊。

二4 那豈不是你們的內在分裂，變為判斷偏邪的審判官嗎？

這修辭問句是自第2節開始的條件句的結論語，預期的答案是「是」。此問句分為兩部分，以連接詞“καί”「和」連起來。將此看為修辭問句，因為第一部分是否定的（οὐ），第二部分卻是肯定的，連接詞“ καί ”便要解作「但是」了。頭一部分的主要動詞“ διακρίνειν ”原意為「分別」，這字在此可作在羣體中作歧視性的分門別類；然而一章6節這字作一種內心的分裂，對上帝沒有絕對的信心和忠誠，是三心兩意的人所有的表現，內裏充滿了矛盾，一種心靈分裂的狀態；這裏亦與「有信心」（二1）成對比。“ ἐν ἑαυτοῖς ”可理解為客觀地在羣體的成員中（Dibelius 1978:125; Hiebert 1992:139; Wall 1997:113），也可視為主觀地在他們的心中（Mussner 1967:119; Laws 1980:102），雖然大部分學者都採取客觀性的理解，認為是指在羣體中的分裂，但仍不應排除主觀性的理解（Davids 1982:110），況且一章22和24節當使用反身代名詞時，都是指自己個人。第二部分的主要動詞是“ γίνεσθαι”「成為」。此處以兩個屬格名詞形容這樣的審判官（κριταί）：“ διαλογισμός ”「思念」 和“πονηρός”「邪惡」，直譯為「邪惡的思念的審判官」，“ διαλογισμός ”「思念」也可理解為「動機」，因為這裏是法庭的場景，因此看作判斷。這審判官有邪惡的判斷，從中文的語法來說，可作：判斷偏邪的（attributive genitive）審判官、作出偏邪判斷的（objective genitive）或憑偏邪作判斷（genitive of means）的審判官。若然此處所言是審判的場景，則使用「審判官」並非一種貶抑性的說法（如 Moo 2000:105），作者將他們對比於上帝，那位揀選和應許貧窮人的（二 5），祂也是那位最終的審判官（四 11～12）。真正的對比是上帝是那位公正的審判者（參一 13：祂不被惡所試探），而這偏私的人，則是邪惡的審判者。

3.1.1.3 偏心待人的不當之處（二5～7）

① 偏心惡待貧窮人有違上帝的看法（二5～6上）

② 偏心善待富有人不當的三個原因（二6下～7）

二5 我親愛的弟兄姊妹們，請聽，上帝豈不是揀選了在世界眼中看為貧窮的人，

這是作者最後一次使用「我親愛的弟兄姊妹們」，其餘兩次在一章16和19節，作者再次摯誠地呼籲讀者。" ἀκούσατε "「請聽」這命令語氣動詞是在稱呼讀者之後，這是雅各書的筆法，在十五次" ἀδελφός "「兄弟」作為直接向讀者陳述中，有十二次是在動詞之後。" ἀκούσατε "「請聽」的出現，不只是舊約先知曾屢次向以色列人所作的呼籲，要聽耶和華的話（參賽一10，二十八14；耶二4；摩三1，四1，五1；彌六1），也是〈示瑪〉（申六4）起首的呼籲。這裏至第5節在原文為一整句，與二章1節一樣，是修辭問句，其預期的答案是肯定的。以色列人得以成為上帝的子民，全是基於上帝的揀選，這是猶太人一貫的思想（參申四37，七7）。新約的教會，同樣是這樣理解自己在上帝面前的身分（一18；另參彼前一1～2，二9；林前一27；弗一4）。在新約中，" ἐκλέγειν "「揀選」一字出現了二十一次，都是以關身語態出現（ἐκλέγεσθαι）。此句的主詞是上帝，即上帝為著自己而施行揀選，因此上帝揀選貧窮人並非因為他們貧窮，以致為他們作出補償（如 Dibelius 1975:138），這是出自上帝主權性的旨意。" οἱ πτωχοὶ τῷ κόσμῳ "直譯為「在世上貧窮人」，從世界的眼中（dative of reference），他們是貧窮人，他們沒有這世界所推崇的財富、地位、名譽和權力。「世界」可被視為一種價值評定的系統，即世俗（Johnson 1985:172～173）。

使他們成為在信心上的富足人、和國度的承繼人嗎？

有不少學者將「在信心上的富足人和國度的承繼人」看為是主句「上帝揀選在世界眼中看為貧窮的人」的 predicate accusative，用作形容「貧窮人」（如 Burdick 1981:178～179），或是看此與「貧窮人」同位相等（參 Hiebert 1992:141）；但更可能的是此處省略了不定詞" εἶναι "「是」，表達揀選貧窮人的目的（Dibelius 1965:136; Martin 1988:65; Johnson 1995A:224）。上帝所揀選的貧窮人，有兩方面的特質。第一方面是「在信心上的富足人」。“ἐν πίστει ”只是修飾「富足人」，可作（1）從信心的角度（ἐν 作指涉性），對比於世俗的看法，但若作者要作對比，可只用簡單的 dative，正如上文“ κόσμος ”一字。（2）藉著信心或因著信心（ἐν 作工具或原因），這片語在雅各書另一次出現（一6；參加二20）是這種用法；但若然是這樣，這介詞片語便應看為是副詞，但這裏按字詞排列的次序，應作修飾富足人，而非動詞。（3）信心的範圍（ἐν 作範圍；Mayor 1913:86; Ropes 1916:194），林前一章5節、林後九章11節和提前六章18節，有類似的說法，「在（ἐν）……的範圍裏，得到豐富」，“ πλουτίζειν ”「得到豐富」與“ οἱ πλούσιοι ”「富足人」是同根字彙。按此理解，即在信心這範圍之內，他們實在是富足的人。第（1）和（3）的看法，並非彼此排斥的，可能含有這兩方面的意思。〈迦得遺訓〉7.6有這樣的說法：「那些貧窮但卻沒有嫉妒，並且為著一切而感謝上主的人，比所有人都要富有，因為他不喜愛那些愚蠢的東西，就是誘惑眾人的。」上帝揀選的貧窮人第二方面的特質，是他們是「國度的承繼人」，將來要承繼這國度（objective genitive）。在解釋二章1節時，筆者曾指出「榮耀」一字與王權有密切的關係。這國度是那天國的王，即耶穌到世上來將天國引進，叫人得進入這國度，成為這國度的子民。只有作為這國度的子民，才可以繼承這國度，至基督復臨之時，他們便得以承受這一切（太二十五31；林前十五50～54；提後四1；多二11～13；彼前一3～5）。

這國度是上帝應許給那些愛祂之人的。

原文直譯為「這國度是應許給那些愛祂之人的」，應許的主詞無疑是上帝，猶太人一般儘量少用上帝的名字。與一章12節一樣，“ ἐπηγγείλατο ”「應許」是過去不定式關身語態直述語，與上文的「揀選」一樣，上帝應許是基於祂自己的意旨，這意旨是無人可以抗拒的。在一章12節，主應許給那些愛祂之人的，是生命的冠冕。當與這裏所說的平行並列時，可知作者所說的國度，是尚未實現的屬於將來才來臨的，國度的子民所享有的，是永遠的生命。在福音書中，國度與生命是不可分割的，根據約翰福音，進入天國就是得著永生（參羅八17；來六17；多三7）。

雅各書二章5節與耶穌言訓

耶穌說：「你們貧窮的人有福了！因為上帝的國是你們的」（路六20下；參太五3；林前一27～28），雅各的用詞，比較接近路加福音的版本（一般學者認為是取源於Q典），因馬太福音的版本是「靈裏貧窮的人」。雅各再次受到耶穌的教導所啟發，將這思想應用在教會所面對的情況，雅各在此作了三方面的引申（Kloppenborg 2004:139）：（1）這些貧窮人是上帝所揀選在信心上富有的；（2）他們是那些承繼國度的；（3）他們是那些愛上帝的。雅各這樣做，強調了以世界的標準和憑著信心所作評價的分別（Bauckham 1991:119），以此警惕收書人不要與上帝的看法背道而馳，反而要與貧窮人認同。

有學者（Kloppenborg 2004:140～141）指出雅各也熟識路加福音六章20至29節所載耶穌的教訓，雅各書二章7節反映於路加福音六章22節：「人為人子恨惡你們，拒絕你們，辱罵你們，棄掉你們的名，以為是惡，你們就有福了！」貧窮人在富足人的手中同樣是被羞辱，並且這裏富有人褻瀆這些貧窮信徒所尊崇的耶穌的名。

二6　你們反倒羞辱貧窮人。

這句是一章1至13節中最簡潔的句子，綜合了1至4節的指控；與上文的連接詞“δέ”有對比的作用，譯作「反倒」（參 NJB），對比上帝如何對待貧窮人和他們（ὑμεῖς：「你們」，強調代名詞，以作對比）如何對待貧窮人。作者借助當時榮辱文化的對應，叫讀者反思而自覺羞愧。這些偏心待人的，是在羞辱那些上帝看為貴重，且賜予尊貴身分、在上帝眼中有榮譽的貧窮人，他們豈不是不將上帝看在眼內嗎！在猶太傳統的教導中，多次批評那些羞辱貧窮人的；箴言十四章21節（〈七十士譯本〉）：「羞辱（ἀτιμάζων）窮乏的，這人有罪；憐憫貧窮的，這人有福」；《便西拉智訓》10.23上：「羞辱明智的貧窮人，是不正確的。」

豈不是富貴人仗勢壓迫你們，不就是他們將你們拉到公堂麼？

此句共有十一個字，以連接詞“ καί ”「和」將兩句各五字的句子連成，無獨有偶的，二章7節也由十個字組成（Wachob 2000:88）。作者再次使用修辭問句（參二1、5），以反問的方式向讀者提出質疑，同樣這問題預期的答案是肯定的。這裏連同下節臚列了這些富貴人三方面的罪行（3 customary present），描述這些富貴人的表現：（1）他們欺壓貧窮人。先知屢次指控在以色列的社會中，有欺壓貧窮人的事，包括孤兒、寡婦和無依無靠的人（〈七十士譯本〉：摩四1，八4；亞七10；瑪三5；耶七6；結十八12，二十二7、29；參《所羅門智訓》2.10），商人喜歡欺壓人（何十二8）；他們中間有屈枉正直的事，其中是不敬虔的人欺壓義人（哈一4），先知勸戒以色列人不可欺壓貧窮人（亞七10；耶二十二3）。欺壓的例子見於雅各書五章1至6節。（2）富足人欺負貧窮人的另一罪證，是他們恃勢將貧窮人拉上公堂，相信不是因為他們信仰的緣故，雖然富足人對基督徒的迫逼，使徒行傳亦有記載（如徒四1，十三50，十六19）；富足人拉貧窮人上公堂，大概不是由於宗教逼害，而是因為工作、工資或債務上的糾紛，在公堂上，貧窮人往往吃盡苦頭，透過法律途徑羞辱他們。此處使用了強調代名詞“ αὐτοί ”「他們」，是要強調這些人就是「你們」（二6上）所偏袒的。

二7　豈不就是他們自己僭蔑你們所求告那尊貴的名字嗎？

針對富足人的第三個指控：（3）這裏再次使用強調代名詞“αὐτοί”「他們」與上文相似，這些人正是「你們」（二6）所偏袒的。“βλασφημεῖν”「僭蔑」或「褻瀆」指對某人說不恭敬或中傷的話。“τὸ καλὸν ὄνομα”「尊貴的名字」或作美名，不可能是指「基督徒」這稱謂（參彼前四14、16），因為這「尊貴的名字」是他們所求告的。有認為是指上帝（參申二十八10；賽四十三7；代下七14），也有認為是指主耶穌基督。在雅各書中，另兩次“ ὄνομα ”「名字」的出現，都是指奉主的名（五10、14），五章8至9節使用「主」一字用在「主來的日子」和「主站在門前了」，講述基督的復臨，明顯主是指基督；再者，本章開始時，稱信心的對象為「我們榮耀的主耶穌基督」，這肯定就是彌賽亞羣體獨特地所求告那尊貴的名字（Dibelius 1975:141; Davids 1982:113; Wachob 2000:89）。在這新興的彌賽亞運動的背景下，信徒經過洗禮，歸入耶穌的名下（徒二38，十48），在信徒受洗時，亦為受洗者呼求主的名字（《黑馬牧人書》〈比喻篇〉8.1.1，6.4），受洗的人便背負這名字，稱為基督徒；因此有認為這裏使用過去不定被動語態的求告（ἐπικληθέν），是與洗禮有關。"τὸ καλὸν ὄνομα τὸ ἐπικληθὲν ἐφ' ὑμᾶς"按原文直譯為「這尊貴的名字被求告於你們」，「名字被求告」代表服在那名之下，歸屬於那名下（BDAG 373），〈七十士譯本〉經常使用這方式表達以色列是屬於上帝的（創四十八16；申二十八10；撒下六2；代下六33；摩九12；亞三9；《馬加比一書》7.37；參徒十五14、17），在此即彌賽亞羣體的成員是屬於彌賽亞（基督）的。耶穌曾警告門徒，人要為他的原故而拒絕他們，辱罵他們，棄掉他們的名，以為是惡（路六22），彼前四14節説信徒可能因基督的名而受辱罵（參徒五41；約叁7）。《黑馬牧人書》（〈比喻篇〉8.6.4）有這樣的説法：那些背道的人犯了罪，褻瀆了（βλασφημήσαντες）主，並且以他們所求告（ἐπικληθὲν ἐπ' αὐτούς）那主的名字為恥。雅各書在此所指的富足人，並不屬於讀者羣體的一部分（「他們」），他們對基督的名不只不尊重，並且作出侮辱和藐視，這已是不應容忍的了，但信仰羣體中竟有人偏袒他們，真是不可思議的。這些富足人肯定不是上帝所揀選的！

3.1.2 偏待人與沒有憐憫的行為是有違王者之律（二8～13）

3.1.2.1 偏心待人有違律法（二 8～11）

二8 若然你們能依照聖經完成國度的律法，

我們可以將二章8至9節、二章10節和二章11節下看為三段的平行句（Jackson-McCafe 2000:172），強調了既要順服律法，卻沒有盡所有的要求，彼此之間所出現的矛盾：

二8～9	二10	二11下
若然你們	因為若有任何人	但縱然你

完成國度的律法	要遵守全律法	沒有姦淫
但你們若按外貌偏待別人	卻違犯了一條	但卻殺人
就是犯罪，被律法判定為犯法的人	就是犯了眾條	你就成了違犯律法的人

“μέντοι”（“μέν”的強化字）這詞可以有兩種不同的理解：（1）實在（NIV、NRSV、NLT、〔呂〕、〔思〕；Dibelius 1976:141～142；Johnson 1995A:230）；（2）但（NASB、REB、〔和〕、〔現〕、〔當〕；Davids 1982:114；Robertson 1934:1188；BDF §450[1]）。前者是以上下文為依據，後者則認為這字在〈七十士譯本〉出現四次（箴五4，十六25、26，三十三12），在新約出現了七次（約四27，七13，十二42，二十5，二十一14；提後二19；猶8），每次都帶有對比性，這看法的證據較強。有認為，這裏不可能對比於二章6節上句，即「你們羞辱了貧窮人……然而，但若然你們能完成……」，但事實上二章6節上與8節的距離太遠，不大可能（參 Moo 2000:110），因此並不是與前面某句子作對比，而是與後面的二章9節：“εἰ μέντοι ... εἰ δέ ...”，在此就好像“εἰ μέν ... εἰ δέ ...”一樣，在翻譯上，將「但」置於二章9節的開始（Hartin 2003:121）。作者於此使用了第一類條件句，即假定所設的條件是事實，這是一連串以“εἰ”引入的條件句的第一個（二9、11下）。這「若然」句的主要動詞是“τελεῖν”「完成」，這字的字根是「完全」，完全是本書的主旨，這動詞是現在式，指不斷地實踐去完成；這字在新約其中一種用法，指完成某種責任（如徒十三29；羅十三6；提後四7），只有兩次用作完成律法所要求的（路二39；羅二27）。律法一字並無冠詞，相信猶太人一般將律法看為是專有名詞（quasi-proper noun），這律法被形容為“βασιλικός”「國度的」，在之前從來沒有任何文獻這樣使用過。在《馬加比四書》（14.2），“λογισμός”「理性」被形容為“βασιλικώτεροι”（比王更尊貴）和“ἐλευθερώτεροι”（比自由更自由），雅各正是以「王者」（二8）和「自由」（一25）形容律法，因此有學者認為《馬加比四書》和雅各書，同樣是受斯多亞派的思想影響，理性好像一位王一樣，帶領人得到自由（Dibelius 1976:143; Jackson-McCabe 2001:145～154），

這解釋雖是可能的，但雅各書並沒有將律法的功用等同於理性。亦有認為，惟有君王才是有智慧和享有自由的，因此這律法是為王而設，就是那些承繼國度的，而不是奴隸（Mayor 1913:89～90; Ropes 1916:198～199）；但為何雅各在此處要形容律法是為了王者的呢？亦有認為，這形容律法是至大的（supreme），管理一切其他所有的律則（Hort 1909:53; NJB），然而這字從來沒有這樣用過。斐羅在解釋民數記二十章17節時，將「王者大道」／「王道」與上帝的律法作比較，他認為這條是「王道」，因為這條路是屬於上帝的，並且引向上帝，而律法有同樣的特質（《論該隱的後裔和被逐》101～102），是尋求德行的人所應走的路（《亞伯拉罕之遷徙》146），斐羅指出對智慧人來說，沒有甚麼東西比德行更似「王者」（βασιλικώτερον），或可以說這人是有王者的風範（Jackson-McCabe 2000:153～154認為「王的律法」包含守律法者有王者之風的意思），他們不怕權貴，並且視那些三心兩意（οἱ διχόνους）和好欺詐的人為得不到自由（ἀνελευθέρος）及受奴役的（《每個正直的人都是自由的》154；參雅一25，二12：律法是使人自由的）。在新約其他五次使用這形容詞，都是指「王家的」或「御用的」（約四46、48；徒十二20、21）。中文譯本對“βασιλικός”有不同的譯法：「至尊」（〔和〕、參〔思〕）、「御用」和「賦有王權」（〔呂〕），反映對這字不同的理解。最可能的解釋，將這字與二章5節同字根的“βασιλεία”「國度」一字相連，這律法是從上帝的國度得到它的權柄，這是接受上帝是獨一的神的子民，所必須遵守的。根據拉比猶太教的傳統，接受〈示瑪〉就是接受天國的軛，之後，就要接受律法的軛（《米示拿》〈祝福篇〉2.2），這是接受上帝權柄的表現（參《米示拿》〈祝福篇〉2.5；《巴比倫他勒目》〈祝福篇〉13a），當神的子民實行上帝的律法時，天國便成為現實，這律法的權柄是來自上帝的國度（Freeman 1986:93～94），愛上帝和完成律法的要求，就是天國的本質（Safrai 1987:93），由此可見實行〈示瑪〉與律法，與天國的實現有密切的關係。那些求告主名的人，是天國的繼承者（參二5），耶穌在宣講天國的來臨時，同樣叫人行天國所要求的義（太五20）。雅各承接耶穌的教導，視律法所要求的，正是天國來臨所要達成的，因此「國度律法」即天國之律。[26]

26 支持這觀點的有：Davids 1982:114；Chester 1994:19, 38；Moo 2000:111～112；Hartin

這國度的律法，從理論方面說，與摩西律法無異，但這律法要「依照聖經（κατὰ τὴν γραφήν）去完成」，因此律法不等於聖經。有認為（Davids 1982:114; Deppe 1989:33），這裏所指的聖經即下句「要愛你的鄰舍如同自己」（利十九18）。但“κατὰ τὴν γραφήν”「依照聖經」這片語並非引用經文的公式；這片語在新約中在哥林多前書十五章3至4節中出現了兩次，並非用作引用某段經文，在〈七十士譯本〉中出現六次，有兩次是指上帝的話語（代上十五15；拉六18），其餘指某些著作。在雅各書中，正式引用經文所用的公式，見於二章11節和23節（參羅四3，九17，十11，十一2）。這介詞片語在此修飾的主要動詞是“τελεῖν”「完成」，即要根據聖經所指示的，去完成國度的律法。下句表明如何才是按照聖經的指示去完成律法，聖經中已說明了如何能這樣做。那些愛上帝的人，即國度的承繼人，有責任要去完成那國度的律法（Wachob 2000:93）。

就是「要愛你的鄰舍如同自己」，那做得好極了。

「要愛你的鄰舍如同自己」出於利未記十九章18節，在新約中多次引用這段經文（參太十九19，二十二39；可十二31；路十27；羅十三9；加五14），雅各極可能是受到耶穌的教導的影響，透過這愛的命令重新詮釋摩西律法（太五17～20，二十二37～40）。學者對這愛的命令與律法的關係，有不同的理解，有認為律法即利未記十九章18節的愛之律，[27] 然而“νόμος”「律法」用作一條誡命，是十分罕見的，律法通常指一組的誡命和律例。這愛的命令只是誡命中的一條，而非國度的律法；二章10節指出違反一條就犯了眾條，亦支持這看法（參下文對二章10節中「一條」的解釋）。[28] 然而這愛的命令不只是律法中的一條，又不只是所要強調的焦點（如 Chester 1994:37），也不只是如保羅所言是律法的總綱（羅十三9；如 Hoppe 1977:89；Luck 1984:169 n.29），但卻沒有意圖針對保羅的理解（如 Popkes 2001:91），而是透過這命令去完成律法的要求

2003:121等。

27 支持這觀點的有：Hort 1909:54；Mayor 1913:90～91；Laws 1980:108～110；Martin 1988:67；Gutbrod, *TDNT* 4.1081等。

28 支持這看法的有：Ropes 1916:198；Dibelius 1976:142～145；Davids 1982:115；Moo 2000:111～112；Johnson 1995A:230；Hartin 2003:121。

（Goppelt 1982:2.205; Bauckham 1999A:142～143）。雅各這樣理解律法，當然是建基於耶穌的教訓，根據馬太福音二十二章37至40節：「耶穌對他說：『你要盡心、盡性、盡意愛主─你的神。這是誡命中的第一，且是最大的。其次也相倣，就是要愛人如己。這兩條誡命是律法和先知一切道理的總綱』」（參太五17；路十25～37），對當時的猶太人來說，鄰舍即同胞，耶穌則將鄰舍引申為所有人，甚而包括敵人（太五44）。以「愛你的鄰舍如同自己」去理解「不可偏待人」，也有利未記十九章文理上的支持（比較十九15和十九18）。沒有任何確實的證據說，雅各是針對有人只宣稱遵守「愛你的鄰舍」而忽視了律法中的其他命令（如 Jackson-McCabe 2001:175）。"καλῶς ποιεῖτε"「那做得好極了」是8節整個條件句的主要表達的含意，這樣行是有體面的，才是光明磊落的；以"ποιεῖν"「做」為主要動詞，這對比於下句，以"ἐργάζεσθαι"「做」為主要動詞，這兩個動詞在此差不多是同義詞。在二章19節，作者再次使用"καλῶς ποιεῖν"這短句（參約叁6）。

二9 但你們若按外貌對待別人，就是犯罪，

"δέ"這連接詞有對比的作用。這條件句屬第一類，即假定事實上有這種情況出現，這裏使用了動詞"προσωπολημπτεῖν"「按外貌對待人」（這字在新約中只在此處出現），這是二章1節開始所處理的主題，亦是利未記十九章其中一條律例：「你們施行審判，不可行不義；不可偏護窮人，也不可重看有勢力的人，只要按著公義審判你的鄰舍」（利十九15；參申一17，十六19）。在新約中屢次聲言上帝是那不會按外貌偏待人的（羅二11；弗六9；西三25；參徒十34）。按外貌偏待人是"ἁμαρτίαν ἐργάζεσθαι"「行了罪惡」，不單與上句"καλῶς ποιεῖτε"「那做得好極了」是對比，也與那些領受真道，要行出上帝的公義的人成對比（δικαιοσύνην θεοῦ ἐργάζεσθαι；參一20～21）。"ἁμαρτία"「罪」一字在本書中出現了七次，是從人的欲望而來（一13～15），並且是需要去除的（五15、16、20）。

被律法判定為犯法的人。

這樣的人要面對律法的審判，並且"ἐλέγχεσθαι ὑπὸ τοῦ νόμου ὡς παραβάται"直譯「被律法判定為罪犯」。此句與上句同位（appositive）。

作者以擬人法的方式把律法比擬作審判官（參加三24），當然真正的審判官是上帝（四12），律法是祂所制訂的，祂也會根據這律法施行審判。“ ἐλέγχειν ”這動詞可作「指摘」（如太十八15；多二15；啟三19）或「駁斥」（如多一9），有時候作法庭用語「判定」（如約八46，十六8；林前十四24；猶15），這裏便是這種用法。這分詞“ ἐλεγχόμενοι ”「指摘」是現在式被動語態，即「被判定」，這分詞指出行惡的人的結果。在新約中多次使用“παραβάτης”（「犯法的人」）這字同字根的字彙：動詞“ παραβαίειν ”（3x：太十五2、3；徒一25），名詞“ παράβασις ”（7x：羅二23，四15，五14；加三19；提前二14；來二2，九15）和“παραβάτης”（5x），除了使徒行傳一章25節之外，“παραβάτης”這字在新約中都用作違犯了上帝所規定的律例（羅二25、27；加二18），可作罪犯。在〈七十士譯本〉中，其動詞雖然未有出現過，但其他同字根的字都指犯法的人（參申十七20；民二十二18；書二十三16；結十六59；《便西拉智訓》23.18等）。沒有任何理據支持此處是與拉比思想中為律法建起圍欄有關（如 Adamson 1989:282 n.66）。“ὡς παραβάτης”「作為犯法的人」這片語正常地是置於“ παραβαίνειν ”「判定」之後，置於句子最後，有強調的作用。

二10 因為若有任何人要遵守全律法，卻違反了一條，就是犯了眾條。

在二章10至11節，作者解明二章9節所說這人被判為罪犯的原因（γάρ），加深讀者體會按外貌待人這罪的嚴重性，這是一連串的“γάρ”的第一個（二11、13）。作者使用相關條件句（relative conditional clause）：“ ὅστις ”「若有任何人」加上過去不定時態假設語氣（aorist subjunctive），但卻省略了副詞小詞（particle）“ἄν”，指向原則性的思想。二章8節聲言完成國度的律法是好的，若然要做得好，便要遵守全部的律法。“ ὅλον τὸν νόμον ”「全律法」置於動詞之前，有強調的作用。“δέ”直譯為「但是」，“ πταίειν ”「違反」一字即跌倒、失落，作者在三章2節再使用這動詞（參〈七十士譯本〉申七25；《便西拉智訓》37.12；羅十一11；彼後一10）。“ εἵς ”「一」按原文可以是中性或是陽性，若是陽性，可以指上文的律法，但這不大可能，因為律法沒有「一」與

「眾」之分，條例才有。所以應視為中性，即「在其中一點上」（ἐν ἑνί）；這「一點」並不是指上文二章8節那愛的命令（如梁康民1995:100），而是指「以外貌待人」，是律法中其中一條律例。這「一」對比於「眾」；“πᾶς”「眾條」即所有的條例，這些條例的總和便是律法的全部（ὅλον τὸν νόμον）。“ἔνοχος”「犯了」指「負責任、要擔當、有罪」（參 BDAG 338～339；〈七十士譯本〉賽六十五17；林前十一27）。作者強調律法的統一性，干犯任何一條律例就是犯了眾條，這觀點是建基於上帝是獨一的，干犯任何一條律例，都是得罪上帝的舉動（參四12）。有學者認為雅各對律法統一性的看法，是取材於斯多亞派（O'Boyle 1985），亦有認為是源於保羅（參加三10，五3；Lüdemann 1989:142～143），然而這種觀念已見於早期猶太教，《馬加比四書》（5.18）記載一位祭司的後裔和律法的專家以利亞撒，當安提阿古迫使他吃豬肉時，就指出不要以為吃不潔之物是小罪，小罪與大罪都同樣重要，因為無論所犯的罪是大是小，都是藐視了律法（參〈先賢集〉4.2；〈亞設遺訓〉2.5～10；《耶路撒冷他勒目》〈論聖化〉1，61b）。這種看法亦見於耶穌的言訓（太五18～19；另參傳七20）。

二11 因為那說：「不可姦淫」的，也說「不可殺人」；

這節解釋為何（γάρ）干犯任何一條律例，就是干犯眾條，是違反了全律法。“ὁ εἰπών”「那説」和“εἶπεν καί”「也説」指上帝透過聖經向人所說的話。作者引用十誡中的兩條律例作為例子去說明（出二十13～14；申五17～18），這裏引用「不可殺人」可能是因為這是愛鄰舍最大的對比（參太五17～20），同時在猶太人的傳統中，欺壓貧窮人往往涉及草菅人命（耶七6，二十二3；《便西拉智訓》34.25～27；〈迦得遺訓〉4.6～7）。作者提及「不可姦淫」，可能與四章1至4節作者提及他們對上帝不忠有關。「不可姦淫」在十誡中與「不可殺人」接近，在不同版本的聖經中，這兩條誡命的先後次序有分別，在〈馬所拉抄本〉和〈亞歷山太抄本〉中，先是「不可殺人」，然後是「不可姦淫」，這是馬可福音十章19節和馬太福音五章21和27節、十九章18節的次序。但在〈西乃抄本〉、〈梵蒂岡抄本〉，其次序則倒轉，與雅各書這裏的次序一樣，這也是在路加福音十八章20

節和羅馬書十三章9節的次序。作者會在四章12節以上帝是那制訂律法者，作為律法統一性的基礎。

縱然你沒有姦淫，卻殺人，你就成為違反律法的人。

這句第一個連接詞“δέ”是接續上句帶過來的論據；第二個“δέ”則是對比性：「沒有……卻……」。此處使用了第一類條件句作出總結，假定某人犯了是殺人罪，縱然那人沒有犯姦淫，他也成了（γέγονας：完成式）“παραβάτης νόμου”（νόμου：objective genitive）「違反律法的人」，在律法面前是個罪犯。有關「違犯……的人」（παραβάτης）的意思，參二章9節的註釋。

3.1.2.2 綜合和總結性言詞（二12～13）

二12 你們將要怎樣按照那使人自由的律法受審判，你們就該怎樣說話、怎樣行事。

這節綜合了上文的勸勉（Wachob 2000:105）。所有人都要來到上帝面前，面對審判。“μέλλοντες κρίνεσθαι”「將要怎樣……受審判」的分詞子句，帶有將來的意味，即末世將臨的審判（參約八32～36；羅十四10～12；林後五9～10），所強調的，並非審判的臨近，而是審判必然會臨到（Davids 1982:110）。這審判是按照（διά）那“νόμος ἐλευθερίας”「使人自由的律法」，參一章25節見律法使人自由的特質，這裏更清楚將「使人自由的律法」與愛心的行動連繫起來，由愛引發推動人去實踐律法（參 Fabris 1977:154～159）。這叫人自由服侍上帝的律法，同樣是判定人的準繩。此節下半句的主要動詞是“λαλεῖν”「說話」和“ποιεῖν”「行事」，兩者涵蓋了人的一切活動（有關話語上會受審判：一19，三1～12，四11～16和五12；有關行事上會受審判：一27，四1～10，五1～6）。“οὕτως... οὕτως...”「怎樣……怎樣」強調了說話行事應有的方式，人的說話行事，要合乎（ὡς）使人自由的律法的要求，不然便會受到這律法的制裁。有學者（Watson 1993A:107）認為「怎樣……怎樣」這種強調式的結構，突顯了二章12至13節是這二章1至13節的總結。末世的審判是按照人的言行而作最終裁決的。

二13 因為對不實行憐憫的人，審判是沒有憐憫的；憐憫可向審判誇耀。

這句諺語是二章8至12節的總結，也可以說是從二章1節開始整大段的總結，這是雅各書作為智慧文獻的特色之一，以警句作為一個段落的結束。由上文的第二身稱勸勉轉為第三身稱的警語，這警句是要支持為何（γάρ）以外貌偏待人會受到嚴厲的判罪。在舊約中，上帝被描述為大有憐憫的（出三十四5～6；參申四31），這亦是上帝要求以色列民有的德性（彌六8；參何四1，六6，十二6；箴十四21；耶九23；但四27；亞七9）。不實行憐憫（ὁ μὴ ποιήσαντος ἔλεος）是違反上帝的本性及上帝對人的心意。雅各以「等量語」（參下段）的方式去表達和引申耶穌的教訓（Bauckham 1999A:87，2001:119～120），在山上寶訓中，耶穌以「祝福語」讚揚憐恤人的：「憐恤人的人有福了！因為他們必蒙憐恤」（五7；參太二十五31～46；路六36），雅各則以不同的文學格式盛載和擴充耶穌的教訓。耶穌在好撒馬利亞人的比喻中，作總結時問，比喻中所描述的三個人，哪一個是行憐憫的（ὁ ποιήσας τὸ ἔλεος；路十37），答案當然是那照顧被強盜打傷者的撒馬利亞人，耶穌吩咐人要照樣行。當耶穌闡釋饒恕之道時，以一位無憐憫的僕人為比喻，說明無憐憫的人，要受無憐憫的裁決（太十八21～35）。怎樣才是行憐憫，就是在人有需要時伸出援手（參《便西拉智訓》29.1）。《便西拉智訓》28.4聲言：「那對好像自己一樣的沒有憐憫的人，他能為自己的罪得赦祈求嗎？」有別於〈先賢集〉：「所有都是預見的，但上帝賜予自由的選擇；世界是按憐憫受審判，然而所有人都是根據眾多的行為受審判的」，雅各書強調的是上帝的憐憫和慈悲叫人也有憐憫和慈悲（參路六36），人的義行便是這憐憫和慈悲的表現，也是這人得蒙憐憫的證據。雅各使用「等量語」，反映相應的原則（measure for measure），一個人所作的，與他所要得到的補償或懲罰，是成正比的。這原則見於特別是用於司法上（申十九21；利二十四20；〈七十士譯本〉箴十七5；參《便西拉智訓》28.1～4；《以諾二書》44.3）。在新約中，這原則指向於末世的審判（參可八38//太十六27//路九26；可十一25//太六14～15；太七1～2//路六37上、38上；太十32～33//路十二8～9；林前三17，十四38，十六22；加一19；參 Käsemann 1969:86）。對於沒有實行憐憫的人，對他們的審判也是沒有憐憫的。“ ἀνέλεος ”「無憐憫」這字沒有〈七十士譯本〉或新約其他地方出現過。最後一句所指的憐憫，有認為是指上帝的憐憫（如 NLT），也有認為是人所行的憐憫。“ κατακαυχᾶσθαι ”「誇耀」一字是複合字，在三章14節再次出現（參羅十一18；雅一9所用的，是“ καυχᾶσθαι ”），這字從沒有用於審判這主題之中；根據 BDAG（517）在這字可譯作「誇勝」（triumph over），有學者認為可理解為「有信心地站穩」（參〈七十士譯本〉亞十12），即無懼於審判（Hort 1909:57; Laws 1980:117～118）。此處所指的審判，不可能是指在人中間所施行的審判或對鄰舍的審判（如 Felder 1982～83:69），而是指從上帝而來的，因上句已清楚引入此點。在〈七十士譯本〉的《多比傳》（14.7）有類似的說法：「祂的子民向上帝感恩，主就使祂的子民高升；凡以真理和公義愛主上帝，並向我們的弟兄實行憐憫（ποιοῦντες ἔλεος）的，都要歡呼（χαρήσονται）。」〈西布倫遺訓〉（8.1）也有類似的話：「我的兒女們啊，你們要以慈悲憐憫所有人，以致主也會以慈悲和憐憫對待你們。」施憐憫是實行使人自由律法的表現，這是使人能脫離將來嚴格審判的最好證據。這裏所指的憐憫，是故意的含糊，同時是指人的憐憫和上帝的憐憫，人回應上帝的憐憫而實行憐憫，同樣是上帝回應於人憐憫的行動，在審判時施予憐憫。出埃及記二十章6節說（申五10；參申三十四7）：「愛我、守我誡命的，我必向他們發慈愛，直到千代。」

3.1.3 **完全的信心必定有行為的表現（二14～26）**

3.1.3.1 信心必須有憐憫的行動作配合（二14～17）

---

① 本段主題：信心沒有行為是無用的（二 14）

② 信心沒有行為的例子（二 15～16）

③ 結論：信心沒有行為是死的（二 17）

二14 我的弟兄姊妹們，若有人說自己有信心，卻沒有行為，有甚麼益處呢？

雅各在這裏再次使用修辭反問語（參二4、5），這一節兩句反問語都預期否定的答覆，即「是沒有益處的」。“ τί τὸ ὄφελος ”「有甚麼益處呢？」這反問語在哥林多前書十五章32節也出現過：「我若當日像尋常人，在以弗所同野獸戰鬥，那於我有甚麼益處呢？」（參太十六26；可八36；路九25；《便西拉智訓》20.30，41.14），作者在二章16節再次重複這反問，這裏下句進一步解釋這裏的「益處」是指甚麼。這裏重拾二章1節的主題：信心，並且使用第三類條件句（ἐάν+present subjunctive），即所說的情況很可能會發生：有人宣稱自己有行為。這裏用現在式有可能是指一種持續的行動，不斷地作出這樣的宣稱。“ ἔργα”「行為」（眾數）指善行（參太五16；約三21），或律法所要求的義行（二12），憐憫的行動（二13）。這裏宣稱（λέγειν）“ πίστιν ... ἔχειν ”「有信心」（這結構可參二1）和實際上“ἔργα μὴ ἔχῃ”「沒有行為」成了強烈的對比（δέ）。

難道這信心能救他嗎？

「難道這信心能救他嗎？」這修辭反問語預期的答案是：「不能」（“ μή ”所顯示）。有認為，此處的「他」，是指那有需要的弟兄或姊妹，這樣解釋的目的，是要將行為與救恩脫勾，因此將「拯救」一字解釋為「幫助」那有需要的人，並以下節作為對那有需要的人沒有益處為佐證。但這解釋無疑將上句的“μὴ ἔχῃ”「他沒有行為」與這裏的“ αὐτόν”「他」看為是兩個不同的人，甚為牽強。這裏也不可能是指救他脫離患難。拯救（σώζειν ）一字，在本書中其餘四次出現，有三次明顯是指末世的拯救（一21，四12，五20；參五14），這同時是新約一般的用法，根據慕爾（Moo 2000:124）的統計，這動詞在新約中出現了三十三次，其中除了希伯來書五章7節之外，其餘都是指末世得著釋放那種得救；在最終審判的時候，這種沒有行為的信心——只是某人宣稱自己有的信心，這種信心（ἡ πίστις ）不能叫他得救，這是承上文二章12至13節有關審判的主題。上句所指的沒有益處，不是指對那有需要的人沒有益處，而是對那沒有行動去幫助那有需要的人沒有益處，不能叫他得救。參下文作者所用亞伯拉罕獻以撒的例子（二23）。

二15 若有一個弟兄或姊妹衣不蔽體，且欠缺每天的食糧，

這裏的條件句，與上節一樣，是第三類條件句，即有可能發生，而並非實際已出現了的情況（如 Martin 1988:84）；所使用的比方是一種可能出現的具體情況，指沒有信心的行為是沒有益處的。在新約，極少使用"ἀδελφή"「姊妹」一字（參羅十六1；林前七15；提前五2；門2）。作者使用「或」而不是「和」，可能怕被誤解為夫婦（Hiebert 1992:161）。"γυμνός"可指赤裸，也可指沒有足夠的衣服；有時指只有裏衣，缺乏外衣，見約翰福音二十一章7節（參〈七十士譯本〉撒上十九24）。耶穌在馬太福音二十五章36節形容自己赤身時，得到衣服的賙濟（參〈七十士譯本〉：伯二十二6，三十一19；賽五十八7）。沒有衣服不只是指貧窮（如啟三17），並且亦是引以為恥的（如啟三18）。"ὑπάρχωσιν"「有」這動詞是眾數的，雖然弟兄或姊妹都是單數，這種用法，在當代並非不普遍（BDF §135〔4〕）。我們並不能肯定不使用"εἶναι"而用"ὑπάρχειν"，是否因為這人一直是在這種狀態之下（如 Adamson 1976:122～123）。"λειπόμενοι"「欠缺」為 predicate participle（Wallace 1996:619）。"ἐφημέρος"「每天」這字在新約中只在此出現，這人欠缺是每天維持生命所需的食物，強調他們在生活上急需別人的賙濟，衣食住行都有逼切需要。公元40至50年代，猶大地一帶有接二連三的旱災，及隨之而來的饑荒，若雅各書是寫於這段時期之內，作者可能親眼見到有不少在饑荒中過活的人。

二16 而你們中間有人說：「平平安安的去吧！願你們穿得暖，吃得飽！」 卻不給他們身體所需的必需品，有甚麼益處呢？

"τις ἐξ ὑμῶν"「你們中間」指羣體或社會中的一員（參三13，四1，五13）。"ὑπάγετε ἐν εἰρήνῃ"「平平安安的去吧」大概是猶太人見面和分手時常用的問安和祝福語，是上帝與他們同在時所有的福氣，在舊約（לך לשלום；出四18；士十八6；撒上一17，二十42，二十九7；王下五19）和新約中多次出現（可五34；路七50，八48，二十四36；約二十

19；徒十六36）。「平安」（שָׁלוֹם）指在生活各方面都圓滿。這是祈求上帝對那人的祝福。這人的祝願還包括：「願你們穿得暖，吃得飽！」“χορτάζεσθε”「吃得飽」這字可作關身或被動語態，其意義沒有多大分別（Davids 1982:122），說話的人推卻他對這人有任何責任，將自己置身度外；這人可以自己想辦法，或找其他人幫助，或祈求神供應他！“δέ”「但／卻」這對比性連接詞，反映出他們的言詞與行動的不一致。“τὰ ἐπιτήδεια”這字在新約中只在此出現，作「所需要的」或「所適用的」，這些需要是肉身上的（τοῦ σώματος：subjective or possessive genitive），但並非不重要。上句所提的那種祝禱是空洞無物的，無實際的行動，是無濟於事的，並不能適切地提供他們真實所需的。「有甚麼益處呢？」這修辭反問語，在二章14節已出現過一次，與那處一樣，預期的答案是否定的：沒有任何的益處。重複使用這反問語，為要加深讀者的印象，這種沒有行為的信心，是一無是處的。這種信心對那不願施贈的人，是完全沒有益處的，是不能叫這人得救的信。

二17 照樣，信心若然沒有行為，就其本身而言是死的。

“οὕτως καί”「照樣」是作者根據上文的比方歸納出來的結論（參一11，二26，三5）。重複二章14節所指出，有一種沒有行為的信心。這裏再次使用第三類條件句（ἐάν+present subjunctive）。“καθ’ ἑαυτήν”指「就其本身而言」（參創三十40，三十九6；《馬加比二書》13.13；徒二十八16），即「如此這般的信心」，而非「在它裏面」（如 Ropes 1918:208）。雅各說這種信心，看來看去都是死的（νεκρά），不只是沒有外在的表現和效果，其內裏本質上是死的、沒有生命的。這種信心是只有言語而沒有行為，或只有口頭上、理智上的宣認，而沒有義行的表現。

哲辯格式

有學者認為從二章14節開始，作者使用了哲辯的格式（diatribe），然而他們往往對何謂哲辯格式，未有清楚的說明，例如Ropes（1916:203）認為使用“τὸ ὄφελος”是哲辯格式的風格，但單

出現這片語，不能證明這裏使用了這格式（參林前十五32）。

哲辯格式是一種文學格式，透過講論的人與另一個假想持異議者的辯論，去教導聽眾和讀者（Bailey & Broek 1992:38）。這種格式在希臘道德論著中，相當普遍（參塞尼加〔Seneca〕的《道德信函》），在一些散居地猶太教的著作，如斐羅的著作及《所羅門智訓》（1.16～2.20）中，都可以找到。

哲辯通常用以下的方式稱呼聽眾／讀者：「人啊」（ὦ ἄνθρωπε）、「愚昧的人啊」（ὦ κενέ）、「邪惡的人啊」（ὦ πονηρέ）等，然後作者以第一身單數的方式與聽眾／讀者對話（以第二身單數）。以下是筆者綜合史都華（Stowers 1992:86～89, 168, 171）所列出哲辯的特性：

(1) 講述者會突然轉向針對那假想的持異議者。

(2) 這突然轉向是回應之前，由那持異議者剛提出的論點。

(3) 一般來說，這直接的對話用以下的方式作開始：(a) 修辭反問語作控訴（最常用），(b) 直接的控訴，或 (c) 命令語。

(4) 這些修辭反問語往往指出其持異議者缺乏應有的理解，使用如「難道你們不知道……」（οὐκ οἶδας οὐκ οἶσθα）。另一類是使用一些與思考有關的動詞，例如「難道你們沒有想過……」。

(5) 使用惡行綱目（vice lists）或榜樣或引用別人的論句，支持講述者的論點。

在雅各書二章14節雖有兩句修辭反問語，但並非一種轉向於一個想像的對談者。然而，在18節上則明顯是這種用法：卻有人說：「你有信心麼？」，這裏將「我有行為……」至19節完為作者向這人的答辯，參以下註釋的討論（特性(1)、(2)）。在20節，作者以「虛妄的人啊！」（ὦ ἄνθρωπε κενέ）直接針對聽眾／讀者（第二身單數），然後以反問的方式向他們提出控訴（Θέλεις γνῶναι...〔特性(3)、(4)〕）。由21至25節，作者使用了舊約的兩個人物亞伯拉罕和喇合，並引用創世記二十二章12節（二23）支持作者論點（特性(5)）。

3.1.3.2 反駁持異議者的理論（二18～25）

① 以哲辯方式回應持異議者（二18～20）

② 聖經的例證（二21～25）

二18 卻有人說：「你有信心麼？」

雅各在此使用了當代一個非常流行的辯論方式：哲辯，與一個假想的持異議者作對話，藉此帶出信心與行為是不可分割的真理。有學者（Dibelius 1967:154）認為，這是其中一段新約中最難解釋的經文。“ ἀλλά ”「但」這對比連接詞，在此用作引入持異議者的觀點。類似“ἀλλ’ ἐρεῖ τις ”「但有人說」這短句，在保羅書信中幾次出現都是發揮這種作用（羅九19，十一19；林前十五35）。在此，我們先將「卻有人說」之後的話，分成若干段，以便討論。〔A〕：「卻有人說」；〔B〕：「你有信心」；〔C〕：「我有行為」；〔D〕：「把你沒有行為的信心指給我看，我便藉著我的行為，將我的信心指給你看；你相信上帝只有一位；你做得對極了；連鬼魔們也相信，且顫慄發抖！」此處有不少詮釋上的難題。(1)〔A〕是作者自已的看法（Mayor 1913:99～100; Mussner 1982:136～138; Adamson 124～125, 135～137），還是持異議者的看法（大部分釋經者的觀點）認為這某人是代表作者的立場，將19節也看為是這人所說。將此句看為是作者以第三身表達自已的看法是奇怪的，作者沒有理由要這樣做，更不可能是引述一位不知名同意他看法的第三者；這某人所說的（“ ’Αλλ’ ἐρεῖ τις ”直譯「但有人說」），不可能是作者同意的立場，一方面是這裏使用了強烈的對比連接詞（ἀλλά ），這字雖可解為「事實上」（indeed；參林前三2；雅一26），但這種用法是相當例外的，並不普遍，另一方面，若將此句看為是持異議者的立場，正符合哲辯的格式。(2)對於持異議者的立場，有多種不同的理解，有認為應由(i)〔B〕至〔D〕，即至19節完；(ii)〔B〕至〔C〕；還是只是(iii)〔B〕。支持(i)的英文譯本有 NKJV、NASB，這理解認為持異議者質疑作者要求信心和行為一定要相提並論的講法，有些人有行為在先，有些有信心在先，並且將〈示瑪〉的信仰作為例子，接受〈示瑪〉對人來說是做得好，但對鬼魔們來說，卻是完全不同的意味。亦即是說，信心與行為沒有必然的關係（Hodges 1994:65～66）。[29] 支持這理解的人甚少，主要原因是難以將〔D〕看為是持異議者的看法。支持（ii）者指出"σὺ πίστιν ἔχεις, κἀγὼ ἔργα ἔχω"「你有信心，和我有行為」在原文是兩句完全平行的句子，中間以連接詞"καί"連起來。這樣理解便要處理「你」和「我」究竟指誰，那個是持異議者的立場，這立場與作者的有何分別？有學者認為「你」和「我」並非持異議者與作者立場的對比，而是代表在信徒羣體中有兩種不同的人，一個有信心，另一個有行為，就好像保羅談及屬靈恩賜一樣（林前十二章），各人所擁有的不同，雅各又何必執著要兩者俱備。[30] 這解釋最大的困難是將「你」和「我」看為一個這樣，一個那樣，並非最自然的理解，而二章19節所用的「你」和「我」又不能這般理解，出現不一致的情況。（iii）將二章18節上半句看為是問句，是持異議者提出的質疑：「你有信心麼？」，意即「我有信心便行，是你沒有」，作者的回答是「我有行為」，這是作者一直有的立場和強調，19節則解釋信心必定有行為的表現（Hort 1909:60～61；馮蔭坤 1989）。這解釋的好處能將對話中的「你」和「我」所指的為誰清楚的界分；異端者所言的「你」是指作者，作者所言的「我」是指自己，「你」是指持異議者。困難是要將持異議者的看為是問句，二章18節下平行的句字則看為是直述句，也不容易解釋此兩句中間的連接詞"καί"。正如近代雅各書的註釋者指出，（ii）和（iii）解釋雖有較強的支持，因為困難較少，但也並非沒有它們的難題，不易取捨。大部分的學者都接受第（ii）的解釋。這裏我們接受（iii），將「你有信心嗎？」看為是持異議者對作者的反問，這異議者認為信心比任何都重要，質疑作者沒有信心。這種「你」、「我」的對答，亦見於《米示拿》〈論宣誓〉4.5。

我說：「我有行為，把你沒有行為的信心指給我看，我便藉著我的行為，將我的信心指給你看。」

29 Wall 1997:136～137 則認為從「連鬼魔們也相信」起，是作者的答辯，異議者認為相信上帝只有一位，已是做得好，非常足夠，作者的回應，是以鬼魔們的顫慄說明其不足之處。

30 大部分學者都接受這看法，參最先提出來的 Ropes 1916:208～214；Dibelius 1967:155～158；及追隨他們看法的 Mitton 1966:108～109；Laws 1980:123～124；Martin 1988:86～87；Moo 2000:128～130；Hartin 2003:151，支持的譯本有：NIV、ESV、NRSV、TEV、NLT、〔現〕、〔和〕。

作者的回應是先聲明自己的立場：「我有行為」。隨著的兩句在原文中有工整的排列：

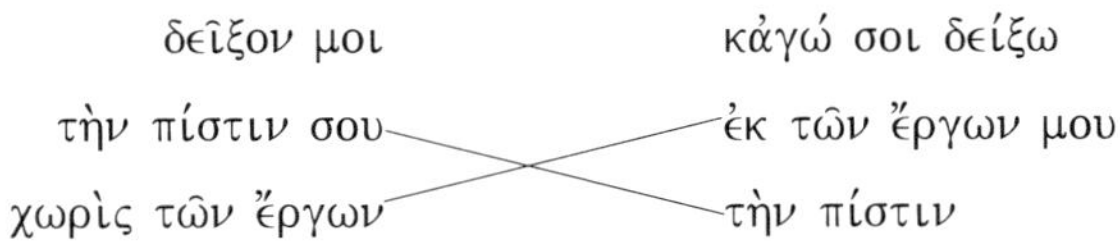

這裏有異文作“ἐκ των ἔργων σου”（Textus Receptus；支持這異文的，參 Hodges 1963），有別於這裏接受的“χωρὶς τῶν ἔργων”（〈西乃抄本〉、〈亞歷山太抄本〉、〈梵蒂岡抄本〉）；從外證的角度去看，前者太後期了，不可能是原來的正本，後者有極強的抄本支持。作者指出他與異議者的分別，他質疑異議者那沒有行為（χωρὶς τῶν ἔργων）的信心，是不能證實和展示的（δεικνύναι），這是延續作者在二章14節所指出沒有行為的信心不能救人。相對來說，作者（ἐγώ：emphatic）可藉著（ἐκ：means）自己的行為表現，證實自己的信心。

二19 你相信上帝只有一位；你做得好極了；

代名詞“σύ”「你」是單數的，對比於下文眾數的“τὰ δαιμόνια”「鬼魔們」。“ὅτι”指相信的內容。“εἷς ἐστιν ὁ θεός”「上帝只有一位」此句在原文中有多種異文，主要涉及“θεός”「神」一字有否冠詞，及字排列的次序問題，“θεός”「神」在動詞“ἐστίν”「是」之前或後。P[74]、〈西乃抄本〉和〈亞歷山太抄本〉都有冠詞在“θεός”「神」一字之前，但〈梵蒂岡抄本〉則沒有（εἷς θεός ἐστιν；參林前八6；弗四6；提前二5），變成一句較為一般性的述句：「只有一位上帝」（Hort、Ropes、NIV、KJV、REB、BLT、TEV、〔思〕），沒有確實指明是哪一位，接受這異文的認為沒有冠詞是較為不尋常，因此是較困難的讀文，也應是較可靠。但第一個讀文有較強外證的支持（另參《黑馬牧人書》〈命令篇〉1.1：πίστευσον ὅτι εἷς ἐστιν ὁ θεός），而且也與當代猶太教〈示瑪〉的信仰吻合，那上帝是獨一的（申六4；參雅四12），亦為大部分學者所接受（並NRSV、NASB、〔和〕、〔現〕），在這裏我們也接受這讀文。有認為，

“καλῶς ποιεῖς”「你做得對極了」這句説話含有譏諷的意味（Johnson 1995A:241; Jackson-McCabe 2001:174; Hartin 2003:152），也有認為只是略帶諷刺（Davids 1982:125）。然而，在二章8節這片語也曾出現過，那裏説「你們能依照聖經完成國度的律法，就是『要愛你的鄰舍如同自己』，那做得好極了（καλῶς ποιεῖτε）」；況且雅各不會這樣輕率地處理這正統的信仰宣認（Hiebert 1992:167；參 Wall 1997:137）。這「做得好」標誌了耶穌所講論要實踐的雙重愛的命令，是理所當然的。問題不在相信上帝是獨一的，〈示瑪〉是猶太教也是彌賽亞運動的成員共同接受的基本信仰；問題在於只是誇耀獨一神的信仰，而沒有相應行為的表現。下句所描述的情況，是針對那持異議者的。

連鬼魔們也相信，且顫慄發抖！

第一個“καί”為附加的用法（adjunctive use），即「也」。“τὰ δαιμόνια”「鬼魔們」可指外邦的神明（徒十七18；〈七十士譯本〉申三十二17；詩九十五5，一〇六37），在福音書中用作指污鬼（太七22，九34，十8等），根據福音書的傳統，當被鬼魔所附的人遇到耶穌時，在人裏面的鬼魔會極度驚懼（參可五7）。鬼魔們也相信上帝只有一位，這是他們也不會否認的，它們的反應是“φρίσσειν”「顫慄發抖」，這字在新約中只在這裏出現，用作驚恐，甚而是毛骨悚然。約伯記四章14至15節這樣記載：「恐懼、戰兢臨到我身，使我百骨打戰。有靈從我面前經過，我身上的毫毛直立（〈七十士譯本〉：ἔφριξαν）。」有認為這裏涉及使用上帝的名字去驅鬼，但無確實的證據。斐羅（《論夢》142）在回答為何需要有天使作為傳譯者時説：因為人站在宇宙的主宰和祂全能的威權下感到恐懼和顫慄（διὰ τὸ τεθηπέναι καὶ πεφρικέναι）；斐羅兩次使用這字，都與要面對從上帝而來的審判有關（《反駁弗拉克斯》115；《壞與好為敵》140）。這些鬼魔們顫慄發抖，因為這獨一的上帝，是它們的對頭，它們最終要面對上帝的審判（參四4）。有認為，「且顫慄發抖」好像是後加語一樣，並未有加增任何重要的論點（參 NIV、ESV），然而雅各可能是暗諷那些只是宣稱自己有信心的人，是有言無行的人（二15～16），最少鬼魔們也會有懼怕的反應，因為知道上帝會因為它們沒有義行的表現而審判它們，雖然它們的反應仍是不足的，因沒有悔改和善行的反應（參 Laws 1980:127～128；Moo 2000:131）。

二20 愚妄的人啊！你願意知道沒有行為的信心是行不通的嗎？

"δέ"這裏大概沒有對比的意思，只作連續性使用。作者以嚴厲的語調，用反問的方式提出質疑，目的是要指出這人的問題，在於是否有願意承認和接受的態度（Θέλεις γνῶναι「願意知道」）。雅各以嚴詞指斥他們是"ὦ ἄνθρωπε κενέ"「愚妄的人」，這是哲辯格式所用的表達手法（參羅二1，九20；以類似的貶語稱呼對手，亦見於太二十三17；路二十四25；林前十五36；加三1），"κενός"「愚妄」不只是愚昧，然而這並非只是理解能力的問題，是有其道德的根源，表示一種輕莽草率，冥頑不靈（〈七十士譯本〉士九4，十一3〔B〕）。"ἡ πίστις χωρὶς τῶν ἔργων"「沒有行為的信心」這描述見於二章18節，對比於有行為作為證據的信心（ἐκ τῶν ἔργων ἡ πίστις）。這裏形容沒有行為的信為"ἀργή"（〈梵蒂岡抄本〉），這裏有異文作"νεκρά"（〈西乃抄本〉、〈亞歷山太抄本〉），後者極可能是受二章17和26節的影響，而且這讀文弄糟了原來的相關語"ἀργή—ἔργων"（參《所羅門智訓》14.5使用同樣的相關語），因此"ἀργή"的讀文較可靠。"ἀργή"一字的意思是「無效、無用」（參彼後一8），我們翻作「行不通」，為要與「行為」構成相關語。作者以下引用舊約的經文和例子為佐證。

亞伯拉罕與喇合

雅各在此選擇亞伯拉罕與喇合為例子，有學者認為他們共通之處，在於他們都是樂意接待客旅的人（Ward 1968A:283～290; Wall 1997:142～143, 153）。早期教會教父羅馬主教革利免在《革利免一書》中提及亞伯拉罕和喇合，同是樂意接待客旅的人：十一章7節：「因為他〔亞伯拉罕〕的信心和樂意接待客旅，在他年紀老邁時，得到一個兒子，他因為順服，將他的兒子在上帝向他顯現的一個山上獻上為祭給神」；十二章1節和3節：「妓女喇合因為她的信心和樂意接待客旅，而被拯救……那樂意接待遠人的喇合接待了他們，將他們藏在閣樓的麻草之下。」雖然樂意接待客旅也可算為憐憫的行動，但卻與雅各書這裏

所討論的，似無直接的關係，且亞伯拉罕獻以撒不是憐憫的行動，也與接待客旅無關。

亞伯拉罕是信心要有行為的最佳典範，不是因為雅各要針對保羅或某種與保羅有關的教訓，而是在猶太傳統中，神子民的先祖亞伯拉罕，是自挪亞之後，第一位脫離偶像敬拜，獨尊那位創造萬物的上帝的（參《禧年書》11.16～17，12.2～5、16～20）。[31] 雅各書二章19節所強調神子民所應有的基本信仰：信上帝只有一位，也是亞伯拉罕的信仰。事實上，在上帝與亞伯拉罕立約之前（參創十二1～3），亞伯拉罕早已確立那位是獨一真實的上帝，有認為上帝與亞伯拉罕立約，正因為亞伯拉罕有這樣的信仰（Calvert-Koyzis 2004:12～13）；他作為立約的子民，遵守立約的條款，包括行割禮及其他節期和獻祭（《禧年書》15.1～2、20～34，16.20～31）。在斐羅的著作中，亞伯拉罕是一位滿有智慧的人，他尋找那獨一的真神（《論亞伯拉罕》68～69），他從亞伯蘭改名為亞伯拉罕，正因為他轉離星相學，確信那位創造及管理世界的主宰（《論亞伯拉罕》81～84、88；參《論美德》216、219），根據斐羅的詮釋，亞伯拉罕是第一位歸化一神信仰的人，也成為所有歸化猶太信仰的先驅和典範（Calvert-Koyzis 2004:28～29），不但如此，他也是一位實行神聖律法和誡命的人（《論亞伯拉罕》275～276；類似的傳統亦見於託斐羅《聖經古史》6.4、11；約瑟夫《猶太古史》1.154～56）。這些傳統都可能是基於創世記十五章6節：「亞伯蘭信耶和華，耶和華就以此為他的義」而作的引申，在希伯來聖經中，他是第一位被提及相信上帝的人（參斐羅《誰是神選立的後嗣？》93）。

喇合宣認說：「耶和華─你們的上帝本是上天下地的上帝」（書二11下），這宣告與摩西在申命記（四39）中所言，不無相似的地方：「所以，今日你要知道，也要記在心上，天上地下惟有耶和華他是神，除他以外，再無別神」；喇合的宣告，無疑是以色列人信仰的核心：那上天下地的上帝只有一位，這信念使她樂意幫助那兩個以色列人的探子，

31 雖然《禧年書》中有一些主題與雅各書類同（Instone-Brewer 2004），但這只可說是巧合，不需將雅各書看為是參照了好像《禧年書》的書籍，雅各書的一些主題如「舌頭」，就沒有出現於《禧年書》，且絕對無需將雅各書全書以亞伯拉罕所受的試煉的角度去理解。

避過迦南人的追捕。後期拉比的文獻，也極度推崇喇合願意全然接受耶和華為獨一的主宰，叫她超越於葉忒羅和乃縵（《論法規》1.c.；《申命記大米大示》2.19）。喇合對兩位探子說，她向他們施憐憫，求他們向她的父家施憐憫（חסד／ἔλεος；書二12），表明他們之間有立約的關係，她和她的父家，因她向這兩位探子的行動，而得到拯救（書六22～25）。根據拉比的解釋（《路得記大米大示》釋代下四22），因為喇合這“חסד”「憐憫」的行動，她被納入以色列民之中（參書六25下：「她就住在以色列中，直到今日」）；雅各書二章正是強調有憐憫行動的重要（二13、14～16）。革利免（《革利免一書》12.1）指妓女喇合得救，全因為她的信心和樂意接待客旅。

二21 我們的祖先亞伯拉罕，把他的兒子以撒獻在祭壇上，

雅各先使用亞伯拉罕作為信心有行為的例子。“ὁ πατὴρ ἡμῶν”「我們的祖先」反映作者猶太裔的背景，他們以此稱呼亞伯拉罕（賽五十一2；太三9；約八39；《馬加比四書》16.20）。在猶太教的傳統中，他是以色列這民族的始祖，亞伯拉罕獻他的兒子以撒一事，記載於創世記二十二章1至19節，在猶太傳統中，都以此事（按希伯來文音譯稱為「亞傑大」〔*'Aqedah*〕：即「以撒被綁」）標誌亞伯拉罕對上帝的信心（《猶滴傳》8.26～27；《馬加比一書》2.51～52；《禧年書》17.15～18；《便西拉智訓》44.20；約瑟夫《猶太古史》1.223、233；斐羅《論亞伯拉罕》167，《論夢》1.194～195；參來十一17），這是在所有亞伯拉罕一生中最困難的考驗，亦是最重要、最具代表性的（有傳統指他經歷了十個考驗：《禧年書》17.15～18，19.8；《米示拿》〈先賢集〉5.3），將以撒獻上為祭，對亞伯拉罕持續相信上帝應許他的後裔要多如海沙、眾如繁星，也是重大的試驗，然而他毫不猶疑的，順服了上帝的吩咐，因為他的順服，上帝重新予他的應許（創二十二15～18）。雅各書這裏的用字，明顯受〈七十士譯本〉的影響：“ἀναφέρειν”「獻上」（創二十二2、13），“Ἰσαὰκ τὸν υἱὸν αὐτοῦ ἐπὶ τὸ θυσιαστήριον”（創二十二9）。保羅在討論因信稱義之理時，亦引用亞伯拉罕為例子。有學者認為作者引用亞伯拉罕傳統中有關獻以撒一事，是關乎上帝與鬼魔之間的榮譽之爭，《禧年書》（17.15～18.19）所載就是循此角度去理解這事，結果是瑪撒提曼（Mastema；墮落天使之首）被羞辱，因為它認為亞伯拉罕是不會獻以撒的，這解釋與雅各引用約伯為經歷試煉能忍耐的榜樣，是吻合的（Davids 2001:72～73）。這解釋雖然可能，但並未有文理上的支持。“ἀνενέγκας”「獻上」應作為因由性分詞（causal participle），指亞伯拉罕得顯為義的基礎，下文二章25節“ὑποδεξαμένη”「接待」和“ἐκβαλοῦσα”「放走」這兩個分詞的用法也是一樣，是喇合基於行為得顯為義的基礎。

豈不是基於行為得顯為義嗎？

在原文這句是主句，放在此節之首：「我們的祖先亞伯拉罕，豈不是基於行為得顯為義嗎？」與二章25節起首：「照樣妓女喇合，豈不是基於行為得顯為義嗎？」平行。亞伯拉罕將以撒獻上，這顯示他的信心是有行為表現的；“ἐξ ἔργων”指基於行為（ἐκ：reason），與本節兩個分詞的意義相同（參 Hiebert 1992:170）。且使用眾數的行為，獻以撒是一連串行為表現的高峯（Hiebert 1992:170），也有認為這是《禧年書》所載亞伯拉罕曾面對十個試煉，獻以撒是具代表性的一個（Wall 2001:224），但更可能是指這一類（參二24；如 Davids 1982:127，129；Hart & Hart 2001:82）。“ἐδικαιώθη”可譯作「得算為義」、「得稱為義」、「得顯為義」或「得成為義」。雅各書二章21節肯定亞伯拉罕是因行為而稱義，羅馬書四章2節則否定這說法（參加三6）。然而，他們有不同的關注，保羅所關注的，是（律法的）行為不可能是人得蒙上帝悅納的基礎，只有信心才是；雅各在此所關注的，是信心不可能沒有行為，有行為的表現，代表這人與上帝之間有正當的關係，即義的關係，是蒙上帝所悅納的。因此此處譯作「得顯為義」，這行為顯出、證實和說明背後的關係（參來十一4）。這裏的問題（οὐκ）期待肯定的答案：是。

二22 你看，信心與他的行為並肩而行，

“βλέπεις”「你看」是闡述以下的內容（ὅτι），而非宣示另一個問題

（參二24：ὁρᾶτε ὅτι），也大概與一章23節所用鏡子的比喻無關（這裏不贊成 Johnson 1995A:243）。此處的用法有點像「所以」，即從以亞伯拉罕的例子，你得出以下的結論（Davids 1982:128; Hartin 2003:154）。“συνεργεῖν”是複合字，由“συν”「一起」和“ἐργ-”「工作／行為」兩字組成，指「合作、一起發揮、並駕齊驅」，這字在新約中多次出現（可十六20；羅八28；林前十六16；林後六1；參《馬加比一書》12.1），這字譯作「並肩而行」，與「行為」成相關字，它們之間的關係應是並駕齊驅，缺一不可的。有些異文用現在式（συνέργει；א A），但這動詞應是未完成時態（συνήργει），這與下句的“ἐτελειώθη”「得成全」這過去不定時態相配合，由過去進行到最後完成。亞伯拉罕的例子並非只有行為而沒有信心，而是他相信上帝是獨一的，同時他有行為表現的配合。上節只提及行為而沒有信心，只是在論理上要這樣強調，作者假設了讀者都知道亞伯拉罕是有信心的。

而信心藉著行為才得成全。

這句在原文與上句成交叉結構：上句是「信心」—「行為」，這句是「行為」—「信心」，「信心」和「行為」這兩字出現的次序剛倒轉。“τελειοῦν”「得成全」是雅各書所用「完全」的字彙，這字的意思是完成某任務或使命（參約十七4，十九28；徒二十24），或是使完成或成熟（參腓三10；來二10）。然而，使用這動詞加介詞“ἐκ”在新約中只在此處出現。雅各書一章3至4節所說，試煉要叫人最終得以完全，成為「完全的工作」（ἔργον τέλειον）；亞伯拉罕的信心同樣經過試煉，這獻上以撒為祭的行動，是信心得以成全的表現。同樣《馬加比一書》二章51至52節也視亞伯拉罕獻以撒，為先祖們的行動（ἔργα）之一，並引用創世記十五章6節為證明（2.52：「亞伯拉罕豈不在試煉中得到證明是信實的？這就算為他的義。」）。單單有信心是不夠完全的，信心要藉著行為的表現（ἐκ τῶν ἔργων），才得以完整，才能叫人達成最終得以完全的目標。因此信心不只是需要行為的補充，而是藉著行為才得以完成。

二章22節這兩句的主詞都是信心，信心與行為並行，這信心藉著行為才得以完成，要達到信心最終的目標，行為是不可或缺的。

二23 經上所說：「亞伯拉罕相信神，這就算為他的義」得到了應驗。

作者所引用的經文（ἡ γραφή），記載於創世記十五章6節。在新約中“πληροῦν”「應驗」一字通常指在新約的時代，舊約的應許應驗在新約（參太一22，二15、17、23，四14，八17，十二17，十三14，二十一4，二十六54、56，二十七9；可十四49，十五28；路四21，二十四44；約十三18，十五25，十七12，十九24；徒一16；羅十三8），然而雅各並非在此談及這種應驗，他只是說創世記十五章6節這段說話，在亞伯拉罕獻以撒一事上，得到了實現。

雅各在這裏差不多一字不漏的援引〈七十士譯本〉創世記十五章6節：
καὶ ἐπίστευσεν Ἀβραμ τῷ θεῷ καὶ ἐλογίσθη αὐτῷ εἰς δικαιοσύνην
雅各書二章13節：
ἐπίστευσεν δὲ Ἀβραὰμ τῷ θεῷ, καὶ ἐλογίσθη αὐτῷ εἰς δικαιοσύνην

以“δέ”取代了原來的“καί”，作者經常使用“δέ”作為連接詞，於此可見；他將原來亞伯蘭改為亞伯拉罕，事實上“Ἀβραμ”這拼寫完全沒有在新約中出現，也沒有在約瑟夫和使徒教父的著作中出現，它們都是使用“Ἀβρααμ”，這是當時相當普遍的拼寫。同時此節也與上文二章21節亞伯拉罕獻以撒銜接。亞伯拉罕的信是一種有效果的、有益的，能救他的信，真正的信心是不可能沒有行為的證據。保羅也曾引用同一段舊約經文，參加拉太書三章6節和羅馬書四章3和9節。羅馬書四章3節的版本，就與這裏完全一樣。第二聖殿時期的猶太典籍，在記載有關亞伯拉罕時，很多時都旁索創世記這段經文（《禧年書》14.6；《馬加比一書》2.52；斐羅《論亞伯拉罕》273；《論美德》216等），這可應用於亞伯拉罕早期的事迹（斐羅《論美德》216；託斐羅《猶太古史》23.5）或晚期的行事（《馬加比一書》2.52；參《禧年書》17.15～18，18.16，19.8～9；《便西拉智訓》44.20），因為這經文能綜合亞伯拉罕人生與上帝之間的關係（Bauckham 1999A:123）。

他被稱為上帝的朋友。

聖經中也記載了對亞伯拉罕的評價。“φίλος”「朋友」一字的字根的意思是愛，“φίλος θεοῦ”「上帝的朋友」可指上帝所愛的人（subjective genitive），或是愛上帝的人（objective genitive）。〈先賢集〉6.1指專心研讀律法的人是上帝的朋友，是被上帝所愛、愛上帝和愛眾人的。在舊約中，就曾兩次稱呼亞伯拉罕是「上帝的愛人」（代下二十7：ברהם אהבך／'Αβρααμ τῷ ἠγαπημένῳ σου；賽四十一8：אברהם אהבי／Αβρααμ ὅν ἠγάπησα），〈七十士譯本〉另有兩處將亞伯拉罕理解為上帝所愛的朋友（賽五十一2；但三35），這理解亦見於《以斯拉四書》（1.528）。在猶太的傳統之中，屢次稱亞伯拉罕是上帝的朋友（參《尼奧菲特的他爾根》創十八17；《禧年書》19.9；參17.18），在《亞伯拉罕遺訓》中，無論上帝、天使或死亡，都這樣稱呼亞伯拉罕（8.2、4，15.12、14）。《亞伯拉罕啟示錄》記載那從天上來的聲音稱亞伯拉罕為「我所愛的」（9.6，19.3），是「上帝所愛的朋友」（10.5），天使也稱亞伯拉罕是那「永恆者所愛的」（16.3；參14.2）。在斐羅的著作中（《論亞伯拉罕》50）就稱亞伯拉罕、以撒和雅各為愛那獨一的上帝、並為上帝所愛的；斐羅將亞伯拉罕獻以撒一事，看為是出於他對上帝的愛，致使他能跳越人倫之間的愛（《論亞伯拉罕》170；又參《論亞伯拉罕》273；《論醉醒》56）；《論申命記》§ 32舉亞伯拉罕為愛上帝的典範（參〈先賢集〉5.3）。這兩種解釋，可以是共存的，斐羅就形容亞伯拉罕、以撒和雅各為上帝的愛人：他們為上帝所愛、愛獨一的上帝，而亞伯拉罕是典範（《論亞伯拉罕》48～50）。除了亞伯拉罕之外，根據猶太傳統，摩西也被稱為主的朋友（《託斐羅書》25.5）。在雅各書四章4節警告讀者不要作“ φίλος τοῦ κόσμου ”「世界的朋友」，明顯是要人不要愛這世界。亞伯拉罕被稱為上帝的朋友，其重點極可能是在亞伯拉罕愛上帝，而不是上帝對他的愛。這愛包括對上帝絕對的忠誠，《尼奧菲特的他爾根》創世記二十二章14節就記載當亞伯拉罕獻以撒時，剖白他對上帝是絕無異心的；在《尼奧菲特的他爾根》創世記十七章1節則形容亞伯拉罕「在善行上得以完全」。《大馬士革文獻》（3.2～3）形容亞伯拉罕能克服自己的欲望，遵守上帝的誡命，被視作上帝的朋友。[32] 早期教父革利免（《革利免一書》10.1）説亞伯拉罕被稱為「朋友」（ὁ φίλος；參17.2：φίλος τοῦ θεοῦ），他順服上帝的道，顯出他的忠信（πιστός）。〈先

32 參 *Gen. R.* 61；*y. Ber.* 9.14b；*y. Sota* 5.20c；*b. Sota* 31a；*Mek. Exod.* 14:15 等。

賢集〉6.1a就指那些愛慕研讀妥拉的人，是上帝的朋友。有學者（Johnson 1985，1995A:243～244；Batten 2004:265～267）認為雅各使用了希羅道德言論有關「朋友」的主題，在希羅的教導中，強調與朋友之間應有的平等和團結，並且分享同一個心思（μία ψυχή）。雅各書中有關朋友、謙卑、真誠、專一、同心、經得起考驗、嫉妒的確與當代有關朋友的道德主題，有不少重疊的地方，也有可能雅各是借用了部分的元素，然而我們也不可忽視其中相異之處，例如上帝與亞伯拉罕之間並非平等的地位，但人與人之間作為朋友則是處於平等的位置。

二24 可見人得顯為義是基於行為，不是單基於信心。

與二章22節一樣，作者要求聽者作出結論，有別於二章22節所用的第二身單數，此處使用了第二身眾數的“ὁρᾶτε”「你們可以看見」，針對讀者及他們的羣體作出勸勉，主詞是“ ἄνθρωπος ”「人」，從上文的亞伯拉罕的例子，至任何一個人。與二章22節的「可見」一樣，一章23節所用鏡子的比喻無干（這裏不同意 Johnson 1995A:244的看法）。二章24節以另一種方式表達二章22節的結論，那裏說：信心與行為是並肩而行的，這裏則指出人得顯為義不是單基於信心（οὐκ ἐκ πίστεως μόνον），所使用的助語詞“ μόνον ”「單」，一方面顯示並非沒有信心，也顯示並非單有信心。只有信心而沒有行為，不能顯出那人為義，基於行為（ἐξ ἔργων）卻可以顯出這信心的實在，顯示這人與上帝之間有正常合適的關係。這裏的說法平行一章22節，不可單單（μόνον）聽道而不行道。

二25 妓女喇合不也是這樣麼？她接待了使者，又從別的路上放走他們，不也是藉著行為得顯為義麼？

二章25節在結構上與二章21節是完全平行的：

21節：'Αβραὰμ ὁ πατὴρ ἡμῶν οὐκ ἐξ ἔργων ἐδικαιώθη〔我們的祖先亞伯拉罕，豈不是因行為得顯為義嗎？〕／ ἀνενέγκας 'Ισαὰκ τὸν υἱὸν αὐτοῦ ἐπὶ τὸ θυσιαστήριον〔他獻上他兒子在祭壇上〕

25節：Ῥαὰβ ἡ πόρνη οὐκ ἐξ ἔργων ἐδικαιώθη〔妓女喇合，豈不是因行為得顯為義嗎？〕／ ὑποδεξαμένη τοὺς ἀγγέλους καὶ ἑτέρᾳ ὁδῷ ἐκβαλοῦσα〔她接待了使者，又從別的路上放走他們〕

二章21章與25節都是以「〔亞伯拉罕／喇合〕豈不是因著行為，得顯為義麼？」為主句，亦是作者一直強調的，這兩個例子都能説明這點。“δέ”這連接詞並沒有對比的意味，只是承接上文。“ ὁμοίως καί ”（直譯：同樣照樣）指喇合與亞伯拉罕相似的地方。喇合接待使者的事，記載於約書亞記二章1至21節（參六15～25），喇合是迦南人的妓女（ἡ πόρνη），接受了以色列人對上帝的信仰（參「亞伯拉罕與喇合」）。她接待以色列的使者進到她的家中，並指引他們平安的路回到以色列人那裏去，避過了迦南人的追捕。喇合的例子與亞伯拉罕一樣，他們都相信獨一的上帝，這信念叫他們有實際行為的表現，顯出他們與上帝之間的關係。希伯來書十一章31節也推崇喇合的信（參《革利免一書》12.1、8）。有學者（Wall 1997:153～154）認為“ὑποδεξαμένη”「接待」這分詞與一章21節的“ δέξασθε ”「領受」為同字根字，那裏指領受真道，因此這裏喇合「接待天使」含有她「領受和明白了真道」的意思，這樣將兩者關連顯得牽強。

3.1.3.3 總結性言詞（二26）

二26 因此正如身體沒有靈魂是死的，照樣信心沒有行為也是死的。

26節不只是由二章20節作者以亞伯拉罕和喇合為例所作的總結（γάρ），更是二章14節指出只有信心沒有行為不能救人這論題的總結，也可以説是二章全章以「信」（二1）為開始的總結。作者重申了二章17和20節的論題：信心沒有行為是死的。這節不能證明人是由“σῶμα”「身體」和“ πνεῦμα ”「靈魂」組成（二元論）；根據創世記的記載，上帝以塵土造了亞當，將氣息吹進他的身體之內，因此這裏可理解為身體“ χωρὶς πνεύματος ”「沒有了氣息」，便是沒有生命，是死的。作者於此亦回溯二章17節：「信心若然沒有行為，就其本身而言是死的。」信心沒有行為猶如身體沒有氣息：是死的。並非說行為能使人有生命，而是行為是生命的表現，顯示出有生命；有生命者必能活動（Johnson 1995A:245）。根據《禧年書》（12.4），亞伯拉罕敬拜造物主而拒絕敬拜偶像，正因為偶像是沒有生命的，只會引人偏離那真正配得敬拜的上帝。有學者認為雅各在此所使用的比方，可理解為「行為」是使「信心」有活潑的精神動力，正如人的靈魂叫身體有生命一樣（Hodges 1994:72），但這是將這比方推衍得過遠，作者只是說正如沒有靈魂只有身體是沒有生命的，沒有行為的信心也是沒有效果的，只有一種信心是有效果的，就是有行為的信心。

雅各在此是否針對保羅？

有認為，雅各在此是針對保羅因信稱義的教導（參 Hengel、Lindemann），甚而有認為雅各書二章20節的「愚妄人」，就是保羅。然而，若雅各書是要針對保羅，則不應只在二章14至26節中找到證據，也應見於本書其他的地方。韓高就曾撰文企圖這樣做，但其論據卻乏善可陳，例如他認為雅各書針對富有人是因為保羅宣教旅程需要經濟上的支持，因此靠攏富有人（Hengel 1987:262～264），或是說四章13至16節所針對的，是保羅宣教隊伍好像商人一樣，他們有清楚的宣教策略和藍圖（Hengel 1987:255～259），三章1節所針對的教師，並非別人，而是保羅！（Hengel 1987:260～261）提出這些所謂證據，其牽強附會只進一步證明，保羅是針對雅各這假說是難以確立的！[33]

若我們仔細比較雅各書二章與羅馬書四章（加二章）在「信心」、「行為」和「稱義」的用法時，不難發現它們在語境上，有明

33 自十九世紀 F. C. Baur 之後，不少德國的學者（特別是杜平根學派）都以「衝突模型」（conflict model）去理解初期教會的發展，認為以保羅為首的外邦基督教與以耶路撒冷使徒為中心的猶太基督教之間，出現嚴重的分歧和衝突，直至二世紀末這衝突才得到疏解，外邦基督教成了正統的大公教會。晚近追隨這思想的，有如 Lüdemann 1989，雅各被視為是極端保守猶太基督教的代表，針對保羅及他所領導的外邦宣教。Jackson-McCabe 2001:178～185, 249～253 則認為雅各使用「使人自由的律法」是要對抗保羅認為律法的無能。參晚近 Syreeni 2001 一個循此角度所作的重構。我們並不否認早期教會信仰的多元性，但多元化不代表它們之間必定是充滿矛盾和衝突的。

顯的分別（容後討論）。若是如此，則有四種可能性：（1）雅各全然誤解了保羅對這些字的用法；（2）雅各刻意曲解保羅對這些字的用法；（3）雅各是針對某種歪曲了的保羅教訓，不是保羅自己，而是某些持保羅主義的人，以「只要相信便可得以稱義」作口號，引向無律法主義的生活，早至奧古斯丁已提出這看法。[34] 這些推測都並非不可能，特別是雅各書二章21節和羅馬書四章2節的"ἐξ ἔργων ἐδικαιώθη"「因著行為得顯／得稱為義」所用的字眼相同，而兩者在表面上持相反的意見。然而，以上這三種可能性，都表示雅各書是我們現今僅有文獻上的證據，說明在初期教會中存在著對保羅因信稱義的教導，有所扭曲或誤解。另一困難是，在沒有當代其他相關資料的支持下，怎樣才可構成足夠的證據，確定是哪一種可能？這裏前兩個可能，假設了雅各和保羅之間存在齟齬，並且多認為使徒行傳有關他們的記載（十五12～21，二十一18～25；參加一19，二9），是路加粉飾了他們之間的衝突。以上三個可能，同樣面對雅各是直接針對保羅這假說的困難，為何雅各書只在這裏而沒有其他地方，針對他們之間的分歧？而且雅各也沒有討論保羅所關注有關割禮、潔淨之禮、守安息日、與外邦人同桌吃飯（參加二11～13）等問題。無論如何，這些可能，都不一定構成雅各與保羅兩者在教導上存在矛盾。

第（4）種可能性，亦是筆者所接受的，是雅各和保羅從不同的角度針對截然不同的問題，[35] 保羅所針對的是外邦信徒被納為神子民的問題，雅各則是針對信仰與生活一致性的問題。對雅各來說，信心代表對上帝的忠誠、信任和委身（一3、6，五15），真正的信心不只是對上帝口頭上的宣認，也包括實際生活行動的表現，對比於那死的、無益、無效、只屬口頭的信心（二17、20、26）。信心必須與行為並行，並且藉

34 支持這看法的學者不少：Bultmann、Kümmel、Dibelius、Schrage、Goppelt、Laws、Davids、Lüdemann、Ropkes、R. Martin 等。Reumann（1982:156～158）循另一不同的角度去思考，認為雅各旨在補保羅因信稱義這教義的不足，而不只是針對其誤解。

35 支持者有 Jeremias、Fitzmyer、Bauckham、Moo、Johnson、Hartin。

著行為而得成全（二22下、24）。從這角度去看，亞伯拉罕那得顯為義的信，是一種有行為的信，這行為的表現可見於他獻以撒為祭這事上（二21）。他的信心不是「單獨的」（二24），而是有行為作為證據的，他的行為顯示了他的信，也是實踐了上帝所要求的義，完成了他與上帝之間那種立約的義的關係，蒙上帝所悅納。

保羅與雅各的看法一樣，信心是一種對上帝全然的信靠。但對保羅來說，信心是相信上帝會實現祂所應許的，正如昔日亞伯拉罕相信上帝的應許，同樣新約的信徒，亦相信上帝在耶穌基督裏所完成的救贖，可以叫人在上帝面前得稱為義，被宣判為無罪（羅三27～四25）。在信心和稱義的表述上，保羅和雅各都有分別。有學者認為保羅所指的行為，是指律法的行為，或甚而只是針對那些猶太人所認為作為上帝子民所應有標記的律法上的行為，如割禮、守安息日和潔淨之禮等，這是因向外邦宣教而引發出來的問題。在羅馬書和加拉太書，其焦點是猶太人與外邦人的關係，那裏所指行為的重點的確是與這些有關，然而這些「律法的行為」並非雅各的關注（如 Baukham 1997:154～155）。話雖說回來，保羅所強調的信心，也並非一種沒有行為的信！加拉太書五章6節下半就這樣說：「惟獨使人生發仁愛的信心才有功效（ἐνεγρουμένη）」（比較雅二20：“ ἀργή ”「沒有功效」）。對保羅來說，這種因信得救的信並非是沒有愛心的行為，這也是以弗所書二章8至10節的說法：「你們得救是本乎恩，也因著信；這並不是出於自己，乃是神所賜的；也不是出於行為，免得有人自誇。我們原是他的工作，在基督耶穌裏造成的，為要叫我們行善，就是神所預備叫我們行的」（參帖前一3；多三4～8）。在信心必須要有行為這關係上，雅各和保羅是沒有矛盾的，正如改革宗神學家加爾文所說：「我們單因著信心得救，但那叫我們得救的信心並非孤單的」，這信心必定會有行為的伴隨，行為是這信心的證據。

釋義（二 1~26）

完全的信心與偏待人是互不相容的（二1~7）

二章1節道出了二章1至7節這段的主題：不可偏待人。信徒信心的對象是那位榮耀的主耶穌基督（二1），這正是我們所敬奉的尊名（二7），這榮耀的主，就是那從死人中復活，並且將要降臨審判活人死人的主（五8~9），這是我們信仰的獨特性，這位是我們順服的主，也是那位向我們問責的主，相信這樣的一位主，忠於祂的教導，特別是下文所提：要以「愛你的鄰舍如同自己」（二8）的命令去守律法，這是與偏待人的行為，互不相容的：「相信基督」與「按外貌待人」是水火不容的。而且他們只顧存富有人的體面和榮耀，卻忘了這是羞辱主的榮耀，榮耀的主必定審問，叫這些人蒙羞。在舊約中已清楚說明，上帝是不偏待人的：「因為耶和華—你們的神—他是萬神之神，萬主之主，至大的神，大有能力，大而可畏，不以貌取人，也不受賄賂」（申十17）。保羅當提到上帝的審判時也說：「因為神不偏待人」（羅二11），彼得也是這樣的強調父上帝的本性，祂是那位「不偏待人、按各人行為審判人的主」（彼前一17）。作為上帝國度的子民，也不應在審判時偏私。

雅各描述一個出現偏袒的情況作為例子（二2~4），這裏所描繪的場景，並非一般性的聚會，而是為審理某案件而有的聚集；當時猶太人的會堂也會作審訊之用。雅各描述兩個人，一位明顯是富有人家，衣著光鮮、珠光寶氣，另一位則是衣衫襤褸的窮等人家，未正式開審，兩者已受到不同的待遇，前者得到禮貌的款待，關切的禮遇，可以上座，後者則被呼叱坐在地上腳凳的旁邊，這並非單純是有沒有禮貌的問題，明顯是對貧窮人表示鄙視和輕蔑。這種「先敬羅衣後敬人」的不同對待，不只反映出待人的雙重標準，而是在他們心裏受到邪情的影響，利欲薰心，以致如此的分門別類，沒有將兩者作同等的看待，明顯是偏幫富有人，歧視貧窮人，那又怎樣可以期望這些主理審訊的人，在處理他們兩者的訴訟，能作出公平的判決呢？又如何可以做到公正嚴明、大公無私呢？當時的富有人在他們身處的社會中甚具影響力，若在審訊事情上不偏幫他們，他們可能會給這信仰羣體增添許多麻煩，不再支持或資助他們，使這些僑居於猶大地之外的猶太信仰羣體，受到政治和經濟上的壓力。然而，這些審判官偏幫權貴的態度，只會做成重罪輕判、輕罪重判，或甚而貪贓枉法、徇私舞弊，容易做成收受賄賂、朋比為奸，難有公義、公信可言，這種司法的不公，是上帝所憎惡的。先知彌迦就曾指控他那一代的領袖：「雅各家的首領、以色列家的官長啊，當聽我的話！你們厭惡公平，在一切事上屈枉正直；以人血建立錫安，以罪孽建造耶路撒冷。首領為賄賂行審判；祭司為雇價施訓誨；先知為銀錢行占卜。」（彌三9～11）耶和華是會追討這些人的罪，瑪拉基書二章9節記載耶和華這樣說：「所以我使你們被眾人藐視，看為下賤；因你們不守我的道，竟在律法上瞻徇情面。」雅各首要處理的，固然是在他們審訊中不能歧視貧窮人，冷待他們；在現今生活的應用上，則不只局限於此，在教會生活的場景中，人與人相處也應一視同仁，不應因為種族、社會階層、年齡性別等而作分門別類的歧視（參加三28）。

雅各指出這種偏私歧視貧窮人的行為是不要得的，他提出兩個原因：

一、這種以人的社會地位衡量人的方式，與上帝衡量人的方式背道而馳（二5）：上帝所看中的，並非那些有財有勢、心高氣傲的人，而是那些無依無靠，願意將自己生命信託於上帝的貧窮人，世俗的眼光與上帝的眼光是截然不同的。在世人眼中，貧窮人是可棄的，甚而是可恥的，沒有半點光采和榮譽；但當時教會的經驗，往往就是貧窮人，那些體察到自身脆弱缺乏的人，樂意誠心地投靠那位施恩的主。從信心角度去看，這些在社會上貧窮的人卻是富足的，他們得進入上帝的國度，成為這國度的子民。只有作為這國度的子民，才可以繼承這國度的一切，包括永遠的生命（參一12）。貧窮人雖沒有物質上的財富，卻更能專心倚靠上帝，信守律法，這正是信心的表現。在山上寶訓中耶穌曾應許說：「虛心〔原文直譯為『心靈貧窮』〕的人有福了！因為天國是他們的……溫柔〔原文直譯為『謙卑』〕的人有福了！因為他們必承受地土」（太五3、5）。「承受國度」這說法，見於新約多處地方（太二十五34；林前六9、10，十五50），保羅稱信徒與基督同為繼承人（羅八18），是根據應許成為繼承人（加三29）。那些愛上帝、效忠於祂的國度的子民，是上帝所寶貴的，他們享有上帝所賜予尊貴的身分，他們現今所經歷及將來要得到的，是世界所不能給予的豐盛。信徒不應以世俗的眼光判定這人現今在地上的成就，人今生所擁有的名與利，並不能使他承受國度的應許，衡量一個人要從信心、從上帝的角度去作評價。上帝貴重貧窮人，與那些諂媚富有人、輕忽貧窮人的，益成強烈的對比。人的「面值」是由甚麼決定的呢？是由市場、由自己、由他人，都不是！是由上帝決定的。

有學者（Wall 1997:103～105）推斷這裏可能是指一個猶太人的債主，向一位猶太裔基督徒討債，這債主暗示這貧窮的負債人，是恃著有信奉基督之名的羣體為他撐腰（二7），而拒絕還款；這債主拿這負債人到基督徒的法庭去，可能是要藉此威迫這負債的人及他所屬的信徒羣體為他還債。另一可能性是那貧窮的信徒指控那猶太人的地主拖欠他的工資（參五1～6），在羅馬地方法院中得不到公平的判決，他既知道這地主是一位宗教人士，因此便告到猶太基督徒的羣體那裏，為要討回公道。無論是那種情況，這信眾羣體的領袖們都沒有站在那貧窮人的角度去處理這訴訟，反而偏幫這富有人。或許我們會奇怪，當時信賴基督的羣體，如何會犯此大錯。其中一個可能，是因為這些有權勢的富有人，在社會上有一定的地位，作為教會的領袖們，似乎不能不考慮這些人對他們支持，最少要避免「不必要」的衝突，沒有必要為著一個「會友」的欠債或討債，而傷害了與這些權貴的關係。可能當中有人認為，從所謂整體和長遠的角度去看，得到這些富有人的支持，對福音的推廣，對羣體的建立，在策略上是重要的，若在審判的事情上稍作「讓步」，可以博得這些富有人在其他各方面提供方便和支持，因而忽視了他們有責任去幫助那些無依無靠的貧窮人，為他們伸張正義。雅各所倡議的，是一種抗衡文化的智慧，這種不徇情面的做法，對一般的人來說，可能是極之不明智，或甚而會覺得錯失某種有利的機會，或是反將自己置於不利的境地，但雅各所要強調的，是不攀附權勢，只仰賴那厚賜百物予他們的上帝（參一17～18）。

二、富足人有三方面的罪行（二6～7）：雅各臚列了富有人三方面的罪行：（1）當時的富有人往往是為富不仁，以恃勢凌人見稱；（2）他們所恭維和迎合的富有人，卻偏是那些對他們信仰羣體的成員做成不必要傷害的，富有人往往因為債務上的糾紛，將貧窮人拉上羅馬的法院，他們財雄勢大，在官司中佔盡便宜，造成不合理的利益傾斜，貧窮人在其中吃盡苦頭。（3）這些富足人在宗教上的取態：他們不只不信奉那榮耀的主耶穌基督的名（二1），反而褻瀆信徒所寶貴的主的名（五10、14）。壓迫與逼迫不同，前兩種罪行屬於壓迫，是有權有勢者對弱勢的個人或羣體的踐踏，第三種罪行屬於宗教上的迫害。這些富有人理應受到譴責，因為不論是在社會公義上，或是在信仰的立場上，他們都是恃勢凌人的，然而他們中間竟有人討好他們，這是趨權附勢，曲意逢迎，叫公平不得伸張（二6下～7），做成為了利益而草菅人命，這樣也是敵我不分，是與上帝的敵人結盟（四4）！雅各揭露此種阿諛奉承的行為，是為虎作倀，叫行這些事的人，自覺羞愧。

偏待人與沒有憐憫的行為是有違王者之律（二8～13）

雅各在此不只提出以上兩個理由，還提出第三個基於聖經的理據，並且引出一個普遍的原則，就是那些國度的繼承人，就是愛上帝的人（二5），他們的言行要受到王者之律的規管，這王者之律是為上帝國度的子民所制訂，同時要以「愛你的鄰舍如同自己」這原則去理解和應用（二8）。偏待人雖只是違背了律法中的一條，或許對某些人來說，覺得是無傷大雅，又不是大奸大惡、殺人放火，然而仍是絕對不可輕視。因為人不需要違反所有律法才被定為罪犯，人只要犯了其中一條，便是罪犯了（二9～11）！罪惡雖有輕重之別，但其性質則一，就是不服於上帝的權柄。我們縱容一者發生，便可容讓其他出現，要防微杜漸。上帝是獨一的，這獨一不偏待人的主，也是那制訂律法的，律法中的要求不是我們可以選擇性地遵守的——我們必須透過愛你的鄰舍如同自己這誡命去理解和實踐律法。

明代洪應明的《菜根譚》中有此雋語：「一念錯，便覺百行皆非，防之當如渡海浮囊，勿容一針之罅漏。」我們對自己要嚴格自省，因為我們的一言一行，最終都要向上帝交代。在此犯罪的人是沒有按照聖經所說：要愛自己的鄰舍；上帝要憑乎這原則和律法的標準去審判人的言行。這使人自由的律法，並非叫人自由地任意妄為，想作甚麼便去作，而是叫人從自己的私欲中得到自由，按著上帝的心意去說話行事，這律法是要幫助我們建立這種新的自由，自由地去愛上帝和愛人（二12上）。正如耶穌在登山寶訓中指出：「莫想我來要廢掉律法和先知。我來不是要廢掉，乃是要成全。我實在告訴你們，就是到天地都廢去了，律法的一點一畫也不能廢去，都要成全」

（太五17～18），隨著耶穌以六個對比説明如何完成律法的要求，最後一個對比，就是解釋甚麼是愛你的鄰舍如同自己，在這方面，作為天國的子民，耶穌的要求是：「所以，你們要完全，像你們的天父完全一樣。」（太五48）這「完全」亦是雅各書所強調的（一4）。

路加福音六章36節以另一種方式表達：「你們要慈悲，像你們的父慈悲一樣」，雅各書五章11節也是用「慈悲」這同一字形容上帝，在舊約中，神被描述為大有憐憫的（出三十四5～6；參申四31）。這亦是神要求於以色列民的（彌六8；參何四1，六6，十二6；箴十四21；但四27；亞七9）。無憐憫是違反神的本性及神對人的心意。按外貌待人不只是無公正（二4），也反映出行事的人，背後的無憐憫（二13）。作為上帝的子民，要有出於上帝的憐憫和慈悲，我們向他人顯出恩慈，正是我們實行天國的律法的明證，也是我們來到審判台前最好的辯護，那接受憐憫的人，必然會向他人施憐憫（二13上）。「憐憫可向審判誇耀」（二13下）所言的憐憫，同時可以是指人的憐憫和上帝的憐憫，人回應上帝的憐憫而實行憐憫，同樣是上帝回應人憐憫的行動，在終極的審判時施予憐憫；人就自身而言，仍是不足的，他向人施憐憫並不代表他已經完全，可明正言順的向上帝索取報酬，他仍需要上帝向他施予憐憫，叫他得以完全。

這警語與耶穌在馬太福音十八章23至35節所説「惡僕討債」的比喻，有相似之處，雖然那裏所説，是關於要饒恕他人，然而比喻中王的觀點：「你不應當憐恤你的同伴，像我憐恤你嗎？」（十八33），正好反映出上帝對人施憐憫，同樣那接受憐憫的人，也應向別人施憐憫。當人站在既得利益者的立場，或多或少都會從維護自己既有利益的角度看事情，這樣便容易漠視了貧窮人的需要，疏忽憐憫的行動，甚而屈枉公正。在物質上「有的人」要與「沒有的人」分享，這是聖經一貫的教導；這是凡相信基督為榮耀的主的人，必須有的行為表現。

完全的信心必定有行為的表現（二14～26）

作者以修辭反問語，開始二章14至26節這段落的主題，信心與行為的關係：「若有人説自己有信心，卻沒有行為，有甚麼益處呢？」這裏所指的信心，是對榮耀的主耶穌基督的信（二1）。在二章1至13節作者已經指出，有對耶穌基督這種信心的人，必定會按耶穌所吩咐的「愛你鄰舍如同自己」去實踐律法，特別在審訊的事情上，絕對不應偏袒富有人，且對人必定會有憐憫的態度，這裏再進一步的指出信心要顯出行為來。真正的信心絕對不只是接受一套信條，舊約先知早以此提醒以色列民，真正的敬虔，不只是在禮儀上克盡本分，而是要尋求公平、關懷社會中有需要的人（參賽一11～17），雅各於一章27節也早已指出這點；言信行果、濟人緩急，是每一個愛上帝、愛鄰舍的人應有的表現。雅各以雙重的修辭反問語斬釘截鐵的指出，沒有信心的行為，對任何人都沒有益處（二14～16下）。雅各在此並不是要對比信心與行為，他是在對比有信心的行為與沒有行為的信心，真正的信和敗質的信。

為了證明這立論，雅各舉出一個信心沒有行為的例子（二15～16上），這似乎好像是一種假設性的情況，但仍是有可能發生在信仰的羣體中間的。他們中間有人在日常的衣食住行的需用上出現了困難，陷入困境之中，變得飢寒交迫，然而那些有能力幫助他們的人，卻只是輕描淡寫的為這些有需要的人禱告祝願：「平平安安的去吧！願你們穿得暖，吃得飽。」在猶太人中間，以「平安」作為祝願，是非常普遍，不論這種祝願是循例還是敷衍，他們那種漠不關心、一毛不拔的態度，是偽善的表現。憐憫不只是一種同情的感覺，也必須要有行動的表現，憐憫不是任何的交換，也不要求接受施予者的回報，只是因愛的關心而作出白白的施予，不要求感激，也不要求公平。只是說「祝你好運」或「神祝福你」，或是說一些動聽的說話安慰有需要的人，而不實際的施予援手去幫助他，不只是不切實際、於事無補，也只會變成是打發他們的手段；「有心無力」可能只是推搪的藉口。這種對身處困境中的貧窮人無動於衷的態度，已見於二章1至7節所描述那審訊上偏私的情況之中。耶穌就曾提醒說，作在那些有需要的人包括客旅、赤身露體、有病的、飢餓的和坐牢的，就是做在弟兄中最小的一個身上的，就是做在他身上，末後必得永生的賞賜，不然，就要被判定永刑（太二十五31～46），當我們看到別人有需要時，絕對不應置身事外、袖手旁觀。作者重複，若沒有給這些有需要的人實際的幫助，這種隔岸觀火的態度，反映出這人的信心不只是殘缺的，也是不能叫這人得救的（二16下）。作者最後歸結說：信心若沒有行為，就其本質來說，是死的，是沒有生命的（二17）。這亦是本章最後一節所作的結論，在總結這議題之前，雅各意味到有人會提出不同意他的觀點，於是提出反駁。

作者再假想有人會這樣提出質問：「你有信心嗎？」（二18上；有關這裏採取這種理解的原因，參註釋）意思是說，我有信心已是絕對足夠，何需其他的呢？雅各的答覆清楚說明信心與行為的關係。雅各說：「我有行為」（二18中），然後反過來質問說：「你將你那沒有信心的行為指給我看」（二18下），即單是宣稱自己有信心，卻沒有行為的表現，如何可以說服人說自己真的有信心呢？信心不可能是隱形的，亦只有透過行為表現才可以見到信心的實在。對雅各來說，他藉著自己的行為，便可以證明他實在是有信心的。施洗約翰也要求那些到他那裏受洗的人，要有行動的配合（路三7～14）；耶穌也曾警告在末後審判的時候，那些只是口頭上稱他為主的，不一定是屬於他的（太七15～27）；保羅也有類同的看法：「惟有那使人生發仁愛的信心才有功效。」（加五6下）

對一個敬虔的猶太人來說，〈示瑪〉所說：「以色列啊，你要聽！耶和華─我們的神是獨一的主。你要盡心、盡性、盡力愛耶和華─你的神」（申六4～5），這是他們自幼便認識，並且天天早晚都背誦的經文，也是他們最重要的信仰宣認，相信這重要的信條，並非錯誤，是應該的：「你做得對極了」（二19上）；然而若只停留於口頭上的宣認，是不足夠的。因為鬼魔們也有這樣的認知，他們卻顫慄發抖（二19下），因為這獨一的上帝，是它們的對頭，它們最終要面對上帝的審判（參四4）。最少鬼魔們也有驚懼的反應！站在上帝審判的台前，所有上帝的敵人都應恐懼驚慄。

在二章20節，雅各指斥這些人為愚妄人，這種只言自己有信心而完全忽視行為的人，是草率莽衝、冥頑不靈的，他們之所以如此，是因為他們拒絕承認：沒有行為的信心，是行不通的。作者引用舊約中兩個人物為例，先是亞伯拉罕。雅各選擇亞伯拉罕，不只是因為他是以色列人的先祖，而且根據猶太人的傳統，亞伯拉罕是自挪亞之後，第一位擺脫偶像敬拜，獨尊一神的人，因此在這裏引用他為例子是最適合不過的。亞伯拉罕既相信上帝是獨一的、是那配得絕對敬奉的，甚至願意將自己的兒子以撒獻祭在壇上給祂，他這行動就成為信心要有行為表現的最佳例證（二21～22）。他的行為，正表達出他與上帝之間背後那種義的關係，他願意為上帝獻上他所珍貴的，證明他是一個義人。作者引用創世記十五章6節「亞伯拉罕相信神，這就算為他的義」為佐證（二23上）。

作者從以上亞伯拉罕的例子中歸結出以下結論：「信心與他的行為並肩而行，而信心藉著行為才得成全」（二22）。雅各並不是認為行為比信心重要，也不是只需要行為而不需要信心，甚而不是信心必須要加上行為，而是信心和行為是不可分割的整體。至於信心與行為的關係，是否有內外之分和先後之別？從信心開始，最終得以完全，是有先後之分（一4），從對上帝的信到行為的表現，實有內外之別，然而它們之不可分割，是因為不可能只有其一，兩者是並駕齊驅，互相配合，最終信心便得以完整，才能叫人達到得以完全的目標。信心和行為是孿生的，不可能只有其一。亞伯拉罕被稱為是上帝的朋友（二23下），在舊約中已有這樣對他的評價（代下二十7；賽四十一8），他得到這樣的稱讚，是因為他對上帝的愛，對上帝的順服和忠誠。亞伯拉罕所具備的信，是一種使人得救、叫人稱義的信，是有行為表現的信，在最終審判的時候，行為是那人有信心的證據，而不只是單憑人口裏宣稱自己有信心。正如神學家加爾文所言：「人得以稱義是單因著信，但這叫人稱義的信並非單獨的」，這信心必定會有行為的表現。換句話説，沒有行為的表現，便沒有真正的信心！

雅各選用的另一個信心有行為的例子是妓女喇合（二25），事情的始末記載於約書亞記二章1至21節，雖然雅各並未有指出喇合有信心，可能他假設了他的猶太人的讀者，對喇合是一位皈依猶太教的外邦人有所認識，她曾宣告説：「耶和華──你們的上帝本是上天下地的上帝」（書二11下），這宣認正顯示她接受耶和華為那創造的獨一的主，這是她的起點，她不只是接待以色列人的探子，而且冒上生命的危險將他們收藏，避過了迦南人的追捕，最後他們得以回到以色列會眾那裏去。她的信心是有行動的配合，並且她的行動證明了她的信心。

雅各最後作出總結（二26），這總結主要是針對二章14至25節，但也可以説是全章的總結：「正如身體沒有靈魂是死的，照樣信心沒有行為也是死的。」這結論作者在二章17節已提出過，這裏以身體沒有氣息是一個死亡的軀體，作為信心沒有行為的比喻，有生命者必然會有活動。行屍走肉的信不只是可悲的，也可以是可怕的，因為人可以藉信仰的名義作各種不義的事。

雅各以不同的方式重複信心必須要有行為的前題，從反面的角度去說：

- 沒有行為的信心，是沒有益處的，這種信心不能救他（二14～15）
- 沒有行為的信心是死的（二17、26）
- 沒有行為的信心是行不通的（二20）

從正面的角度去說：

- 信心要與行為並肩而行（二22上）
- 信心要有行為才得完全（二22下）
- 信心要有行為才可得顯為義（二21下、23）

雅各在此並非只是強調宗教的外在表現，不然更高的外在表現的要求，有可能帶來更高的偽善，雅各所要求的，是表裏一致，是從內而外的一致性，對上帝與基督的信，所要求的外在表現，就好像耶穌所說的好樹會結出好果子（太七16～20），但外在的表現是可以偽裝的，就像狼披著羊皮（太七15），然而好的果樹不可能結壞果子，或是沒有果子。因此信心這內在對上帝和基督的忠誠，必然有一種相應的外在實踐。人得救，不是因著沒有行為的信心，也不是因著沒有信心的行為，而是藉著有行為的信心，也可說是基於有信心的行為作憑據，因為信心和行為二者是不可分割的。

誠如王陽明知行合一之說所強調，真知必有真行；雅各所言也是：真信，必有真行，有生命的信心，就必有行為的表現；從基督教信仰的角度去看，真知是真正知道上帝，這真知是從上帝而來，是從上帝的話語和智慧而來的。然而，王陽明的知行合一說的弊端，是將做學問的工夫也看為知，將行也歸入知之內，難怪後來王船山批評他是「銷行而歸知」。我們也不能將行為歸入信心，也不能將信心歸入行為而成信德，他們之間是有分別的，但卻是不可分割的。不是天天讀經禱告敬拜便是愛上帝，便是足夠，但也不是說天天讀經禱告並不重要，然而對上帝的敬拜必須有形諸於外的善行，這信心才是完整的。雅各告訴我們，人在肉身上的需要是重要的，或許對大部分衣食足的人來說，並不在意，但上帝卻關注那些在肉身上有需要的人，這也要成為屬上帝的子民和羣體的關注，是相信上帝的人所應有的反應。

我們不單相信上帝是獨一的，我們也愛這上帝，這成為我們愛鄰舍的動力和基礎，然而在我們愛上帝之先，上帝已先愛我們，將各樣美善的恩典和完備的賞賜恩澤於我們（一17～18），這愛我們的主，叫我們看到自身在上帝面前的價值——我們是按照上帝的形像被造的（三9），人類是同出於這一位創造的主，在上帝面前所有人都是同樣寶貴的。我們的鄰舍也要因著我們對他們的愛，得見這獨一的上帝，是那創造我們和愛我們的主。

在我們的社羣中，有哪些有需要的人，是被忽視了的呢？當我們有需要時，會期望有人關切我們、幫助我們，這種期望在信仰羣體中特別強烈，然而有否想過，我們甚而要去尋找那些有需要的人，付上我們的關懷？而不是只要求別人關切自己的需要，儘量推搪和迴避自己可作的貢獻。

一個不完整的生命，會在偏私一事上顯露出來，這樣的人沒有從上帝的角度看事情，與世俗的價值妥協，也沒有履行耶穌愛人如己的命令：真正完整的信心，必然會有善行的表現，這才是完全的。

3.2 要有從上帝而來的智慧（三 1～四10）

1 我的弟兄姊妹們，你們不要多人作教師，因為你們曉得我們必要受更嚴厲的審判。

2 實在我們所有人都犯許多過失；若有人在言語上沒有過失，這就是完全的人，甚而能勒住全身。

3 我們若把嚼環放在馬嚼裏，叫牠們服從我們，就能調動牠們的全身。

4 又試看船隻，它們是那麼龐大，需要勁風將之推動，只需小小的舵，便隨掌舵者的意願操縱。

5 舌頭也是這樣，雖然是一個小肢體，竟能如此誇耀。你看，星星之火可以燎原啊！

6 舌頭是火；在我們肢體中，舌頭構成不義的世界，它污穢全身，焚燒生命的輪， 自己亦被地獄的火焚燒。

7 因為各類的走獸飛鳥、昆蟲水族，都可以馴服，且已被人類馴服了；

8 惟獨舌頭沒有人能馴服：難於駕馭的惡物，滿有致命的劇毒！

9 我們用它頌讚那位主和父，又用它詛咒那按著上帝形像受造的人；

10 頌讚與詛咒從同一張嘴巴出來。我的弟兄姊妹們，這是不該如此的。

11 泉源豈能從同一孔穴中，噴出甜水和苦水來呢？

12 我的弟兄姊妹們，無花果樹豈能結出橄欖來呢？葡萄樹豈能結出無花果來呢？鹹的水源也不能流出甘甜的水來。

13 你們中間誰是有智慧、有見識的呢？就應以他為人良好，顯出他的行為，是出於智慧的謙虛。

14 但你們心裏若懷著苦毒的嫉妒和自私，就不可誇口，說謊違背真理。

15 這種智慧不是從上面來的，而是屬於地下的、血氣的、鬼魔的。

16 因為那裏有嫉妒和紛爭，那裏就有擾亂和各樣的壞事。

17 至於從上面來的智慧，以純潔為首，其次是和平、寬宏、柔和、滿有恩慈和善果、沒有偏袒、沒有虛偽的。

18 至於締造和平的人，公義之果是在和平中播種的。

三章1至12節與上文沒有任何聯繫，開始了一個全新的主題：言語。這主題已見於一章19節：「敏於聽、訥於言、緩於怒」和26節：「然而不控制他的唇舌，這實在是欺騙自己的心」，這裏是對這主題作更詳細的闡述。正如二章1節一樣，三章1節以「我的弟兄姊妹們」（ἀδελφοί μου）和命令語氣動詞（Μὴ γίνεσθε「不要有」）作開始，並以兩個修辭反問語（rhetorical questions）作結。全篇有不少雙聲疊韻的例子：πολλὰ πταίομεν ἅπαντες（三2）；μικρὸν μέλος ... μεγάλα（三5）；φλογίζουσα ... φλογιζομένη（三6）；δαμάζεται ... δεδάμασται（三7）；δαμάσαι δύναται（三8），又大量地使用了圖像式的比方：馬、船、火、泉源、樹等。又不斷重複一些重要的字彙：「身體」（三2、3、6，在本書中共出現五次）、「舌頭」（三5、6、8，在本書中共出現四次）和「嘴」（三3、10），並與言詞有關的用字：「言語」（三2）、「祝福」和「咒詛」（三9、10）。值得注意的，是這段使用了很多在新約其他地方極少出現，甚而未有出現過的字彙。只在此段中出現的字彙：“μετάγειν”「調動、推動」（三3、4）；“αὐχεῖν”「誇耀」（三5）；“ὑλίκος”（三5）「樹林」；“φλογίζειν”「焚燒」（三6〔2x〕）；“τροχός”「輪」（三6）；“ἐνάλιος”「水族」（三7）；“θανατηφόρος”「致命」（三8）；“ὁμοίωσις”「形像」（三9）；“χρή”「應該」（三10）；“βρύειν”「噴出」（三11）；“ἁλυκός”「鹽」（三12）。只在雅各書出現的字彙：“χαλιναγωγεῖν”「勒住」（三2；另參一26）；“ἀκατάστατος”「不定」（三8；另參一8）；“πικρός”「苦」（三11；另參三14）。在新約其他地方出現少於五次：“πταίειν”「犯」（三2〔2x〕；參二10）；“τηλικοῦτος”「龐大」（三4）；“ἡλίκος”「小」（三4）；“σκληρός”「強勁」（三4）；“ἐλαύνειν”「推動」（三4）；“πηδάλιον”「舵」（三4）；“εὐθύνειν”「操縱」（三4）；“ὁρμή”「意願」（三4）；“ἀνάπτειν”「點燃」（三5）；“σπιλοῦν”「污穢」（三6）；“ἑρπετόν”「昆蟲」（三7）；“δαμάζειν”「馴服」（三7、8，3x）；“ἰός”「毒」（三8，參五3：「銹」）；“καταρᾶσθαι”「咒詛」（三9）；“ὀπή”「孔穴」（三11）；“γλυκύς”「甜」（三11、12）；“σῦκον”「橄欖」（三12）。

三章1至2上半節宣告了整段的主題（Davids 1982:136; Watson 1993B:52），但卻不是如有學者所言，與三章2下半節至12節有自相矛盾的地方（正如 Dibelius 1976:182），反之，作者將針對教師在言語上要謹慎的警告，引申至整個社羣都要慎言（參 Moo 2000:147～148）。

三章1至12節的結構

3.2.1 謹慎言語（三1～12）

3.2.1.1 警惕用口舌教導人的教師要善用言語（三1～2）

3.2.1.2 舌頭雖小卻大有威力：兩個比方（三3～5上）

① 嚼環在馬嘴裏（三3）

② 舵在於船（三4）

③ 總結（三5上）

3.2.1.3 舌頭雖小卻甚具破壞力（三5下～6）

① 舌頭是火（三5下～6上）

② 舌頭是個不義的世界（三6中）

③ 舌頭叫人承受地獄之火（三6下）

3.2.1.4 舌頭難以駕馭（三7～8）

3.2.1.5 舌頭的兩面性（三9～12）

① 頌讚和咒詛同出一口（三9～10）

② 兩面性是不該有的：三個比方（三11～12）

從修辭的角度去看，可作以下分段（Hartin 2000:181～182；參Watson 1993）：

三章1至12節的修辭大綱

主題：不要多人作教師（三1）

原委：因為我們在話語上都會犯錯（三2）

理據：舌頭能發揮龐大的威力（三3～5上）

修飾：舌頭破壞性的威力（三5下～10）

結論：以大自然的例子總結舌頭兩用的不當（三11～12）

三章13至18節可以完全理解為一個獨立的單元，三章2和17節的“σοφός”「智慧」一字，在此段中成了首尾呼應。三章13上半節宣告了此段要處理的主題，其作用正如二章1節和三章1至2上半節一樣，三章18節是這段總結性的言詞，一如當代智慧文體所有的特性，以諺語作為一個段落的總結。此段與上下文關係密切，與上文三章1至12節有三方面的關連：（1）三章13節所指「有智慧和見識的人」，在申命記一章13至15節是用作形容以色列人中的領袖，三章1節正是針對在羣體中間作為教師的，兩者有平行的地方。（2）三章12節所用的比方，不同的果樹會有不同的果子，可以說與這段兩種不同的智慧，源

於同一種思想，從上頭而來的智慧與屬地的智慧，有兩種截然不同的表現，有學者就認為三章18節不單是三章13至17節的總結語，也是全段的總結語（Martin 1988:126）。（3）在用字上，此段與三章1至12節重複了此兩段兩個鑰字：" πικρός "「苦毒」（三11／三14）和 " ἀκατάστατον "「不止息」（三8／三16）。又因為言語是智慧文獻中一個非常普遍的題目，在討論慎言之後，以真正智慧的表現作為結束，也是相當自然的。

有不少學者視四章開始為新的段落，這樣分段也不是沒有道理的，首先是四章1節與上文並沒有任何文法上正式的聯繫，從主題的角度去看，三章13至18節是有關兩種智慧的對比，四章則開始另一主題：嫉妒（ζῆλος）。然而，三章16節，作者已觸及這個主題：「因為那裏有嫉妒（ζῆλος）和紛爭，那裏就有擾亂和各樣的壞事」，" ζῆλος "「嫉妒」一字見於三章14和16節，同字根的動詞 " ζηλοῦν " 則見於四章2節。從結構上看，三章13節和四章1節同樣都是以修辭反問語作開始（Johnson 1983:333）。從天上而來的智慧的首種特質 " αγνή "「純潔」（三17），亦見於四章8節同字根的動詞 " ἁγνίζειν "「潔淨」；地上的智慧是屬鬼魔的（三15：δαιμονιώδης）與四章7節所言的魔鬼（ὁ διάβολος）不無關係。這裏我們贊成莊遜的看法，視三章13節至四章10節為一整段，主題是嫉妒，三章13節至四章6節發展對嫉妒的指控，四章7至10節則是讀者應有的反應（Johnson 1983；參 Martin 1988:142）。注意四章1至7節所有動詞都是直述語，描述在羣體中出現的衝突，四章6節所引用箴言三章34節：「上帝抵擋驕傲的人，賜恩給謙卑的人」，為下一分段讀者應有的回應鋪路；四章7至10節則連續出現了十個命令語氣動詞，呼籲讀者回轉悔改。四章10節是總結這一分段的諺語：「你們要在主面前謙卑自己，主就使你們升高。」

三章13至18節實有承上啟下的作用，好像一扇兩邊都可以開啟的門一樣，一方面是上段三章1至12節的總結，下啟四章1至10節有關嫉妒的討論。這和二章9至13節、四章11和12節的作用（會於下段討論），不無相似的地方。

綜合以上的討論，三章13節至四章10節的結構如下：

三章13節至四章10節的結構

3.2.2 天上與屬地智慧的對比（三13～18）

- 3.2.2.1 有智慧和見識的人應有的表現（三13）
- 3.2.2.2 對比於以上的表現（三14）
- 3.2.2.3 不是從上而來的智慧的特性和結果（三15～16）
- 3.2.2.4 從上而來的智慧的特性和結果（三17～18）

3.2.3 慎防嫉妒（四1～10）

- 3.2.3.1 嫉妒紛爭的由來（四1～3）
- 3.2.3.2 斥責與世俗為友的信徒（四4～6）
- 3.2.3.3 信徒要謙卑在上帝的面前（四7～9）
- 3.2.3.4 以諺語作總結（四10）

以下是從修辭的角度去看這段的結構（Hartin 2000:207）：

三章13至四章10節的修辭大綱

主題：藉著智慧的溫柔顯出善行的生活（三13）

理由：苦毒的嫉妒叫人抵擋真理（三14～18）

修飾：嫉妒帶來羣體中的不和（四1～6）

總結：呼籲讀者要順服上帝（四7～10）

3.2.1 謹慎言語 （三1～12）

3.2.1.1 警惕用口舌教導人的教師要善用言語（三1～2）

三1 我的弟兄姊妹們，你們不要多人作教師，

與二章1節一樣，雅各以「不要」（μή：命令語氣動詞）和「我的弟兄姊妹們」（ἀδελφοί μου）開始另一大段。“διδάσκαλος”「教師」在古代近東的社會中有相當崇高的地位，在猶太教的圈子中，「拉比」即教師；在福音書的傳統中，耶穌多次被稱為教師（42x）或拉比（太八19；可四38；路九38；約十三13～14），在早期彌賽亞運動中，教師是作為事奉者其中一種稱謂，且往往與先知相題並列（徒十三1；林前十二28～29；弗四11；《十二使徒遺訓》11.1～4，13.2，15.1～2；《黑馬牧人書》〈比喻篇〉9.15.4，9.16.5，9.25.2），教牧書信則將保羅作為使徒與教師並列（提前二7；提後一11）。相信在雅各所寫的猶太人羣體中，與猶太教一樣，作為教師的，在教會中的地位舉足輕重。《米示拿》〈先賢集〉就有這樣的話：「讓你對教師的敬畏，猶如對上天的敬畏」（4.12）。讀者身處羣體的問題並不是在他們中間有太多教師（如 Adamson 1976:146），不是要特別針對保羅作為教師，也不是「不要教導太多」（視“ πολλοί ”為副詞；參 BDF §243），而是警告不要只渴慕當教師，享有教師的名譽及所得各種的報酬（參《黑馬牧人書》〈比喻篇〉9.22.2指有些愚昧驕傲的人自以為有智慧，自薦當義務的教師），卻忽視了為師者的重責。“ γίνεσθε ”「不要有」為現在式命令語氣警告語，現在式有原則性的意思（gnomic）。雅各在此正是擔任了作為教師的角色。

因為你們曉得我們必要受更嚴厲的審判。

原文“εἰδότες”「曉得」一字是分詞，在此表達理由，為何不要有多人作教師。在保羅書信中，往往使用「要曉得」表達教會傳統的教導（羅五3，六9，十三11；林前十五58；林後四14；弗六8），這裏可能同樣表達一個讀者所熟悉教會傳統的教訓。“ κρίμα ”「審判」一字在新約中很多時候用作「判刑」，經過審判之後所得不利的後果（參可十二40；路二十三40；羅二2，三8，五16），這字只在雅各書中這裏出現。不要多人作教師的原因，是作為教師要面對更大的審判。耶穌也曾警告那些作為文士假意作的事，要受更重的刑罰（可十二40＝路二十47；參太二十三1～33）。作者使用「我們」，將自己同樣看為是教師。“ μεῖζον ”「更大」也可以指「更重」，即更重的刑罰（Ropes 1916:227；Dibelius 1976:182；參可十二38～40；羅二2，三8；林前十一34；彼後二3），也可以指「更高標準」，即更嚴格的審判（Laws 1980:144；Baker 1995:123 n.1；參羅五16；〔現〕），這裏譯作「嚴厲」，可涵蓋這兩種理解（Johnson 1995A:255～256；Hartin 2003:173；參〔和〕、〔呂〕、〔思〕），但不是指「受到的批評比別人更嚴厲」（〔當〕）。有學者（Moo 2000:149～

150）認為若是指更重的刑罰，則似乎語氣過重，會使欲當教師的人卻步，他認為因為教師往往用言語作教導，言語又是最難控制的，因此他們會有更多機會犯錯，會使自己面對更多被審判的危險，“ κρίμα ”「審判」一字是中性的用法，並不是指定罪（參約九39；林前六7；來六2）。然而，事實上教師因為責任的重大和影響力的深遠，要對他們有更高的標準，更高問責性，是絕對合理的。

三2 實在我們所有人都犯許多過失；

原文的“ γάρ ”用作解釋教師們要受更嚴厲判斷的原因：因為人都是軟弱的，容易犯許多過失。“ ἅπαντες ”「所有人」是“ πᾶς ”的強化字，在此放在句子最後，也有強調的作用，不只是教師才會在這方面犯錯，所有人都會。“ πταίειν ”「犯錯」一字在雅各書中出現了三次，另一次在二章10節，在新約中共出現五次（羅十一11；彼後一10），其餘三次都可翻作「跌倒」，這裏的意思指犯了道德上的錯誤。這動詞是現在式，指不斷地犯錯。《便西拉智訓》19.16有這樣的說法：「一個人可以無意地滑倒；誰可以在舌頭上不犯罪呢？」，與雅各書這裏的說法，不無相似的地方。在舊約聖經（伯四18～19；箴二十9）和當時希羅文獻中（參塞尼加《論仁慈》1.6.3；伊比德圖《哲學談話錄》1.11.7；斐羅《論神的不變》75），也有類似的說法。“πολλά”「許多」指在多種情況下（作副詞）和多次的（作形容詞），回應三章1節不要「多人」作教師。

若有人在言語上沒有過失，這就是完全的人，甚而能勒住全身。

作者使用了第一類條件句，即假設真有這樣的情況，當真的有人在言語上沒有過錯，這人就是完全人。“ πταίειν ”「犯過」這動詞，也出現於上句，將此兩句連接起來。“ τέλειος ἀνήρ ”「完全人」，見一章4節的解釋，“ ἀνήρ ”「人」雖可作男人或丈夫，但此處泛指人（參一8、12），並沒有暗示婦女比男士更容易犯上話語上的錯誤。莊遜（Johnson 1995A:256）正確地指出，對雅各來說「說話」是一種行動的表現，是從內而外的表達之一。正如下文三章11至12節所指出的，「完全」代表完整、一種表裏內外一致的表現。“ χαλιναγωγεῖν ”「勒住」一字在新約另一次出現見於本書一章26節，見那裏解釋，這裏叫讀者想起一章26節已提及的警告。作者使用的比方，就如馬被嚼環勒住，便能控制整匹馬（參三3、6），一個人若是在言語上沒有過失，他也能操控他整個人不犯罪：一個能控制自己舌頭的人，就有能力控制自己全身。這裏的“ καί ”作「甚而」，一個能控制舌頭的人，也能控制全身，下節直接使用嚼環控馬的比方。要控制自己的言語，在舊約和早期猶太教的著作中，是相當普遍的教導（如箴十19，二十一23；《便西拉智訓》19.16，20.1～7；參〈先賢集〉1.17）。斐羅在《論該隱的後裔和被逐》（88）中有相當類似的言詞：「若有人能達到，正如一個里拉琴一樣，將所有屬於好東西的調子協調，使言語與動機、動機與行為協合，他便可看為是有完全和真正和諧的品格。」作者將這比方引申到所有人（三2上：ἅπαντες），並不只是局限於教師。「完全人」（τέλειος ἀνὴρ）和「全身」（ὅλον τὸ σῶμα）所用的兩個與「完全」這主題相關的形容詞，與一章4節的「十全十美」（τέλειοι καὶ ὁλόκληροι）非常相似，反映出作者對整體完全的關注。

3.2.1.2 舌頭雖小卻大有威力：兩個比方（三3～5上）

① 嚼環在馬嘴裏（三3）
② 舵在於船（三4）
③ 總結（三5上）

三3 我們若把嚼環放在馬嚼裏，叫牠們服從我們，就能調動牠們的全身。

這節有嚴重經文考據的問題。此節開始時有兩個可能的異文：“ ἴδε ”「看啊」（א A B*）或“ εἰ δέ”「如若」（B³ L Ψ），前者有不少重要抄本的支持，包括〈亞歷山太抄本〉和西方抄本，接受這讀文的學者也不少（Mayor、Ropes、Adamson、Laws；〔思〕）。然而，“ι” 很容易與“ει”混淆，有可能抄稿者原來想要寫的是“εἰ δέ”，但卻誤寫作“ ἴδε ”，因此NA（27版）和 UBS 都接受“ εἰ δέ ”這讀文，接受這讀文的學者同樣不少（Hort、Dibelius、Davids、Hartin；〔和〕、〔呂〕、〔當〕）。事實上，“ εἰ δέ ”是一個更難解釋的讀文，而且“ ἴδε ”這異文可能是後來的抄稿員為要使這裏與三章4節的“ ἰδού ”協調，而將文本修改，有些抄本在此使用了“ ἰδού ”這異文(Textus Receptus, 36 483 1874 1877)；而且“ εἰ δέ ”這結構在雅各書中出現了四次(一5，二9、11，三14，四11)，“ ἴδε ”一字則從來沒有出現過。比較起來，“ ἴδε ”這讀文較“ εἰ δέ ”適切於這裏的文理，然而“ ἴδε ”卻不合作者的寫作風格。戴維斯(Davids 1982:138)認為，在難於確定之間，若我們視三章2節下句“ εἴ τις ”為引入分段的開始，則“εἰ δέ ”會較為適當，因為不應這麼快有另一個命令語氣動詞，較合適的是重複“ εἰ ”，以支持上句的論點。我們在這裏也接受“εἰ δέ”這讀文。“εἰς τὸ πείθεσθαι ”「叫……順服……」表達目的(articular infinitive of purpose)，“ ἡμῖν ”即「為我們」(dative of advantage)。作者使用了第一類條件句，將“ χαλινός ”「嚼環」放在馬的嚼裏，是要叫整頭馬(ὅλον τὸ σῶμα：直譯「全身」)順服於人的控制(參三2：χαλιναγωγῆσαι ... ὅλον τὸ σῶμα「勒住……全身」)。這個比方與以下一連串的比方一樣，都是指舌頭雖然小，但卻有強大的力量，只要能控制這細小的部分，便能控制全部。有關類似的比方，在希羅的著作中有不少；例如公元前五世紀的古希臘悲劇詩人沙孚克理斯(Sophocles)在其劇作(《安提戈妮》〔Antigone〕477；引自 Moo 2000:152)中其中一句對白：「我知道一個細小的嚼環，可使一隻精神飽滿的馬匹就範」(更多例子參 Mayor 1913:110～111；Johnson 1995A:257)。有學者(Reicke 1964:37; Martin 1988:110; Popkes 2005:337)認為這裏的比方若用在舌頭和身體上，並不完全合適，因為舌頭並不能控制全身，因此將這比方理解為教會是身體，舌頭是教師，教師帶動整個教會所走的方向。這看法雖然有其吸引的地方，但有別於保羅，雅各從來沒有用身體比喻教會(參二16、26，三3、6：「身體」)。

三4 又試看船隻，它們是那麼龐大，需要勁風將之推動，只需小小的舵，便隨掌舵者的意願操縱。

與上句的類比相同，要表達小控制大，部分控制全部。“ ἰδού ”「看啊」一字在雅各書中共出現了五次(三4、5，五4、7、9)，叫讀者要留意一些現象和事實。“ ἄνεμοι σκληροί ”「勁風」，即強風或暴風，這詞亦見於〈七十士譯本〉箴言二十七章16節。此句顯示兩個對比：(1)船隻的龐大和舵的細小；(2) 風之勁與舵的小。“ ἡ ὁρμή ”「意願」這字在新約中只出現過兩次（徒十四5），根據 BDAG (724)，這字指「強的趨向、衝動、傾向、意願等心理狀態」，這裏指掌舵者想如何操縱這船，就隨己意調動。作者使用了當時希臘文化中相當流行的比方：戰車手和舵手。戰車手馳騁於競技場或戰場上，他必須要能夠控制戰馬奔跑的速度和方向，絕對需要依賴在馬口中的嚼環作操控。斐羅（《寓意解經》3.223～24）有此言：「人的思維勝於感觀。當戰車手以他的鞭控制和引導他的馬匹時，馬車便隨他所欲而去……又正如船隻，當掌舵的人操縱著舵時，船便一路前行，這船服從它的舵……然而，理性作為人靈魂的戰車手或舵手，控制整隻動物時，就好像一個城市的掌權者，這人的生命便能前行（εὐθύνεται）。但若非理性佔了上風……他的理性便著火燃燒，這火所點燃的，是感觀所提供的東西」（按原文翻譯）。希臘的哲學家蒲魯他克（Plutarch，《饒舌》〔*De garrulitate*〕10）也曾使用一隻失控的船和火去形容不謹慎言語所帶有破壞和失控的情況（Moo 2000:154）。

三5 舌頭也是這樣，雖然是一個小肢體，竟能如此誇耀。

“ οὕτως καί ”「也是這樣」引入從三章2下至4節的小結，參二章17和26節類似的做法。“ οὕτως καί ”「也是這樣」是用作比較舵與舌頭，雖然它們同樣細小，但卻能發揮操控的作用。作者在此再次使用了雙聲疊韻：μικρὸν μέλος ... μεγάλα「小肢體……大」。這節第二個 “ καί ”作「並竟然」(and yet)。“ αὐχεῖν ”「誇耀」這動詞沒有在新約和〈七十士譯本〉其他地方出現過，指因為它的威力而誇耀。這字完全沒有指揮、支配的意思（如李保羅2005:88）。“ μεγάλα αὐχεῖ ”直譯為「誇耀大事」(NAU, ESV)，可理解為作「大的誇耀」(NIV；參〔思〕：「卻能誇大」)。我們雖然可以用嚼環控制整隻馬，用舵控制整條船，我們卻未能控制舌頭。根據拉比猶太教的傳統，希伯來聖經記載了三百六十五條命令，其數目正是一年的日數；其中有二百四十八條為禁令，拉比認為這數目代表一個人身體有二百四十八個部分（肢體），若這觀念是作者描述舌頭為肢體的背景，則這裏同時反映出，舌頭在眾肢體中往往是最難受到上帝話語所管束的。

3.2.1.3 舌頭雖小卻甚具破壞力（三5下~6）

① 舌頭是火（三5下～6上）

② 舌頭是個不義的世界（三6中）

③ 舌頭叫人承受地獄之火（三6下）

你看，星星之火可以燎原啊！

“ἰδού”「你看」這命令語開始另一分段。此句所用的字彙，在當代文獻包括新約中甚少出現，或甚而全沒有出現過：“ἡλίκον”「何等的……」（加六11；西二1），“ἀνάπτει”「燃點」（路十二49），“ὕλην”「樹林」只在這裏出現，因此這句可能是諺語（Hartin 2003:176），但卻不能肯定。“ἡλίκος”可作「何等的大」，也可作「何等的小」，全句直譯可作「你看，何等小的火可點燃何等大的樹林」（參〔當〕）。作者不只在對比小和大，更顯示舌頭毀壞的能力。舌頭的形狀與火有相似的地方，在猶太的傳統中，有不少這樣的類比（參詩一二○3～4；箴十六27；賽三十27；《便西拉智訓》28.22～23上；《所羅門詩篇》21.1～3；《利未記大米大示》16），全是指誤用舌頭所產生的破壞。例如《便西拉智訓》28.22～23上就形容舌頭如火能摧毀人：「舌頭不能控制敬虔人，他們也不會被它的火焰燒毀；那些離棄上主的，必墮入它的權勢下，它會在他們中間燃燒，不得熄滅……」（筆者翻譯）。

三6 舌頭是火；在我們肢體中，舌頭構成不義的世界，它污穢全身，

這節以“καί”開始，將上文的對比再推進一步，說明舌頭的威力，並它可以帶給人極嚴重的後果。原文這節的結構緊密，全節只有一個主要動詞：“καθίσταται”「構成」，此句以一連串 nominative case 的名詞作開始“ἡ γλῶσσα πῦρ· ὁ κόσμος τῆς ἀδικίας ἡ γλῶσσα…”，隨著有三個 nominative case 的分詞“ἡ σπιλοῦσα「污穢」…φλογίζουσα「焚燒」… φλογιζομένη「焚燒」…”，主題明顯是舌頭，指舌頭的特性，這些分詞之前的冠詞“ἡ”，是冠於這三個分詞，不只是第一個。這裏在文法上不易理清，因此有認為此處的讀文，可能在抄寫傳遞的過程中出了錯誤，有學者（Dibelius 1976:194～195）認為“ὁ κόσμος τῆς ἀδικίας ἡ γλῶσσα καθίσταται ἐν τοῖς μέλεσιν ἡμῶν”「在我們肢體中，舌頭構成不義的世界」一整句是後來加進去的註釋，或可能是“ἡ γλῶσσα καθίσταται ἐν τοῖς μέλεσιν ἡμῶν”「舌頭在我們的肢體中構成」才是後來加插進去的，整句原來的意思應是：「這不義的世界，藉著舌頭居住在我們的肢體裏」，這句解釋為何舌頭能「污穢全身」；這建議雖有其吸引的地方，大大簡化了全句的意思，但卻沒有任何經文考據上的支持。有學者（Adamson 1976:158；參 Bauckham 1998:119 n.1）以敍利亞文《別西大譯本》的譯文為準，認為這裏正確的讀文應是：「舌頭是火，這不義的世界〔是〕樹林」，當然這同樣面對沒有經文考據支持的困難。作者極可能是使用的修辭技巧，將一連串的比方貫穿起來，發揮修辭的效果（Davids 1982:144; Hartin 2003:176）。這節首句為「舌頭是火」，假設有“ ἐστίν ”「是」一字，“ πῦρ ”「火」一字沒有定冠詞，是謂語。有關舌頭如火的比方，參上一節的註。「在我們肢體中，舌頭構成不義的世界」則較為困難理解，ESV 將之譯作“And the tongue is a fire, a world of unrighteousness. The tongue is set among our members, staining the whole body.”（「舌頭是一束火，是一個不義的世界，舌頭安置在我們肢體中，能污穢全身」），這翻譯將「火」和「不義的世界」同樣看為是暗喻，並有彼此互相解釋（epexegetical），但「火」和「不義的世界」講述的，是兩個完全不同的暗喻。這句的主要動詞是“ καθίσταται ”「位於」，意思是：指派、指定，這字在本書的另一次出現參四章4節，意思是「使……成為」，這裏也是這意思，因此在此譯作「構成」，但並不是指「舌頭被上帝指定成為」（如 Baker 1995:127, 132～133），舌頭的問題，並非因上帝在創造的設計上出了錯，這動詞帶有反身（reflexive）的意味，即「舌頭〔使自己〕成為不義的世界」（Hart & Hart 2001:97）。雅各並非指舌頭在本質上是敗壞的，而是人在使用舌頭時，極之容易犯錯誤（參三2、9）。“ ὁ κόσμος τῆς ἀδικίας ”「不義的世界」是動詞“ καθίσταται ”的謂語（predicate nominative；Hart & Hart 2001:96）。“ κόσμος ”「世界」一字的意思有不少爭論，有學者甚而認為不可能得到一個滿意的解釋（Ropes 1916:233），也有認為這是後人加進去的（Dibelius 1976:193～196）。有根據〈七十士譯本〉箴言十七章6節認為這裏“ κόσμος ”「世界」的意思是「整個」，即「不義的整體」（Carr 1909），也有認為這字指「裝飾」（如英文“cosmetic”「化裝品」），即不義的外在表現；但有學者（Dibelius 1976:194）正確地指出沒有讀者會意會到以上那兩種解釋。在雅各書中，"κόσμος"「世界」指與上帝對立的價值體系：與世界為友的，就是與上帝為敵（四4；參一27，二5）。米亞（Mayor 1913:115）的解釋最為可取，他認為在人這宇宙的縮影中（microcosm），舌頭代表了或是構成了不義的世界（參〔當〕）；這裏世界被看為是不義的（genitive of quality/attributive genitive），根據《以諾一書》48.7，這世界同樣被形容為不義、不敬虔，對抗上帝的，義者和聖者都要拒絕這世界，及其中的生活方式，那些愛上帝的人應視地上生活為過眼雲煙，不要貪愛這世界的美物。這裏用作形容舌頭的第一個分詞是"σπιλοῦσα"「污穢」。在一章27節，作者指出世界能污穢人，因此要保守自己不被這世界所污染（ἄσπιλον）。這世界透過人的舌頭，叫整個人（ὅλον τὸ σῶμα）都污穢；正如這個世界可以污穢人，舌頭也可以。舌頭於此好像那與上帝為敵的世界一樣，成為污穢的源頭。舌頭受控制，就能控制整個人，舌頭不受控制，則整個人污穢。

焚燒生命的輪，自己亦被地獄的火焚燒。

第二個和第三個分詞，源於同一個動詞："φλογίζειν"「焚燒」，一個是主動語態"φλογίζουσα"，另一個是被動語態"φλογιζομένη"；"γενέσεως"「天然〔生命〕」和"γεέννης"「地獄」這兩為諧音字。此兩句平行的分詞片語是平行的：

φλογίζουσα τὸν τροχὸν τῆς γενέσεως καὶ （焚燒生命的輪）
φλογιζομένη ὑπὸ τῆς γεέννης （被地獄的〔火〕焚燒）

"ὁ τροχὸς τῆς γενέσεως"及其同義的片語"ὁ κύκλος τῆς γενέσεως"「生命的輪」在希臘文獻中多次出現，用作表達生命的循環不斷，一代過去一代復來，生生死死、死死生生的自然環迴規律。"γένεσις"一字並非指「天然」（參一23），而是指「出生」（Ropes 1916:238）。雖有學者指出這片語見於奧費主義（Orphism）這遠古（公元前六世紀）的神秘宗教，認為人死後那不朽的靈魂輪迴轉世到新的身體裏（參 Dibelius 1976:196～198），要脱離這生生不斷的循環，惟有藉著從神明而來的拯救，實行奧費主義所要求的苦行；但這理解與雅各這裏的文理風馬牛不相及，並不能幫助我們明白這片語在這裏的用法（Ropes 1916:239）。因此有可能這片語已普遍地被人使用，而失去了原來的宗教背景（Johnson 1995A:260; Bauckham 1998:130），成非技術性的用法，這用法亦可見於斐羅的著作中（《論夢》2.44）。這裏的意思指「生命的歷程」，這裏使用「輪子」，人生過程中不斷的變化，也有可能是受下句的圖像所影響。

“ γένεσις ”一字並未有在〈七十士譯本〉中出現過，但另一類似的寫法“ γαιεννα ”則見於約書亞記十八章16節；這字是希伯來文「欣嫩子谷」（גֵּי הִנֹּם）的希臘文轉化字（約十五8；尼十一30）；這谷在耶路撒冷城的南邊，曾有異教徒在那裏獻上火祭（王下二十三10；參耶七30～31），耶利米先知預言耶路撒冷城在審判之日將被屠殺，屍首被棄於這谷（耶七32～33）。在一些猶太教和基督教的天啟文獻中，這地與上帝的審判有密切的關係（《以諾一書》10.6，27.1，54.1～6，56.3～4，90.26；《亞伯拉罕啟示錄》15.6；《以撒拉啟示錄》1.9；《以賽亞升天記》1.3，4.14；《西卜神諭篇》1.100～105）；在新約符類福音中，“ γεέννα ”「地獄」指刑罰之地（太五22、29、30，十28，十八9，二十三15、33；可九45、47；路十二5）。在馬太福音五章22節和十八章9節，這地方與火連在一起使用。大部分學者都認為“ φλογιζομένη ὑπὸ τῆς γεέννης ”指舌頭從魔鬼（地獄的王）或邪惡的勢力得到它的力量（參 Mayor 1913:114；Davids 1982:143；Hartin 2003:178）。但在第一世紀猶太和基督徒的思想中，地獄並非鬼魔或邪惡勢力的居所，而是惡人受罰之處，是施行刑罰的地方，到末後魔鬼和它的差役，也要被丟到地獄之中，但現在它們並非居住在地獄裏。有學者指出在拉比的文獻中（Laws 1980:152; Davids 1982:143），有「地獄之君」（參《巴比倫他勒目》〈論估價〉15b；〈論公會〉52a；〈論安息日〉104a）的説法，但這並不是指魔鬼或任何邪靈，而是指上帝所委派管理地獄的天使（Bauckham 1998:120～122）。包衡（1998:123～126）指出這裏雅各使用了當時所流行的末世審判的概念：等量報應（*ius talionis*），即刑罰之輕重與所犯的罪行相對應：舌頭焚燒生命的輪，自己要被地獄的火焚燒；舌頭像火，在地獄中要受火的刑罰（參《所羅門詩篇》12.4），這要回應三章1節，誤用舌頭者要受刑罰，對教師來説更甚。從這角度看，雅各使用「輪子」，可能是他熟悉在猶太天啟文獻中，地獄之中有用作行刑的輪子（Bauckham 1998:130）。觀此，這一連串的三個分詞都是結果性分詞（resultative participle），後兩個分詞（焚燒），是修飾第一個分詞「污穢」或是主要動詞「構成」。這裏並沒有説舌頭能使別人絆跌而滅亡（如李保羅2005:90）。

3.2.1.4 舌頭難以駕馭（三7～8）

三7 因為各類的走獸飛鳥、昆蟲水族，都可以馴服，且已被人類馴服了；

"γάρ"「因為」解釋為何舌頭要面對審判的刑罰：除了舌頭之外，人類已可以馴服萬物，這舌頭是該受刑罰的。此處將動物分為四類：「走獸、飛鳥、昆蟲、水族」，涵蓋了所有受造的動物，在舊約中相當普遍（創九2；申四17～18；王上四33；徒十12，十一6；另參斐羅《寓意解經》4.116），反映創世記創造的記述（創一20～26）。然而，這裏所用的"ἐνάλιος"「水族」一字，在新約和〈七十士譯本〉其他地方都沒有出現過（參斐羅《論十誡》54）。這裏為三章9節引用創世記認定人是按照上帝的形像被造這事實，立下伏筆。人是按上帝的形像被造，並且上帝吩咐人要生養眾多，遍滿全地，治理這地（創一28，九2；詩八6～8；《便西拉智訓》17.4），包括治理一切的動物。人不斷是這樣的去制服（現在式：δαμάζεται），也能成功地這樣去制服（完成式：δεδάμασται），"δαμάζεσθαι"「制服」一字在新約另一次出現見於馬可福音五章4節指那被鬼附的不為人所制服。這裏所指的馴服，涵括了被捕殺及馴養（Baker 1995:129）。"τῃ φύσει τῇ ἀνθρωπίνῃ"指人這族類，即人類，這裏為 dative of agent。

三8 惟獨舌頭沒有人能馴服：難於駕馭的惡物，滿有致命的劇毒！

這節以"δὲ"作為開始，對比各種動物都為人所馴服，獨是舌頭（如此細小的肢體）不為人所控制。"δαμάσαι δύναται"「馴服／有能」原文收雙聲疊韻之效。有些抄本這句的字有先後不同的排列，但不會影響這句的意思。將"οὐδείς"「沒有人」與"ἀνθρώπων"「人」兩字隔開，益發顯得絕對：真真實實的從來就沒有人（Davids 1982:144 引 Schlatter）。有關舌頭難以操控的問題，散佈於箴言書中（十20，十三3，十五2、4，二十一3，三十一26）。在死海文獻的《會規手冊》中，就有不少是與違反言語規矩的罰則（6.24～7.25，參10.18～20），並哪些才是合宜的說話（10.21～24）。

這裏的表達方式與一章8節類似，“ἀκατάστατον κακόν”「不停的惡物」和“μεστὴ...”「滿有致命的劇毒」都是主格（nominative），指上句的舌頭，雖然上句的“τὴν γλῶσσαν”「舌頭」是直接受格（accusative），這種不尋常的文法，也見於啟示錄（一5，二十2），這樣的結構顯示主題仍是關於舌頭，解釋舌頭不受控制這種狀況。有些抄本不是使用“ἀκατάστατον”「不停」（支持這讀文的有 ℵ A B K P 1739* 等），而是使用了另一比較沒有那麼沉重的字“ἀκατάσχετον”「不受控制」（C Ψ 及一些細楷希臘文版），但支持這異文的外證甚弱。“ἀκατάστατον”「不停」一字在一章8節已出現過，指三心兩意的人，是搖擺不定的，三章16節使用了這字同字根的名詞（ἀκαταστασία），是世俗智慧的其中一種表現，這名詞在〈七十士譯本〉的箴言二十六章28節下作「紛亂」：「諂媚的話造成紛亂」；據《黑馬牧人書》〈命令篇〉2.3：「誹謗是邪惡的；是不止息的（ἀκατάστατον）鬼魔；永無安寧，但常與紛爭為伍。」這字是指不穩定，難於駕馭，失控，好像烈火一樣，而且難以預料它會在哪個時候，以甚麼方式突擊，叫人永無寧日。“κακόν”「惡」一字在一章13節出現過，那裏稱上帝是不受邪惡所誘惑，舌頭與上帝截然不同，是極不穩定，難於駕馭的邪惡（substantival use of adjective）。“ἰός”可作銹或毒，在五章3節，這字的意思明顯是「銹」，在這裏的意思是「毒」，這裏所用的隱喻可能來自詩篇一百四十篇3節（亦為羅三13所引；參詩五十八4）：「他們使舌頭尖利如蛇，嘴裏有虺蛇的毒氣」（參〈七十士譯本〉詩十三3：ἰὸς ἀσπίδων），這比方亦普遍地見於猶太文獻之中（《便西拉智訓》28.17～23，10.11；〈迦得遺訓〉5.1；《黑馬牧人書》〈比喻篇〉9.26.7）。作者並未有將舌頭與作為蛇的魔鬼作比較（如 Hartin 2000:186～187）。舌頭的毒帶來人與人之間的暴力衝突（Johnson 1995A:261），毒害人與人之間的關係。“θανατηφόρος”為一複合字，直譯為「帶來死亡」，BDAG 442 譯作“death-dealing”（「死亡的作風」），這裏的意思指致命的，在〈七十士譯本〉民數記十八章22節用作形容罪是致命的。

3.2.1.5 舌頭的兩面性（三9～12）

① 頌讚和咒詛同出一口（三9～10）

② 兩面性是不該有的：三個比方（三11～12）

三9 我們用它頌讚那位主和父，又用它詛咒那按著上帝形像受造的人；

作者從上文所用的第三身的描述舌頭，轉為第一身的說法，意味著這是羣體所有的經驗，並且在使用舌頭上，我們是有責任的。“ ἐν αὐτῃ ”「在它」這介詞片語出現兩次，“ἐν” 在這裏作為工具性的用法，即藉著舌頭。頌讚的對象是“ ὁ κύριος καὶ πατήρ ”「主和父」，這裏有些抄本（Textus Receptus, vg syr^{h} cop^{sa,bo}）作「上帝和父」（τὸν θεὸν καὶ πατέρα），然而原本的讀文應是“ κύριον ”「主」，一方面是有很強抄本的外證（ℵ A B C P 33 623 1739 1852），另一方面，將主與父這樣以連接詞放在一起，在聖經其他地方未有出現過，因此比較上抄寫的人更可能將“ κύριον ”「主」轉為“ θεόν ”「神」，異文可能是受了雅各書一章27節的影響（τῷ θεῷ καὶ πατρί「神和父」）。「主」和「父」在舊約中都是立約的耶和華的稱謂（特別參賽六十三16，〈七十士譯本〉代上二十九10將兩者放在一起，並《便西拉智訓》23.1、4）。在此作者描述兩個對比的行動：頌讚和詛咒，同樣是使用舌頭的。「頌讚主上帝」是猶太人禱告頌讚常見的公式（參創九26，二十四27；出十八10；詩四十14，六十七19～20，七十一18，八十八53，一一八12）。頌讚上帝是作為上帝的選民應有的行動，也可以說是高尚宗教情操的表現。對比於頌讚的是詛咒，向人倒咒並非一種異常的表現（參創十二3，二十七29；利二十四15；民二十二6；申二十一23；詩三十六22；傳七21；《便西拉智訓》4.5）。咒詛的對象是「按著上帝形像被造的人」，這裏的分詞使用了完成式“ γεγονότας ”「是」，指人一直有上帝的形像，這意味著人的墮落，並未使人失去了神的形像。“ ὁμοίωσις ”「形像」一字在新約中未有出現過，〈七十士譯本〉創世記一章26節記載上帝根據自己的形像和樣式（κατ' εἰκόνα καὶ καθ' ὁμοίωσιν）造人，雅各書所用作「形像」一字的希臘文就是“ ὁμοίωσις ”，在舊約其他的地方和新約，當提及人是按上帝的形像被造時，多是使用"εἰκών"（創五27，九9；林前十一7；林後三18；參《所羅門智訓》2.23；《便西拉智訓》17.3），究竟" ἐκών "「形像」和" ὁμοίωσις "「樣式」是否有分別，歷來多有爭論。但雅各在此使用" ὁμοίωσις "這較為不常用的字，原因是要讀者會意他是在旁索創世記一章26至28節（Laws 1980:156; Hartin 2003:187）。雅各在這裏明顯是基於創世記一章26至28節所載，人是按上帝的形像被造，以致人能統管萬物（參雅三7的註解）。以人為上帝的形像這特質為基礎的倫理教導，參創世記九章6節的挪亞之約（並《以諾二書》44.1～3）。這節兩個主要動詞" εὐλογεῖν "「頌讚」和" καταράεσθαι "「咒詛」都是現在式的，有時常或斷斷續續的意思。在猶太教的文獻中，也有以人為上帝的形像作為律法最普及性原則的說法（《創世記大米大示》24.7）。作者援引聖經，以增強其說服力，表達頌讚主和咒詛人不只是不一致（參下節），更是與上帝創造人的本意相違（Laws 1980:156）。在猶太傳統中，有不少針對人舌頭的不一致，《便西拉智訓》（5.13～14、15，28.13）稱這些人為" διγλώσσος "「雙舌」，是虛偽的表現（參《十二使徒遺訓》2.4；《巴拿巴書信》19.7）。〈便雅憫遺訓〉6.5有這樣的說法：「美善的思想不會是雙舌的（διγλώσσος）：頌讚與咒詛、侮慢與尊重、哀傷與喜樂、寧靜與擾亂、虛偽與真實、貧窮與富貴。對所有人應只有一種意向，是不被污染和純潔的」，這裏所描述的「雙舌」，正是雅各書中三心兩意的表現。

三10 頌讚與詛咒從同一張嘴巴出來。我的弟兄姊妹們，這是不該如此的。

" οὐ χρή "＋不定詞（infinitive）表達「不需要」、「不必要」，在此的意思是「不應該」（BDAG 1089; LSJ 2004），在〈七十士譯本〉中未有出現過，新約中只在此使用。此處從舌頭轉為嘴巴去代表人的言語，可能是為下一個舉例鋪路，嘴巴好像孔穴一樣。雅各歸結說：同一張嘴巴不應該參與於這兩種不同的活動。《便西拉智訓》28.12：「你若吹星火，它會燃點；你若向它吐唾沫，它便會熄滅；兩者都從你的口而出。」〈便雅憫遺訓〉6.5～6描繪一個美好的心思是不會「二舌」的，這二舌可以有六種表現，第一種是頌讚和咒詛，然後指出它對所有人都只有一種心思，是不會腐化的、是純潔的，因為這人知道上帝察看人的內心。彼得後書（二10～11）和猶大書（8～10）教導連對那些邪惡靈界的權勢也不咒詛。

三11 泉源豈能從同一孔穴中，噴出甜水和苦水來呢？

這是作者以三個比方，藉著三個問題，說明人不一致地說出兩種本質上完全對立的言詞，是不應該的。這三個問句預期的答案都是否定的。也有認為這裏反映出倒影結構：A泉源－B無花果樹－B'葡萄樹－A'泉源（李保羅2005:92）。人的嘴巴就好像泉源噴出的孔穴，孔穴是泉水流出的源頭。這裏“ πηγή ”「泉源」有定冠詞“ἡ”，並非指某一個特定的泉源，而是指這一類（generic；Wallace 1996:227～230）。“αὐτή ”「同一」這形容詞，是要帶出大自然的一致性，對比於人口出兩種相反言詞的不一致。“ βρύειν ”「噴出」這動詞在新約其他地方和〈七十士譯本〉都沒有出現過，其意思是滿至湧溢出來。這字亦可用作植物發芽及開花（Mayor 1913:124）。原文雖沒有「水」一字（參三12：ὕδωρ），只有形容詞「甜」和「苦」，這是假設大家明白這裏是指水。“ πικρόν ”「苦澀」一字在新約除了在此處出現外，另一次是在三章14節，那裏象徵性地使用，帶道德的含意，水泉對當時的人來說極其重要，有不少城鎮的建立，是因為附近有可供飲用的水泉，水泉一旦乾枯或其水質變壞，例如變為苦水，無法供人飲用，則那城鎮也要衰亡。水泉所出的水，絕對不會一天出甜水，一天出苦水，另一天又出甜水，這種不穩定情況是不會存在的。用“ πικρόν ”「苦澀」這字形容水，是較為不尋常的，在〈七十士譯本〉，有多處地方使用“ πικρόν ”「苦澀」一字形容人的言詞（詩六十三4；箴五4；《便西拉智訓》23.25），作者在這裏選用了這個較不常用的“ πικρόν ”「苦澀」（參三12），是要將這比方與下文這字再次出現連上關係（Moo 2000:165）。有學者（Wall 1999:178～179）認為這裏帶有末世審判的含意，是旁索舊約有關上帝的拯救，將鹽水變為清泉（出一23～25；王下二19～22；結四十七7～11），那些未有控制自己舌頭的教師，會危害那末世羣體的未來，他們會經歷不到那種由鹽水變為甜水的末世扭轉，這解法雖然新鮮，但沒有確實證據作者有意作這種聯繫，也並非雅各在此使用這比方的重點。

三12 我的弟兄姊妹們,無花果樹豈能結出橄欖來呢?葡萄樹豈能結出無花果來呢?

這是第二個和第三個預期答案是否定的問題,這兩個比方都取材於植物的世界。無花果樹、橄欖樹和葡萄樹都是在以色列地常見的果樹。在希羅的文獻中,有不少這樣的例子,指不能產生同類的果實,是不合理的(如蒲魯他克《論心靈的安寧》13;伊比德圖《哲學談話錄》2.20.18~19),塞尼加在他的《道德信函》(87.25)中就有這樣的說法:「美善不能出於邪惡,正如橄欖樹不能生出無花果一樣。」另參馬太福音七章16至18節。

鹹的水源也不能流出甘甜的水來。

在不少抄本(א C^2 K L P 049 056 0142 81 104 等)這句以"οὕτως"(「因此」)作開始,但沒有這字的抄本證據也相當強(A B C* 88 2492txt 等),加上抄寫的人可能會加上這字以增強對比。這句以"οὔτε"作開始,但最常用的是"οὐδέ",雅各書其他地方從沒有使用"οὐδε"一字,同時當代也有將兩者互換的用法(Hort 1909:80; Ropes 1916:243)。原文"ἁλυκόν"即「鹹的」(neuter adjective, substantival use),理解為鹹的水源,在意思上比「水泉」恰當,因水泉為已流出來的泉水(參〔現〕、〔當〕)。

3.2.2 天上與屬地智慧的對比(三13~18)

這裏可視作倒影結構:三13(A);三14(B);三15~16(B');三17~18(A')

3.2.2.1 有智慧和見識的人應有的表現(三13)

三13 你們中間誰是有智慧、有見識的呢?

這種問句的格式,可見於〈七十士譯本〉(申二十5~8;士七3;詩三十三13,一〇六43;賽五十10;耶九11;《便西拉智訓》6.34)和新約

（路十一11）。“ ἐν ὑμῖν ”「在你們中間」這介詞片語在雅各書中出現了五次（三13，四1，五13、14、19），這是首次的出現。在〈七十士譯本〉，多以“ σοφός ”一字翻譯“ חכם ”，以“ ἐπιστήμων ”翻譯“ נן ”或“ ידע ”。這兩個形容詞在〈七十士譯本〉曾多次一起的出現；在申命記一章13節上和15節上，用作描述以色列人各族領袖所有的資格，他們要不偏倚的施行審判，因為他們是代表上帝，不能因懼怕人的原故而徇私（參申一13～17）。有智慧和見識也是先知但以理的特質（但五11；參申四6）。以色列在列國中被視為大國，是因為他們有智慧和聰明（申四6〔〈七十士譯本〉〕：“ σοφὸς καὶ ἐπιστήμων ”），這是他們遵行耶和華的命令的結果。棄掉耶和華的話的，就不可能有智慧（耶八8～9；參耶九12～14、23～24）。根據當時猶太的傳統，拉比是智者，能將基於律法智慧的教訓教導人（參《便西拉智訓》9.17，21.13）。雅各書這裏是承接上文三章1節的警告：不要多人作教師。先知以賽亞就曾警告那些自以為智慧和聰明的人（五21），他們顛倒是非曲直，上帝必定攻擊他們。

就應以他為人良好，顯出他的行為，是出於智慧的謙虛。

這句的主要動詞是“ δείκνυμι”「顯出」，正如信心要顯出行為，同樣，有智慧和見識的人，必定有外顯的證據。原文直譯是：「藉著美善的生活，在智慧的謙虛裏顯出他的行為。」“ ἀναστροφή ”「行為」指一個人整體的生活方式（參弗四22；提前四12；來十三7；彼前一15、18，二12，三1～2、16；彼後二7，三11），“ καλός ”指美好，用作形容一個人的道德時，有高尚、超卓、值得讚譽的意思（參 BDAG 504），這種美善的生活，會顯於實際的行動上。〈先賢集〉3.10有這樣的說法：若人的善行比他的智慧多，他的智慧便持久；若他的智慧比他的善行多，他的智慧便不能持久（參3.18）。

“ πραΰτης σοφίας ”「智慧的謙虛」可以有不同的理解，可視作從智慧而來的謙虛（genitive of production）或是謙虛的智慧（genitive of quality；Dibelius 1976:209；Hartin 2003:191～192），後者是閃族語法。謙虛可用作形容人，然而形容智慧則不大合適。我們可以說惟有謙虛的人才可以得到真正的智慧，另一方面，也可以說有真正智慧的人，必定有謙虛的態度。古典希臘的著作中，並非如一些學者所認為，視謙虛為敗德（如 Laws 1980:159～160），對希臘哲人來說，謙虛的相反是粗暴、壞脾氣和急躁，是人際關係中寶貴的社會德性，是領導人應有重要的品性（F. Hauck & S. Schulz, *TDNT*, 6.646），箴言十一章2節說「謙虛人卻有智慧的」；賢士便西拉高度評價謙虛：上帝高舉謙虛的人（《便西拉智訓》10.14），謙虛人能適當地衡量自己（10.28），謙虛和憐憫是女人最佳的裝飾（36.23，只在〈七十士譯本〉），能賺得鄰舍的愛（3.17）和上帝的喜悅（1.27）。昆蘭文獻中對這德性也有極高的評價（參《會規手冊》 2.24，3.8，4.3）；新約絕對肯定謙虛這德性（林前四21；林後十1；加五23，六1；弗四2；提後二25；多三2；彼前三15）。摩西是舊約中謙虛的最終典範：「摩西為人極其謙和，勝過世上的眾人」（民十二3；參《便西拉智訓》45.4）。根據拉比的傳統，謙虛是學習的必須條件（Moore 1997:2.245），《巴比倫他勒目》（〈論疑妻行淫〉9.48b）指出拉比學派中希利教門比煞買教門對律法的解釋更準確，是因為希利是一個謙虛的人；謙虛成為一個人是否能正確解釋和實行律法不可或缺的德性。耶穌也是這樣，他的柔和謙卑（πραΰς εἰμι καὶ ταπεινὸς τῇ καρδίᾳ），成為門徒得以背負他的軛（據拉比的解釋，指實行他對律法的解釋）、學他的樣式的基礎（太十一29），謙虛是教師必須具備的。這種看法，與謙虛這字在雅各書另一次出現：要以謙虛領受那所栽種的道（ἐν πραΰτητι δέξασθε；一21）完全吻合。作者將從上而來的智慧與謙虛拉上密切的關係，對比於這種智慧，是那屬地、屬情欲和屬鬼魔的智慧，這種智慧與嫉妒和驕傲有不可分的關係。

3.2.2.2 對比於以上的表現（三14）

三14 但你們心裏若懷著苦毒的嫉妒和自私，

開始的連接詞“ δὲ ”「但」表示強烈的對比。作者使用第一類條件句，假定實際上有這種的情況出現。直譯為「苦毒的嫉妒」，“ ζῆλος ”「嫉妒」一字在聖經裏不一定是負面的（參林後十一2），這字可用作「熱切」，例如為律法或耶和華大發「熱心」，就是使用這字（如《馬加比一書》2.54、58；羅十2），在〈七十士譯本〉申命記二十九章19節，上帝會因人的不忠偏離對祂的忠誠，而顯出“ ζῆλος ”「憤恨」來，耶和華會以這種「熱心」行事（〈七十士譯本〉民二十五11；賽二十六11，三十七32，四十二13；結五13；番一18，三8；亞一4，八2；《所羅門智訓》5.17等）。當用在人與人之間的關係時，很多時都是負面的（箴二十七4；賽十一13；《便西拉智訓》30.24，40.5；加五20；林前三3），這裏的用法也是負面的。“ πικρός ”「苦毒」一字三章11字是按字面的理解，在此則用作形容嫉妒，這字的同字根名詞，在以弗所書四章31節的惡行綱目中，名列首位；這字另一次出現在希伯來書十二章15節，作者警告在他們羣體中間有「毒根」（ῥίζα πικρίας）生出來，最後帶來染污（μιανθῶσιν），作者並用以掃的淫亂和世俗為鑑（十二16），雅各書四章4節也以淫亂去描述那些在羣體中嫉妒紛爭的人。“ ἐριθεία ”「自私」這字在亞里斯多德的著作中用作為自己政治的席位而不擇手段的爭取（BDAG 392）；這字在〈七十士譯本〉未有出現過，在新約的用法都是負面的，意思是卑鄙、自私和爭吵。羅馬書二章8節將那些「結黨的」（οἱ ἐξ ἐριθείας）與不服從真理並排；在林後十二章20節用這來形容教會中的紛爭結黨，加拉太書五章20節將“ ζῆλος”「嫉妒」和“ ἐριθεία ”「自私」列為情欲所結的果子。這種嫉妒和爭競，對有野心作領袖的人來說，最容易陷於其中（Hort 1909:83; Wall 1997:183～184），當然這並非局限於領袖，羣體成員之間也會出現（四1～3）。“ἐν τῇ καρδίᾳ ”「在心裏」回指一章14至15節所述有關罪的由來。

就不可誇口，說謊違背真理。

此句以“ μή ”「不」加上現在式命令語氣，可以帶有不要繼續再這樣行的意思。“ κατακαυχᾶσθαι ”一字在二章13節已曾出現過，在那裏譯作「誇耀」，這裏的意思是負面的，即誇大、誇口，有妄自尊大的含意。其前綴（prefix）“κατα”似乎指針對某人，但因為這裏沒有明顯針對的對象，有些抄本將這字改寫為“ καυχᾶσθαι ”，也有抄本（如〈西乃抄本〉）將這裏改寫為“μὴ κατακαυχᾶσθε κατὰ τῆς ἀληθείας καὶ ψεύδεσθε ”「向真理誇口和說謊」，但事實上，在〈七十士譯本〉和新約中，這字的出現都沒有“ κατα ”隨著的。這裏可能是絕對性的用法（參〈七十士譯本〉耶二十七11；羅十一18下），即誇口。〈迦得遺訓〉5.1有類似的說法：「憎恨是邪惡的，它不斷恆常地說謊，出言抵擋真理」（參《便西拉智訓》4.25）。真理指從上帝而來的福音真道（一18），說謊違背真理指生活在一種謊言虛假之中，違背真理的道所要求的（參五19）。誇口正是與有實際行為上的見證相反的，誇口不只是沒有美善的行為，也是不謙虛的表現（三13）。

3.2.2.3 不是從上而來的智慧的特性和結果（三15～16）

三15 這種智慧不是從上面來的，而是屬於地下的、血氣的、鬼魔的。

作者對比兩種不同的智慧，它們有不同的來源。有智慧是從上面而來的，即從上帝而來的（ἄνωθεν；參一17），根據猶太的傳統，真正的智慧必是從上帝而來（箴二6，八22；《所羅門智訓》7.24～27，9.4～18；《便西拉智訓》1.1～4，24.1～12），《便西拉智訓》19.20～20就有兩種不同智慧的對比（參 Weber 1996）。

雅各在三章17節詳細描述這智慧的特質。三章14節所描述的那種人，他們的表現反映出他們的智慧之來源，不是從上帝而來的，作者以三個形容詞描述這種智慧，一個比一個的語調加重，與上帝的距離愈遠。“ ἐπίγειος ”「屬地」一字從沒有在〈七十士譯本〉出現過，在新約，這字往往對比於那屬天的（約三12；林前十五40；林後五1；腓三19～20；參斐羅《論基路伯》101），屬地的是永遠不及屬天的好。在這裏與從天上來的成對比，意思可能是指隸屬和受制於這地上俗情世界的價值和秩序的，而不是指從人的觀察而來經驗性的智慧，對比於從天上上帝而來啟示性智慧。在腓立比書三章19節，「地上的事」帶有負面的意思。《黑馬牧人書》（〈命令篇〉9.1）有類似的說法：「三心兩意是從鬼魔而來屬地的靈。」第二個形容詞“ ψυχική”「屬血氣」，在哥林多前書二章14至15節，是與“πνευματικός”「屬靈的」相對（參林後一12：“ σοφία σαρκική ”），這字在新約中甚少出現，都是相對於與屬靈有關的事件（參林前十五44、46；猶19），指屬於這自然世界，屬於天然生命的，對比於那些與屬靈有關的經歷（BDAG 1100），將一切與上帝或屬靈的事排除於考慮之外（Johnson 1995A:272）。有學者認為這裏的意思是「耽於肉欲」，並認為這原是一個帶有靈智派背景的字，但這字通俗地為一般人所使用，正如三章6節「生命的輪」的情況相似（Dibelius 1976:210～212），我們不能斷言雅各在這裏是借用了保羅的用字（如 Pearson 1973:14；參 Bauckham 1983:106 指出不能斷言猶大書作者是借用了保羅所用的字彙）。最後一個形容詞是“ δαιμονιώδης ”「屬鬼魔」，這字從未有在〈七十士譯本〉、其他希臘文獻及新約其他地方出現過，有學者指出以“-δης ”作結的形容詞代表「好像」，與鬼魔們的所作所為相似（Hort 1909:84; Davids 1982:153），正如鬼魔們在信心上有不足的地方，有鬼魔特性的智慧同樣是不足的，沒有義行的表現（二19）。我們可以進一步推演，這智慧是出於鬼魔的（Adamson 1976:152; Johnson 1995A:272）。這種智慧是玷污的源頭（一27，四7）。

三16 因為那裏有嫉妒和紛爭，那裏就有擾亂和各樣的壞事。

“ γάρ ”提供了上句的基礎，我們知道這樣的智慧的本源是甚麼，因為它有這裏所描述的表現。這裏重複三章14節那兩種表現：嫉妒和紛爭。這兩種特質帶來兩方面的結果：擾亂和各樣的壞事。“ ὅπου”「那裏」，表達結果。“ ἀκαταστασία ”「擾亂」這名詞的同字根形容詞（ἀκατάστατος）在雅各書出現了兩次：一章8節形容那些三心兩意的人，在他一切生活的行徑上，都搖擺不定；在三章8節雅各則形容舌頭是難於駕馭的不穩定。這名詞在哥林多前書十四章33節是與「和平」對立的，這敗行亦出現於哥林多後書十二章20節的惡行綱目之中，與嫉妒和紛爭並列。在路加福音二十一章9節，這特質與戰爭並排。“ φαῦλος ”指鄙劣、低賤，在道德上壞透的行徑，這字的相反是“ἀγαθός”「美善」（約五29；羅九11；林後五10；參箴十三6；《所羅門智訓》4.12），這裏可能與三章13節的“ καλός ”「善行」成對比，也與三章14節的“ ἀληθϵία ”「真理」成對比。這字在新約中用作形容行事（約三20，五29）和言語（多二8）。

3.2.2.4 從上而來的智慧的特性和結果（三17～18）

三17 至於從上面來的智慧，以純潔為首，其次是和平、寬宏、柔和、滿有恩慈和善果、沒有偏袒、沒有虛偽的。

“ δϵ́ ”表達了與上文所描述那種屬地、屬肉體和屬鬼魔智慧的對比，這裏譯作「至於」。作者在此並非頌讚智慧（如 Martin 1988:126），而是形容那些有智慧和有見識的人應有的德性（三13）。這從上面而來智慧的特質有七種，這七種特質並沒有用連接詞串起來（asyndetic），這是新約大部分德行綱目的格式。「七」在猶太、埃及、亞述和波斯的傳統中，都是完全的數字。箴言九章1節這樣描述智慧：「智慧建造房屋，鑿成七根柱子。」根據《所羅門智訓》（7.22～24），智慧有二十一種特性，是三倍的完全，或是完全的完全，在此書的另一處（10.1～11.4），作者以七個歷史的例證，說明智慧拯救的大能。斐羅（《論世界之創造》101～7）指「七」這數字有完全的能力，沒有比這數字更完全的（《出埃及記問答》35a 註釋出二十六2）。作者使用七種特性，一方面是要指出這天上來的智慧之完全，也是要帶出惟有這智慧才可叫人得以完全（Bauckham 1999A:177～178）。除了第一個「純潔」（ἁγνή）是涵蓋性的特質外，其餘可分作三組：（1）和平（εἰρηνική）、寬宏（ἐπιεικής）、柔和（εὐπειθής），這三個字都是以希臘文 " ε " 開始的；（2）滿有恩慈和善果（μεστὴ ἐλέους καὶ καρπῶν ἀγαθῶν），這算為一種特質；和（3）沒有偏袒（ἀδιάκριτος）、沒有虛偽（ἀνυπόκριτος），這兩個字都是以希臘文 " α " 開始的，並且以 " -κριτος " 作結尾，帶有法庭用語的意味。純潔不只是排首位，而且是統管性的（πρῶτον），" ἁγνή "「純潔」一字在〈七十士譯本〉中出現了十一次，用於禮儀所用的物件（如《馬加比二書》13.8：火、灰）、禱告（箴十九13）、人的內心（箴二十9）和上帝的話語（〈七十士譯本〉詩十一7；箴十五26）；公義的路是純潔的，對比於罪人的路（箴二十一8）；敬畏耶和華也視作為純潔的（〈七十士譯本〉詩十八10）。在新約中這字出現8次用作道德的素質（約壹三3：好像基督一樣；彼前三2：作為基督徒的妻子；多二5：作為基督徒的少婦；提前五22：在教會崗位上服侍的信徒）。在哥林多後書十一章2節，這字用作對基督全心全意的盡忠。這種用法與新約著作一般有的傾向一樣，將原來用於禮儀的字彙，取其道德性的意義。雅各書一章27節使用了 " καθαρός"「清潔」和 " ἀμίαντος "「無瑕疵」形容上帝所悅納的宗教，這兩個原來與禮儀有關的字，和這裏所用的 " ἁγνή "「純潔」一字的意義相近。從上面而來的智慧，最終必定會使人走向純潔。第一組以「和平」（εἰρηνική）為開始，這字在〈七十士譯本〉中用作「平安」祭（王上十一

15，十三9；王下六17、18；代上三15；代下十六13；箴七14），這字用作一位作為朋友的愛好和睦的人（耶四十五22），也用在使人和平的言語或信息（λόγοι εἰρηνικοί；《馬加比一書》使用了八次；參創三十七4；民二十一21；申二26；詩三十四20；彌七3；耶九10），在《便西拉智訓》（4.8）使人和睦的言詞是帶有謙虛的態度的（ἐν πραΰτητι）。根據斐羅（《論特殊法律》2.45；參1.224），和平、和睦共處是智者生活的其中一種特質。新約這字的另一次出現見於希伯來書（十二11），這是仁義之果的特性。這字包含了建立和睦，儘量避免羣體中出現的分裂和不和。"ἐπιεικής"「寬宏」一字在新約中出現了五次（其餘四次：腓四5；提前三3；多三2；彼前二18），其同字根名詞"ἐπιείκεια"出現了兩次（徒二十四4；林後十1）。在〈七十士譯本〉中，可用作有權柄者的寬宏大量（參詩八十五5；帖三13，八12；《馬加比二書》11.7；《馬加比三書》3.15，7.6）；這字亦可看為「溫柔」（《馬加比二書》2.22，10.4），拒絕以暴力解決問題。在審判時顯得寬容、不苛刻，有容人之量（《所羅門智訓》12.18；《黑門牧人書》〈命令篇〉12.4.2）。保羅在哥林多後書十章1節以基督的謙虛和溫柔去勸勉（διὰ τῆς πραΰτητος καὶ ἐπιεικείας τοῦ Χριστοῦ）哥林多教會的人，保羅好像是軟弱，事實上他是追隨耶穌的榜樣。"ἐπιεικής"這德性，就是非信徒也會讚許（腓四5）。這字與"ἄμαχος"「不爭競」並列（提前三3；多三2）。"εὐπειθής"「柔和」一字在新約中只在此處出現，在〈七十士譯本〉中從來未有出現過，其同字根名詞"εὐπειθεία"在《馬加比四書》多次出現（5.16，9.2，15.9）與順服律法有關；這字指在可能的情況下遷就他人，願意為整個羣體而作出讓步（參 *EDNT* 2.81）。以上三種特質都是建立羣體的人所要有的德性。第二組實是一種特質，"μεστὴ ἐλέους καὶ καρπῶν ἀγαθῶν"「滿有憐憫和美好的果子」可以重名法去理解，即滿有憐憫美善的果子；憐憫不只是同情，而是帶有果效的行動（參二13～16）。最後一組的第一種特質"ἀδιάκριτος"「沒有偏袒」在新約中只在此處出現，在古典希臘文的意思是「不能分別」或「不肯定」，但這些解釋都不可能是這裏的意思。一章6節使用了與這字相反的詞彙"διακρίθηναι"「疑惑」，這裏的意思便是「不疑惑」，正面的說法是純一、專心、全心，這也是大部分釋經者所採納的意思（Hort 1909:86～87; Ropes 1916:250），於此這種純一表現於不將人分門別類、不偏袒任何人（參二4）。

最後一種特性是“ ἀνυπόκριτος ”「沒有虛偽」，不裝腔作勢、不假冒為善，全然的誠懇真摯（參羅十二9；林後六6；提前一5；提後一5）。根據《便西拉智訓》1.28～29，虛偽（ὑποκρίθηναι）是三心兩意的結果。

三18 至於締造和平的人，公義之果是在和平中播種的。

這句可能是一句獨立的諺語（Mitton 1966:143; Dibelius 1976:214～215），雅各用作綜合從天上而來的智慧所發揮的果效，亦總結了三章13至18節（Davids 1982:155; Martin 1988:126），這反映出當代智慧文體的格式，以諺語綜合一個段落的討論。“ δέ ”沒有相對的意思，只是引入這總結。原文此句直譯為：「公義之果是為著〔藉著〕締造和平的人在和平中撒種的。」這節極可能是當時的諺語，諺語通常是簡短精要，帶有含糊的地方。“ καρπὸς δικαιοσύνης ”「公義的果子」多次在〈七十士譯本〉中出現（摩六12；箴十一30，十三2；參賽三十二16、17），在新約中出現三次（其餘兩次見於腓一11；來十二11），“ δικαιοσύνης ”「公義」屬格的用法，大概不應是形容性（descriptive）或主詞性（subjective；如 Ropes 1916:250～251；Sidebottom 1967:50），而應作同位（appositional），即這果子就是公義（如 Davids 1982:155；Hartin 2003:195）。“ ἐν εἰρήνῃ ”「在和平中」指播種的方式，指在和平的氛圍下培植出公義的果子。所播種的地方，是個人的生命，也是在羣體中間。在聖經的描述中，播種和結果往往是相連的（參箴十一21，二十二8；何十12；林前九11；林後九6；加六7～8；參《便西拉智訓》7.3），但果子不可能是被撒播的。因此這裏大概是一種含蓄的說法，指果子由播種而成（Hort 1909:87；Moo 2000:177；參《巴錄二書》32.1），蘊含著一個由播種至收成的過程，然而這並非完全是指終末的成果（如 Hoppe 1977:67, 70）。耶穌在登山寶訓中就曾說過：「使人和睦的人有福了！因為他們必稱為上帝的兒女」（太五9），使人和睦是作為上帝的兒女所有的特質，使人和睦也叫人與上帝建立正常的關係。在舊約中，和平與公義的關係密切（參詩八十五10，七十二7），和平或和睦是得以收成公義的條件，是其土壤。平安（賽三十九8，五十四10，五十五12；結三十七26）和公義（賽四十五8，六十一11；參彼後三13）是將來國度所承受的祝福。“ τοῖς ποιοῦσιν ”「至於締造和平的人」的與格（dative），不只是指藉著某人(dative of agent;如 Davids 1982:155;Hartin 2003:195),也不只是為著某人(dative of advantage;如 Dibelius 1976:215;Laws 1980:165),而是兩者皆是(Hort 1909:87; Johnson 1995A:275),即同時包括了受理人和受益人。那些在羣體中願意與其他人和睦共處的,必定結出公義之果,行在公義的路中,同時這亦是由從上而來的智慧所引導的羣體必然有的表現。以賽亞書三十二章17節說:「公義的果效必是平安;公義的效驗必是平穩,直到永遠」,將平安看為是公義的果子。箴言三章17節則如此說:「〔智慧〕的道是安樂,她的路全是平安」,平安是智慧之果,也是實行上帝命令的結果,這是便西拉(《便西拉智訓》1.18)所描述智慧所結第一種的果子。有學者(Baker 1995:176)認為這裏與三章13節有平行的地方,“εἰρήνῃ”「在和平中」平行於“ἐν πραΰτητι”「在謙虛中」,“δικαιοσύνης”「公義」平行於“καλῆς ἀνατροφῆς τὰ ἔργα”,“καρπός”「果子」指向於“σοφίας”「智慧」,這解釋相當有吸引,箴言十一章30節就將公義與智慧兩者拉上密切的關係:「義人所結的果子就是生命樹;有智慧的,必能得人。」公義的人就是智慧人(Laws 1980:166視智慧即公義之果)。然而,一方面是“καρπός”「果子」或“καρπός δικαιοσύνης”「公義的果子」平行於“τὰ ἔργα”「作為」,另一方面“ἐν πραΰτητι σοφίας”「智慧的謙虛」與“καρπὸς δικαιοσύνης ἐν εἰρήνῃ”「在和平中的公義的果子」是兩種不同的結構。聽而實行栽種的道的目的,也同樣是要行上帝的義(一 20)。

智慧與實行律法

不論猶太智慧傳統(參箴二6,八22~31;《所羅門智訓》7.25,9.4、9~10;《便西拉智訓》1.1~4,24.3~12;《巴錄書》3.29~31)或天啟傳統(參《以諾一書》5.8~9,14.3,49.1~2,51.3),智慧都是源於上帝。猶太智慧傳統強調最終智慧並非出自人的成就,然而這並非說人在這過程中沒有任何的角色(《便西拉智訓》3.25),若不透過紀律,人不可能得到智慧(《便西拉智訓》6.18~36),且進一步將智慧等同於律法。《巴錄書》4.1也同樣將智慧等同於律法,律法是真正的智慧之所在,亦是智慧的泉

源（參詩篇中的智慧／妥拉詩：一、十九和一一九篇）。

《馬加比四書》1.15～17指出智慧是從律法的教育而得，正如申命記四章6節所言：「所以你們要謹守遵行；這就是你們在萬民眼前的智慧、聰明。他們聽見這一切律例，必說：『這大國的人真是有智慧，有聰明！』」行律法的便顯出智慧；凡恨惡智慧的，必不智慧（《便西拉智訓》33.2）。《便西拉智訓》和《巴錄書》等都從智慧的角度去重新詮釋律法，對昆蘭的羣體來說，智慧等同於他們對律法的解釋（Cheung 2003:153～154）。

在第二聖殿時期，有兩種對智慧和律法關係的理解：一方面是人需要智慧，才能清楚明白律法；另一方面，研讀和實踐律法，叫人得著真智慧。智慧既是研讀律法的條件，亦是研讀律法的結果（特別參Schnabel 1985:207～224）。

雅各書並未有將智慧與律法兩者的關係，作直接的聯繫，然而它們在目標上有六方面是相同的：

(1) 智慧最終的關注是純潔（三17），那實行使人自由的律法而有的宗教表現，是「純正無瑕」的（一27）。

(2) 智慧最終的果子是公義（三18），同樣惟有領受那所栽種的道，才可以成就神的義（一20～22）。

(3) 從上而來的智慧第二和第三組特性：「有恩慈和善果、沒有偏袒」，是平行於二章的不可偏袒待人和要有憐憫的行動，這兩者是遵行王者之律的人所應有的表現。

(4) 那屬地下、屬血氣和屬鬼魔的智慧，在羣體中所產生的嫉妒紛爭，與從上面而來的智慧成對比，從四章1至4節中不難看到，那些在羣體中的嫉妒紛爭，是來自這種所謂智慧，有這種智慧的人都是與上帝為敵的。二章23節的亞伯拉罕，被稱為上帝的朋友，正是因為他有信心的行為，這行為是上帝律法所要求的。

(5) 那些有智慧和有見識的（四1），必須透過他們的行為，顯出他們是有真正的智慧；同樣，信心也需要有行為（愛的行為）的表現作為證據。

(6) 智慧帶給人完備的生命（一2～5），同樣，使人自由的律法是完全的

律法（一25），是叫人得以完全的。

從第二聖殿時期的背景去看這兩者的關係，若將得到智慧看為是實行律法的結果，是非常貼切的。然而，一章5節又說我們要祈求智慧，那又可如何理解？在雅各書中，將兩者連在一起的，是「謙虛」，首先謙虛是人領受所栽種的道所應有的態度（一21，參該處註釋），另一方面，智慧是謙虛之源（三13，參該處註釋）。謙虛是一種極重要的德性，對那從上帝手中得到律法的摩西，聖經對他的評價是：「摩西為人極其謙和，勝過世上的眾人」（民十二3；參《便西拉智訓》45.4）。拉比的著作中，妥拉的教導，只是授予那些謙虛的人，謙虛是學習的必須條件（Moore 1997:2.245），拉比希利是一位謙虛的人（《土西他》〈論疑妻行淫〉9.48b），這是為何他和他的門徒對律法的解釋勝於另一拉比教門煞買的原因（《巴比倫他勒目》〈證言集〉13b；《耶路撒冷他勒目》〈論棚子〉2.8，〈論叔娶寡嫂的婚姻〉6.6）。耶穌也指出我們要負他的軛，根據拉比的理解，「軛」即對律法的解釋，這是基於耶穌「心裏柔和謙卑」（太十一29）。若向上帝所求的智慧（一5），是叫人能謙卑自己，那麼有謙虛的態度，願意向上帝開放，是人得以聆聽和實行那使人自由的律法必須有的先決條件。於此，不單是行律法顯出真智慧（三13），從智慧而來的謙虛，也使人能理解和實行律法（一21）。

釋義（三1～18）

謹慎言語（三1～12）

與中國的古代社會一樣，近東的古代社會對教師格外的尊重，在猶太人的社會中亦然。我們對初期教會教師在信徒羣體中的角色，只知其輪廓，然而從猶太人對賢士和拉比的尊重，我們可以知道這些教師在彌賽亞羣體中，也有舉足輕重的地位。新約往往將彌賽亞運動中的先知和教師並列，保羅就看自己是使徒之外，還是教師（提前二7；提後一11），雅各在此將自己也看為是教師之一。有別於使徒，教師大概是長駐於一個地方（參《十二使徒遺訓》13.1～2），且不一定是見過復活的主（參林前十五5～9），有別於先知，他們的教導不是一種直接受聖靈感動的説話（林前十四1、3、24、29～32），而是根據舊約的律法、耶穌的教導和教會的傳統，去領導、建立和指教信眾羣體。雅各在此亦警惕那些在信徒羣體中為師的，要謹言慎行。正因為教師地位重要，他們一言一行，對那些受教導的人來説，會做成比一般人更大的影響，稍有差池便會做成更大負面的後果。亦因為教師在羣體中有一定的代表性，他們失言不只可以對羣體內部造成損害，也可以影響外界對這信仰羣體的形像。因此便對他們的要求更高，要他們問責更嚴，他們且要受更重的刑罰（三1下）。耶穌也這樣的警告説：「但你們不要受拉比的稱呼，因為只有一位是你們的夫子；你們都是弟兄」（太二十三8），當然耶穌是那位最終的夫子，又正如耶穌所説的，在教會中的教師就好像天國中的文士，受教作天國的門徒（太十三52）。法利賽人要承受更重的刑罰，正是因為他們將人帶進錯誤的路（可十二40）。

對教師來説，用言語作教導是免不了的，就是在言語上，人最容易犯錯（三2）。人的失言可以是多方面的，可以在教導的內容上出錯，也可以是説了不該説的話，或是該説的卻未有説，或是不一致的言詞（參下文三9～12），也可能是説話與行事不一致。為師者並非在言語上不能錯，而是要自知自己會犯錯，便要小心自己的言語，也要虛心地接受別人的提醒。因為作為教師的，太容易自以為是，認為自己所教導，是完全沒錯，或是都比別人強。在言語上容易犯錯這提醒，不只是針對教師的，也是人人適用。雅各認為人若能全然控制他的言語，他便是一個完全的人：言語純全、言行一致的人（有關本書「完全」的關注，參緒論 9.1）。能在言語上純全的人，也能在各方面都純全了！

作者使用兩個比方説明舌頭可以發揮龐大的威力（三3～5上）：嚼環置於馬和舵置於船。嚼環雖小，放在馬嘴之中，就能控制一匹馬，來去自如，任由騎馬的人所操縱。舵對一艘龐大的船隻來説，比例上雖然是細小，但在掌舵者的手上，就可以控制這條船，隨著他的意思，在疾風之下，乘風破浪的前行。作者以此比喻舌頭雖然只是人身體上一個小小的肢體，成人的舌頭只不過是二至三寸，重七十至八十克，只是所謂「三寸不爛之舌」，但卻可以對人有極大的影響，能阻礙一個人的生命或是一個羣體達致完全，其影響力是絕對不可輕看的。一個人能控制全身亦即能完全控制自己的欲望（參一13），然而一個人能控制自己的舌頭，是他能控制自己欲望的一個重要表現；我們的言語是我們生命指導性的標記！我們控制不了自己的舌頭，也顯示我們未能完全控制自己的私欲。舌頭不受控制，正是人受制於他的情欲的具體表現。人的情欲可挑起嫉妒、忿恨、驕傲、狂妄、貪財等，引發毀謗、中傷、謊言、誇大、咒詛等的言語。

從三章5下半節開始，作者從描述舌頭的威力到舌頭需要受到控制。以火比喻舌頭，在舊約中已見，箴言十六章27節這樣說：「匪徒圖謀奸惡，嘴上彷彿有燒焦的火」，用火比喻舌頭固然是因為他們形狀相似，中文詞彙中也有「火舌」一字（參徒二3）。雅各使用舌頭形容火時，是要連帶說出它極大的破壞力，如星星之火可以燎原一樣，一發不可收拾，熊熊烈火，可燒毀整個山林（三6上），所經之處所有的建築物，都付諸一炬，這幅毀滅的圖畫，正是舌頭可以在個人和羣體身上所造成的景象，當然縱火者是那使用舌頭的人！不單如此，舌頭代表了那個叫人污穢的不義的世界，是不義世界的縮影。真正的敬虔是要不被這世界所玷污（一27），但舌頭卻偏偏成了被這世界污染的工具，當舌頭不受控制時，能污穢整個人，在人的身上成了污染、不潔之源，叫人與上帝為敵（一27，四4）。那玷污人的世界，雖在人身之外，但卻近在咫尺，就在我們的口裏，就是我們的舌頭！世界代表著敵擋上帝的價值，透過人的舌頭，蔓延開去，舌頭是這罪惡世界的發言人，也是它的代表。結果是整個生命的輪，即生命的歷程，都要被這舌頭的火點燃，舌頭在人生的每一階段，都可以發揮它破壞性的影響力。最終舌頭要承受地獄的火的審判，以地獄的火去燒這舌頭的火，這摧毀個人和羣體的火，要面對被火摧毀的審判（三6下）。舌頭不只是影響今生，也涉及永恆，絕對不可掉以輕心。掌舵的可以是「信心」，也可以是「情欲」，誰在我們生命中掌了舵，生命便會循著截然不同的方向走，前者是永生和完全，後者是毀壞和滅亡（一14～15）。舊約箴言對舌頭的功效，有此描述：「生死在舌頭的權下……」（十八21），又說：「謹守口的，得保生命；大張嘴的，必致敗亡。」（箴十三3）正如人的私欲將人引向死亡（一13～15），被欲望所控制的舌頭，也會將人帶向死亡。中國有諺語云：「一言禍國、一言興邦」，絕非言過其實，雅各並沒有誇大其詞。

上帝按自己的形像造人，叫人代表祂管理萬物，治理全地（創一26～28），在整個人類的歷史中，人類都在實現這目標，且也可以說成功地這樣做了，然而卻偏偏人自身，就是這細小的舌頭難以馴服（三7）。我們可以說，人最難管理和控制的，是他自身！雅各更形容舌頭是蛇蠍的毒物（三8）：口舌招尤，叫人永無寧日，做成人與人之間的衝突爭鬥，甚而帶來兇殺和毀滅。有具大的威力而失控，就好像沒有安全信管的炸藥一樣，或是彷似只有強大馬力的加速器，而沒有舵盤和煞車腳踏器的汽車，可以隨時隨地對自己、對別人造成嚴重的傷害。雅各所用舌頭如火的比方及舌頭帶來毒害，也見於中國的典籍，東漢王充在《論衡》卷二十三〈言毒〉中有云：「火為口舌之象，口舌見於蝮蛇，同類共本，所稟一氣也。故火為言，言為小人，小人為妖，由口舌…… 故君子不畏虎，獨畏讒夫之口。讒夫之口，為毒大矣。」

雅各指出其中一個言語不一致的現象（三9～10）：我們向上帝獻上敬拜和讚頌，是應該的，祂是那獨一的主，是創造、救贖和審判的主宰，然而卻咒詛那按著上帝形像所造的人，是一種不一致的表現。我們不可能對著一個人說對他萬二分的尊敬，但轉身來，卻對著他的照片吐涎沫！人既是按上帝的形像被造，也應當被受尊重，不尊重人就是不尊重上帝，因此咒詛人與頌讚上帝，不只是兩種不同的言語，而是自相矛盾的活動。耶穌也曾警告說：「凡罵弟兄是拉加的，難免公會的審判；凡罵弟兄是魔利的，難免地獄的火。」（太五22）我們的鄰舍是按上帝的形像被造的，與我們一樣，是愛和祝福的對象，對人，我們有的只應是祝福而非咒詛（參彼前三9）。頌讚上帝是人所能表達最高尚的言語，咒詛人卻是最卑下的。一個口說出這兩種話是不應該的，不一致的情況雖然可能很普遍，但卻是不可接受的，不能因習以為常便忽視這是錯誤的。人雖未能完全控制自己的舌頭，但並不代表人對自己所說的，可以不負責任，他可以逐步完善去控制自己的舌頭。當然最重要的，是要倚靠從天上來的智慧去克服人內心的偏情，叫人的舌頭受控。

三章11至12節，作者使用了三個比方，三句預期否定答案的修辭反問語，說明同一張嘴說出兩種完全相對言詞的矛盾：（1）同一個水源，不會噴出甜水和苦水；(2)無花果樹不可能生出橄欖來；(3)葡萄樹不可能生出無花果樹來。最後以鹹的水源也不能流出甘甜的水來這比方，說明人的言語反映出他的生命。耶穌在馬太福音七章16至18節也有類似的言論：「憑著他們的果子，就可以認出他們來。荊棘上豈能摘葡萄呢？蒺藜裏豈能摘無花果呢？這樣，凡好樹都結好果子，惟獨壞樹結壞果子。好樹不能結壞果子；壞樹不能結好果子。」一個人內裏的生命如何，他的言語也如何，「觀其言知其行，觀其行知其心，知其心者知其人也」。

雅各極之關注言語的問題，因為言語對個人和羣體來說，都帶來深遠的影響。坊間流傳有這樣的一段話：「一句不小心的話可能引起爭端；一句殘忍的話可能毀壞人的一生；一句苦毒的話可能注射仇恨；一句野蠻的話可能是致命的打擊；一句恩慈的話可能使崎嶇化為平坦；一句喜樂的話可能使暗路變為光明；一句合宜的話可能使緊張成為輕鬆；一句愛心的話可能治癒創傷、轉禍為福。」(佚名)言語既可建立，也可以摧毀，雅各在此強調了言語負面的作用。中國人也相當注重慎言，以下是筆者找到有關不恰當言語的成語：口舌招尤、言不顧行、言行相詭、言不由衷、言顛語倒、口不應心、空口說白話、口惠而實不至、言與心違、口是心非、有口無心、嘴甜心苦、言多必失、言多傷行、言而無信、言過其實、說三道四、以訛傳訛、語無倫次、胡言亂語、調嘴學舌、油嘴滑舌、一簧兩舌、出言不遜、「病從口入、禍從口出」等。言語上的過失，多與兩方面有關：對人的傷害和弄虛作假。有時候，傷害了他人仍不自知。現下時尚更是鼓吹要說甚麼就說甚麼的率性放任，經常以言語踐踏別人的自尊為樂，叫人被糟蹋得體無完膚，這是將自己的快樂建造在別人的痛苦上。一切出言刻薄、輕蔑和言語暴力，都是未有尊重人作為上帝的形像。弄虛作假可以掩飾真相、只說出部分的真相、扭曲真相，而虛假的特性是會製造更多虛假，以進一步隱藏其虛假，造成更多的虛、誇、假、空、謊，也可以是撒播更多謠言是非。對大眾極具影響的傳媒來說，在信息的傳遞上，就有更大的責任，絕對不能不問是非真假，只求銷量收視。在互聯網上使用虛假的身分說虛假的話，比比皆是，任何人都可以恣意發言，盡說不負責任的話，只要想說就說，說說便算，叫言語信息變得愈來愈沒有真實的價值，也提醒我們要有判辨力的重要。

有人這樣說：人一生只用兩年時間學說話，卻要用一世學不說話。孔子有云：「剛毅木訥近仁」，言語遲鈍，勝於巧言令色；中國人亦有言「沉默是金」。在箴言書中，亦有類似的智慧之言：「寡少言語的，有知識；性情溫良的，有聰明。愚昧人若靜默不言也可算為智慧；閉口不說也可算為聰明」（十七27～28），或是「多言多語難免有過；禁止嘴唇是有智慧」（十19）。然而，雅各並未有說勸勉我們緘默不言，他的智慧之言是：「敏於聽、訥於言、緩於怒」（一19），以緘默作開始，倒不若說以聆聽作開始，緘默是為了聆聽，一個只顧說話的人，不容易聽到別人所要說的，更難以聽到在人的內心沒有說出來的話。在修道士的傳統中，安靜沉默成為一種屬靈的操練，叫人學習細聽上帝的話，更珍重和珍惜人的言語，不斷反思自己的言行，靠著從上而來的智慧，去控制自己的言語，叫言行能納入真道的正軌之中。

天上與屬地智慧的對比（三13~18）

一個人是否有智慧和見識，是否有資格作為羣體的教師和領袖，並不在乎他的學問有多高深，也不在乎他有多少學歷、多少經驗，甚而多少屬靈恩賜（參林前三1～5），而是在於他處事的態度和生活的表現（三13）。以色列能在萬民中被看為是有智慧和有見識的（申四6），正因為他們實行耶和華的律法。有智慧和見識固然是對所有屬上帝子民的要求，特別對他們的領袖來說，是不可缺少的素質，這素質與他們是否實行上帝的命令有密切的關係。雅各書三章開始便提及作教師責任的重大，他們不只是解釋上帝的命令，並要活出這道所顯的智慧，以身作則的教導屬上帝的子民。然而，往往是在領袖和教師之間，最容易出現的偏是嫉妒和爭鬥，這些並非有真正智慧的表現。若領袖是眾人的榜樣，則所有屬上帝的子民，也要留意我們所有智慧的根源和表現（三13～18）。

作者指出真正的智慧有兩大特質：（1）謙虛；及（2）有善行的表現（三13）。所謂「智慧的謙虛」可理解為：惟有謙虛的人才有真正的智慧，另一方面，真正有智慧的人必定有謙虛的態度。摩西作為偉大以色列人的領袖，他在聖經中所得的評價是甚麼：「摩西為人極其謙和，勝過世上的眾人」（民十二3），他面對他的姐姐米利暗和弟弟亞倫的閒言閒語，不為自己辯屈申冤而贏得這種讚賞。同樣，耶穌作為一位偉大的教師，也因為他的柔和謙卑（太十一29）。根據猶太人的傳統，一個人對律法的解釋是否正確無誤，與他是否一個謙卑的人，有密切的關係，這正是雅各書一章19節作者教導信徒，在上帝的道面前，要存著謙虛的態度，叫上帝的道在我們的生命中生根茁壯。詩篇二十五篇9節是對謙卑人最佳的描述：「他〔上帝〕必按公平引領謙卑人，將他的道教訓他們。」

謙虛並非自慚形穢、妄自菲薄，也不是虛偽客套，謙虛的人能適當地衡量自己，從上帝的角度看到自己的卑微和尊貴，從反面去看，謙虛即不高傲，不自命不凡、恃才傲物，謙虛的人不容易被別人對自己的評價所觸怒（參一20～21：忿怒與謙虛的對比）或是作出衝動的還擊（參太五38～41），也不會燃起嫉妒貪戀之心（參三14），他會滿足於自己所有的「寶藏」，不會貪慕別人所有的（參詩三十七11；太五5）。謙虛也不是懦怯脆弱、逃避責任，只要反觀摩西和耶穌便可知道：他們清楚自己的責任，敢於承擔及面對挑戰。謙虛的人不只是虛懷若谷，亦能坦誠納諫，不只受教於上帝的話語，從老師或前輩的身上學習，也能從每個人的身上、每件事上學習，能安心聆聽、仔細思量，這樣的人能有敏銳的心靈和憐憫的心腸。

對比於從謙虛的智慧而有的行為表現，另一種智慧所懷抱的，是苦毒的嫉妒和自私（詳參四1～10的釋義），這不只是與真理不合，而是生活在自欺欺人的虛假之中，並且是違背真理而行（三14下；參五19）。作者會於四章1至6節對這種生活方式為何是違背真理有詳細的演繹。雖然這樣的人也會以為自己有超凡的智慧、見識廣博，甚而認為自己是了不起的教師，但他們所謂的智慧，並非從上帝而來真正的智慧，雅各透過對比的方式，指出世人所誇耀的智慧，只會造成人與人之間的嫉妒紛爭，社羣的紛擾和混亂，甚而是羣體成員彼此攻奸殺害（三14上；參林前二6）。這種智慧不可能從上帝而來，雅各指它的源頭是屬於這世界的、是出於人的欲望，並且是出於鬼魔的（三15），這智慧只會叫人玷污（一27，四7）。羣體中間出現不和分裂，必然是出於人的不成熟，是有人自高自大、自以為是，缺乏了謙卑的態度，且可能是出於人的嫉妒而有的權力鬥爭（三16）。雅各並非藉此去醜化羣體中的任何一方，而是要羣體的成員好好作自我反省，不要落入自己情欲的圈套（一14～15）。

以下的簡表，綜合了作者對這兩種不同智慧的對比：

	15~16節	17~18節
本 源	不是從上頭來的 屬地的 屬情欲的 屬鬼魔的	是由上頭來的
特 性	嫉妒 紛爭	清潔 和平 溫良／溫柔 柔順／謙遜／寬大 滿有憐憫、多結善果 沒有偏見 沒有假冒／沒有虛偽
結 果	擾亂 各樣的壞事	義果

從上頭來的智慧有七種特質，就好像光照入三稜鏡化作七色的彩虹一樣，展現出生命中七種的德性（三17）。「七」在以色列人的傳統中是完全的數字，這七種的特性是一個完全人所有的表現。第一種特質純潔是涵蓋性的，其餘六種可分為三組：（1）和平、寬宏、柔和；（2）滿有恩慈和善果；和（3）沒有偏袒、沒有虛偽。純潔指在生活上分別為聖，對上帝一心一意的，不受世俗所玷污（參一25～27），亦惟有保持純潔或貞潔，叫我們的心靈能坦蕩蕩的向上帝敞開，全無異心地愛上帝，這樣我們才能清晰的了解自己，在別人面前亦能坦然，不需隱瞞，能自由地建立互信和互愛，身心靈有真正的平靜，羣體間有真正的和睦，這是全書總體的關注。

第一組「和平、寬宏、柔和」關乎人如何待人接物，和平指能與人和睦共處，寬宏是有容人的雅量，柔和代表願意遷就體諒，將羣體的關注置於自己之先，這三種都是建立羣體的重要德性，有關羣體的和諧，正是下文四章1至6節，並11節所關注的。第二組「滿有恩慈和善果」指慈悲為懷、樂善好施、與人為善，這是本書二章9至20節的主題（特別參二13）。第三組「沒有偏袒、沒有虛偽」指能一視同仁、開誠布公、大公無私，這是二章1至13節的關注。這些不只是個人所有的德性，也是一個和諧的羣體和社會所必需有的特質。這些情愫是從上帝而來智慧在信徒羣體中間，在信徒生命中的表現。

最後作者以一句獨立的諺語，說明從上頭而來的智慧所帶來的結果，作為整段的總結：「至於締造和平的人，公義之果是在和平中播種的」（三18），這諺語強調了公義與和平之間不可分割的關係，公義在此指一種恰當的關係，指神與人，同時亦指人與人之間的關係。凡是與上帝和好並願意使人和睦的人，都有屬天智慧的，必能在他們的生命中，培植出公義的果子。和平和睦是建立公義的土壤，這種和平和睦包括看到自己的過錯而尋求寬恕，願與上帝和好，並與人和好；願意採取主動去建立和睦的關係，放下自己的高傲和成見，冰釋前嫌、和衷共濟。或是樂意為人排患釋難解紛亂，協助化解人與人之間的恩怨情仇，將仇恨化作寬恕，轉怨為恕，化干戈為玉帛。和平既是手段，也是最終的目的。

人在話語上容易犯錯，說明人尚未完全，人需要從上而來的智慧，叫人活出聖潔完整的生命，這完全的生命必帶來真正長久的公義及和平。

3.2.3 慎防嫉妒（四1～10）

1 你們中間的戰爭是從哪裏來、打鬥是從哪裏來的呢？豈不是從你們肢體中好鬥的情欲來的麼？

2 你們欲求而得不到，就殺人；你們嫉妒卻未能如願，就打鬥和爭戰；你們沒有，是因為你們不求。

3 你們求也得不到，是因為你們心術不正的求，目的是要耗費在你們私欲沉溺之中。

4 你們這些淫婦啊！豈不知與世俗為友就是與上帝為敵嗎？因此誰決意作世俗的朋友，就成了上帝的敵人。

5 「上帝安放在我們裏面居住的靈，豈是嚮往嫉妒的呢？」你們以為聖經這句說話是徒然的嗎？

6 但祂賜下更大的恩典；為此祂說：「上帝抵擋驕傲的人，賜恩給謙卑的人。」
7 因此你們要順服上帝，抵擋魔鬼，魔鬼就必逃避你們。
8 你們親近上帝，上帝就必親近你們。罪人啊，要潔淨你們的
手；三心兩意的人啊，要清潔你們的心。
9 你們要愁苦、悲哀、哭泣；將你們的歡笑變為悲哀，喜樂變
為沮喪。
10 你們要在主面前謙卑自己，主就使你們升高。

上文闡釋從上頭而來的智慧，有別於那屬地、屬肉體和屬鬼魔的智慧，它們各自帶來不同的結果，前者是培養愛好和平的人，活出上帝所要求的公義關係，後者所帶來的，是嫉妒紛爭，關係破裂，羣體分崩離析。作者在四章繼續有關嫉妒的主題，更明顯地針對在羣體中有人因嫉妒而挑起爭端、衝突和彼此攻訐。

3.2.3.1 嫉妒紛爭的由來（四1～3）

四1 你們中間的戰爭是從哪裏來、打鬥是從哪裏來的呢？

作者重複兩次發問類似的問題：“πόθεν”「從哪裏來的呢」？“ἐν ὑμῖν”「在你們中間」指在讀者身處的羣體之中。雅各善用問題作為引子（二4、5、6、7、14、15、16、20、21、25，三11、12、13，四1、4、5、12、14），帶出以下的課題。“πόλεμοι”「戰爭」和“μάχαι”「打鬥」這兩字經常連在一起使用，是軍隊日常的活動（Johnson 1995A:275 引《荷馬史詩》1.177；伊比德圖《哲學談話錄》3.13.9），有學者認為雅各在這裏使用這些字彙，是要針對當時的奮鋭黨（Reicke 1964:46; Townsend 1975，1994:211～213），或是以前曾出現的奮鋭黨（Martin 1988:144），或是針對讀者羣體中出現的紛爭（參 Hort 1909:88；Ropes 1916:252～253；Davids 1982:156），前兩個提議在此信件中沒有任何的支持，況且若此書寫於公元70年之前，奮鋭黨根本未曾正式出現，我們既接受此書於公元60年初寫成，因此不需考慮這書是針對奮鋭黨；第三個建議則有不少支持者，學者莊遜（Johnson 1983; 1995A:276）認

為作者是在撰寫有關嫉妒這道德的主題（*topos*），在希臘的文獻中，這主題常使用戰爭打鬥等字彙（Johnson 1995A:276 引伊比德圖《哲學談話錄》3.22.61；另參斐羅《論約瑟》5；〈迦得遺訓〉5.1～6；〈約瑟遺訓〉1.2～7；〈西緬遺訓〉3.1～5，4.8～9；《託福西萊德名書》70～75），《革利免一書》3.2有這樣的描寫："ἐκ τούτου ζῆλος καὶ φθόνος, ἔρις καὶ στάσις, διωγμὸς καὶ ἀκαταστασία, πόλεμος καὶ αἰχμαλωσία"「從此就有忌恨和嫉妒、爭吵和叛亂、迫害和不安、戰爭和擄掠」；"ζῆλος"、"φθόνος"、"ἀκαταστασία"、"πόλεμος"都是在雅各書三章13節至四章10節所出現的重要字彙。《便西拉智訓》28.8有這樣的勸告：「要遠離紛爭（μάχη），減少你的罪；因為急躁的人挑啟紛爭（μάχη）」（參28.10～11；箴十五18，三十33）。

豈不是從你們肢體中好鬥的情欲來的麼？

"ἑδονή"「情欲」這字指在一種享受的狀況之下，也可作享樂，這字與"ἐπιθυμία"「私欲」（參一14～15；四2上：ἐπιθυμεῖν）在提多書三章3節並排（參路八14//可四19；《馬加比四書》5.23），在〈七十士譯本〉的《馬加比四書》中，這字出現了十一次，大部分的意思指滿足的欣喜（參《所羅門智訓》7.2，16.20），但在新約這字出現四次，都是負面的（參四3；路八14；彼後二13；參《黑馬牧人書》〈比喻篇〉8.8.5，9.4），指沉溺和失控的情欲，貪圖逸樂的享受，這是在羣體中出現爭鬥的由來。英文"hedonism"（享樂主義）一字，便是由這希臘字演化過來的。"ἐν τοῖς μέλεσιν ὑμῶν"「在你們肢體中」可看作在一個人的肢體之中，即人自身內在的衝突（Laws 1980:168; Davids 1982:157），這觀念同樣可見於保羅所描述在人心中有兩個彼此對敵的律（羅七21～23），昆蘭文獻中也有類似的描述（《會規手冊》 3.17～21，4.20～23），但此處也可以指在羣體成員之間的衝突（Ropes 1916:253; Hutchinson Edgar 2001:191）。這裏大概是指一個由內至外的過程，內在的私欲先在人裏面起了衝突，這私欲佔了上風便會外溢，隨著便是與其他人的利益出現衝突和矛盾（Hort 1909:89; Johnson 1995A:276），這種貪戀是嫉妒的一個重要的元素。〈先賢集〉2.11就將「邪眼」（evil eye；即嫉妒）、邪惡的本性（私欲）和對人的憎恨三者並列（並參

4.21 將嫉妒、私欲和野心三者並列）；邪眼是出於邪惡的心（2.9）。嫉妒和有智慧，是互不相容的（《所羅門智訓》6.23：「我斷不會與那將人溶掉的嫉妒為伍，因為這嫉妒與智慧無緣」）。

四2 你們欲求而得不到，就殺人；你們嫉妒卻未能如願，就打鬥和爭戰；

這節因不同理解，出現不同的分句方式，因此有不同的翻譯。〔和〕、KJV、NIV（晚近支持這理解的，有 Brosend II 2004:108）跟隨第四版聯合聖經公會希臘文聖經（UBS），和第二十七版 Nestle-Aland 希臘文聖經的分句方法，將全句分為三小節：

你們欲求而得不到，
你們殺人和嫉妒卻未能如願，
你們打鬥和爭戰。

這裏有兩方面值得注意：(1) 有學者認為這裏提及殺人，未免有點言過其實，因此將“ φονεύετε ”「你們殺人」修改為“ φθονεύετε ”「你們嫉妒」：「你們欲求而得不到，你們羨慕又嫉妒卻未能如願，你們打鬥和爭戰」（參 Mayor 1913:136～139；Dibelius 1976:217），這修訂早已由伊拉斯謨（Erasmus，約1469～1536）提出。然而，這修訂並沒有任何抄本的支持，而且亦忽略了嫉妒引動殺機，是討論這課題時經常出現的（Johnson 1995A:277），事實上在舊約聖經的傳統中，也經常將嫉妒與兇殺相提並論（創四1～25：該隱殺亞伯；創二十七41：以掃欲殺雅各；創三十七章：約瑟的兄弟欲殺約瑟；撒上十八～二十六章：掃羅追殺大衛；王上二十一1～29：亞哈殺拿伯），這種將嫉妒與兇殺相連，在猶太教的傳統（《所羅門智訓》2.24；約瑟夫《猶太古史》2.10～18；斐羅《論約瑟》5～12；〈迦得遺訓〉4.5～6，7.1～7；〈約瑟遺訓〉1.3；〈便雅憫遺訓〉7.1～2、5；〈西緬遺訓〉1.5～7、13～14，3.2～3，4.5、7～9；）及新約（徒五17，七9，十三45，十七5）中屢次出現，連耶穌也是因此而被當時的宗教領袖所殺（可十五10；太二十七18），這也見於使徒教父的著作（《革利免一書》4.9～5.2；《十二使徒遺訓》3.2)。(2)這裏應看為是兩段平行句(NAU、NRSV、NJB;〔現〕、〔呂〕、〔思〕、〔當〕),近代大部分的學者都接受這理解:[36]

你們欲求而得不到,　　就殺人;
你們嫉妒卻未能如願,　　就打鬥和爭戰;

主張分為三句的,視首兩句的結構為:因某種行動得不呈,引來挫折和矛盾,最終帶來的是第三句所言:打鬥和爭戰。然而,這種排列方式,將「殺人」放在一個較次的位置,與作者強調其嚴重性不附,因此有學者將此句解釋為「你為嫉妒而殺人,卻未能如願」(Martin 1988:146),即他們中間所出現的暴力,不只不能達到目的,且使暴力繼續的升級。然而,將嫉妒和殺人作為互相解釋的動詞,並非最自然的理解。採取分為兩段的優點,是兩句是完全平行的,且與上文三章14至16節提及他們中間出現的爭鬥是源於他們的嫉妒,完全吻合。這分段惟一的困難,是在第二段平行句之前的"καί",有認為這是平行句所容許使用的(Moo 2000:183 n.14),亦有認為這是希伯來語法(反映出"ו"),為冗筆,不需解釋(Davids 1982:158)。這欲求(ἐπιθυμεῖν)與四章1節的情欲(ἑδονή)相呼應,是來自貪享逸樂的欲求。「打鬥和爭戰」與四章1節的「爭戰……打鬥」的先後對調,這兩句於四章1節的開始及四章2節上的結束,形成倒影結構(Moo 2000:184):

A　爭戰、打鬥(四1上)
　B　情欲來的(四1下)
　B′　欲求而得不到(四2上),引致
A′　打鬥和爭戰(四2下)

你們沒有,是因為你們不求。

這裏所指的求,並非人與人之間的請求,而是向上帝祈求(參一5),上

36 Hort, Mayor, Mitton, Ropes, Laws, Davids, Johnson, Moo, Hartin.

帝是一切恩典的源頭（參一17）。四章2下半節至3節“αἰτεῖν”「祈求」這動詞出現了三次，第一和第三次這動詞都是關身語態，中間那次是主動語態，一章5節也是使用主動語態。有認為，使用主動語態代表這是一種沒有禱告精神的祈求（Mayor 1913:138）；亦有認為，關身語態是指祈求某東西，而主動語態指祈求某人（Hort 1909:90～91），然而在新約中多處有這種的筆法（參太二十20～22；約十六24、26；約壹五15），並沒有甚麼意思上的差別（Robertson 1934:626; BDF §316[2]; Turner 1966:163），只是反映作者不拘一格的文筆。有指出主動語態可能是作者刻意援引耶穌的言訓（太七7；路十一9；如 Mussner 1981:179；Davids 1982:160），這是有可能的，雅各在此要糾正人對耶穌「求就得之」這教導的錯誤應用（Deppe 1989:72～73），說明為何耶穌所應許的沒有實現，因為這些人違背了這應許實現的先決條件。

四3 你們求也得不到，是因為你們心術不正的求，目的是要耗費在你們私欲沉溺之中。

祈求得不到的原因，並非上帝不願或不能，而是人在祈求上的態度錯誤。“κακῶς”這副詞帶有「邪惡地」的意思，在此指動機不良，心術不正。“δαπανεῖν”可作中性的「使用」（如可五26；徒二十一24；林後十二15），但也可負面地作耗費，正如路加福音十五章14節中那浪子的花天酒地，揮霍無度。這裏譯作「情欲沉溺」即四章1節的「情欲」（ἡδονή），為了個人情欲的滿足而祈求的，上帝必定不會答允。

3.2.3.2 斥責與世俗為友的信徒（四4～6）

四4 你們這些淫婦啊！豈不知與世俗為友就是與上帝為敵嗎？因此誰決意作世俗的朋友，就成了上帝的敵人。

在四章4至5節，作者再次使用修辭反問語進一步推展他的論點。他使用了嚴厲，甚而可以說是礙耳的指斥：「你們這些淫婦啊！」作者並非指斥讀者是犯了姦淫罪（如 Hort 1909:91），也並沒有對婦女歧視之意，而是舊約往往將耶和華看作丈夫，以色列看作妻子（參賽五十四4～8），這是立約關係所用的一種圖像，以色列的不忠被視作淫亂，就如耶利米書三章20節，耶和華如此說：「以色列家，你們向我行詭詐，真像妻子行詭詐離開他丈夫一樣。這是耶和華說的。」（另參〈七十士譯本〉詩七十三27；賽五十七3；耶三6～10，十三27；結十六23～26、38，二十三45；何三1，九1）以西結書和耶利米書與雅各書相似的地方（另參二11），它們都將殺人和姦淫相排並列。這圖像在何西阿書中刻畫得更真實，耶和華命何西阿先知娶了一個淫婦，她的不忠正是以色列民的寫照，他們追捧其他的神明（何二5～7）。亦有認為，這裏是受箴言書所影響，以淫婦比喻愚昧人（Schmitt 1986）。馬太福音記載耶穌用類似的說話責備當時的猶太人：「一個邪惡淫亂（μοιχαλίς）的世代……」（十二39；參十六4）。類似舊約上帝子民的羣體，新約也將教會這神子民的羣體，看為是基督的新婦（林後十一1～2；弗五24～28；啟十九7，二十一9），因此在這裏使用女性的圖像，也是適當的。雅各指以上那種以滿足個人私欲的生活方式為淫婦的生活方式，是對上帝不忠，他們所尋求的是自己，是拜偶像的行徑。此處使用眾數而非單數，可能是要指羣體中個別的成員，而非整個羣體（Davids 1982:161; Baker 1995:224）。雅各如此嚴厲的指斥，是因為他們是明知故犯，「豈不知」示意他們理應知道以下的事實。

"ἡ φιλία τοῦ κόσμου"「世俗的朋友」的「朋友」一字，即「所愛」的意思。"ἡ φιλία τοῦ κόσμου"「世俗的朋友」和"ἔχθρα τοῦ θεοῦ"「上帝的敵人」的兩個屬格都是受詞式（objective genitive），即作為世界的朋友是愛這世界的，作為上帝的敵人是敵對上帝的。為了強調並進一步作出清晰的推論，作者以第三類條件句叫人透過與上帝的關係去衡量自己，"ἔχθρα τοῦ θεοῦ"「上帝的敵人」與"τοῦ κόσμου"「世界」置於隔鄰的位置，為要突顯其對立。我們與上帝的關係如何，是人可以作抉擇的，是個人的意願（βούλεσθαι），作者使用關身語態"καθίσταται"「成了」，帶有反身的意味，即「故意使自己成為」（梁康民 1995:152）：當人決意作世俗的朋友時，他就是使自己成為上帝的敵人。一個人不可能又作世界的朋友，又作上帝的朋友，這兩者是互不相容的。

在希羅的思想中，歐里庇得斯（Euripides, *Orest* 1064）就形容朋友即有同一個心思（μὶα ψυχή），西塞羅（Cicero）形容萊利烏斯

（Laelius）與西庇阿（Scipio）之間的友誼為有共同目標、志向和態度（《論友誼》4:15）。西塞羅對友誼有進一步的闡述，他說：「友誼無他的，就是這樣：對所有重要的事情有完全的同感，加上良好的意願和感情，並且我有傾向認為除了智慧之外，神明沒有給人其他的東西比這更好的了。」（《論友誼》6:20）若這種對友誼的理解亦是作者所熟識的話，這裏便是關乎要與世界還是與上帝有同一個心思、情感與意願。根據《便西拉智訓》（5.14～6.17, 12.8～9, 22.19～27, 17.16～21, 37.1～6），友誼是要經得起考驗的，並不是說說而已，只是名義上的朋友，並不一定是真正的朋友，當面對考驗時，是敵是友便會顯露出來，作為朋友應站在同一陣線上守望相助。在此值得注意的是，在這些文獻中，朋友間彼此是對等的（Johnson 1985:173～174），但聖經將亞伯拉罕看為是上帝的朋友，並未有這種意思。於此雅各可能是在引申耶穌有關一個人不能事奉兩個主的言詞（太六24//路十六13），他們雖然使用了不同的寫照，雅各用朋友，耶穌用主僕，然而所表達的意念是一樣的：親近一方便是與另一方敵對，兩者是互不相容、彼此排斥的，作為世界的朋友等同於愛瑪門，作為上帝的朋友就是愛上帝（Bauckham 2001:120～121；但參 Deppe 1989:106～108）。雅各也可能是針對當時以富有人作為恩惠主（patron），或透過有權貴的朋友網絡，以鞏固自己的利益和地位。作者指出惟有上帝才是那施恩者，我們要尋求的，是作上帝的朋友（參 Batten 2000）。

四5　「上帝安放在我們裏面居住的靈，豈是嚮往嫉妒的呢？」你們以為聖經這句說話是徒然的嗎？

原文此節以譯文中第二句修辭反問語先排。“ἦ”這小詞引入這裏的問句，這問句所預期的答案，是讀者理應同意的（參太十二29；林前六16）。這裏所說聖經的話究竟引自何經何典，歷來有各種不同的看法：（1）作者並非引用某段經文（比較約七38～39；羅十一8；弗五14；Moo 2000:190～191），有認為這裏是有關上帝是那嫉妒的神，所涉及的是舊約在這方面有關的經文（如出二十5，三十四14；亞八2等，參 Mayor 1913:140；Martin 1988:149；Moo 2000:190～191）；（2）有認為作者引用了一份名叫《伊利達和米達書》(*Book of Eldad and Modad*)的猶太典籍(Sidebottom 1967:52～53; Townsend 1994:79),相信記載了他們二人的先知預言(參民十一26～27),這文獻已失傳,現存的只有在《黑馬牧人書》〈異象篇〉2.3.4 的一句:「上帝親近那些回轉歸向祂的人」;(3)有認為作者引用某段舊約經文,可能是創世記四章7節有關罪戀慕該隱,該隱因嫉妒而殺了亞伯(Findlay 1926),也有認為是創世記四十九章19節米大示的意譯(Meyer 1930:259),有認為此處綜合了不同的經文,好像詩篇四十二篇1節和八十四篇2節(Laws 1973;參 Adamson 1976:170～173),有認是申命記三十二章10、19和21節,並撒迦利亞書一章14節和八章2節;以賽亞書六十三章8至16節;以西結書三十六章17節和創世記六章3至5節(Knowling 1904:99～100),也有認為作者的腦海中有創世記六章3節和出埃及記二十章5節(Blackman 1957:129),亦有認為作者以挪亞為例子,引用創世記六至九章(〈七十士譯本〉;Prockter 1989;Wall 1997:204～205);(4)雅各引用一份我們不認識的資料(比較林前二9;弗五14;《革利免一書》46.2)。第(1)種解釋不能解決這裏使用了引入公式的問題。至於第(2)種解釋,現存這書只有一句,及一些在《他爾根》零碎的片段,雖然在民數記的文理中,所涉及的是與別人對他們二人的嫉妒有關,現存於《黑馬牧人書》的引句與雅各書下文四章8節又極為相似,但在我們未有這卷書更多的資料之前,不能斷定所引是出於此書。第(3)種解釋難以滿足作為引用的條件。到目前為止,我們只可以說,我們不知道作者是引用甚麼典藉,但有哪些文獻可被引用當作聖經?我們知道新約正典中猶大書就曾引用《摩西升天記》和《以諾一書》,在當代這些偽經廣為猶太人所接納為權威的著作,亦有可能作者在引用一份希伯來文或希臘文的聖經版本,是有別於我們現在的版本(參 Hartin 2003:199)。晚近有學者認為四章5上半節所說的經文,是指四章6下半節所引的箴言三章34節(Johnson 1995A:280),但它們的距離相差這麼遠,難以理解為何作者在直接引用箴言書時,插入兩句句子。卡平德(Carpenter 2000:199～204)就認為四章5下半節至6下半節此兩句說話看為是間接語(indirect statement),而箴言書那段經文才是直接引用,然而縱使他在文法上的說法是正確,即可將之分為間接和直接語,也逃避不了要解釋這間接語的由來的問題。

這引句在解釋和翻譯上出現嚴重的困難，因為對這節可以有不同的理解。首先是“τὸ πνεῦμα”「靈」這詞，可以有四種不同的理解：(1) 指人的靈，是動詞“ἐπιποθεῖν”「戀慕」的主詞，這又可以有兩種不同的解釋：(a) 不將此看為問句，將整句看為是直述語，即人的靈是傾向於嫉妒（Kuhn 1958:268 n.33；Prockter 1989:626；Wall 1997:203～204）；(b) 這是問句，意思是人的靈是要戀慕上帝，而不是受制於嫉妒：「難道人的靈是傾向於嫉妒的嗎？不！根據聖經，是傾向於上帝。」（參 Laws 1973:214～215，1980:177～179；Johnson 1995A:282；Hartin 2003:199; Brosend II 2004:110）[37] (2)「人的靈」是動詞“ἐπιποθεῖν”「戀慕」的謂語（predicate），上帝是主詞，即上帝嫉妒地渴望祂所創造在人裏面的靈（參加五17；Dibelius 1976:224；Davids 1982:164；Carpenter 2000:191～196；ESV、NRSV），狄比留（Dibelius）認為這裏的「靈」即「心」。(3) 指「聖靈」，是動詞“ἐπιποθεῖν”「戀慕」的主詞，在新約中多次提到聖靈的內住（如羅八11～12；林前三16），這解釋亦可以有三種不同的看法：(a) 聖靈嫉妒地戀慕人（Bottini 1998:5～6）；(b) 聖靈嫉妒地戀慕人對祂的愛（Mayor 1913:141～145, 226～227）；(c) 在人裏面的聖靈表達出一種渴慕，是針對人的嫉妒；(d) 視這句為問句，否認居住在人裏面的靈有嫉妒的戀慕：「在我們裏面的聖靈豈會渴慕嫉妒呢？不會」（Sidebottom 1967:53）。(4) 聖靈是動詞“ἐπιποθεῖν”「戀慕」的謂語：上帝嫉妒地戀慕祂放在人裏面的聖靈（Jeremias 1959）。

雖然在舊約聖經中也有上帝是嫉妒的上帝這說法（和合本一般譯作忌邪的神），但卻從來沒有用過“φθόνος”「嫉妒」和“ἐπιποθεῖν”「戀慕」這兩個字，“φθόνος”「嫉妒」這字在〈七十士譯本〉（如《馬加比一書》8.16；《所羅門智訓》2.24，6.23）和新約中（另參《託福西萊德名書》70～75；〈西緬遺訓〉1.6，4.5）都是負面的用法，反而“ζῆλος”「嫉妒」一字可作正面和負面使用，由文理去決定。“πρὸς φθόνον”這介詞片語並不容易理解，因為這樣的結構甚少出現，在這裏可當作助

37 原文希臘文抄本並沒有標點，因此是句號還是問號，全由文理去決定，類似的問題會在五章6節出現。

動詞，即「嫉妒地」，與“ ἐπιποθεῖν ”「戀慕」一起用時，可理解為嫉妒地渴望，或嚮往於嫉妒，而不是有學者認為是「對抗嫉妒」（如 Martin 1982:164），因為介詞“ πρός ”用作「對抗」，其所連於的動詞必須要帶有攻擊性的（Mayor 1913:143），“ ἐπιποθεῖν ”「戀慕」並沒有這種意味。“ἐπιποθεῖν”「戀慕」在〈七十士譯本〉中出現了十一次，沒有一次是用作翻譯上帝的嫉妒（קנא），這字惟一一次以上帝為主詞的，是用在鷹的比喻之中（申三十二11），這字在新約出現十三次，全都是用作人的渴望，在一些典外的文獻（《馬加比一書》8.16；〈西緬遺訓〉4.5；《革利免一書》3.2，4.7，5.2），這字曾出現於有關嫉妒的主題中，都是指人的嫉妒，而非上帝的。這排除了一切以上帝或聖靈為主詞的可能，即（2）、（3）和（4）。在雅各書中，“ πνεῦμα ”「靈」這字的另一次出現是在二章16節，那裏肯定是指人的靈。

這裏接受第（1）（a）的解釋，而得出這裏的譯文：「上帝安放在我們裏面居住的靈，豈是嚮往嫉妒的呢？」或許《黑馬牧人書》〈命令篇〉3.1～2可作為這裏的參考：「要愛真理，只容許真理從你的口而出，叫那靈，就是上帝使他居住在你這肉體中的，可以在眾人面前顯為真實……因此那些撒謊的人拒絕了主，成為欺騙主的，因為他們從他那裏領受了一個不受欺詐污染的靈，他們卻叫主的命令染污了，並成為騙徒」（參5.1.2～4），這裏說主所給人的是一個清潔的靈，這靈是不詭詐的，人卻叫這靈染污。〈便雅憫遺訓〉（7.2）指出彼列（撒但）在我們的心思中所孕育的七種邪惡中，以嫉妒為首（最後是滅亡），並以該隱為例（7.3～5），便雅憫警戒他的兒女要遠離嫉妒，並且要有純正的心思，他說：「正如太陽〔光〕雖然與糞土和淤泥接觸，但卻將它們弄乾，且驅走惡臭；同樣我們那純正的心思，雖然被這世界的污染所包圍，且積聚起來，但他本身卻不受染污」（8.3）。雅各書這裏也可能是類似的觀念：上帝賜人的靈，豈是要他戀慕嫉妒的呢？

這裏所接受的理解最大的困難，是將四章5下半節看為是修辭反問語，在一般來說，會使用“ μή ”「不」顯示所預期的答案是否定的（BDF §427），這亦成為學者不接受這理解的主因（如 Carpenter 2000:197）。因此我們得承認以上任何一種解釋都會面對一些困難，這理解也不例外，但這是筆者認為最值得接受的理解。

這裏「住在」有不同的異文，“ κατῴκισεν ”這拼寫是 intransitive

causative，即「使……住在」，有別於“ κατῴκησεν ” intransitive indicative，即「住在」，前者的外證較強（P[74] A B Ψ 049 104 等），而且是較難解釋的，因此是較可能的讀文，這裏的用法與猶太人避諱直接使用上帝的名字是一致的。

四6 但祂賜下更大的恩典；

第四版聯合聖經公會希臘文聖經，和第二十七版 Nestle-Aland 希臘文聖經將此句與上文的問句連接，成為問句，然而“ δέ ”有對比的作用，叫人的靈可以靠著上帝的恩典，不需要嫉妒的戀慕，因為這種戀慕不能帶給人有任何真正的好處。我們視此句為直述句。雅各再次強調上帝是賜恩者，正如祂在一章5和17節中已清楚指出，上帝是那位誠心樂意賜給人的施恩者，這莫大的恩典是源於上帝的仁慈良善。這裏用“ μείζονα ”「更大」，指比人那嫉妒的戀慕有更大的能力，是祂的恩典叫人的靈能轉向祂，人自己是回轉乏力的，最後是上帝的恩典叫人能從罪惡的傾向中轉回（參《以斯拉四書》8.53）。“ δίδωσιν χάριν ”「賜恩」這片語是來自下文所引的箴言三章34節，當人願意順服在上帝面前而回轉悔改，祂的恩典必有能力叫人勝過人內在的私欲，叫人重新得到建立，走上完全的路。

為此祂說：「上帝抵擋驕傲的人，賜恩給謙卑的人。」

“διὸ λέγει”「為此祂說」回應上文四章5節的“ἡ γραφὴ λέγει”「經上記著說」，這是其中一種典型的引入公式（參弗四8，五14；來三7）。這段經文引自〈七十士譯本〉的箴言三章34節，讀文幾乎完全一樣，只是將主詞由“κύριος”「主」改為“θεός”「神」。彼得前書五章5節和《革利免一書》30.2在引用這段經文，同樣都是使用原來的“κύριος”「主」（參太二十三12）。作者在一章9節已提及上帝會提拔謙卑人，下文四章7至10節闡述謙卑人應有的表現，四章11節至五章6節則描述驕傲人會有的表現。上帝與那些驕傲的人為敵，是一個在舊約中常見的主題（參詩十八27，三十四18，五十一17，七十二4，一三八6；賽六十一1；撒三11～12）。在希臘的道德討論中，往往將“ὑπερήφανος”「驕傲」與嫉妒相提並論（參 Johnson 1995A:283 所引例子；另參〈先賢集〉5.19）。

「驕傲」是這世界的特質（約壹二16）。莊遜（Johnson 1995A:283）指出箴言三章與雅各書三章13節至四章10節有不少交接點：上帝的智慧是現實的基礎（箴三19），追隨這智慧便得上帝的恩惠（三22），這表示行在和平之中（三23），不從那些有需要的人拿取東西或說他們明天便可得到幫助（三27～28，參雅二15～16），不嫉妒那些惡人所行的路（三31），因為他們的路在上帝面前是不潔的（三32），上帝的咒詛必會臨到那些不敬虔的人的家，那些公義的必定蒙福（三33，比較雅三9），那些智慧的必承受榮耀（參雅一12），那些不敬虔的要面對羞辱（三35）。難怪有學者認為，對於雅各來說，箴言三章34節是詮釋智慧文獻的鑰匙（Bauckham 1999 A:154）。

3.2.3.3 信徒要謙卑在上帝的面前（四7～9）

四7 因此你們要順服上帝，

有學者（Wilson 2001）認為，這種格式與舊約先知呼籲以色列民要悔改的講論（如何十四1～3），十分相似。以色列民被趕散，是因為他們的罪，當他們悔改時，耶和華便會重新召聚他們（參一1註解），復興他們。“ οὖν ”「因此」從所引的經文帶出以下讀者所應有的行動，由四章7至10節總共有十個命令語氣動詞。這一連串的命令句是回應四章6節作者所引用箴言三章34節的經文：上帝既抵擋驕傲的人，賜恩給謙卑的人，我們便必須謙卑在上帝的面前，便得享祂所賜的恩典（Moo 2000:192）。首個命令是“ ὑποτάγητε ”「你們要順服」（aorist imperative passive），這被動語態的用法屬 causative passive，使主詞有某種行動（Wallace 1996:440～441）。這命令可以說是以下所有命令的總綱，這裏順服的對象是上帝，上帝子民對祂的順服是絕對的，在生命中重新確認上帝是獨一的主，並按其旨意而行（參羅十3；弗五24）。雅各並未有如新約其他書卷提及對掌權者、或是對其他權柄、或是信徒彼此的順服（參羅十三1、5；弗五21；西三18；二5；彼前二13，三1、5）。第十個命令（四10）是總結性的，與第一個「順服上帝」這命令成首尾呼應，這兩處的動詞都是過去不定式命令被動語態（aorist imperative passive）。中間八個命令可分為三組，如下：

第一組（四7下～8上）

ἀντίστητε「抵擋」	καὶ	φεύξεται「逃跑」
ἐγγίσατε「親近」	καὶ	ἐγγιεῖ「親近」
過去不定式命令主動語態		將來式直述語氣
（aorist imperative active）		（future indicative）

第二組（四8中、下）

καθαρίσατε「潔淨」	ἁμαρτωλοί「有罪的人」
ἁγνίσατε「清潔」	δίψυχοι「三心兩意」
過去不定式命令主動語態	呼格形容詞作名詞
（aorist imperative active）	（vocative substantival adjective）

第三組（四9）

ταλαιπωρήσατε「愁苦」καὶ πενθήσατε「悲哀」καὶ κλαύσατε「哭泣」

…μετατραπήτω「變為」…

過去不定式命令主動語態

（aorist imperative active）

抵擋魔鬼，魔鬼就必逃避你們。

“ δέ ”這連接詞並沒有對比的意思，可能是將以下八個命令與上句第一個涵蓋性的命令分別開來。有文法學者指出命令語氣＋καί＋未來式直述語氣，可理解作條件命令句（conditional imperative），即前句為後句得以實現的條件（Wallace 1996:489～490）。這裏第二、第三和第十個命令都屬於這種格式。“ ἀνθίστημι ”「抵擋」帶有軍事上敵擋的意味（〈七十士譯本〉利二十六37；民十9；申九2；《所羅門智訓》10.16，11.13；《馬加比一書》14.29），這字在〈七十士譯本〉也曾用作抵擋上帝（耶二十七24、29；何十四1；瑪三15）。“ διάβολος ”「魔鬼」是邪惡的代表（參〈七十士譯本〉伯一6～12，二1～7），在猶太的傳統中有不同的稱謂，它是「黑暗的天使」（1QS 3.13～4.26）、是撒謊的靈（〈猶大遺訓〉10.1）、比列（Βελιάρ ；〈亞設遺訓〉1.8，3.2，6.4；林後六15）和撒但（太四10，十二26，十六23；徒五3，二十六18；羅十六20；林前五5，七5；啟二13等）。抵擋魔鬼是《十二族長遺訓》中一個主題（參〈以薩迦遺訓〉7.7；〈但遺訓〉5.1；〈拿弗他利遺訓〉8.4；〈亞設遺訓〉3.2；〈便雅憫遺訓〉5.2～3，7.1），在新約中，這主題也多次出現（如太四1～11，二十五41；弗四27，六11；提前三7；彼前五8～9），並多次提及人要逃避罪惡（林前六18，十14；提前六11），但卻從沒有提及魔鬼因人的抵擋便會逃遁。

四8 你們親近上帝，上帝就必親近你們。

這裏使用了條件命令句，即前句為後句得以實現的條件。配合上句對魔鬼要採取絕對拒絕的態度，並這態度所帶來魔鬼的反應，這節是對上帝應有的態度，及上帝的反應。在結構上，此句式與〈七十士譯本〉撒迦利書一章3節相似“ἐπιστρέψατε πρός με καὶ ἐπιστραφήσομαι πρὸς ὑμας”「你們要轉向我，我就轉向你們」。“ἐγγίσατε τῷ θεῷ”「親近上帝」這片語在〈七十士譯本〉用在祭司在聖殿中進到上帝的面前（出十九22；參結四十四13），這是屬上帝子民特有的權利（參來七19），然而也有應用在日常生活之中，何西阿書十二章6節就這樣說：「所以你當歸向你的上帝，謹守仁愛、公平，常常等候你的上帝（ἔγγιζε πρὸς τὸν θεόν σου）。」親近上帝，虔守祂的律法，也是《十二族長遺訓》中一個重要的主題，有時候與魔鬼的逃遁放在一起（〈但遺訓〉5.1～3；〈西緬遺訓〉3.5；〈拿弗他利遺訓〉8.4）。正如新約其他的作者常作的，使用舊約中敬拜的詞彙，應用在信徒的生活之上（參羅十二1～2），這裏也是一樣。撒迦利亞書一章3節與這裏有相似的地方：「你們要轉向我，我就轉向你們。」上帝等待著人重拾那美好的團契和關係，人要轉向重投祂的懷抱。《革利免一書》23.1～3有極之相似的說法：「那凡事都慈愛、並樂意行善的父，願祢向那些敬畏祢的人發慈悲，以溫柔，及恩慈地將恩惠施予那些以誠心親近祂的人。因此，讓我們不要三心兩意，也不要讓我們的心靈沉溺於那些關乎祂的美善和榮耀的恩賜錯誤的思想之中。」隨著指斥那些三心兩意的人，指他們是災難（ταλαίπωροῖ），這形容詞與雅各書下文四章9節的“ταλαιπωρεῖν”「愁苦」，為同字根字。

罪人啊，要潔淨你們的手；

以下這對命令語「潔淨」和「清潔」，可能是在引申如何親近上帝，與上文所用「親近」這動詞一樣，根據舊約的觀念，“ καθαρίζειν ”「潔淨」和“ ἁγνίζειν ”「清潔」都是與進到上帝跟前，來到聖殿敬拜有關（參詩二十四3～6）。在舊約，「潔淨手」是進到聖殿供職的祭司必須要作禮儀上的要求（出三十17～21），因為祭司用手來獻上祭物，宣告手中物件為潔淨的，並為不潔淨的抹油（利四4，十四15、26～29），這字繼而用作道德上的潔淨（詩二十六6；伯二十二30；賽一16；耶四14；參提前二8；約壹三3）。在法利賽的傳統中，潔淨的手將人從不潔的領域中分別出來（參《米示拿》〈論手〉1.1～4.8；太十五2；可七2～5）。在聖經中，心是人的意圖所在，手是行動的象徵（創三22，四11；出三20；申二7；詩九十17）；亦有將手與心並列指行為和動機（詩二十四3～4，七十三13；參《便西拉智訓》38.10；《革利免一書》29.1）。稱信徒為「罪人」在新約中非常罕見，這樣稱讀者見於五章20節，指有需要回轉的人，罪人指不遵守上帝律法的人（參約壹三4），這種描述亦見於詩篇（一1～5，五十一15）。新約在多處地方都有提及罪得潔淨（來九14、22、23；約壹一7、9；林後七1）。《便西拉智訓》28.9這樣描述罪人：「罪人（ἀνὴρ ἁμαρτωλός）攪亂友誼，在生活於和平的人中間，播散紛爭。」

三心兩意的人啊，要清潔你們的心。

此句與上句是完全平行的。有關三心兩意的人的解釋，參一章8節。這裏的“ ἁγνίζειν ”與上句的“ καθαρίζειν ”同義，在〈七十士譯本〉中都用在禮儀的潔淨之上，當人要向上帝獻上禮物時，必須要自潔（參民三十一23；代下二十九15；賽六十六17，這兩次同時出現），“ ἁγνίζειν ”這動詞與三章17節所描述從天上而來智慧的特質的第一種「純潔」為同字根的字。「心」是人的情感、意圖和抉擇的所在（創六5；申八2），一個人有純潔的心，代表這人對上帝是一片丹心（參太五8；提前一5），這樣的人才不會三心兩意。懷著嫉妒怨恨和紛爭的心必須得到潔淨（三14）。《黑馬牧人書》亦多次提及犯罪的人要潔淨自己或得到潔淨（〈異象篇〉3.2.2；〈命令篇〉9.7；〈比喻篇〉8.11.3），並要速速的悔改（〈比喻篇〉8.9.4）。

四9 你們要愁苦、悲哀、哭泣；

這裏一連三個命令語氣動詞（aorist imperatives）：“ ταλαιπωρήσατε καὶ πενθήσατε καὶ κλαύσατε ”；“ ταλαιπωρεῖν ”是一個不及物動詞（intransitive verb），指承受艱難或痛苦，在新約中這字只在這裏出現，在〈七十士譯本〉，先知常用這字描述神子民的背道和拜偶像，將為他們帶來災難時的境況（賽十五2；耶四13、20，九18，十20，十二12；何十5；彌二4；珥一10；亞十一2～3），這字同字根的名詞，出現於雅各書五章1節“ ταλαιπωρία ”「災劫」，就是那些富足人所要面對的審判。在《黑馬牧人書》（〈比喻篇〉1.3；參《革利免一書》21.3），三心兩意的人同時被形容為滿有災難的人（ταλαίπωρε ἄνθρωπε）。雅各在這裏喚醒讀者，就好像他們正要面對上帝審判性的災難一樣，要感到那種愁苦和難受。“ πενθεῖν ”「悲哀」這字往往用為死人哀悼（〈七十士譯本〉創五十3；民十四39；《便西拉智訓》7.34；《馬加比一書》12.52），與第一個命令語一樣，這字也同樣用於先知審判性言詞中，以色民因自己的背道帶來上帝審判時的境況（賽二十四4，三十三9；耶四28，十四2；哀一4；結七27；摩一2，八8；珥一9～10）。“ κλαύειν ”「哭泣」指因悲哀沉痛而哭泣（〈七十士譯本〉創三十七35；詩一三六1；伯三十25；《便西拉智訓》22.11），與以上兩動詞一樣，也用作上帝施行審判時，以色列人的悲極而泣（賽二十二4；耶八23，十三17；哀一1；何十二5；珥一5，二17）。“ πενθεῖν ”和“ κλαύειν ”在多處地方一起出現（如撒下十九1；尼八9；《馬加比一書》9.20；《便西拉智訓》7.34；路六25；啟十八11、15、19）。

將你們的歡笑變為悲哀，喜樂變為沮喪。

這裏希臘文“ γέλως ”「歡笑」、“ μετατρέπειν ”「變為」和“ κατήφεια ”「沮喪」，在新約中都只有在這裏出現。在〈七十士譯本〉的先知書中，“ γέλως ”用在不同的國族面對上帝的審判時，成為笑柄（耶二十7，三十一26、39；哀三14），但似乎並非這裏的用法。這裏似是指人喜極而笑（傳七3，十19；《便西拉智訓》19.30），在不知上帝的審判要臨到他們，那種得意忘形的樣子（參箴十23；傳七6；《便西拉智訓》21.20，27.13）。“ πένθος ”「悲哀」一字與上句“ πενθεῖν ”為同字根。耶穌在平原寶訓中有類似的說話：「你們哀哭的人（οἱ κλαίοντες）有福了！因為你們將要喜笑（οἱ δελάσετε γελῶτες）」（路六21下），另六章25節下：「你們喜笑的人（οἱ γελωντες）有禍了！因為你們將要哀慟哭泣（πενθήσετε καὶ κλαύσετε）。」（路六25下）；路加福音所用「喜笑」和「喜笑的人」與這裏的「歡笑」一字，是同字根的，「哀慟哭泣」則是這裏上句的第二和第三個命令語氣動詞。另箴言十四章13節下也有類似的話：「快樂（χαρά）至極就生愁苦（εἰς πένθος）」（〈七十士譯本〉）。" χαρά "一字在雅各書中一章2節已出現過，那裏說面對試煉的人要將這機會全然看作喜樂。然而，這裏所說的喜樂，是指追求這世界享受和滿足而有的喜樂，面對上帝的審判，這喜樂將被掃除（耶十六9，二十五10；哀五15；珥一5～6、12、16）。" κατήφεια "「沮喪」字面的意思指雙眼下垂，即垂頭喪氣的樣子，這字在〈七十士譯本〉中也沒有出現過。" μετατρέπειν "「變為」這動詞在原文這句中只出現一次，這字在〈七十士譯本〉中只見於《馬加比四書》（6.5，7.12，15.11、18），指從一種狀態轉至另一種。

雅各書四章9節與耶穌言訓

有學者認為，雅各書四章9節受路加福音六章21和25節下的影響，他列出它們相似的地方如下（Deppe 1989:110）：

(1) 它們共用三個主要的字彙："πενθεῖν"「悲哀」、"κλαίειν"「哭泣」和"γέλως"「歡笑」（路六21："γέλειν"）。

(2) 在新約中「歡笑」一字只在這兩處出現。

(3) 它們的文理相若，雅各書針對那三心兩意的人，耶穌針對那些富有的人。

(4) 雅各書並沒有使用「有禍了」的格式，而使用了「愁苦、悲哀和哭泣」（參五1），愁苦與有禍往往是相關的（啟十八11、15、19）；因此當雅各用到這些字彙時，很可能想到「有禍了」的言詞。

(5) 雅各書的三個呼籲比較近似先知審判的宣告，此句可能原

先就是這樣的宣告，與路加福音的相似。

(6) 雅各書使用「悲哀」、「哭泣」和「喜笑」，在次序上有別於路加福音，路加福音的重點是將來的，而雅各則是現在，雅各將耶穌的言訓，適應於他所處的境況，將之作了調動。

3.2.3.4 以諺語作總結（四10）

四10 你們要在主面前謙卑自己，主就使你們升高。

這裏再次使用條件命令句，即前句為後句得以實現的條件。這警句總結了從三章13節開始有關嫉妒的討論“ ταπεινοῦν ”「自卑」這動詞與四章6節指上帝會賜更大的恩典給那些謙卑的人“ ταπεινός ”為同字根的。這命令語是被動語態的（causative passive），與四章7節一樣。早於一章9節，作者已提及這地位的顛倒逆轉（參一9～10註）。舊約中先知屢次提及叫那高傲的自卑（賽二11，三17，五15，十33，十三11，二十五11；哀一5；結十七24，二十一31；何五5，七10，十四9），這也是智慧文獻的忠告（伯五11，二十二29；箴三34，二十九25）。這裏說要在上帝面前（ἐνώπιον κυρίου）謙卑自己，「在上帝面前」在舊約中經常用作敬拜上帝（出二十三17；申十六16；撒上一12），也引申作在上帝的眼中（箴三4，二十10；參林後八21）。人要就近上帝（四8），並甘願謙卑自己，主是那位叫謙卑人高升的。這和馬太福音二十三章12節所載耶穌的說話十分相近：「凡自高的，必降為卑；自卑的，必升為高」（另參路十四11，十八14），因此可能是在引申耶穌的教訓（參 Deppe 1989:113～117的討論）。彼得前書五章6節也有類同的說法：「所以，你們要自卑，服在神大能的手下，到了時候，他必叫你們升高」；彼得前書這段經文與雅各書一樣，都在引用箴言三章34節之後，可以說是這經文的引申，然而彼得前書所強調的，是信徒之間要有謙卑的態度，彼此順服（五5），雅各書則強調要悔改歸向上帝。這裏不一定是帶有末世的意味（如 Martin 1988:155），更可能是指那些願意謙卑自己的人，蒙上帝的接納和寬恕，叫他能重新得以完整（五19～20）。

釋義 （四1～10）

慎防嫉妒

四章1至10節論到慎防嫉妒。作者指出在羣體中間出現任何的鬥爭：戰爭和打鬥，都是從個人內在的貪欲所引發的，這種貪欲包括貪圖逸樂和貪戀別人所有的。作者將嫉妒引致羣體中的「自相殘殺」，以兩個平行句表達出來：

> 你們欲求而得不到，就殺人；
> 你們嫉妒卻未能如願，就打鬥和爭戰；

因嫉妒而爭鬥，在古今中外的歷史和故事中都可以見到，西方童話如《白雪公主》、《灰姑娘》故事中的女主角，都是活在別人嫉妒之下的受害人。在中國的歷史故事中，曹丕為善妒之人，他對其三弟曹植的嫉妒，命他七步成詩，曹植作出了名傳千古的：「煮豆燃豆萁，豆在釜中泣。本是同根生，相煎何太急？」有云：「炎涼之態，富貴更甚於貧賤；妒忌之心，骨肉尤狠於外人。」此外，還有周瑜和諸葛亮、龐涓和孫臏等都是家傳戶曉的故事。在舊約聖經中，該隱殺亞伯、以掃曾追殺雅各、約瑟的兄弟欲殺害約瑟、掃羅追殺大衛等，絕對不乏嫉妒的例子，連耶穌也是因為因當時宗教領袖對他的嫉妒而被殺害（可十五10；太二十七18）。嫉妒普遍地存在於人與人的關係之中，也滲透在神子民的羣體之中，這些發生於羣體中的內鬥，形形式式，層出不窮，雖然我們不一定覺察它的存在！在七宗罪中，嫉妒是我們最不願意承認、最難於啟齒的問題，然而我們都沒有免役，都不能完全逃避它對我們的影響。正如有人說：「很少人能夠壓抑那種因我們朋友的不幸，所帶來暗自的滿足。」[38]

38 La Rochefoucauld 引自 H. Farie, *The Seven Deadly Sins Today* (Notre Dame: University of Notre Dame, 1979), p.61。

雅各於一章14至15節指出情欲最終引向的是死亡，這裏則是情欲的渴求，導致嫉妒，引向兇殺。嫉妒可怕的地方，就正如雅各所指出的，它的邏輯是要將別人所有的據為己有，達不到目的時，便怒火中燒，最後引致爭戰和兇殺（四2）。嫉妒叫人將焦點集中於自己沒有的東西，當別人擁有自己所沒有時，便覺得酸溜溜的不是味兒，挑起對這人的嫉妒，要爭奪他所擁有的；或是叫這人都不能有，將這原來美好的東西摧毀：既然我得不到，其他人也不可以擁有，極其量便是同歸於盡！嫉妒是人類感情中至卑鄙和可憎的。嫉妒人的，絕不會因別人所有的替他感到欣喜，也難以容忍別人所擁有的財富或才能。

雅各指出嫉妒是來自人的欲望（四1），一種永遠不能滿足的貪欲，變成沒完沒了的追索，叫人成為欲望和嫉恨的奴隸，這種苛索代表不滿足於上帝所賜予的，更是忽視了上帝已經賜予的。嫉妒者背後的思想，是對上帝的否定：「祂沒有給我最好的」，上帝給予那人的，我也理應得到，好像自己沒有別人所有的，即是自己不夠好，或是對自己的不公平；這是驕傲的表現，認為我們理應比現在我們所有的更多，好像別人欠了我們一樣，更有進而要將一切比我們好的拖跨。[39] 在這個過程中，嫉妒者因未嘗所願而變本加厲，愈來愈粗暴，那被人嫉妒的感到極度的痛苦無奈，因為他招來嫉妒，不是因為他的惡，只是因為他是如此，或是因為他所擁有美好的東西。在我們這個充滿競爭的社會中，這樣的例子屢見不鮮。早期教父的德訓著作《十二使徒遺訓》（3.2）就有這樣的提醒：「不要變得惱怒，因為忿怒會引向兇殺；不要嫉恨、爭競或火爆，因為這些帶來殘殺。」這可以發生於個人與個人之間、階級與階級之間、種族之間和國家之間，引發仇恨和戰爭（四2上）。

雅各指出在他們中間，有人根本就不管上帝是否會賜予恩典，只謀以自己的手段去奪取；就算這人向上帝祈求，上帝也不會答允他的禱求，因為他的動機不良，叫自己沉溺於欲望的滿足之中，揮霍放任（四2下～3），但這卻又只是虛耗自己的生命！就算是禱告這麼「屬靈」的活動，也可被情欲和嫉妒所污染，將禱告化為滿足個人欲望的途徑，強得權力的方法，這是

39 Faire, *Seven Deadly Sins for Today*, pp.43～44.

將上帝變為偶像，是對上帝的侮辱！邪惡製造出不同的偶像，供人膜拜。然而，只有那獨一的上帝，才能滿足人心真正的需要；上帝會將我們所需要的賜給我們（參太六11，七7～11），然而我們所需要的，不一定就是我們渴望所要得到的。事實上，這樣的人也是在否定自己：「我沒有他所有的，那不夠好。」「天下熙熙，皆有所求；天下攘攘，皆有不得」，人的苦惱，往往不在擁有太少，而在渴求太多。人真正需要祈求的，是從天上而來的智慧（一5），這才能洞悉世情，不追隨這個世界的物欲潮流走，明白生命的意義。

雅各嚴厲地指斥這樣的人是「淫婦」（四4），我們可以想像，原來作者稱讀者為「親愛的弟兄姊妹」，但卻突然變為「你們這些淫婦啊！」，是何等的唐突礙耳。然而，雅各以一記當頭棒喝，叫讀者猛然覺醒，曉得悔悟回頭。

當人因內心的貪戀以致嫉妒，帶來給別人傷害時，他不只是沒有愛自己的鄰舍，同時反映出他所有的價值觀點，與一個愛上帝、以上帝為首，對上帝具備真情與摯誠的人來說，是截然不同的。當人採取了世界的觀點去看事物，他便被這俗情世界所薰陶，在耳濡目染下，可能是在不知不覺間，與這世界連成一條陣線，以世界為朋友，行這世界所期待、使用這世界所用的方法，去達到滿足個人欲望的目的。世界指甚麼？並非指這宇宙或地球，也不是指世人，而是人類所建構的一套價值和意義的體系，一種思考和行為的模式，一種意識形態和生活方式。根據約翰一書，這世界所關注的事，是「肉體的情欲，眼目的情欲，並今生的驕傲」（二15～17），魔鬼正是這世界背後推波助瀾的那位（五19；參弗二2；林後四4；雅三15），這樣魔鬼、世界與人的情欲便結為聯盟，從它們而出的，是屬地、屬情欲和屬鬼魔的智慧（三15），這些都是對抗上帝，上帝才是那真正智慧之源。人在這肉欲的染缸中浮沉，要能做到出污泥而不染，就必須要有清楚的定位點，以上帝為生命的中心，我們對人生的價值的取態，會決定我們行為的模式，我們的價值應取決於上帝的律法及智慧，而不是個人的道德品味，也不是某種時尚，更不應是社會上大多數人的看法和做法，被統計數字牽著鼻子走，不然，我們就只會隨波逐流，搖擺不定，失去方向和人生的目標。亞伯拉罕是上帝的朋友（二23），因為他盡己的愛上帝，服從上帝的命令，願意為祂獻上一切；同樣作為世界的朋友，即愛這世界，依從這世界的價值觀，包括這世界所推崇的享樂主義，沉溺於紫醉金迷的生活方式。這世界的中心和忠心，都不在上帝，同樣與世界為友的人生命的中心和忠心也都不在上帝，他們就好像先知們所指摘的以色列民一樣，是不忠和淫亂的（參耶三6～10、20；何三1，九1）。這世界不降服於上帝，且與上帝誓不兩立，兩者是無妥協的餘地的，信徒必須在其中作抉擇，絕對不能一腳踏兩船，選擇與世界為友的，就成了上帝的敵人，這是絕不含糊的。嫉妒者選擇進攻而不是降服，就好像若不出手進攻，上帝也無能為力，這種要你爭我奪的作戰狀態，不只是對人對事，而是向上帝主權的宣戰，是與上帝為敵。正如耶穌警告說：「一個人不能事奉兩個主；不是惡這個、愛那個，就是重這個、輕那個。你們不能又事奉上帝，又事奉瑪門」（太六24；參路十六13）。信徒身分的特徵是上帝的朋友（二23；參四4），是愛上帝到底的人（一12，二5）。

在我們裏面有的，是上帝賜予我們的靈，我們是按照上帝的形像被造的，上帝不只要我們得悉我們的靈是來自祂，也要清楚這靈應有的動向，他所有的動力來源，是出於上帝的恩典。這靈絕對不應戀慕嫉妒，這種戀慕，只會是有害無益的（四5）。這靈所要渴慕的，應是愛上帝和上帝按自己形像所造的人，亦惟有這樣，人才可以得到真正的完成和滿足。上帝以祂莫大的恩典，叫人能克服內心的偏情，叫人能走向那邁向完全的路，祂是我們的盾牌，叫我們能勝過試探，也是我們最終的後盾，祂是常在我們那邊，賜予我們恩典面對一切困難的那位。

嫉妒所帶來生命的偏差是嚴重的，不只是對人產生傷害、對羣體帶來破壞，亦為上帝所不容。雅各引用箴言三章34節：「上帝抵擋驕傲的人，賜恩給謙卑的人」（四6）。嫉妒來自驕傲，嫉妒根源於佔有的驕傲，更重要的，嫉妒叫人不願服於上帝的主權。這正是魔鬼這嫉妒和驕傲者所作的，不安於本分，要獨立於上帝去建立另一套價值和秩序。驕傲將自己絕對化，也是叫整個人腐化的毒素。

惟有謙卑的人，才得以從上帝心中領受恩典，生命才能得以提升。上帝並不要我們頹廢氣餒，而是要我們回轉悔改。作者使用了十個命令（四7～10），指出人應如何謙卑在上帝的面前：

你們要順服上帝，

抵擋魔鬼，魔鬼就必逃避你們。
你們親近上帝，上帝就必親近你們。
罪人啊，要潔淨你們的手；
三心兩意的人啊，要清潔你們的心。
你們要愁苦、悲哀、哭泣；
將你們的歡笑變為悲哀，喜樂變為沮喪。
你們要在主面前謙卑自己，主就使你們升高。

「要順服上帝」是以下所有命令的總綱，以「要在主面前謙卑自己」這命令為總結。中間八個命令可分為三組：2／2／3+1。第一組即第二和第三個命令要我們正確地選擇盟友，魔鬼才是敵人不是朋友，不只是要消極的逃避（參林前六18，十14；提前六11），對他還要採取堅決抗拒的態度，不容鬆懈（四7下）。縱然魔鬼有他的權勢和力量，但只要人返回上帝那裏，抗拒魔鬼的召喚，魔鬼也會變得無能為力，只有放手離開（參太四11）。在這場戰爭中，魔鬼是不堪一擊的。相對於此，是要親近上帝，上帝就好像耶穌在浪子比喻中所描述的父親（路十五11～32），永遠向我們張開祂那歡迎的膀臂，我們何時回頭，祂就重新的接納我們，叫我們能與祂重建美好的團契關係（四8上）。上帝是我們生命的中心，是能力的源頭，也是我們安身立命的歸宿。我們願意回歸到上帝那邊，祂必然站在我們那邊。上帝邀請我們與祂結盟，問題是我們有否忠於這位盟友，我們的生活行事是否能活出以上帝為那獨一的主。

第二組的要義是要做清理生命的工程。雅各在此呼籲罪人要潔淨自己的手，三心兩意的人要清潔自己的心（四8）。罪人指不守上帝律法的人（參約壹三4），三心兩意的人代表那些對上帝不忠不義的人，以為自己可以愛世界又愛上帝。「手」和「心」指行動和意圖，在行為上要返回正軌，服在上帝的律法之下；在心意上，要回復對上帝的忠誠，不要再背叛上帝、背離祂的律法，要自我審視，在上帝面前靠著祂的恩典叫自己得到潔淨（四8中、下），成為一個手潔心清的人（詩二十四4），不再沾染世俗的污穢（一27）。得到潔淨的方法不是沐浴洗手，而是誠懇地以悔改的心回到上帝的面前，體認自己犯了錯得罪上帝，誠心的改過，且在生活行事上轉變過來。正如先知以賽亞在以賽亞書一章16至17節的勸告:「你們要洗濯、自潔,從我眼前除掉你們的惡行,要止住作惡,學習行善,尋求公平,解救受欺壓的;給孤兒伸冤,為寡婦辨屈」(參耶四8、14;珥二12~13)。惟有這樣,生命才可以得釋放和自由,人才能修復與父上帝的關係。

第三組是悔改往往所有的情緒反應。「愁苦、悲哀、哭泣」(四9)是面對災難臨頭時會有的反應,因為所面對的,是上帝將臨的審判(五8下、9下),上帝是不會姑息縱容的,現在要把握悔改機會,情願現在哀哭痛悔,勝過將來後悔莫及;不然到了曲終人散,落幕審判之時,就為時已晚。要從他們現在所享受在罪中的歡笑和喜樂醒覺過來,看到自己在上帝面前的光境,驚覺自身生命的脆弱和敗壞。悔改永遠是痛苦的,叫人感到尷尬和慚愧,悔改要求人以嶄新的眼光看事物——從上帝的角度去評價事情,叫人驚歎自己身處的屬靈狀況、我們與上帝的關係、與別人的關係,要我們重新體認上帝的主權,回應祂恩典的呼喚,重新確認惟有祂才能滿足我們一切的需要。悔改代表要離開所戀棧的名利和享受,回歸到那能叫人生命得以完全的主。悔改需要承擔的意志和轉變的勇氣,惟有上帝完全的接納,才能叫我們有這種意志和勇氣。在哥林多後書七章10至11節指出這種憂傷的重要:「因為依著上帝的意思憂愁,就生出沒有後悔的懊悔來,以致得救……你看,你們依著上帝的意思憂愁,從此就生出何等的殷勤、自訴、自恨、恐懼、想念、熱心、責罰。在這一切事上,你們都表明自己是潔淨的。」為自己所犯的錯誤和罪惡痛悔,正是我們是屬於上帝的表現。「上帝所要的祭就是憂傷的靈;上帝啊!憂傷痛悔的心,你必不輕看。」(詩五十一17)

作者最後以警語總結這段有關嫉妒的教訓:「你們要在主面前謙卑自己,主就使你們升高」(四10),也可說是總結了自三章1節開始的教訓。惟有謙卑在上帝面前,從祂那裏領受白白的恩典,才能真正體會我們在上帝眼中的寶貴和尊嚴。耶穌也是這樣教訓那些想當教師的:「凡自高的,必降為卑;自卑的,必升為高。」(太二十三12)愈是身居高位的,就愈容易趾高氣揚,就愈難學習謙卑自己。然而,惟有謙卑在上帝面前的人(三13),那從天上而來的智慧,必安居於他的身上,他的生命必定洋溢出智慧的異彩(三17~18)。惟有人體察到自己在上帝面前的卑微,肯定我們需要上帝的恩典,與卑微的人認同，才能得享末世的救恩（一9～11）。

在羣體中出現的嫉妒紛爭，是出於人的私欲，上帝有叫人得醫治的恩典，只要我們謙卑回轉，祂必叫我們重新得到潔淨，回到祂要我們走上的完全之路。

3.3 上帝末世審判的來臨（四11～五11）

11 弟兄姊妹們，你們不要彼此批評了；批評弟兄姊妹的，或是論斷他的弟兄姊妹的，是在批評律法和論斷律法；你若是批評律法，就不是遵行律法的人，而是審判官了。

12 只有一位是立法者和審判官，就是那能拯救人和毀滅人的。你是誰，竟論斷鄰舍呢？

13 且聽，你們說：「今天或明天我們要到某城去，在那裏住一年，作生意賺錢。」

14 然而明天怎樣，你們這些人都不知道；你們的生命是甚麼樣的呢？你們其實是雲霧，出現片刻，迅即消散。

15 你們倒不如說：「若是主願意的話，我們就可以活著，去作這事或作那事。」

16 你們現在竟在你們的高傲中誇耀。一切這樣的誇耀都是邪惡的。

17 所以人若知道行善，卻不去行，這就是他的罪了。

1 且聽，富有的人啊！你們要因著那將臨到你們的災劫哭泣哀號。

2 你們的財物朽壞，衣服給蟲子蛀，

3 你們的金銀生了銹，這銹要成為控告你們的證據，並且像火一樣吞吃你們的肉。你們竟在這末世的日子積聚財寶。

4 看哪！工人收割了你們的田地，你們卻剋扣他們的工資，這工資正在呼冤，那些收割工人的呼喊，已進了萬軍之主的耳中。

5 你們在地上過著縱情享樂的生活，在屠宰的日子你們儲肥自己的心。
6 你們定了義人的罪，把他殺了，上帝豈不敵擋你們嗎？
7 因此弟兄姊妹們，你們要忍耐，直到主的來臨。你們看農夫等待著地裏寶貴的出產，便為此忍耐，直至得到秋霖春雨。
8 你們也要忍耐，堅固你們的心，因為主來臨的日子近了。
9 弟兄姊妹們，不要彼此埋怨了，免得你們受審判。看哪！審判者已站在門前了！
10 弟兄姊妹們，你們要以那些奉主名講話的先知，作為受苦和忍耐的模範。
11 你看我們以那些堅忍的人為有福的。你們聽過約伯的堅忍，也看到主在他身上所達成的結局：主是滿有慈悲、大有憐憫的。

四章11節至五章11節的主題是將臨的審判，“κρι-”「審判」同字根的字彙在整段中出現了十次，單是在四章11至12節就出現了五次，為整段打開了調子。有別於四章7至10節所使用的過去不定式命令語氣，這裏使用了現在式禁誡性命令語氣；與二章1節、三章1節和五章12節一樣，這裏以「弟兄姊妹們」和禁誡性命令語作為新一大段的開始。

然而四章11至12節也可視作四章1至10節的總結，針對在羣體中出現的紛爭和不和，這種作用與二章9至12節和三章13至18節非常相似，發揮了承上啟下的作用。然而，四章11節也是新段落的開始，一如雅各常用的筆法，以「弟兄姊妹們」和命令語氣動詞開始新的一段（參二1，三1）。有學者指出四章6節作者所引箴言三章34節中的動詞“ἀντιτασσείν”「抵擋」一字，在五章6節再次出現，顯示四章13節至五章6節，是在引申「上帝抵擋驕傲的人」，而四章7至10節則是引申「上帝賜恩給謙卑的人」（Schökel 1973:73～74）。事實上，我們可以將四章11至12節也包括在內，那些惡意批評人的，將自己看作為最終審判官的人，同樣是驕傲的人（Johnson 1995A:291～292; Wall 1997:211, 214）。然而，在猶太的傳統中，往往將嫉妒和毀謗相提並論（〈迦得遺訓〉3.3；〈約瑟遺訓〉10.3），這種關連亦見於新約的作品之中（林後十二20；彼前二1），兩者都是造成羣體分裂不和的重要原因（Davids 1982:169; Moo 2000:197），因此也可以歸於上文。況且也可將之看為與三章1節有關舌頭和審判的主題，形成首尾呼應（Moo 2000:197）。因此四章11至12節就好像二章9至13節和三章13至18節一樣，有承上啟下的作用。

四章13至17節和五章1至6節都以“ ἄγε νῦν ”「且聽」／「瞎」作為開始，明顯這兩段應視作一整單元，四章17節的諺語，是四章13至17節的總結語，五章6下半節的修辭反問語（參該處註解），則是五章1至6節的總結，這種風格正是反映當代智慧文獻的格式。

從另一角度去看，四章11節至五章6節反映出一章26至27節所載真正敬虔應有的表現。四章11至12節有關舌頭的運用，四章13至17節有關要知道行善而去行，具體地說是要照顧社會中有需要的人，包括孤兒寡婦，五章1至6節有關被世界所玷污的人，就是那些富足的人，他們最終要面對滅亡的命運。

由五章7節開始至本章末，「弟兄姊妹們」＋命令語氣動詞，出現了三次，可就此分為三小段：五章7至8節，五章9節和五章10至11節。五章7至8節是回應四章13節至五章6節，五章7節的“ οὖν ”「因此」將這段與上文連結起來，一方面是不要欽羨那些有錢的商人，信徒必定得到最終的拯救，另一方面是在那些富足人之下受苦，要常存忍耐的心等候主的復臨；五章9節勉勵信徒不要彼此埋怨，這和四章11至12節的不要互相惡意中傷，是相對應的。

四11～12　　不要互相批評 ↖	↗ 五7～8　要忍耐到底
四13～五6　針對不可一世和不義的 ↙	↘ 五9　不要彼此埋怨

最後五章10至11節是全段的總結，包括能忍耐的例子，和五章11下半節全段總結性的言詞：「主是滿有慈悲，大有憐憫的。」

基於以上的分析，我們可以將四章11節至五章11節作以下的分段：

四章11節至五章11節的結構

3.3.1 針對惡意批評者（四11～12）

3.3.2 針對高傲和不義的富有人（四13～五6）

3.3.2.1 針對高傲的商人（四13～17）

3.3.2.2 針對不義的富足人（五1～6 ）

3.3.3 勸告讀者要堅忍（五7～8）

3.3.4 針對彼此埋怨（五9）

3.3.5 總結的榜樣：先知們和約伯（五10～11）

四章11至12節的修辭大綱

主題：不要彼此批評（四11上）

原委：這樣批評和論斷，是批評和論斷律法（四11中）

理據：若論斷律法，就不是遵守律法，而是自成審判官（四11下）

修飾：只有上帝是那位立法和審判的，祂是惟一能救人和滅人的（四12上）

結論：你是誰，竟論斷鄰舍呢？（四12下）

四章13至17節的修辭大綱

主題：商人自信地誇口（四13）

原委：生命的無常（四14上）

理據：人生如雲霧（四14下）

修飾：人生應有的態度（四15）

指控：驕傲是邪惡的（四16）

結論：知善而不行為罪（四17）

五章1至6節的修辭大綱

主題：富足人應悔改（五1上）

原委：有苦難臨到他們身上（五1下）

理據：指控他們的罪證：四大罪狀（五2～5）

結論：上帝抵擋富足人（五6）

3.3.1 針對惡意批評者（四11～12）

四11 弟兄姊妹們，你們不要彼此批評了；

與二章1節、三章1節和13節，五章12節一樣，這裏用了禁誡性的命令，開始一個新的段落。這段落回應三章1～12節有關舌頭的誤用，同時也承接上文有關驕傲人會有的表現。這裏作者再一次稱讀者為“ ἀδελφοί ”「弟兄姊妹們」，有別於四章4節那種強烈譴責的語氣：「你們這些淫婦啊！」這如莊遜指出（Johnson 1982:397～398，1995A:293）是另一段引申利未記十九章的律例，涉及十九章16節：「不可在民中往來搬弄是非，也不可與鄰舍為敵，置之於死。」“ καταλαλεῖν ”「毀謗」指用說話針對某人（〈七十士譯本〉民十二8，二十一5、7；伯十九3；詩七十七19，一一八23；彌三7；瑪三13），這字也可用作毀謗、中傷、污蔑（BDAG 519），批評的語調是較為輕，毀謗則較重，在此指人背後有不正當動機而對人作出批評。舊約中指斥這樣的行為：「在暗中讒謗（τὸν καταλαλοῦντα）他鄰居的，我必將他滅絕」（〈七十士譯本〉詩一〇〇5；參四十九20；箴二十13；何七13；另參《所羅門智訓》1.11；4Q525 2 ii 1）。根據《以諾二書》A52.2，毀謗鄰舍的應受咒詛，因為他惡毒的言語，仿如毀謗上帝。《便西拉智訓》26.5將城中的毀謗（“ διαβολή ”另一同義詞）和誣蔑（καταψευσμόν）為四件便西拉所害怕的事之中的兩件。在《十二族長遺訓》中“καταλαλεῖν ”「毀謗」是與“ ἐν ἁπλότητι ὀφθαλμῶν ”「專心一意」成對比（〈以薩迦遺訓〉3.4），且指出嫉妒、毀謗、忿恨、爭戰、暴力和貪戀惡物都是從憎恨而來，是與愛心完全對立的（〈迦得遺訓〉3.1～5.4），惟有靠著上主的憐憫，人才可得以從嫉妒、奴役、毀謗和黑暗中得到釋放（〈約瑟遺訓〉10.3）。新約作者往往將

“ καταλαλία ”「毀謗」也列入惡行的綱目之中（羅一30；林後十二20；彼前二1；“ καταλαλεῖν ”：彼後二12，三16）。使徒教父的著作亦有針對這種行為（《革利免一書》30.3，35.5；《黑馬牧人書》〈命令篇〉2.2～3與“ ἁπλότητα ”「一致」相對，並8.3；〈比喻篇〉6.5.5與淫亂者並列，8.7.2與三心兩意者並列，9.26.7：毀謗能毒害殺死人）。拉比一致地認為毀謗是絕對要不得的（參《巴比倫他勒目》〈論估價〉15b；〈論祝福〉17a；參 Baker 1995:155～156）。

批評弟兄姊妹的，或是論斷他的弟兄姊妹的，是在批評律法和論斷律法；

作者將批評與論斷並排，前者是言語上的表現，後者是這表現背後的思維（Baker 1995:178）。“ κρίνειν ”「論斷」即惡意的評斷，一種蓋棺定論式的審斷，將自己放在審判官的地位作最後的裁決。這裏兩次重複使用“ ἀδελφοί ”「弟兄姊妹們」，並使用“ αὐτοῦ ”「他的」這擁有代名詞，是要強化這種表現是極之不恰當的，羣體之間理應情同手足，絕對不應互相攻伐。雅各在這裏引申耶穌的說話：「你們不要論斷（κρίνειν）人，免得你們被論斷。因為你們怎樣論斷人，也必怎樣被論斷」（太七1～2；參路六37；羅二1，十四4；林前四5，五12；參〈先賢集〉2.5）。批評或毀謗與論斷之間的分別，在於前者以言語表達了出來，後者則是這種言語背後的想法（Baker 1995:178）。律法指摩西的律法，是透過「愛你的鄰舍」這命令（利十九18；參二8註）去理解的妥拉，批評和論斷弟兄姊妹就是毀謗和論斷律法，因為這愛之律不容許人批評和論斷別人，這些行為假設了自己的地位在所針對的人之上，這是不服於愛之律，是將自己置於律法之上，認為自己並不需要遵守這些律法和原則，或是視這些律例為無物，不接受其在我們生活行事上的權威，這樣便是毀謗和論斷律法了。雅各這種說法，在新約中是相當獨特的。

你若是批評律法，就不是遵行律法的人，而是審判官了。

“ δέ ”並沒有對比的意味，作接續行文。第一類條件句，假定這人真的是這樣作。“ ποιητὴς νόμου ”「遵行律法的人」參一章22節的註解，這是上帝對所有按真道而生的人的要求，不是由人去論斷那透過愛之律去理解的律法，自行決定應否遵守律法，即將自己置於律法之上，認為律法中某些律例是可廢棄的，這是人狂傲的表現（四6）。

四12 只有一位是立法者和審判官，就是那能拯救人和毀滅人的。

這句以“ εἷς ”「一位」作為開始，強調上帝的獨一。作者再一次重申肯定上帝是獨一擁有主權的（二19），祂是惟一的立法者（νομοθέτης），也是惟一的審判者。“ νομοθέτης ”「立法者」一字在新約中只在此出現，在〈七十士譯本〉詩篇九篇21節指上帝為萬民中設立一位立法者，其同字根動詞“ νομοθετέσθαι ”「立法」則多次用於上帝身上（〈七十士譯本〉出二十四12；詩二十四8、12，二十六11，八十三7，一一八33、102、104；另參《馬加比二書》3.15；來七11，八6）。那創造人類的，也是賜律法給他們的（《馬加比四書》5.25：νομοθετῶν ὁ τοῦ κόσμου κτίστης）。屬上帝子民的合一羣體是本於一個律法，出於那獨一的上帝（斐羅《論特殊法律》4.159：ἡ δ' ἀνωτάτω συγγένειά ἐστι πολιτεία μία καὶ νόμος ὁ αὐτὸς καὶ εἷς θεός）。上帝也是那審判者（κριτής；參〈七十士譯本〉撒上二十四16，詩七12，四十九6，六十七6，七十五8；賽三十18，三十三22，六十三7；《便西拉智訓》35.12；《所羅門詩篇》2.18，4.24，9.2；另參〈先賢集〉4.22）。上帝是那最終能拯救人的（參〈七十士譯本〉申三十三29；士二16，三9，六14；撒上四3；詩三8，七11，十六7，二十一22，二十七9，六十八2，七十一13，一〇五8；賽十九20，三十三2，六十16；耶十五20，二十六27；但六21、23；彌六9；番三17；亞九16；《便西拉智訓》2.11），和毀滅人的（〈七十士譯本〉出十九14；利十七10，二十3，二十六41；民十四12；申二12、21，八20，十一4；約二十四10；詩五7，九6，九十一10，一四二12，一四五4；賽一25，十三11，二十九14；耶二十五10，二十六8；結二十五7、16，二十九8；俄8；番二5；《所羅門智訓》18.5）。上帝這雙重的工作，亦見於新約的書卷（太十28，十六25；參路十九10；約三16；林前一18），惟有祂擁有最終的生殺之權。「拯救」（σῴζειν）和「毀滅」（ἀπολλύειν）是審判的兩面，雅各書關注人的得救（一21，二14，五20），惟有那些行在真理之中，將那使人自由的律法實踐出來的人，才是最終蒙上帝拯救的人。那些不服上帝的律法，視之如無物的，卻要面對最終的滅亡。" νομοθέτης "「立法者」一字之前是否有定冠詞" ὁ ",抄本之間的證據相當均等,未能確定這在原稿是否已存在。若是有這定冠詞,則帶有至尊獨有(par excellence)的含意(Wallace 1996:222)。《黑馬牧人書》〈命令篇〉12.6.3有這樣的忠告:「因此請聽我說,敬畏那位能作萬事——能救人和滅人的(δυνάμενον σῶσαι καὶ ἀπολέσαι),謹守這些誡命,你便在上帝面前得以存活。」

你是誰,竟論斷鄰舍呢?

這一小段以一問句作結。這裏將四章11節用了三次的" ἀδελφοί "「弟兄們」轉為" πλησίον "「鄰舍」,明顯是要帶出論斷是違反了「愛你的鄰舍如同自己」(雅二8所引的利十九16)。這問句是要那些高傲自以為是的人作反思:「你們以為自己是誰?是上帝嗎?」將自己看為是立法者和審判官不只是夜郎自大,亦無形中是褻瀆上帝!

3.3.2 針對高傲和不義的富有人(四13~五6)

3.3.2.1 針對高傲的商人(四13~17)

四13 且聽,你們說:

" Ἄγε νῦν "字面直譯為「來現在」,這希臘文片語再次在五章1節出現。這樣的表達在新約中只在雅各書出現,就其本身而言,並非一種嚴厲的斥責,只是要讀者留意以下出現的情況,要敏於聽(一19;參二5)。然而,這裏的格式,類似先知所用審判的神諭(judgement oracles),因此不應看為是一種朋友間客套的提點(正如 Maynard-Reid 1987:70 正確指出的)。在〈七十士譯本〉舊約中," ἄγε "一字出現四次(士十九6;王下四24;賽四十三6〔2x〕),但對於我們了解這裏的意思,並沒有多大幫助。這表達方式亦見於伊比德圖(《哲學談話錄》1.2.20、25,1.6.37,3.1.37;參 Hartin 2003:223)。" νῦν "「現在」加強了這命令的緊迫性。此處的「你們」,並非指特別某些人,而是作者想像某些人會有這樣的想法。究竟這人是否信眾羣體的成員並不重要（如 Laws 1980:190 認為不是；Davids 1982:171 及 Moo 2000:201 認為是），雅各要指出某種想法和態度是錯誤的，有必要糾正過來。

「今天或明天我們要到某城去，在那裏住一年，作生意賺錢。」

有些抄本作" σήμερον καὶ αὔριον "「今天和明天」（如〈亞歷山太抄本〉），但" σήμερον ἤ αὔριον "「今天或明天」的讀文的外證較強（〈西乃抄本〉和〈梵蒂岡抄本〉）。有些抄本使用了過去不定時態假設語氣（aorist subjunctive）動詞，對比於將來式直述語氣動詞，過去不定時態極可能是後來的修改，而且將來式直述語氣有更強外證的支持。作者使用了四個將來式直述語氣（πορευσόμεθα, ποιήσομεν, ἐμπορευσόμεθα, κερδήσομεν），首三個希臘文字，發揮了雙聲疊韻的效果（π），這連續四個動詞，都使用" καί "連接起來，強調説話的人對未來的肯定（Johnson 1995A:295）。這裏的意思大概是「我們一定會去，就在這一兩天之內成行」（梁康民1995:161）。" τήνδε "「這」是指示代名詞（demonstrative pronoun）原本是指一個確實的地方而非一般性，但這裏可能是一種口語式的用法（Hartin 2003:224 引 Zerwick 的研究），作「這個和那個城市」。" ποιεῖν "「住」這裏的原意是「使用」（參〈七十士譯本〉箴十三23；另參徒十五33，十八23，二十3；林後十一25）。他們並非本地小本的商人，可能是較為有能力者，能穿鄉過城，去尋找商機（Laws 1980:189～190）。" ποιήσομεν ἐκεῖ ἐνιαυτόν "直譯為「在那裏做一年的時間」，是當時口語化的表達，即「在那裏花一年的時間」（類似的結構，參徒十五33，十八23，二十3；林後十一25；Moo 2000:202 n.39）；" ενιαυτον "是 accusative for duration of time。" ἐμπορεύεσθαι "「作生意」的意思是作買賣，新約這字另一次出現與貪婪有關（彼後二3）。最終的目的是" κερδαίνειν "「賺錢」，即賺取、得勝（參太二十五16、17、20、22；可八36）。一切都是有計劃有目的的行事。顯示這些商人可能尚未飛黃騰達，卻很希望透過行商，能賺得豐厚的利潤。（有關一世紀在巴勒斯坦一帶行商的情況，詳參 Maynard-Reid 1987:71～77。）

四14 然而明天怎樣，你們這些人都不知道；你們的生命是甚麼樣的呢？

“ οἵτινες ”「這些人」這關係代名詞（relative pronoun）指這類的人（BDAG 729），在此指上文那自言能為自己鋪排未來的人，譯作「你們這些人」。這節有不少經文鑑別的問題（參 Metzger 1975:683～684）。“ τὸ τῆς αὔριον ”「明天怎樣」有幾種不同的異文，其中一個是“ τὰ τῆς αὔριον ”，這讀文雖有不少抄本外證的支持（A P 33 81 1739等），但抄寫員可能是受箴言二十七章1節的寫法所影響；另〈梵蒂岡抄本〉的異文沒有了“ τό ”這定冠詞，然而這抄本有減略定冠詞的傾向，在這點上並不太可靠，“ τὸ τῆς αὔριον ”則有多種不同抄本的支持（ ℵ K Ψ 大部分小楷希臘文抄本）。有些譯本有這樣的翻譯：「因為你們不知道你們的生命明天會如何」（NASB, TEV, NJB, NLT）。“ τῆς αὔριον ”指向於未來，“ τό ”指在未來所有的活動和所發生的事。有些抄本在“ ποία”「怎樣」之後，有連接詞“ γάρ ”「因為」（P^{74vid} $ℵ^{c}$ A K L P Ψ 049 056 和大部分小楷希臘文抄本），然而沒有這連接詞的外證也不弱（ ℵ* B 614 it^{67} syr^{h} $cop^{bo\ ms}$ 等），這連接詞可能是抄寫員加進去，使句法更加清楚。這裏要指出人對未來沒有完全的把握，下文將這原則集中於最基本的問題，最重要的生命長短，也不在人的手中。接受“ γάρ ”「因為」這異文的比較接受以上所言的另一種翻譯。然而，“ ποία ”「甚麼」放於這麼後的位置，比較可能是帶出問句：「你們的生命是甚麼樣的呢？」，而非動詞“ ἐπίστασθε ”「知道」的受詞。對生命實況的不了解或拒絕了解，叫人對生命有錯誤的期待。

你們其實是雲霧，出現片刻，迅即消散。

“ἀτμὶς γάρ ἐστε ἡ”「你們其實是雲霧」，有些抄本沒有“γάρ”，可能是抄寫員覺得這字打斷了文路；有些則沒有定冠詞“ἡ”，這可能是抄寫員不小心的遺漏；〈西乃抄本〉更沒有“ ἀτμὶς γάρ ἐστε ”，極可能是抄寫員的大意所致；有些使用第三身“ ἔσται ”而非第二身的“ ἐστε ”，但前者的外證甚弱。“ γάρ ”在此處的意思不是「因為」，而是「其實」，確定語。“ φαινομένη ”「出現」和“ ἀφανιζομένη ”「消逝」這兩個分詞的意思剛好相反，其讀音則相近；雲霧的特質，正是出現很短的時間（πρὸς ὀλίγον），迅即（ἔπειτα）消散。《革利免一書》17.6記載摩西曾這樣說：「我不過是鍋子裏冒出的蒸氣（ἀτμίς）」（參《以斯拉四書》4.24）。在舊約中，以不同的方式表達人生的短暫；約伯記七章7節：「我的生命不過是一口氣」（參伯七9、16，十四1）；詩篇三十九篇5節：「你使我的年日窄如手掌；我一生的年數，在你面前如同無有（הבל＝氣、煙霧）」（參詩九十5～6，一〇三15～16；賽四十6～8）。人不能以自己的能力自恃的說法，在猶太傳統中經常出現（箴二十七1；《便西拉智訓》11.18～19；斐羅《寓意解經》3.226；《以諾一書》97.8；1Q27）。〈先賢集〉3.1教導人要謹記三件事，便不致跌入罪惡之中：要知道自己何來：從腐敗的一滴而來；往哪裏去：到塵土、蠕蟲、蛆蟲去；要向誰交賬：向萬王之王，那聖者。包衡（Bauckham 1995B:99～100）指出人生如煙雲這圖像，在猶太的典籍中，不只是用於描述人生的短暫，也用作形容惡人的命運（詩三十七20，六十八2；何十三3；《所羅門智訓》5.14；《以斯拉四書》7.61；《巴錄二書》82.6～9；《戰卷》15.10 ），雖然說對義人和惡人來說，同樣要面對人生短促這事實，但惡人因為將他們的一生都投注於今生，他們在今生所誇耀的金銀財寶，一生的盼望，最終都只是過眼雲煙，終必灰飛煙滅；對比於那義人必永遠活著，他們要從上帝手中得著榮耀的冠冕（特別參《所羅門智訓》5.7～20；另參《巴錄二書》14.10～13；雅一12）。

四15 你們倒不如說：「若是主願意的話，我們就可以活著，去作這事或作那事。」

“ἀντὶ τοῦ λέγειν ὑμᾶς”「你們倒不如說」連於四章13節的“οἱ λέγοντες”「你們說」（Ropes 1916:278; Johnson 1995A:296），「且聽，你們說」對比於「你們倒不如說」，這兩種不同說話的內容，代表了兩種對人生不同的態度，“ἀντὶ τôυ”「倒不如」表達了對比性的內容。作者於此使用了第三類條件句，即不肯定上帝在某種情況下的旨意是甚麼；然而卻有一種願意接受這旨意的心。“ὁ κύριος”「主」指父上帝，在新約中多次提及上帝的旨意：福音書中記載耶穌說“τὸ θέλημα τοῦ πατρός μου”「我父親的旨意」（太七21，十二50，十八14，二十一31），“τό θέλημα τôυ πέμψαντός με”「那差我來者的旨意」（約四34，五

30)，“τὸ θέλημα τôυ θεοῦ”「上帝的旨意」(可三35)，在耶穌的禱告中，“γενηθήτω τὸ θέλημά σου”「願你的意旨成就」(太二十六42；路二十二42)，亦見於主禱文(太六10)；在書信中，“τὸ θέλημα του θεοῦ”「上帝的旨意」(羅十二2；林前一1；來十36)。根據使徒行傳的記載，保羅辭別以弗所的信徒時，對他們：「若主願意(τοῦ θεοῦ θέλοντος)，我還要回到你們這裏」(徒十八21，按原文譯)，同樣，信徒在送保羅前去耶路撒冷時，他們說：「願主的旨意成就(τοῦ κυρίου τὸ θέλημα γινέσθω)」(徒二十一14)。彼得前書三章17節視情願行善受苦強過行惡受苦，若這是出於上帝的旨意(εἰ θέλοι τὸ θέλημα τοῦ θεοῦ)，保羅在他的書信中亦有類似的表達方式，要服在上帝的旨意下行事(羅一10，十五32；腓二19、24；參林前四19，十六7；徒十八11；來六3：ἐάν[περ] ὁ κύριος ἐπιτρέπῃ)。〈先賢集〉(2.12)記載一世紀末拉比約西曾這樣說：「願你一切所作是為了上天的名」，類似的看法，亦見於死海文獻《會規手冊》1.10～11。這觀念在當代希羅文化中也相當普遍(參伊比德圖《哲學談話錄》1.1.17，3.21.12，3.22.2)。“τοῦτο ἤ ἐκεῖνο”「或這或那」回應四章13節的“σήμερον ἢ αὔριον”「今天或明天」。“ζήσομεν καὶ ποιήσομεν”「我們活著和作」包括了有生命和生活中的一切活動，四章13節只有“ποιεῖν”「作」這動詞，那商人只考慮活動，而忘了生命本身不是必然的，生命和生活都要在上帝的旨意下才可實現。這裏的“καὶ …καὶ …”應視作「這個和那個」(both…and …)。

四16 你們現在竟在你們的高傲中誇耀。一切這樣的誇耀都是邪惡的。

“νῦν δέ”「而現在」一方面對比四章15節那應有的態度，亦承接四章13節那商人所說(重複“νῦν”「現在」)反映出他的態度。“καυχᾶσθε”「誇耀」一字，在一章9節出現過，其用法與三章14節那同字根的“κατακαυχᾶσθε”相同，指浮誇，帶負面的意思(參林前一29，五6；加六13；羅三27，四2)，正如箴言二十七章1節所言：「不要為明日自誇(καῦχω)，因為一日要生何事，你尚且不能知道。」“ἀλαζονεία”指高傲、浮誇、自負，這字新約另一次出現見於約翰一書二章16節：“ἡ ἀλαζονεία τοῦ βίου”「今生的驕傲」。《革利免一書》21.5 的“ἐγκαυχώμενοις ἐν ἀλαζονείᾳ”「在高傲中誇耀」，這是相對於以上帝誇耀。《所羅門智訓》5.8這樣說：「我們的高傲叫我們得到甚麼益處？我們所引以為傲（ἀλαζονεία）的財富能加增我們些甚麼？」

“ἐν ταῖς ἀλαζονείαις ὑμῶν”「在你們的高傲之中」表達這人誇耀的態度，因此也有譯作「張狂誇口」。這種誇耀（τοιαύτη καύχησις）是邪惡的（πονηρά），因為沒有將上帝放在眼中，將榮耀全歸給自己。有另一些誇耀則不是邪惡的，見一章9節和二章13節（參羅五2～3；帖前二9；腓二16）。

四17 所以人若知道行善，卻不去行，這就是他的罪了。

“οὖν”「所以」示意以下的警句，總結了四章13至16節這一小段落，從針對這些驕傲的商人，以這警語轉向讀者，從第二身轉為第三身。有學者認為以下的警句難以總結此段，將“οὖν”看作「實在的」（Baker 1995:234～235; Hart & Hart 2001:132），然而本書作者的一貫的風格，是以警句或諺語作為一段的總結。知道是行動之先，這在一章19節已有說明（參一22）。按原文結構，可理解為「知道行善」（KJV；大部分中文譯本），“καλόν”「善」這形容詞（substantival use）亦可作分詞“εἰδότι”「知道」的受詞（NIV），即「知道應行的善」，這兩者的意思大致相同。知行合一是這卷書其中一個重要的主題（參一22～27，二14～26），若知道那些是“καλόν”「恰當的事」，也即應作的事，在本書三章13節用作形容從上而來智慧所應有的生活方式（ἐκ τῆς καλῆς ἀναστροφῆς）。這當然包括上文所指將自己放在上帝的旨意之下去作事（四15；參羅十二2）。根據以賽亞書一章17節（〈七十士譯本〉），“καλόν ποιεῖν”「行善」即「尋求公平，解救受欺壓的；給孤兒伸冤，為寡婦辨屈」（參加六9）。〈先賢集〉（2.6，4.10）兩次提及人因商務而疏忽了律法。知道應該去行而不去行，是不一致的表現，是「三心兩意」的其中一種徵狀。“ἁμαρτία αὐτῷ ἐστιν”（直譯：「對他來説是罪」；參〈七十士譯本〉申十五9，二十三21，二十四15：ἔστιν ἐν σοὶ ἁμαρτία），與上文“πᾶσα καύχησις τοιαύτη πονηρά ἐστιν”「一切這樣的誇耀都是邪惡的」平行，人因自誇而不按照上帝的旨意生活，這種生活方式和態度，客觀而言是邪惡的，對這人而言，他知道要行善卻不去行，便是犯了罪（參一15，二9，四8）。有學者認為這裏是箴言三章27至28節的演繹：「你手若有行善的力量，不可推辭，就當向那應得的人施行。你那裏若有現成的，不可對鄰舍說：去吧，明天再來，我必給你。」（Laws 1980:194），但並不能肯定。雅各書二章8節和四章19節都使用了" καλῶς ποιεῖν "「做得好」這短句去肯定愛你的鄰舍和信上帝是獨一的（〈示瑪〉）這雙重愛的命令。按此，行善可看為愛上帝和愛鄰舍，忽視這兩條命令肯定是罪的表現。

3.3.2.2 針對不義的富足人（五1～6 ）

五1 且聽，富有的人啊！你們要因著那將臨到你們的災劫哭泣哀號。

有關" Ἄγε νῦν "「且聽」這片語的解釋，參四章13節註。雅各書曾多次提及富足人（一10～11，二5～6），這裏他的措辭更尖銳和嚴厲。在猶太的傳統中（參箴十一28；賽五8；摩六24；《以諾一書》94.6～9，97.1～10，98.1～16，99.11～16，100.7～9，102.1～11）和福音書的傳統中（參太十九23～24；可十25；路一53，六24，十二16～21，十四12～14，十六19～31，十八23～25，二十一1～4）都有類似的教導，針對富足人的為富不仁、恃勢凌人、或是不可一世的態度。這裏命令語氣動詞" κλαύειν "「哭泣」，是面對發生的慘劇而有的反應（哀一1～2；賽十五2、5；耶九1，十三17），這字在四章9節曾使用過，那裏呼籲有罪的人要悔改，哭泣是悔改的表現，這裏則是他們在審判臨到時面對災劫（ταλαιπωρία）而痛苦哭泣，但沒有聲言這災劫是在哪一個時候，是因耶路撒冷城的被毀，還是末世的審判，還是基督的復臨，但這災劫臨到這些富足人，是千真萬確地要發生的事。" ὀλολύζοντες "「哀號」這分詞與主要動詞「哭泣」是同時的（contemporaneous），即要哭泣和哀號。" ταλαιπωρία "「災劫」是在舊約先知書中常見的字彙（參賽五十九7；耶四20，六26，二十28），在新約另一處出現，見於羅馬書三章16節（引用賽五十九7），指臨到他們身上的災難和劫運。" ὀλολύζειν "「哀號」這字新約中只在此出現，在〈七十士譯本〉中出現了二十一次，都在先知書中，用作上帝懲罰以色列民背道的罪，或是列邦所犯的罪，當災難臨到他們身上時，他們所經歷的痛苦呻吟（參賽十10，十三6，十四31，十五2～3，十六7，二十三1、6、14，二十四11，五十二5，六十五14；耶二23，三十一20、31；結二十一17，三十一12；何七14；摩八3），尤其是撒迦利亞書十一章2至3節指當時的社會不公將為他們帶來災難（參啟十八11～17）。這日子已在來臨的過程之中（ἐπέρχεσθαι），主復臨的日子近了（五7～9），這是初代信徒堅定不移的信念。與四章9節相似（參註解，並「雅各書四章9節與耶穌言訓」），這裏所用的字彙與路加福音六章24至25節有重疊的地方，因此可能同樣是受耶穌言訓的影響（特別參Deppe 1989:111～123）。

五2 你們的財物朽壞，衣服給蟲子蛀，

這是針對富有人四項罪狀的第一項。“ πλοῦτος ”「財物」指財富或豐富的地上財物，與“ πλούσιοι ”「富足人」為同字根字。“ σήπειν ”這字在新約中只在這裏出現，在〈七十士譯本〉出現了八次，可用於生物的朽壞（如結十七9；伯十九20，三十三21），也可用在物件身上（《便西拉智訓》14.19；《巴錄書》6.72）。“ σητόβρωτος ”「給蟲子蛀」這形容詞在新約中亦只在此處出現，這字由兩個字組成“ σής ”「蛾」＋“ βιβρώσκειν”「吃」，在〈七十士譯本〉也只出現了一次（伯十三28），然而衣服會被蛾蛀食，在猶太傳統中多次使用這圖像（〈七十士譯本〉箴二十五20；賽三十三1，五十9，五十一8；《便西拉智訓》42.13）。有認為，雅各在這裏可能是受約伯記十三章28節（〈七十士譯本〉）：「我已經像滅絕的爛物，像蟲蛀（σητόβρωτον）的衣裳」，但更可能這裏反映出耶穌在登山寶訓中的教訓：「不要為自己積儹財寶在地上；地上有蟲子（σής）咬（βρῶσις），能銹壞，也有賊挖窟來偷。只要積儹財寶在天上，天上沒有蟲子（σής）咬（βρῶσις），不能銹壞，也沒有賊挖窟來偷」（太六19～21；參路十二33）。作者將衣服突顯出來，是因為人的衣著是最容易叫人知道這人是富有人（參二2；太六28～31；路七25，十二27～28，十六19，二十46；徒十二21）。“ σέσηπεν ”「朽壞」、“ σητόβρωτα γέγονεν ”「被蟲子咬」和五章3節的“ κατίωται ”「生了銹」都是完成式，並非指已在審判狀態之下（如Moo 2000:213），而是使用了先知審判性言詞的表達方式，所指仍是未來的（proleptic perfect；參 Mayor 1913:154；Davids 1982:175；Porter 1993:267）。

五3 你們的金銀生了銹，這銹要成為控告你們的證據，

“ κατίωται ”「生了銹」這字在新約中只在這裏出現，作者仿傚先知審判神諭，使用完成式（參上節註）。原文“χρυσός ”「金」和“ ἄργυρος ”「銀」是兩個獨立的名詞，指兩種東西，然而其動詞使用了單數，即作者將這兩者視作一。金和銀的貴重，在於它們的耐用和不容易銹壞。然而，在〈七十士譯本〉《便西拉智訓》12.10和《巴錄書》6.11～12都指出它們是會生銹變質的。雅各並非科學性地討論金銀是否會氧化，而是指這些富足人所擁有的財物，是不能永久的，本來被認為「無價之寶」的，也會變得沒有價值。不單如此，這些銹成了一種證據。“ εἰς μαρτύριον ὑμῖν ”直譯為「成為為你們作的見證」，可以指這些誘要成為一種見證，叫這些富有人能見到財物的不可恃而悔改，“ ὑμῖν ”為 dative of advantage。但更可能這裏是指「成為控告你們的證據」，視“ ὑμῖν ”為 dative of disadvantage，這片語在福音書中經常這樣使用（太八4，十18，二十四14；可一44，六11，十三9；路五14，九5，二十一13），而且這句的下文那種極強審判意味的斷語，支持這裏是控告他們證據的看法。《便西拉智訓》29.9～12有這樣的警語：「為誡命的緣故去幫助貧窮人，在他們有需要時不要叫他們空手而回。寧為弟兄或朋友而棄置（ἀπόλεσον）銀錢，不要讓它埋在石頭下銹壞而被棄（εἰς ἀπώλειαν）。按照至高者的吩咐為自己積儹財寶，這會比金更加有利。在你的密室積存施贈，這能救你脱離一切劫運。」

並且像火一樣吞吃你們的肉。

有些抄本在“ ὡς πῦρ ”「像火」之前再次重複“ ὁ ἰός ”「這銹」，但這異文支持薄弱。這句另一困難是標點的問題，就是究竟“ ὡς πῦρ ”「像火」應屬於這句，還是屬於下句。有學者認為應連於下句（Ropes 1916:287; Reicke 1964:50～51; NJB），因為下句的動詞“ θησαυρίζειν ”「積聚」不能單獨地使用，必須有受詞，而且若是連於下句，在箴言書便有很相似的說法：「嘴上彷彿有燒焦的火（θησαυρίζει πῦρ）」（十六27〈七十士譯本〉）；但事實上是“ θησαυρίζειν ”「積聚」這動詞不一定需要有受詞，可獨立地使用的（參路十二21），因此這裏接受“ ὡς πῦρ ”「像火」是屬於此句。金屬的銹好像火一樣，在〈七十士譯本〉中有火吞噬人肉的說法（詩二十一9：καταφάγεται ἀυτοὺς πῦρ「祂會用火吞噬他們」；《猶底特書》16.17：「……在那審判的日子，大能的主要向他們報仇；祂要放火和蟲在他們的肉裏（δοῦναι πῦρ καὶ σκώληκας εἰς σάρκας αὐτῶν），他們要永遠在痛苦中哭號。」這些富足人既將他們的未來，寄望在這些金銀之上，但卻偏是從這些金銀出來的銹，就好像火一樣，侵蝕他們的肉，這火是審判的火（參三6註）。在審判時烈火焚身這圖像在猶太傳統中相當普遍（民十二12；賽三十27；結十五7；摩一12、14，五6，七4；《所羅門智訓》1.18；1QH 11.29，14.18～19，16.30～31）。審判之日臨到之時，金和銀不只無力救人（參結七19），且成為證據叫他們要承受火的刑罰（參太二十五41；彼後三7；猶7、23；啟十一5，二十9）。另一可能，是作者用了另一幅圖畫形容這些富足人，他們這些守財奴終日擁抱著他們的金銀財寶，不離不棄，到審判之日，這些財寶會銹壞，其銹會蝕進他們的身體，好像火燒一樣（Brosend II 2004:133）。有學者指出支持五章2至3節是受耶穌教訓（太六19～21）影響最少有三方面（Deppe 1989:131）：（1）主題相同，並有些用字相同（σητόβρωτος／σής...βρῶσις; θησαυρίζειν）；（2）對處理財富的教導的方式一致；（3）雅各書五章1節是旁索耶穌言訓，加增了這裏同是運用耶穌言訓的可能。

你們竟在這末世的日子積聚財寶。

“θησαυρίζειν”「積聚」雖然沒有受詞，可理解其受詞為財寶。對富足人來說，他們積聚財寶，正是為著能享受安定穩妥，得享天年。然而，他們並不意識到自己是生活“ἐν ἐσχατάις ἡμέραις”「在末世的日子」（Davids 1982:177），終末的時代已經開始，而且以上帝最終的審判作結。“ἐν ἐσχαταίς ἡμέραις”「末世的日子」並非指那最終審判之日（如 Ropes 1916:287；Hartin 2003:228），而是引向那日的一段時期（五8、9），認為這裏是指最終審判之日的，難以解釋“ἐν”「在」這介詞。積聚財寶所面對的未來，是上帝最終的審判（賽二2；耶二十三20；結三十八16；但二28，十14；何三5；彌四1）。因此諷刺地，他們積聚財寶，金銀衣服等，卻是為自己積聚上帝的忿怒（參羅二5），見五章5節下的註。

五4 看哪！工人收割了你們的田地，你們卻剋扣他們的工資，

"ἰδού"「看哪」呼籲讀者要注意（三4、5，五4、7、9、11），每次出現都是以具體實例或實況強化或澄清有關的信息（Hart & Hart 2001:134）。作者宣告富有人第二項的罪狀。他們為自己積聚財寶的方式，往往是透過不正當的手段。"ἐργάτης"「工人」指為地主富戶工作的佃農和日工，他們生活艱苦，手停口停，極需每天的工資，叫自己和家人得以糊口，雅各在五章6節控告富足人謀殺，相信部分的原因是他們剋扣工人工資，便是絕了他們一家的口糧，實與殺人無異；當然另外的原因，是他們濫用法庭的程序，侵吞貧農的土地（Bauckham 1995B:104），猶如吸血鬼一樣。這種社會的現象，見於公元一世紀前後的巴勒斯坦（詳參緒論六），"ἐργάτης"「工人」這字也在這段時期的猶太文獻中開始出現（如《所羅門智訓》17.16；《便西拉智訓》19.1，40.18），耶穌不少的比喻，都以這種生活為背景（參太十八23～34，二十1～15，二十一33～43；路十二16～21，十二42～48，十六1～8，十九12～27，二十9～18；參太九37，十10；路十2、7）。在收割的時候，這些地主需要大量的工人協助收割，"ἀμᾶν"「收割」一字，在新約中只在這裏出現，原指除草或割草，這裏指收割。工人是為富有人的田地收割，理應得到合理的工資（ὁ μισθός），而且他們已收割完畢（τῶν ἀμησάντων；aorist participle）。

"ἀπαστερεῖν"「剋扣」在抄本中有三個異文，"ἀφυστερημένος"（א B*）、"ἀπεστερημένος"（A B2 P Ψ 等）和"ἀποστερήμενος"（K L 等），第一個異文的意思是「剝奪」（參〈七十士譯本〉尼九20；《便西拉智訓》14.14），後兩者為同一動詞「剋扣」，一個是完成式，一個是現在式。從抄本的外證來看，"ἀπεστερημένος"完成式支持最強，這字有別於"ἀφυστερεῖν"「剝奪」，帶有故意欺詐的意味（參〈七十士譯本〉出二十一10；申二十四14；瑪三5；《便西拉智訓》4.1，29.6，34.22）。這些富足人的剝削是有預謀的剋扣。"ἀπαστερεῖν"帶有欺詐、剝奪的意思，他們剋扣（完成式分詞）工人應得的工資，是完全不合理的，是恣意剝削。這明顯是違背了摩西的律法，正如利未記十九章13節下指出：「雇工人的工價（ὁ μισθὸς τοῦ μισθωτοῦ），不可在你那裏過夜，留到早晨」（參申二十四14～15），然而這樣的情況，仍存在於以色列人的社會之中（參耶二十二13；瑪三5；《便西拉智訓34.25～27》。猶太傳統十分重視社會公義（出二十三9～11；利六4，十九35；《約伯遺訓》12.1～4；《託福西萊德名書》19）。拉比的法典對在何種情況下才可延遲付工人工資作出了規定，參《米示拿》〈論中間一道門〉9.11～12。

這工資正在呼冤，

這些不義的錢財，就是他們犯罪的證據，是會呼喊（κράζειν）求伸冤，申命記二十四章15節這樣警告說：「要當日給他工價，不可等到日落—因為他窮苦，把心放在工價上—恐怕他因你求告（καταβοήσεται）耶和華，罪便歸你了。」這是基於利未記十九章13節的吩咐：「不可欺壓你的鄰舍，也不可搶奪他的物。雇工人的工價，不可在你那裏過夜，留到早晨。」當以色列人在困苦中時，他們也會向耶和華呼喊（〈七十士譯本〉出五8，二十二22，三十二17；民十一2；士一14，三9，四3，六7；詩三5，十六1、7，十七42，二十一3，二十七1，六十四14；賽十九20；彌三4）。

那些收割工人的呼喊，已進了萬軍之主的耳中。

“ οἱ θερισαντοί ”「收割工人」為過去不定時態分詞作名詞用（aorist substantive participle），他們已完成了收割的工作。“ βοή ”「呼喊」這字在新約中只在這裏出現；在〈七十士譯本〉中出埃及記二章23節，以色列人的呼喊（ἡ βοὴ αὐτῶν）上升到上帝那裏。亞伯這無辜人的血，向上帝呼喊（βοᾶν）求伸冤（〈七十士譯本〉創四10）。“ εἰσερχέσθαι ”「進到」這動詞是完成式的，即萬軍之主從開始一直聽到這些工人的呼喊，正如昔日耶和華向摩西說：「他們因受督工的轄制所發的哀聲，我也聽見了（τῆς κραυγῆς αὐτῶν ἀκήκοα）」（〈七十士譯本〉出三7下）。在猶太傳統中，多次記載被殺害屈枉和不公平對待的人的呼喊，要求平反辨屈（創四10，十八20，十九13；撒上九16；詩十二5；《便西拉智訓》21.5，35.21；《以諾一書》47.1，97.5；參路十八17；啟六9～10）。“ κυρίου σαβαώθ ”「萬軍的主」這字是翻譯希伯來文“ יהוה צבאות ”「萬軍的耶和華」（在舊約中出現了二百四十五次，其中二百二十四次在先知書中，最多出現的是耶利米書，共七十一次，其次是以賽亞書，共五十七次），這希伯來文的片語在〈七十士譯本〉中有時候譯作大能或全能的主（參撒下五10：κύριος παντοκράτωρ，有時候“צבאות”「萬軍」則使用希臘文的音譯字“σαβαώθ”（如書六17；撒上一3；賽一9，五24，二十二12、14，二十三9；耶二十六10），這字在〈七十士譯本〉中出現有六十六次，以賽亞書佔了五十二次；這名字指上帝是大有能力的，必定會為受欺壓和受屈的伸冤，為他們爭戰，祂是那最終的審判者。“κυρίου σαβαώθ”「萬軍的耶和華〔主〕」在新約中只在這裏出現，在〈七十士譯本〉中出現了十八次，其中十七次見於以賽亞書，“εἰς τὰ ὦτα κυρίου σαβαώθ”「進到耶和華的耳中」這片語則見於以賽亞書五章9節，代表上帝已聽到貧窮人的呼喊，定要為他們伸冤，審判那些欺壓者。正如以賽亞先知宣告審判的臨到而最終得到了實現，同樣雅各在這裏宣告審判的神諭，也是不會落空的。

五5 你們在地上過著縱情享樂的生活，

作者提出第三個指控。首句的兩個動詞“τρυφᾶν”「逸樂」和“σπαταλᾶν”「享樂」是互相解釋的。“τρυφᾶν”一字在新約中只在這裏出現過，然而其同字根的名詞在新約中出現了兩次（τρυφή：路七25；彼後二13），其意思都是負面的。在〈七十士譯本〉中，這字可以是中性或甚而正面的意義（尼九25：「他們就吃而得飽，身體肥胖，因你的大恩，心中快樂（τρυφᾶν）」；參賽六十六11；《便西拉智訓》14.4），然而在希臘道德著作中，其意義都是負面的，即貪圖逸樂，這亦反映於猶太的道德傳統之中（參斐羅《論特殊律法》2.240，《論醉酒》1.123；〈約瑟遺訓〉9.2）。“σπαταλᾶν”「享樂」這字與“τρυφᾶν”「逸樂」差不多，只是這字傾向於負面的意思，即縱情聲色的享樂生活（參提前五6；〈七十士譯本〉結十六49；《便西拉智訓》21.15，27.13）。我們將這兩字合起來翻譯作「縱情享樂」。“ἐπὶ τῆς γῆς”直譯為「在地上」正是要對比他們今世在地上所得的享受，與將來他們要承受的審判（參路十六25）。

在屠宰的日子你們儲肥自己的心。

動詞“τρέφειν”指餵食（參太六26，二十五37；徒十二20），引申作養育（路四16，二十三29），“καρδία”「心」指一個人的思想、情感和意圖的所在（參一26，三14，四8，五8），這裏象徵性地形容一個人過著尋求歡樂和自我沉溺的生活。此處作者使用了耶利米先知所用的圖像，耶利米書十二章3節下先知這樣向上帝祈求，處置那些在以色列人中間那些飽受上帝的恩典，卻只是以嘴唇敬拜上帝的罪人：「求你將他們拉出來，好像將宰的羊，叫他們等候殺戮的日子」，在〈七十士譯本〉「殺戮的日子」（ἡμέρα σφαγῆς）就是這裏所譯的「宰殺的日子」（參耶十二3，三十二34），根據耶利米書七章32節和十九章6節的預言，那些作惡的，將要在「殺戮谷」中被屠殺，成為雀鳥走獸的食物（參結三十九17）。先知使用了在農業社會中餵養牲畜的方法，在要屠宰這些牲畜之前，會強迫餵食牠們，叫牠們肥大，然後宰殺。作者指出這些富足的欺壓者，他們窮奢極侈的生活其實是在養肥自己，他們以為自己是在享福，實際上這是為屠宰的日子作預備，這宰殺的日子就是上帝審判他們的日子，這是一幅相當諷刺的圖畫。上帝的審判肯定會臨到那些不義的富足人之中，見於當代不少猶太的文獻之中，《以諾一書》就這樣描述富有人，就是那些欺壓義人的，將要面對的審判：「你們……要預備迎見宰殺的日子，那黑暗的日子和那大審判的日子」（94.9），他們以不法的手段得來的財物，要成為控告他們的罪證（96.4、7，97.7；特別參《以諾一書》94.17～18，96.8，97.8～10，99.6、15；《禧年書》36.9～10；《會規守則》10.16～21；《戰卷》1.9～12；參賽三十四5～8，六十一2，六十三4）。《便西拉智訓》21.8有這樣的警語：「凡用別人的錢財建造自己房子的人，就好像一個人為自己埋葬的土墩收聚石頭。」這宰殺日子即末世的日子（五3），他們的積儹財寶，對應於他們積儹上帝的忿怒。

五6 你們定了義人的罪，把他殺了，

這是雅各對富足人所作第四項的指控。“ καταδικάζειν ”「定罪」是在法庭中的用字，為對某人犯罪的指控作出裁決（太十二37；徒二十五15），這叫人想到雅各書二章2至6節那法庭的圖像，二章6節指那些富足人將人拉到法庭中，利用這司法的程序叫貧窮人受屈就範，為要達到這些人殘民以自肥的目的。耶穌就曾指控那些有權勢者定了無辜人的罪（太十二7）。在妥拉多處地方，都警告不可屈枉司法公正，例如使用不公道的尺秤升斗（利十九35；申二十五13～16）、拿孤兒寡婦的衣裳作抵押（申二十四17）、收受賄賂（出二十三8；申十17～18，十六18）和在審判中偏袒有財有勢的人（利十九15；申十六19，二十七19）。這裏的“ὁ δίκαιος”「義人」指誰，有不少爭論；有說是指耶穌（Longenecker 1970:47），因為在新約中多次這樣稱呼他（徒三14，七52，二十二14；彼前三18；約壹二1、29，三7；參路二十三47），早期教父在引用雅各此段經文時，多視這義者為基督。亦有認為是指雅各（Mayor 1913:160；Dibelius 1976:240 n.58；Martin 1988:182 認為有可能，有關雅各被稱為「義者」，參附錄〈雅各生平〉）。然而，耶穌和雅各，都不是死於富有的地主手下。新約中多次用「義者」描述不同的人，例如約瑟（太一19）、撒迦利亞和伊利莎伯（路一6）、西緬（路二25）、亞伯和其他舊約的先知（太二十三35）。《所羅門智訓》2.10～12 節反映出這裏的用字：「我們來逼害那些公義（δίκαιον）的貧窮人……（10節），我們來伏擊那些義者，因他們不利於我們，針對我們所作的；他斥責我們犯罪違反律法，指控我們違背我們所得訓練的罪（12節）……我們來判定他（καταδικάζειν），叫他慘死（20節）」，《所羅門智訓》第十至十一章屢次提及智慧如何在以色列的歷史中引導不同的義人（10.3、4、5、6、10、13，11.13、14），“ὁ δίκαιος”「義人」一詞為單數，指某一種人（Davids 1982:180; Johnson 1995A:304）。他們不只是被定罪，且被殺害，這往往是無辜的貧窮者的命運（參《以諾一書》95.7，96.8，99.15）。《便西拉智訓》34.21～22為這句提供一個極好的詮釋：「食物對那些有需要的人來說是貧窮人的生命，那些剝奪他們食物的人是流人血者，奪走鄰舍維持生計之物是謀殺他（φονεύων τὸν πλησίον），剝削雇工的工價是流他的血。」從淫亂到兇殺（二11，四1～4），這些都是為富不仁的特徵。有關貧窮人往往受逼害，甚而至死，舊約的先知屢次就此警告以色列民（摩二6，五12；彌二1～2、6～9，三1～3、9～12，六9～16，七1～6）。有學者認為猶太傳統中「該隱和亞伯」的典故，是此段的背景，該隱是典型的欺壓者，而亞伯則是典型的義人（Bryon 2006），這雖並非不可能，但卻難以確定。

上帝豈不敵擋你們嗎？

原文可作直述句，也可作問句，因原文是沒有標點的，加進標點全屬對文本的理解。理解為直述句的，視“ ὁ δίκαιος ”「義人」為將敵擋這動詞的主詞，即「義人不敵擋你們」，這是大部分中英文譯本的翻譯（又如 Mayor 1913:160；Moo 2000:219～220；Hartin 2003:231；梁康民1995:170），這理解與耶穌在登山寶訓中不報復的教訓相似（太五39；參羅十二19），這理解的強處在於與上句連接，而且似有耶穌教訓的支持，然而福音書傳統並未有使用“ ἀντιτάσσειν ”「敵擋」這字，這字並不常見，在〈七十士譯本〉中出現了六次，在新約中只出現五次，其中兩次是引用〈七十士譯本〉箴言三章34節（雅四6；彼前五5）。這字在雅各書出現了兩次；很可能作者再次旁索箴言三章34節總結那些驕傲人有悲慘的下場（Schökel 1973:73～74），是因為上帝敵擋他們。一如作者在這書中寫作的風格，以短句作為段落的總結，這裏以修辭反問語，作為自四章13節開始對三種驕傲人責難（四11～12，四13～17，五1～6）的總結。這樣翻譯，也有不少學者的支持。[40]

先知的審判神論

根據安林（Aune 1983:92～97）的分類，先知的言詞可分為八種：(1) 宣告審判的信息；(2) 宣告拯救的信息；(3) 拯救—審判的神諭；(4) 肯定上帝信實的神諭；(5) 勸勉；(6) 上帝自我啟示的神諭；(7)「有禍了」的神諭；和 (8) 審問的言詞。雅各書五章1至6節不只是內容近似先知宣告審判的信息，其文學格式亦非常接近，這種格式主要可分成四部分（參 March 1974:159～160；Butler 1995:157～176）：(1) 引言：可以包括對先知的差遣（如王下一3；參 Westermann 1967:142），也可只是單獨向聽眾／讀者提出呼籲，叫他們注意以下的言論（如王下二十16；賽七13；耶二十八15；摩七16）；(2) 先知提出指控或需要糾正的問題（參 Westermann 1967:142～148；March 1974:159～160）；(3) 預言將來災難要臨到那被指控的（Koch

40 參 Laws 1980:207；Davids 1982:180；Maynard-Reid 1987:94；Martin 1988:172；Johnson 1995A:305；Wall 1997:233；Hutchinson Edgar 2001:203。

1969:193; March 1974:160)；(4) 總結的描繪，描述那傳遞神諭的先知或是那接受神諭的人 (Koch 1969:194; Marsh 1974:160)。第 (2) 可在第 (3) 部分之後。

若我們視五章6節下半為修辭的反問語：「祂怎會不敵擋你呢？」則以上所述四種元素，都可參五章1至6節：(1) 引言：「且聽，富有的人啊！」(五1下)，引起聽眾／讀者的注意，並呼籲他們要對這裏的警告作出回應，「聽啊」常見於先知的神諭之中 (如賽十三6，十四31，二十三1、6、14；耶二十五34，四十八20，四十九3；結二十一12，三十2，三十二18；珥一5、11、13；亞十一2；參《西卜神諭篇》5.214；啟十八9)；(2) 五章3節下至4節指這些富有人為積儹錢財而剝削貧窮人，這是對他的指控；(3) 五章1節下至3節和5至6節是將要臨到這些富有人的審判和災難，是證據確鑿，無可推諉的。在先知神諭中經常出現的「耶和華如此說」雖然沒有在這裏出現，事實上在新約的作者從未有這樣好像先知言詞作這樣直接的宣告，但五章6節下的「看哪」，在審判神諭中相當普遍，呼籲人要聽主自己所說的言詞。雅各在此段中審判的神諭與施洗約翰 (路三7～9) 和耶穌 (太十一21～24，二十三13～19；路十九42～44，二十三28～31) 都有相似的地方，然而從格式而言，雅各更近似舊約先知審判的神諭。

3.3.3 勸告讀者要堅忍 (五7～8)

五7 因此弟兄姊妹們，你們要忍耐，直到主的來臨。

“ οὖν ”「因此」將此段與上銜接起來 (Davids 1982:181; Johnson 1995A:312)，既然上帝要敵擋那些富足的欺壓者，他們將要面對那屠宰的日子，那麼現今那些受欺壓者理解到這種情況，應如何生活 (參詩三十七篇)。有別於上文四章13節和五章1節那種較為嚴厲責備性的語調，這裏轉為溫和的勸勉和安慰，再次以親切的“ ἀδελφοί ”「弟兄姊妹們」稱呼讀者，並加上命令語氣動詞開始這段落；這種格式在五章7至11節這段落中，出現了三次，其餘兩次在9和10節，強調了讀者應有的三種態度。第一種是「要忍耐」，雅各在本書開始時，已引入忍耐這主題，在此處使用的希臘文字是“ ὑπομονή／ὑπομένειν ”（一2～3、12）「堅忍」，這裏除了五章11節使用“ ὑπομένειν／ὑπομονή ”各一次之外，選用了另一希臘文的字“ μακροθυμία／μακροθυμεῖν ”（五7〔2x〕、8、10）。有學者認為，“ ὑπομονή／ὑπομένειν ”有別於“μακροθυμία／μακροθυμεῖν”，前者較為被動，指在某種不利或惡劣的情況下，仍然等待（〈七十士譯本〉出十二39；民二十二19；《多比傳》5.7），或是「等候耶和華」（詩二十四3，二十六14，三十二20，三十六9；箴二十9；彌七7；哈二3等），且是〈七十士譯本〉約伯記常用的字（六11，九4，十四14，十五31，十七13，二十二21），強調被動地等待事情發生在他們身上（Johnson 1995A:312～322），在新約中也是這樣使用（太十22，二十四13；可十三13；路八15，二十一19；羅二7，五3，八25，十二12，十五4；林前十三7；林後一6，六4；帖前一3；帖後一4；提後二10、12；來十32，十二2；彼前二20）。反過來，“ μακροθυμία／μακροθυμεῖν／μακρόθυμος ”在古典希臘文中甚少出現，但在〈七十士譯本〉和新約中，其名詞、動詞和形容詞卻多次出現，指對人所顯出的長久忍耐、不輕易發怒、暫延反擊（箴十六32，十九11，二十五15），且多是指上帝的特性，有時候與祂有豐盛的慈愛並列（出三十四6；民十四18；尼九17；詩八十五14；珥二13；拿四2；《便西拉智訓》2.11，5.4；羅二4，九22；提前一16；彼前三20；彼後三9、15）。在新約，“ ὑπομονή／ὑπομένειν ”與“ μακροθυμία／μακροθυμεῖν ”有時候是同義的（林前十三4；加五22；西一11，三12；弗四2；來六15；提後三10；參〈約瑟遺訓〉2.7）。據此，“ μακροθυμία／μακροθυμεῖν ”這字一般用在對人的反應上（F. Hauck, *TDNT* 4.587; J. Horst, *TDNT* 4.385），縱然也有例外（如來六12、15），這字顯示當事人本是有權利去糾正那不公正的對待，然而卻選擇抑制自己的怒氣（參箴十四29，十五18，十七27，二十五15），對那迫害他的人，採取容忍的態度，對人表達耐性。這字用在這裏是適當的，因為在富足人的欺凌之下，容易誘發衝動的反擊（參羅十二19），雅各在首章的引言中已指出要「緩於怒」（一19）。又因這字常用於上帝身上，可能間接地這裏是呼籲信徒要有同樣容忍的態度。“ ἕως ”「直到」帶有目的和一段時期的意思。“ ἡ παρουσία τοῦ κυρίου ”中“ κυρίου ”「主」是主詞屬格(subjective genitive),即「主的來臨」。在〈七十士譯本〉中這片語並未有出現過,然而在第二聖殿時期的猶太文獻中,則可見到(〈猶大遺訓〉22.2;〈利未遺訓〉8.11;《亞伯拉罕遺訓》13.4;《巴錄二書》55.6;約瑟夫《猶太古史》3.80,9.55),在當代,這字可用作一個王來到他的管轄地。在新約中“ παρουσία ”「臨到」一字可用於某人的臨到(林前十六17;林後七6~7,十10;腓一26,二12),指上帝的臨到(彼後三12),也可指撒但使者的臨到(帖後二9),但最主要的,仍是指到耶穌將來的復臨,祂是那將臨的人子(太二十四3、27、37、39)、基督的復臨(林前十五23)、主的復臨(帖前二19,三13,四15,五23;帖後二1、8;彼後一16;參彼後三4;約壹二28)。學者差不多一致同意“ παρουσία ”「來臨」在新約的教會中已為專門的用語,指基督的復臨。“ ἡ παρουσία τοῦ κυρίου ”「主的來臨」這整個短句,在新約中只在另一處出現:帖撒羅尼迦前書四章15節。基督的復臨要帶來最終的審判,然而在雅各書中卻沒有清楚指出基督作為審判者的身分,反而卻清楚指出上帝是那位最終的審判者(四12)。這要來臨審判的主,就是那位「榮耀的主耶穌基督」(二1)。

你們看農夫等待著地裏寶貴的出產,便為此忍耐,直至得到秋霖春雨。

“ ἰδού ”「看啊」這字在五章7至11節這段落中使用了三次,這裏是首次出現,正如三章4節一樣,是要喚起讀者的注意,作者要透過一幅他們熟悉的圖畫,說明忍耐的重要。“ γεωργός ”「農夫」一字原是由兩希臘文字組成“γῆ”「土地」+“ ἔργον ”「工作」,指在耕地中工作的農夫,有別於五章4節那些“ ἐργατής ”「收割的工人」,收割的工人是短期的日工,有別於由播種至收割都在田間工作的農夫。耶穌曾多次使用有關農夫的比喻(太二十一33~41;可十二1~9;路二十9~16),可見這是當時巴勒斯坦地的人生活中所熟悉的。“ τὸ τίμιον καρπὸν τῆς γῆς ”「地的寶貴的果子」(按字面譯)中“ γῆς ”「地」是產生性屬格(genitive of production)。雅各形容所等待的田間的出產為“ τίμιος ”「寶貴的」,

這字一般用在珍珠財寶之上，用在耕種的出產則非常罕有；在新約中曾用於基督的血（彼前一19）和上帝的應許（彼後一4）。作者使用這字，可能是要讀者將注意力放在那寶貴的成果上（ἐπ' αὐτῷ），而不是得到成果這過程的辛勞，以致體會到這樣忍耐是值得的，是不會白費的。"μακροθυμῶν"「忍耐」為方式性分詞（modal participle），指農夫忍耐時所存的態度。"λάβῃ πρoίμον καὶ ὄψιμον"這讀文有很強抄本的支持（P^{74} B 048 1739 vg cop^{sa}），有些抄本加上"ὑετόν"「雨」一字（A K L P Ψ），明顯是要更清楚說明這裏的「早和晚」是指雨水，有些抄本加上"καρπόν"「果子」（ℵ 255 398 1175），因為抄寫員不了解巴勒斯坦的生活環境，這兩個異文明顯是後來加進去的解釋。"πρoίμον καὶ ὄψιμον"原來的意思是「早和晚」（accusative for extent of time），譯作「秋霖和春雨」，這描述反映出巴勒斯坦的農作生活，每年四分之三的雨水都在十二至二月間降下，在栽種季節的開始和結束時的雨水，至為重要。「早雨」是指在十月中旬至十一月中旬之間下的雨，「晚雨」則是指三至四月間所下的雨，在〈七十士譯本〉中多次出現（申十一14；耶五24；何六3；珥二23；亞十1），比喻上帝是信實的，賜下及時的雨水。尤為值得注意的是，在何西阿書六章3節，那裏形容耶和華必定顯現，如秋霖春雨，這裏則用在主耶穌的身上（Bauckham 2001:134，2004:88～89）。這片語也有可能是取材於〈示瑪〉禱文（參申十一14），[41] 秋雨和春雨是對那些盡己愛上帝的人的應許。有認為，此處好像昆蘭文獻的《戰卷》（19.2）中形容在末世的日子，公義要如大雨的降臨，叫萬物繁生（如 Eisenman 1996:280），但這裏不是使用這圖像。

五8 你們也要忍耐，堅固你們的心，因為主來臨的日子近了。

作者不只重複五章7節要忍耐的命令，並加重了語調，正如農夫們為了寶貴的收成而忍耐，讀者也要（καί）如此的忍耐。在〈七十士譯本〉中，"στηρίζειν"「堅固」一字可作將物件穩固（如創二十八12），或是進食叫人身體得健壯（創二十七37），也可比喻性地用作「堅固某人的手」（如

41 參 Hadidian 1952；Dibelius 1976:244；Laws 1980:212；Mussner 1981:202；Bauckham 2004:90。

出十七12)，這字在希臘勸導文獻中相當普遍，指在意志和目的上要堅固，不被動搖(參羅一11；帖前三2、13；帖後二17，三3；來十三9；彼前五10；彼後一12；啟三2)，在帖撒羅尼迦前書三章13節，上帝是那堅固人的，叫人得成聖潔，無可責備。在〈七十士譯本〉中，“ στηρίζειν τὴν καρδίαν ”「堅固……心」這用語可作身體得到力量(士十九5、8；詩一〇三15)或是因相信上帝而得著堅定(詩一一一8)，或是意向堅定(《便西拉智訓》6.37，22.16；參帖前三13)。指要有堅定的意向和目標，不被動搖，在極困難的環境下仍無懼色和疑惑，不三心兩意，對上帝不懷二心。那些「養肥自己的心」(五5)的人等候的是屠宰，「堅固自己的心」能迎向主的日子，得著最終的救恩。

雖然“ ὅτι ”此字可理解為引入名詞子句，將「主的日子近了」看為要堅固的內容，但這裏應該不是如此；而是能夠忍耐和堅固的原因(ὅτι)，是因為主來臨的日子近了。作者再次重複五章7節的“ ἡ παρουσία τοῦ κυρίου”「主的來臨」，是這段的重要主題，從當時的背景去看，這是以色列的盼望，他們將得到最終的復興，以色列的十二支派會被召集起來(參一1)，主的彌賽亞要戰勝一切的仇敵，萬民要服在祂的腳下(特別參 Jackson-McCabe 2003)。主末日的臨在是信徒生活在今世重要的參考點，“ ἤγγικεν ”「近了」(完成式)一字在福音書中常用作上帝國度已迫近眉睫(如太三2；可一15；路十9)，在新約中常用在基督復臨的緊迫性(如羅十三12；來十25；彼前四7)。雅各與初期教會一樣，承接了施洗約翰和耶穌有關天國將臨的宣告，主的復臨是上帝國度全然彰顯的時候。

3.3.4 針對彼此埋怨(五9)

五9 弟兄姊妹們，不要彼此埋怨了，免得你們受審判。

在壓力下信徒應有的第二種反應。有學者認為整節與上下文無任何關連(Dibelius 1976:244)，若五章7至11節是那些被欺凌者所應有的態度，則作者在此告誡讀者不要彼此埋怨，是非常適切的，因為這是在惡劣環境下產生的情緒反應。“ στενάζειν ”「埋怨」一字原意為嘆息、呻吟，也可引申作埋怨，這正是這裏的意思。在〈七十士譯本〉和新約中，用這字描述一個人在惡劣的環境下，所表現出來的情緒反應，這種嘆息並非不能接受的（尼三7；伯十八20，二十四12；賽十九8；結二十一9；可七34；羅八23；林後五2、4），這字可用埋怨自己身處於某種逆境之中，向上帝投訴，但卻並非埋怨上帝或其他人，例如出埃及記二章23至24節便這樣記載：「過了多年，埃及王死了。以色列人因做苦工，就歎息哀求（／埋怨呼喊 κατεστέναξαν），他們的哀聲達於上帝。上帝聽見他們的哀聲（／他們的埋怨 τὸν στεναγμὸν αὐτῶν）」。然而，雅各書這裏"στενάζειν κατ' ἀλλήλων"「彼此埋怨」，不只是自己嘆息，明顯帶有負面的意味，將負面那種挫折的情緒發洩到其他人身上。這裏使用了現在式命令語氣的歇止語（present prohibition with μή），即「不要繼續埋怨」。莊遜（Johnson 1995A:316）認為雅各這裏有可能是旁索利未記十九章18節：「不可報仇，也不可埋怨〔或作向……發怒〕你本國的子民」，埋怨容易造成羣體成員之間的不和，甚而分裂（有關利未記十九章與整卷雅各書在主題上的關係，參緒論 4.1）。「免你們受審判」即免得因彼此埋怨而受到上帝的審判，類似的警告在此書中多次的出現（二12～13，三1，四11～12，五12），指最終上帝的審判，因為這樣作是違背透過「愛鄰舍如同自己」去實踐那使人自由和得以完全的律法。這裏的用詞與馬太福音七章1節非常類似："Μὴ κρίνετε, ἵνα μὴ κριθῆτε"「你們不要論斷人，免得你們被論斷」，與本書四章11節相對照（參緒論七〈結構〉）。

看哪！審判者已站在門前了！

作者再次使用"ἰδού"「看哪」一字以引起讀者的注意，五章7節以農夫的忍耐為例激發信徒，這裏則以審判者臨近警惕他們。"θύρα"指門或閘，在當時的社會中，屋的門閘是容讓合適的東西在合適的時間進出的地方，因此也是一個判別之處（Sawicki 2005:393）。作者使用了一個屬於位置接近的比方説明時間的臨近。在四章12節"ὁ κριτής"「那審判者」毫無疑問是指上帝，因此亦有認為，這裏也是指上帝（Laws 1980:213; Hartin 2003:243）。在新約中，有兩次清楚指出基督是那將臨的審判者（徒十42；提後四8），在啟示錄三章20節，耶穌是那站在門外叩門的，因此這裏的審判者應是指基督（Davids 1982:187; Johnson 1995A:317; Moo 2000:225）。根據馬可福音十三章29節耶穌預言說：「這樣，你們幾時看見這些事成就，也該知道人子近了，正在門口了」，在原文中沒有「人子」這主詞；馬太福音二十四章33節一字不漏的重複馬可福音的字句，然而路加福音二十一章31節平行的經文作「也該曉得神的國近了」，這臨近門閘的，可能是指一個人，或是指審判本身。審判是迫近眉睫，審判的主已在眼前。

3.3.5 總結的榜樣：先知們和約伯（五10～11）

五10 弟兄姊妹們，你們要以那些奉主名講話的先知，作為受苦和忍耐的模範。

這是面對困境時讀者應有的第三種態度「以……為模範」（ὑπόδειγμα λαμβάνειν）。“ὑπόδειγμα”「例證」在此處為直接受格謂語（predicate accusative），這詞可以是負面的作為鑑戒（來四11；彼後二6），也可作正面供人效法的模範或榜樣（《便西拉智訓》44.16；《馬加比二書》6.28、31；《馬加比四書》17.23；約十三15），雖然這字在雅各書中只在這裏出現，然而他已於之前提出過亞伯拉罕和喇合作為信心有行為的榜樣（二20～25），於五章11節的約伯為忍耐的榜樣，並五章17至18節引用先知以利亞禱告的榜樣。作者於五章7節已引入有關忍耐這主題，“κακοπαθία”「受苦」一字在新約中只在此處出現，其同字根動詞見於五章13節（參提後二9，四5），其意思是苦痛、折騰，“ἡ κακοπαθία καὶ ἡ μακροθυμία”「受苦和忍耐」可視作重名法，即「在受苦中的忍耐」（Ropes 1916:298; Hartin 2003:244; NIV, NJB），在此修飾“ὑπόδειγμα”「例證」，忍耐是作者於此處的重點，然而這兩個名詞都有定冠詞，大概不應當作重名法理解（Moo 2000:226～227）。《馬加比四書》九章8節有類似的表達方式：“ἡ κακοπαθεία καὶ ὑπομονή”。“οἱ προφῆται”「先知」（眾數）是全句的受詞位置。舊約記載不少先知不為他們所身處那時代的人所接受，因此他們經歷苦難，先知耶利米、以西結和但以理都是很好的例子，在新約中也記載到這些先知被迫害的遭遇（太五12，二十三34～37；路六23，十一49～51，十三33，二十四25；徒七52；羅十一3；帖前二15；來十一32～38），根據《以賽亞升天記》，以賽亞先知是被人鋸開兩半而死的（參來十一37）。這些先知是“οἳ ἐλάλησαν ἐν τῷ ὀνόματι κυρίου”「奉主名講話的」，是耶和華的先知，是祂所差遣，帶有祂的權柄，並代表祂向以色列民說話的（參王上十八32；代上二十一19；結五1；耶四十四17；但九6），他們所以承受苦難，是因為他們忠心地承擔作為先知傳言的任務。不只他們所傳講的重要，他們的生命也是榜樣，成為信息。將新約神的子民所遭遇的，與舊約先知相比，已見於耶穌的言論（如太五11～12）。

五11 你看我們以那些堅忍的人為有福的。

作者再次使用“ἰδού”「你看」引起讀者的注意（五7、9）。這裏回溯一章12節的蒙福語：「忍受試煉的人是有福的。」作者使用“οἱ ὑπομειάντες”作「堅忍的人」，有別於五章7節開始所用作容忍的另一“μακροθυμία／μακροθυμεῖν”，可能是針對在苦難中一般的情況（參五7註解），而不只是受人不公平的迫害。在新約中有關受苦的人乃蒙福的說法，參一章12節的註釋。

你們聽過約伯的堅忍，

在正典的約伯記中，忍耐並非一個重要的主題，在〈七十士譯本〉的約伯記，“ὑπομονή”「忍耐」這名詞只出現了一次（十四19），其同字根動詞“ὑπομένειν”則出現了十四次，但只有三次是用在約伯的身上（七3，二十二21，三十三5）。作者說「你們聽過」，可能並非指從正典中聽到，而是在其他猶太的傳統中，例如《亞伯拉罕遺訓》（15.10）就曾提及約伯（參《革利免一書》17）。一份相信是屬於公元一世紀的著作《約伯遺訓》，就是以忍耐作為全書的主題，其中的英雄，當然是約伯。這書一開始便記載約伯臨終向他的兒女們說：「我是你們的父親約伯，在凡事上忍耐（ἐν πάσῃ ὑπομονὴ γενόμενος）……」（1.5），清楚宣告了這書的主題。這書主要描述約伯與魔鬼的爭鬥較量，約伯之所以能夠在苦難中忍耐，正因為他對主全然的盡忠（參26.6，37.2），第二十七章總結的警語，可以說是全書的座右銘：「忍耐（μακροθυμία）比甚麼都好」（27.7）。約伯的忍耐，被置於末世的框架之下的，例如四章6節記載上帝對約伯說：「你若忍耐（ἐὰν ὑπομείνῃς），我要使你的名字在地上各世代中得到褒揚，直到世代的終結」

（參53.8，4.10：「在復活時，你要被提起」）。我們不能說作者是引用《約伯遺訓》，但相當肯定他熟悉有關的傳統，這傳統也為一般當代的猶太人所知曉。

也看到主在他身上所達成的結局：

此句譯作「主在他身上所達成的結局」，原文為“τὸ τέλος κυρίου”，直譯為「主的結局」，有認為這裏是指「主的復臨」（Gordon 1975），但“εἴδετε”「看到」為過去不定時態動詞，排除了這看法，因為他們不可能看過主的復臨；有認為這裏指耶穌的受苦和死亡所帶來的結果（奧古斯丁 *PL* 40.634），但作者若是用這種方式表達這意思，太過含糊，可能性不大。然而，另有兩個解釋都是相當可能的：（1）主的目的（Mayor 1913:164; Martin 1988:195; NASB, NRSV）；（2）主所達成的結果，即結局（Dibelius 1976:247～248; Laws 1980:216; Wall 1997:258～259）。目的是預期的結果，因此這兩者不是互相排斥的（Davids 1982:188; Johnson 1995A:321），但若然要作選擇，則第（2）個解釋更合文理，並且亦有當代其他文獻的支持（〈迦得遺訓〉7.4；〈便雅憫遺訓〉4.1；來十三7）。這裏所指的，是最後主如何為約伯平反，使他得到醫治，並加倍的祝福他（參伯四十二7～12；詩三十七37：「你要細察那完全人，觀看那正直人，因為和平人有好結局。」並《所羅門智訓》2.17～18）。“κύριος”「主」應是指上帝，而不是指基督；五章4、10和11節的「主」都是指上帝，且都是沒有冠詞的。無論如何，「主」是指那審判者。

主是滿有慈悲、大有憐憫的。

“ὅτι”可作為引入名詞子句，將這句看為是上句「看到」的內容，但更可能的是引入說明子句：表達可以期望得到美好結局的基礎，是基於主的本性。“πολύσπλαγχνος”「滿有慈悲」這字由兩部分組成：“πολύ”「很多」＋“σπλάγχνος”「慈悲」，這複合字在雅各書之前的文獻中並未有出現過，可能是雅各自鑄的，這名詞及其同字根的形容詞，卻見於使用了雅各書的《黑馬牧人書》（〈異象篇〉1.3.2，2.2.8，4.2.3；〈命令篇〉1.3.5，9.2；〈比喻篇〉5.7.4）；

然而"σπλάγχνον"一字在〈七十士譯本〉和新約中則多次出現，這字原來指人的五臟六腑（參《巴錄書》2.17；《馬加比二書》9.5；《馬加比四書》5.30，10.8，11.19；徒一18），引申作人內在深層的情感（箴二十六22；《便西拉智訓》33.5；《所羅門詩篇》2.14；林後六12，七15；腓一8，二1；西三12；門7、12、20；約壹三17），特別是母親對其兒女那種深摯的感情（《便西拉智訓》30.7；《所羅門智訓》10.5；《馬加比四書》14.13，15.23），在新約中這字亦使用在上帝身上，表達祂對人的憐惜和愛顧（路一78），保羅將這種感情，用在基督身上（腓一8）；其同字根動詞，多次見於福音書的傳統，表達耶穌面對羣眾的需要而有的那種悲憫之心（太九36，十四14，十五32，二十34），在路加福音的「好撒瑪利亞人」的比喻中的撒瑪利亞人（十33），和「浪子」 比喻中的慈父（十五20），都是那動了這種深層的悲憫，這兩個比喻中主角的感受，正好代表了父上帝的心腸。"οἰκτίρμων"「大有憐憫」在新約中出現了三次（羅十二1；林後一；路六36），在〈七十士譯本〉中，這字多次與另外一個與憐憫有關的字彙"ἐλεήμων"「憐恤」一起使用（出二十四6；詩一〇二8，一一〇4）。《約伯遺訓》二十六章4至5節與雅各這裏的說法，不無相似的地方：「若我們從主的手中獲得美物，那我們難道不應也承受（ὑπομένομεν）惡物嗎？倒不如讓我們忍耐（μακροθυμήσωμεν），直到主發慈悲（σπλαγχνισθείς），向我們施憐憫（ἐλεησῃ）。」

釋義（四11～五11）

針對惡意批評者（四11～12）

四章11至12節可視為上文三章13節至四章10節的總結，嫉妒往往帶來對人的批評和流言蜚語，這些批評的背後，有不正當的動機，因此必須絕對禁止，這是雅各警告讀者要慎言的教訓的一部分（一26，三1～12），也可作為下文四章13節至五章11節的引論，批評毀謗人，是驕傲的表現，隨著的還有兩種人：商人和富足人。此段發揮了承上啟下的作用。與之前雅各書其他二章1節和三章1節一樣，作者以「弟兄姊妹們」及禁誡性命令語氣動詞作開始，警戒信徒不要彼此批評，因為這是無補於所要解決的問題，只會使關係惡化，這種關係的變異也不只是兩個人之間，也可以牽連其他羣體成員，使糾紛益發擴大，亦危及整個羣體。批評人者可能只是看到他人是罪人（參四8），站在道德高地，卻不去反省自身在上帝面前的境況，被自己的自義所掩蓋。羣體成員之間所起爭拗，往往是出於人的忿恨、嫉妒、自私、小器、狹隘、煩躁或驕傲，這些意識及情緒，容易扭曲自己對他人的看法，造成偏見，將人某些弱點看為是這人的全部，引起更多的猜忌。在彼此譴責中，升級為惡意的，甚而是險惡陰毒的人身攻擊，造謠抹黑及中傷對方，或是抓破面皮的誣衊他人，或是將對方捲入某種猶如妄想症的陰謀論之中，將之醜化或甚而妖魔化；不論這過程是蓄意與否，不只對個人造成傷害，也危及整個羣體的合一、和諧和完整，容易使羣體出現極化，憎恨和敵對的毒素滲入羣體之中，造成羣體成員彼此攻擊，甚而導致整個羣體的分崩離析。

雅各將「批評／毀謗」等同於「論斷」，毀謗是表達出來的言語，論斷是說這些話背後的想法，論斷是將自己的看法，絕對化為一種蓋棺定論式的裁決，視自己為對方最終的審判官。牽涉於羣體衝突的人，不一定能清楚地看到事情的真相，事情的兩面或多面性，容易將往往複雜的人際問題兩極化，當事人就更需要退一步地抑制自己，不要作任何草率的判斷，武斷太容易造成誤斷或謬斷，要拒絕袒護和偏見。雅各在此引申耶穌的教導：「你們不要論斷人，免得你們被論斷。因為你們怎樣論斷人，也必怎樣被論斷。」（太七1～2）要不輕易斷定別人的不是，雖然團體之間的問責，有其一定的重要性，但絕不可以變成彼此挑剔及難為，在雞蛋裏挑骨頭。對人要有厚道而不苛刻，要能「量其長而不苟其短」。

拒絕論斷人，是覺察到自己是從某種角度去評斷事物，沙漠修士們對此甚為敏銳，他們學習注意自己的觀點：他們所觀看的對象（自己還是他人）、他們如何看這事物（表示同情還是覺得比他人好）、並且為何他們會如此看這事物，沙漠修士們深知人的自欺，可以完全扭曲對人對事物的看法。[42] 他們強調待人要有恩典、有憐憫，要有容人的雅量。

雅各且更進一步地指出論斷他人，是不服於上帝的律法，這裏作者可

42 D. Burton-Christie, *The Word in the Desert* (Oxford: Oxford University Press, 1993), pp.273～282, esp. pp.277～278.

能是指利未記十九章16節所載有關的律例：「不可在民中往來搬弄是非，也不可與鄰舍為敵，置之於死」，正如雅各先前所說，犯罪者只是違背其中一條律例，便是犯了整體的律法（二19），沒有人可以豁免。作者使用「鄰舍」（四12）這詞是要叫人回想耶穌所定下來「要愛你的鄰舍如同自己」的命令，律法必須循耶穌所定下來的這原則去理解，人若不是以愛心行事，便是將自己置於律法之上，視律法為無物，這等同於毀謗律法和論斷律法，而不是遵行律法。當一個人在毀謗或論斷人時，他同時亦是毀謗和論斷律法，輕視上帝的命令；這並非說他是刻意如此對待律法，只是他的言行，反映出他背後自己也可能不自覺自己對人的態度，是偏離了「要愛你的鄰舍如同自己」的命令。這絕非弟兄姊妹之間應有的相處之道，他們理應情同手足、彼此寬容忍耐，而不應彼此攻訐。不單如此，這並不只是有否遵守律法那麼簡單，而是反映出一種高傲的態度，將自己視作上帝，那最終的審判官！認為自己絕對是對的，高人一等，自以為自己比所有其他人都看得清楚、都有智慧，一意孤行，將自己的看法強加於所有人的身上，他的旨意就是上帝的旨意。這是要與上帝比拼，是越了軌，是僭越惟有上帝才配得有的權柄，因為惟有祂才知曉一切，祂才是那立法和審判的主。

雅各並非禁止我們作分辨，也不是禁止我們施行教會紀律，他寫這卷書信正是要幫助信徒作分辨，有時候，他也正言厲色的警戒讀者（參四4，五1～6），他所強調的是，我們要非常小心對人的態度，及其背後的動機，我們要從愛的角度出發。不是當看到弟兄姊妹偶有差錯，便自以為義的落井下石，痛毀極詆，作無情的鞭韃，將他撕得四分五裂，無處容身，這只是攻擊別人以抬高自己，並不是有愛心和憐憫者所為（參二8、13）。雅各寫這書的目的，就是要人從迷路上轉回，有時候也要嚴詞的指斥，若有人真的犯了罪，希望他們能接受警戒，悔悟回轉（四7～10），這也是羣體成員的責任，將這些人帶回正軌（參五19～20），不是只在判定他們的錯，便停在那裏，認為這樣已經完成了責任，倒要幫助他們從錯誤處回頭，並重新的接納他們（參太十八章）。

雅各要讀者認清，我們不是上帝！上帝是獨一的，惟有祂是那立法的和最終作審判的，亦惟有祂才能拯救人和毀滅人，無人可以僭越這界線將自己的意見看為是上帝的審斷。毀謗人不只是人與人之間的關係問題，還是將自己置於上帝的位置，是對上帝的不敬和傲慢。驕傲叫我們不斷的自我膨脹，叫我們只看到自己的強，且將之擴大化，更是瞧不起他人，眼中只有自己，對別人恣意批評；在上帝面前，那自以為是的，將要自取其辱。

作者提醒我們，上帝沒有立我們作為我們鄰舍最終的審判官，同時祂也沒有立其他人作為我們最終的審判官，因為惟有上帝才可以是最公正的，祂知道事情全面的真相，也能看透人心各種的動機，我們絕對可以信賴祂，保羅也這樣勸導哥林多教會的信徒：「我被你們論斷，或別人論斷，我都以為極小的事；連我自己也不論斷自己。我雖不覺得自己有錯，也不能因此得以稱義；但判斷我的乃是主。所以，時候未到，甚麼都不要論斷，只等主來，他要照出暗中的隱情，顯明人心的意念。那時，各人要從上帝那裏得著稱讚。」（林前四3～5）

針對高傲和不義的富有人（四13～五6）

作者接著針對第二種驕傲的人：商人（四13～17）。商人是另一種經常持驕傲態度的人，當然並非所有商人都是這樣，但卻是一般經商的人所持的心態：「今天或明天我們要到某城去，在那裏住一年，作生意賺錢。」（四13）商人謀行商的大計時，經常要作精密的計算，有充足的準備，包括作好市場研究，有詳細的發展計劃，運籌帷幄，不論時間、旅程、目的地、行動計劃、投資策略和預測，都擬定妥當，目的是要賺取金錢，一切都是十分自然，好像並沒有甚麼不合適、不道德之處。雅各指出其錯誤之處在於其背後那種不可一世的態度（四16），以為一切都在自己的掌控之下，由我來主宰自己的人生，看不到人的脆弱、有限和渺小。作者在此回溯到一章10至11節的主題，富足人必須要降卑，看到人一切所擁有的金錢和物質，最終都會化為烏有。這樣雅各強調人生是難以預測的：明天怎樣，我們都不知道。對於我們來說那最重要的生命，往往卻是被我們忽略了，沒有了生命，一切行商的計劃和期待都是枉然的；疾病、意外、基督的復臨都可以打斷人一切的計劃，正如箴言二十七章1節所說：「不要為明日自誇，因為一日要生何事，你尚且不能知道。」任你如何縱橫商場、叱吒風雲，曾創富億萬，家財滿貫，這也不過是過眼雲煙，我們的生命不過是雲霧，「出現片刻，迅即消散」（四14；參一9～11）。詩篇九十篇5至6節不也是這樣說嗎：「你叫他們如水沖去；他們如睡一覺。早晨，他們如生長的草，早晨發芽生長，晚上割下枯乾。」我們必須認定誰是我們生命的主宰，並以這種心態去計劃行事。同時，若將一生的精力，都投資於積聚財富，到頭來只會是一無所有，這些投資都會在剎那之間蒸發掉，惟有那些愛上帝的人，必定得著生命的冠冕（一12）。

「若是主願意的話，我們就可以活著，去作這事或作那事」（四15），這是一種順服在上帝面前以祂為主的表現。正如耶穌教導門徒禱告說：「願你的旨意行在地上，如同行在天上」（太六10），主若願意，是人的生活行事的先決條件，這不只是假設其存在便了事，而是在生活行事和計劃中，必須要尋求上帝的心意。當耶穌在客西馬尼園中禱告時，他的禱告也是「願你的意旨成就」（太二十六42；路二十二42），使徒保羅亦深深體會他在某地方的去留，都在乎上帝的旨意（徒十八21，二十一14）。我們斷不能將上帝放在我們的計劃之外，也不能不計算上帝在我們的計劃之內，不然我們便變成實踐上的無神論者。上帝是我們一切計劃的中心點，上帝的旨意，才是我們的計劃所應依附的，而不是要求上帝祝福我們的計劃，我們在祂面前要俯首帖耳；若將賺取金錢作為我們一切計劃的中心點，便會帶引我們走入歧途。最重要的是主旨得成，而非我們心想事成！

倘若賺取金錢成了我們人生最重要的關注，在我們身邊經過的人，都只是我們賺錢的工具，要儘量擴大營利，便造成壓榨工人工資，並且不斷刺激顧客消費，人變得只有市場的價值，成為資本家生財的器皿。

雅各並沒有說信徒不應行商，而是警惕作為商人的，容易有高傲的心，誇耀自己如何大展鴻圖、呼風喚雨，這樣的誇耀是邪惡的，因為他們將一切的榮耀，都歸給自己（四16），將自己看為是上帝一樣，能控制一切，以期達到自己的目的。並且往往他們所關注的，只是金錢的回報，將所有的精神努力都投注於其中，完全忘卻了其他更重要的事，包括與上帝的關係，與人的關係。在教會中他們可能表現得很虔誠，但他們的生活態度卻是夜郎自大、不可一世，生命是一個整體，每一種活動都是活在上帝的面前，沒有聖俗之分。他們一生專注於怎樣可以發財，也可能因生意事業有成而自鳴得意、沾沾自喜。耶穌就曾以財主積財的比喻（路十二16～21），講論財主有的心態，他會以為自己積聚了大量財富，便可以安枕無憂，然而若沒有了生命，這一切的錢財都與他無干，耶穌站在上帝的立場說：「無知的人哪，今夜必要你的靈魂；你所預備的要歸誰呢？」（路十二20）更重要的是，人的生命是否豐富，不在乎他所擁有的世物（路十二15）。要對一切世物保持一定的距離，不受它們所操控和牽制，才可經歷真正的自由，去愛上帝和愛人，這樣，生命才得真正的豐富。當人的心思聚焦於世物而不是上帝身上，那麼無論所擁有的世物有多少，也無從滿足我們。將一切所得都看為是自己的擁有，是我們的安全感、我們的價值、我們畢生的盼望所在，便看不到一切都是上帝的恩賜（參一17），叫人忘記了那造物的主，並祂如何看人應有的關注，這正是四章17節這總結性的警語所要帶出來的信息。

驟眼看來，「人若知道應該行善，卻不去行，這就是他的罪了」（四17）這警語，放在這裏似乎不很貼切，更難說是四章13至16節的總結。其實作者是要指出，我們只傾向將我們所作的，看為是否有罪，而往往忽視了沒有行善，這也可以看為罪。作者已告訴讀者們甚麼是對，甚麼是錯的了。他們絕不能有藉口說：他們實際上沒有正面的犯錯。知道應怎樣去行而沒有實行，其錯誤與他們知道是罪而故意違犯，是同樣的嚴重。知道要行善而不行，不只是愚昧或無知，亦是犯罪，知行必須一致（參二15～16）。好憐憫的相反不是恨惡，而是漠不關心，對別人的呼求置若罔聞。「拔一毛以害天下」，固然不應，「拔一毛以利天下」而不為者，是犯了疏忽的罪。

根據以賽亞書一章17節，「行善」即「尋求公平，解救受欺壓的；給孤兒伸冤，為寡婦辨屈」（另參加六9）。行商者最容易財迷心竅、利欲薰心，成了只顧個人利益，不顧他人死活，雖不是說必然會作出傷天害理的事，卻容易忽視他人的需要，這並不代表他們不知道有應負的社會責任，只是無動於衷而已。生命的焦點既是上帝，上帝所關注的，亦同樣應是我們的關注，與人行善、扶危濟困，要履行上帝所要求的公義，這點是不容含糊的，這些都是人生最重要的「投資」。四世紀的主教大巴西流（Basil the Great, 330～379）在他的一篇講章中就曾這樣說：「你說：『我並沒有傷害他人，我只是想保留著我所擁有的，就只是如此』。你就好像一個坐在劇院裏的人，卻不讓別人入座，反說那供所有人用的，是你所擁有的。若每一個人只拿他所需要的，並將其餘的分給有需要的人，那麼，就不會再有富有和貧窮人了。」傲慢使我們只顧自己而忽視了我們的鄰舍。

從上文針對商人的勸告，到針對當時的地主階層；從渴望致富的人，到已是盡享榮華的巨富（五1～6），這是第三類驕傲的人，這是從四章11節開始所述的第三類驕傲的人。作者在這裏的語調則變得更為嚴厲，不只是勸勉，而是警戒，以舊約先知的口吻，向這些富足的地主發出審判的神諭。當代貧富懸殊的情況普遍，「富者田園阡陌，貧者無立錐之地」。雅各在此舉出富足人的四大罪狀：

一、只顧享受、沒有憐憫（五2～3）：這些地主他們有的是房地產、財富、榮華和享受，可以說是應有盡有，在生活上極之富裕，也不愁沒有人討好奉承（參二1～7）。然而，他們現在雖然生活得好像很愉快，但當他們知道將臨到他們身上的審判時，便應該哭泣哀痛（五1），因為他們的未來，一點也沒有甚麼值得慶幸的地方，有災劫正在等待著他們，且是他們逃避不了的。能看到這點，便能體會到這些富有人，絕對沒有值得羨慕的地方。

這些富有人固然在物質上非常豐富，財物和衣服都不會缺，且衣著光鮮，滿身珠光寶氣，然而他們所擁有的世物，是不永久的，他們所擁有且引以為榮的這些奢華的裝飾，他們一生的盼望和夢想建基於的物質生活，不只無力救他們，卻要成為他們的罪證。他們的衣服不只是不合潮流，而是被蟲蛀壞；他們的金銀，不只是貶值，而是銹爛，但在他們身處的社會中間，卻仍有人衣不蔽體、捱飢抵餓、朝不保夕，過著悽慘艱難的生活（參二15），他們卻對貧窮人一毛不拔、不聞不問，完全沒有社會責任的意識，所謂「朱門酒肉臭，路有凍死骨」，這些被蟲蛀壞的衣服和銹爛的財寶，要成為他們沒憐憫的罪證（五2），他們是一羣吝嗇至極的守財奴。這是他們第一項的罪狀；「沒憐憫的，要受沒憐憫的審判」（二13）。

雅各再次引入法庭審訊的圖畫（參二1～6），正如金屬會被腐蝕銹壞，這些富足人在審判時，也要承受被火焚燒的刑罰（五3上；參三6）。這些富足人未有意識到末世已經開始，這時期將以上帝最終的審判作結，這些富有人現在所積聚的是財寶，但在上帝的面前，他們所積聚的，卻是上帝對他們的忿怒（五3下）。現在他們應當趁著末日仍未來臨，仍有機會悔改的時候，臨崖勒馬、悔悟回頭。正如耶穌在登山寶訓中曾這樣勸勉說：「不要為自己積儹財寶在地上；地上有蟲子咬，能銹壞，也有賊挖窟窿來偷。只要積儹財寶在天上；天上沒有蟲子咬，不能銹壞，也沒有賊挖窟窿來偷。因為你的財寶在哪裏，你的心也在那裏。」（太六19～21）

二、為富不仁、剋扣工錢（五4）：第二項的罪狀，是他們剋扣理應發給工人的工資（五4）。當時在巴勒斯坦一帶的田地產，往往集中於一小撮富有的地主手上，這些富有的地主，往往為富不仁，貪得無厭，令人髮指。在收割時，他們僱用佃農和日工幫助收割，這些工人往往倚賴一天所賺得的工資，糴當天的糧，在生活上沒有其他的保障，剋扣他們的工資，等於絕了他們的糧，一家便難以糊口。雅各再次使用了利未記十九章：「雇工人的工價，不可在你那裏過夜，留到早晨」（13節），在以色列的律例中，有非常清楚的規定，絕不含糊：「困苦窮乏的雇工，無論是你的弟兄或是在你城裏寄居的，你不可欺負他。要當日給他工價，不可等到日落——因為他窮苦，把心放在工價上——恐怕他因你求告耶和華，罪便歸你了。」（申二十四14～15；參利十九13）那些虧欠貧窮人的工資，成了對這些富有人控訴的證據，這些富足人分明是有預謀的剝削那些工人，他們財雄勢大，而這些工人無權無勢，難以有人為他們出頭、為自己伸冤，這些富足人根本沒有將這些工人看作是按上帝形像所造的人看待（參三9）。雅各指出，上帝是絕對不會坐視不理的。這些富足人可能有認為上帝是那祝福他們的，叫他們豐衣足食，上帝一定是站在他們那邊，然而剛剛相反，上帝是站在他們的對立面，要為這些受欺壓的貧窮人追討他們的罪，討回公道。這位上帝是萬軍的主，祂是那位為貧窮人爭戰的，這些不義的富足人，是耶和華的敵人（參四4），他們已是惡貫滿盈，上帝是絕對不會姑息，在審判的日子，必要叫他們償還，絕不手軟！先知阿摩司就公元前六世紀以色列社會中所出現的擾亂、欺壓和強暴（摩三10，六3）、欺負貧窮人（四1；參五11～13，八4～7）和丟棄公義的事（五7），這樣警告以色列說：「你當預備迎見你的神。那創山、造風、將心意指示人、使晨光變為幽暗、腳踏在地之高處，祂的名是耶和華—萬軍之神。」（摩四12下～13）

三、窮奢極侈、罪有應得（五5）：雅各舉出富足人第三項罪狀，就是他們過著窮奢極侈的生活（五5上），富有人往往生活驕奢淫逸、揮霍無度，穿金戴銀，吃的是山珍海錯，住的是亭台樓閣，然而這些享受都是在地上和今生的。雅各諷刺的警告説，他們就好像農場裏等待被屠宰的牲畜，牠們吃得飽飽的，養得胖胖的，至肚滿腸肥，還滿以為這是享福，其實只是在等候被宰殺（五5下）。時候要到，這些心高氣傲的富足人要面對上帝最終的審判和刑罰。

耶穌在財主和拉撒路的比喻中，就描述一位財主，衣服光鮮，生活奢華，常好宴樂，然而有討飯的拉撒路，常在他家的門口吃財主的冷飯菜汁充飢，他死後天使帶他到亞伯拉罕的懷裏，但財主死後，卻落在陰間處受苦，這故事是要警告那些財主，他們既有摩西的律法，教導他們要關心貧窮人，他們理應遵此而行（路十六19～31）。又有一回有一位相信是家道不錯、產業甚多的少年問如何可以進入永生，當耶穌説：「你若願意作完全人，可去變賣你所有的，分給窮人，就必有財寶在天上」，他聽了之後，便憂憂愁愁的走了（太十九16～22），隨著耶穌對門徒説：財主進天國是何等的難，駱駝穿過針的眼還要容易呢（太十九23～24）。

聖經並未有反對人富有，只是指出典型的富有人所具的心態和行徑，他們往往是貪得無饜、殘民自肥，能做到富貴不能淫者，並不容易；誠然這種富有人的典型心態或行徑，並非他們所獨有，也存在於現今不少中產的人士當中，只顧今生的享受，改善自己物質的生活，拼命建立財富。有了財富，便有權力，有了權力，可以爭取更多財富，也可以使用這權力，使貧窮的人繼續貧窮。既得利益者往往只顧維護自己的利益，卻不顧他人死活，「各家自掃門前雪，休管他人瓦上霜」，拒絕為在生活上有需要的人伸出援手，這也是知善而不行，在上帝的眼中看為邪惡（四17）。

四、屈枉正直、草菅人命（五6）：雅各提出最後一項的指控，就是他們利用司法的程序、甚而與官吏勾結（參二6），不只叫貧窮人得不到仁慈的對待，得不到他們所應得的工價，逼使他們受屈就範，這些貧窮的人是義人，因為他們沒有違反律法、是無罪的，但卻因為這些富足的地主羊狠狼貪，為錢財而草菅人命（五6），恬不知恥，這是泯滅人性所為。這些富有人因剋扣貧窮人的工資，使這些工人難以維持自己和家人的生計，一切可以弄得好像是「合法」的，或是這些貧窮人是死於因營養不良而引發的疾病，這些不仁不義的富有人，仍是「劊子手」，在上帝的眼中，無論是直接的殺害，還是間接的，都是兇殺。對於這樣的人，上帝必定會敵擋他們，以維持最終的公平正義，正如雅各在四章6節曾引用箴言三章34上半節：「上帝阻擋驕傲的人。」

這些商人和富足人共通的地方，就是將積聚財富，主導著他們的生命，後者更變得損人利己、麻木不仁，他們只顧眼前的利益，完全忽視了他們將來要向上帝交代，生活得好像上帝不存在一樣。這是不將上帝放在眼裏，上帝必定審問。雅各對所有有權柄者和財富的人提出警告，他們既可以濫用這些權柄財富，為著自己利益享受而踐踏他人，然而他們也可以選擇與人分享他們所有的，叫別人得到幫助和建立。當我們誤用這些權柄和財富時，這些東西便成為我們的咒詛！對讀者來說，他們不需要嫉妒那些為富不仁者，因為這些人已是惡貫滿盈，劫數難逃；他們也不要心懷不平，以致作惡（詩三十七篇）。

我們可如何去愛他們呢？

聯合國經濟社會部（DESA）2005年8月發表報告，顯示在醫療、教育、經濟及政治參與等層面，貧富人口的待遇較十年前更不平等。全球80%財富屬於已發展國家的十億人，其餘兩成資產則由五十億人瓜分。全球人口中最富裕的20%，仍是控制和享用全球超過國內生產總值（GDP）的80%，最貧窮的兩成則只佔GDP的1%。根據聯合國2005年人類發展報告的統計，全球仍有超過十億人，即五個人中即有一個，每天的平均收入在一美元以下，另十五億人則生活於每天平均收入一至二美元，全球有四成的人口是在朝不保夕的貧困下生活。收入微薄與飢餓是相關的，全球有八億五千萬人（其中有三分之一是學前幼童），生活在營養不良及其後遺症之下，超過一半學前幼童的夭折，是由營養不良和相關的傳染病引發的，體重過輕的兒童比足夠營養的兒童多出四倍的機會感染病毒。其中一些國家不只在兒童夭折的問題上沒有改善，且有倒退的迹象，例如阿富汗、安哥拉、剛果共和國、埃塞俄比亞等。全球每天有二萬五千人死於飢餓，相當於每四秒便有一人餓死。在全球的貧窮人之中，約少於七成為婦女，未有受過教

育的婦女佔全球人口的三分之二。貧窮也造成各種不平等的情況，包括教育、醫療、政治參與和經濟活動等。聯合國呼籲全球各國將貧窮人置於關注的首位。面對這樣的需要，作為相信耶穌基督乃榮耀的主的基督徒，應如何回應？應如何針對其中出現的不公平、不平等的情況？還有在我們身處的社會中，是否有被忽視了的貧窮人，包括單親家庭、無依的老人、先天有缺陷的、身患頑疾的、精神有問題的，作為他們的鄰舍，我們可如何去愛他們呢？

勸告讀者要堅忍（五7～8）

上文講論那些欺壓貧窮人和義人的，必定要面對上帝的審判。詩篇三十七章正是反映出如何回應這些欺壓者，他們要等候在耶和華的面前：「你是細察那完全人，觀看那正直人，因為和平人有好結局。至於犯法的人，必一同滅絕；惡人終必剪除。但義人得救是由於耶和華；他在患難時作他們的營寨。耶和華幫助他們，解救他們；他解救他們脫離惡人，把他們救出來，因為他們投靠他。」（37～40節）俗語有云：酒是穿腸毒藥、色是刮骨鋼刀、財是下山猛虎、氣是惹禍根苗。在面對不公平的對待，我們很容易變成憤世疾俗，在氣憤之間，容易想著要報復反擊。耶穌在登山寶訓中就曾勸導說：「不要與惡人作對」（太五39），雅各也同樣勸勉讀者要對這些人採取容忍的態度（五7～8），但容忍並非對不公義的事視若無睹，姑息養奸，而是不要因一時之氣而自把自為，以自己的手段去成就上帝的義（一20），雅各在本書中便不斷指摘這些人的不公，他在下文更引用舊約先知作為例子，說明他們是忠於上帝的託負，忍辱負重的完成他們的任務。保羅同出一轍地指出的：「不要以惡報惡……，若是能行，總要盡力與眾人和睦。親愛的弟兄，不要自己伸冤，寧可讓步，聽憑主怒。」（羅十二17～18）然而，能恆久忍耐的關鍵，在於是否值得堅毅地等待，「我們在等甚麼？」作者強調基督復臨的肯定和迫切，我們已生活在末世的時代，基督將要復臨，審判世人，這就是我們所等待的，祂來要將一切改變過來，撥亂反正；這末世的期待，是信徒能忍耐等候的重要推動力。我們應活在基督隨時會來這種意識之下，一則能警醒，二則能忍耐。

中國人也強調忍耐，就如蘇秦雖不被兄嫂認以為親，卻能懸梁刺股，終成六國丞相；韓信承受胯下之辱，但卻奮發振作，終能拜相稱王；越王勾踐能忍辱負重、臥薪嘗膽，十年生聚、十年教訓，終能戰勝吳國。然而，這些故事，都是強調自己如何可以透過忍耐達成個人的目的。雅各則強調，我們能忍耐，因為這樣忍耐是值得的，亦因為一切在上帝的手中，我們需要的，是信靠祂，縱然我們看不到惡人現眼的報應，但當主基督復臨的時候，一切都會得到公平的判決（五7上）。

作者使用耕種的圖畫作比方，農夫每天都是一樣的日出而作、日入而息，從播種到犁田，忍耐地等待，期望能得到好的收成，上帝就是那位賜他們及時的雨水，叫他們有所收成的（五7下）。忍耐並非消極的不作任何事，忍耐是堅守自己的崗位，恆心的堅持到底，不半途而廢、不灰心喪志，以堅定不移的信心，仰望基督復臨的日子，帶給他們所期待應許的實現（五8）。這樣忍耐努力是值得的，因為上帝的應許必不落空，終有苦盡甘來的時候。忍受試煉的人是有福的，因為他經過試驗以後，必得生命的冠冕（一12）。

針對彼此埋怨（五9）

除了要堅忍到底、堅守崗位外，作者有另一方面的提醒：不要彼此埋怨（五9）。當人生活在不如意的境況時，或如上文所形容的，生活在別人的欺凌之下而感到無可奈何、無能為力，或許體會到要過敬虔的生活，所要負的擔子很重、很累，這容易使人產生挫折和不滿的情緒，在沉鬱的陰霾下，怨聲載道，不只是說賭氣的話，也會有錯覺認為別人所遭遇的，都比自己的好（譬如說：「若我不是在這羣體中，是在那羣體中，那就好了。」）又將怨氣投射給別人，或是諉過於人（譬如說：「若他（們）不是這樣，我（們）便會好過一點，事情也不會弄到這地步」）。這種負面的情緒，容易造成彼此挖苦，羣體成員間的矛盾和嫌隙加深，彼此責怪，污染整個羣體的氣氛，破壞羣體的和諧、合一和團結，這可以發生在家庭、教會或社會之中。以埋怨發洩情緒，不只於事無補，反而使那些能夠支持我們面對困境的人，遠離我們，使羣體成員之間的關係疏遠。正如利未記十九章18節命令的：「不可報仇，也不可埋怨你本國的子民，卻要愛人如己。」信徒之間所需要的，應是互相關懷，同甘共苦、守望相助，作一個有憐憫心的人（參二13）。彼此埋怨，是上帝不喜悅的，埋怨也是缺乏耐性的表現，我們需要回到基督的面前，信任和滿足於上帝的安排和判斷，基督作為審判者已站在門前，祂的審判，即將臨到，上帝已定了審判的日子，必不遲延。四章11至12節警戒不可彼此惡意的批評，往往批評者認為自己比別人好，站在道德的高地，他們的問題在於態度驕傲，彼此埋怨則很多時候不是出於驕傲，而是人在消沉中向他人發洩，但正如作者在四章11至12節指出上帝會審判那些彼此毀謗的，上帝同樣會審判彼此埋怨的。

總結的榜樣：先知們和約伯（五10～11）

雅各引用舊約的三個例子（五10～11），作為能堅忍的榜樣，第一類是奉主名說話的先知們，他們存著忍耐，並非對不公義的事不聞不問、袖手旁觀，他們奉耶和華的命令和權柄，以祂的名宣告審判的神諭，但卻往往被當時的掌權者所壓制，認為他們妖言惑眾，甚而危害國家安全，例如以利亞先知被耶洗別追殺（王上十九章）；耶利米先知承受鞭打收監（耶二十1～2），被羣眾迫害（耶二十六7～9），被宮庭追捕（耶三十六24～26），後被收監（耶三十八）。猶太人有傳統記載以賽亞先知是被鋸成兩半而死的（參來十一37）。他們為著耶和華的名承擔了苦難，盡忠職守，以堅毅勇氣，完成上帝所交付予他們的使命。他們是經歷嚴冬苦寒的梅花，是受盡千錘萬擊的利劍，在信徒中間作了美好的見證，發出異彩。作者在此回溯一章12節：「忍受試煉的人是有福的」（五11上），這也是耶穌在登山寶訓中所說的：「為義受逼迫的人有福了！因為天國是他們的」（太五10）。對於這些在他們的年代不怕強權，站穩崗位，為上帝所讚譽的人，信徒要效為模範，這些人的生命要成為信徒能堅忍到底的鼓勵。

作者再舉約伯為例。約伯所忍受的，不只是失去物質上擁有，還失去他所愛的兒女，最後妻子也離他而去，他的朋友，不但沒有為他帶來安慰，反而加增他的愁苦，他的朋友對他的評論，變成對他的侮衊、嘲弄和指摘，然而他堅持個人的誠信，忍耐等候上帝最終的判決。故事的結局是上帝醫治約伯，給他加倍的祝福（伯四十二7～12），這正是約伯能忍耐到底的結果，正如詩篇三十七篇18節所言：「耶和華知道完全人的日子；他們的產業要存到永遠。」眼前的不如意和困境將會過去，主——就是那審判的主，要將一切糾正過來。

最後作者以上帝的本性作為這段的總結，信徒能忍耐的根據，最終是因為上帝是那位可以信靠的主，這位主並非不知道我們所遭遇的艱難，祂明白人面對困境中的難受，祂對屬祂的子民是情深義重的，絕對不會撇棄他們，會向他們施予憐憫，終會將他們從困境中拯救出來，並賜予永遠的生命（一12）。總括來說，信徒現在要常存忍耐，不應埋怨，因為主必定再臨，為那些堅定恆忍的人帶來最終的救恩，古時先知包括約伯是忍耐最好的例證，主的憐憫慈悲是我們能得到拯救最終的保證。

驕傲的人生命是不完整的，是不值得羨慕的，因為他們要承受從上帝而來的審判，惟有那些存著忍耐、期待基督復臨的人，才可以真正體會到上帝恩慈的豐盛，得到最終完全的福分。

四

結語——得以「完全」的關注（五12～18）

✝

12 我的弟兄姊妹們，最要緊的，是不要起誓；不要指著天起誓，不要指著地起誓，或起任何的誓。你們說「是」時，就是「是」，「不是」就是「不是」，免得你們受審判。
13 你們中間有人受苦嗎？他應該禱告；有心境暢快的嗎？他應該歌頌；
14 你們中間有軟弱的嗎？他該請教會的長老來，為他祈禱，奉主的名，用油抹他。
15 出於信心的禱願，必能救那灰心的人，主必使他起來；他若犯了罪，就必蒙赦免。
16 所以你們要彼此認罪，互相代求，使你們得醫治。義人的祈禱能大大地發揮功效。
17 以利亞是和我們同樣性情的人，他懇切祈求，叫不要下雨，天就三年零六個月沒有下雨在地上。

18 他又祈求，天就降下雨來，地也生出了成果。

作者再次以“ἀδελφοί μου”「我的弟兄們」＋“μή”「不」＋命令語氣動詞，作為一個主要段落的開始（二1，三1，四11）。整段是全書總結性的段落。有認為，整段的重心在羣體中應有的言語（Johnson 1995A:326），但這理解太狹窄。此段關涉雅各書的主題：完全，特別是羣體的完整性。此總結性的段落可分為三小段：不可起誓（五12）、羣體禱告求康健（五13～18）、羣體彼此的責任（五19～20）。最後一小段亦是全書的總結，回應一章1節：「散居的十二支派」是一個蒙召聚悔改得生命的羣體。與人相處忠實誠信，羣體成員間彼此認罪、互相代求，並成為對方的守望者，都是羣體和個人得以邁向完全的重要途徑，這是上帝為屬祂的子民所預備的，一方面上帝是那位拯救和審判的主，信徒最終是要來到祂的面前敬拜祂、尋求醫治和救贖，不是相信禱告，而是相信所禱告的那位是獨一而有憐憫的主；另一方面，這信眾羣體要一起手望相助的，向著上帝所指定的方向邁進完全。

慕迪逸（Motyer 1985:186～208）將五章13至18節分為四個與禱告這主題相關的分段，頗能陳明其重點：（1）個人的禱告：一個基本的原則（五13）；（2）長老們的禱告：一個蒙應允的禱告（五14～15）；（3）朋友間的禱告：一種和睦的精神（五16上）和（4）先知的禱告：一個人的禱告，一個超自然的結果（五16下～18）。此外，在討論全書的結構時，我們已注意到本書的一章與五章12至20節為全書提供了一個詮釋的框架——**末世的框架**，它們同樣關注到「完全」的重要性，且這「完全」的主題，帶有很強末世的意味：那榮耀的主耶穌基督所帶來的，是以色列的復興，十二支派被召聚起來成為一個新的羣體，面對著種種生命中的試煉，以信心忍耐堅持到底，在其中經歷上帝赦罪和加力的恩典。艾華特斯（Dennis 2003:45～92, 177～178）列出了一章與五章13至20節一些共有的七個主題：

試驗與受苦（一2～4、12，五13、14）

在苦難中有喜樂（一2，五13）

禱告（一5~8，五13、14~18）

完全、生命與救恩（一4、12，五15、19~20）

散居、懷疑和屬靈不穩定（一1、6，五19~20）

信心（一6，五15）

使用天氣情況作例子（一11，五17~18）

此外，還有如何面對虛假和處理罪（一14～18、21，五15、19～20）。

4.1 論起誓（五12）

五12 我的弟兄姊妹們，最要緊的，是不要起誓；

有學者認為五章12節是獨立的警句，與文理沒有多大的關連（如 Dibelius 1976:248），但筆者不同意這看法。“ πρὸ πάντων ”「最要緊的」這片語可以有不同的理解，有認為相對於彼此埋怨來說（五9），「起誓」是更嚴重的罪行（Adamson 1976:194～195），亦有認為這裏不只承接五章9節，更是繼續自三章1至12節開始有關誤用舌頭的警告，現在應用在面對困擾的信徒羣體（Johnson 1995A:327; Hartin 2003:258），也有認為起誓是沒有耐性的表現（Mayor 1913:165; Reicke 1964:56）。這片語不是在比較甚麼最要緊（如 Baker 1994），而是在信件將結束時，重提一些重要的事，這大概亦是彼得前書四章8節對這片語一樣的用法（另參《十二使徒遺訓》10.4），是當代希臘信件的一種格式，表示這信將要完結（Francis 1970:125; White 1986:200～201; Moo 2000:232）。此處的禁誡性命令語，明顯是受耶穌傳統的影響，雅各引用耶穌的言訓（太五33～37），開始總結自己的教導。觀此，“ δέ ”並非對比的用法，而是承接（continuation）上文書信的本體，引入以下的總結。“ μὴ ὀμνύετε ”「不要起誓」是現在式命令語氣的歇止語，有「不要繼續起誓」的含意。「起誓」在這裏不是指許願，而是當事人為確立自己所言的真實性，而指著比自己超越的作證，很多時候，起誓會附上若當事人是說謊不忠誠，會為他帶來甚麼樣的刑罰（BDAG 705）。這不只關乎個人誠信，亦涉及羣體成員之間能否建立互信，是羣體能團結一起邁向完全的關鍵。

不要指著天起誓，不要指著地起誓，或起任何的誓。

"ὀμνύειν... τινὰ ὅρκον"「起……任何誓」這寫法偏向於古典希臘文，在當代也相當常見（來六16；〈猶大遺訓〉22.3），指著甚麼起誓，也同樣可以使用直接受格。猶太的傳統並沒有禁止起誓，在起誓的時候，為表達其誠信真實，要以上帝的名字或祂的信實起誓（申六13；詩六十三11；賽六十五16；耶十二16）；甚而上帝也以自己起誓，以示其言非虛（參利五20～24；民三十3；申二十三22；詩二十四4；耶五2；何四15；亞八17；瑪三5；《便西拉智訓》3.11；《所羅門智訓》14.29～30；另參來三11、18，四13，六13、16，七21）。然而，起誓要有誠信，這正是利未記十九章12節的關注：「不可指著我的名起假誓，褻瀆你神的名。」正如之前曾提及，利未記十九章所載關於羣體道德生活的主要法例，都可以在雅各書中找到（參 Johnson 1982:397～398）。當代的猶太社會，似對起誓的有效性，表示懷疑，例如《便西拉智訓》23.7～11就這樣說：「我兒啊，你們要聽有關口舌的教訓……不要習慣隨口起誓，也不要隨便使用聖者的名……那些經常起誓呼求那名的人，他的罪必不得潔淨；滿口誓言的，全無法紀……若他錯起了誓，罪必歸他；若他輕忽這誓，就加倍犯罪；若他發了假誓，必不得直……」（參18.22～23）這種對發誓的質疑，亦見於昆蘭文獻，他們雖然有加入羣體要作的誓言（《會規手冊》5.7～8；另參《大馬士革文獻》9.8～10），但根據約瑟夫的記載，人要避免發誓，因為他們所言已是可信（約瑟夫《猶太戰爭》2.135；《猶太古史》15.370～72）；根據以諾傳統，以諾教導他的兒子們不要起誓（《以諾二書》A 49.1）；後期拉比也對發誓感到厭煩（參《巴比倫他勒目》〈論最後一道門〉49a；《民數記大米大示》9.35，比較22.1；出埃及記大米大示》5.4）；散居地猶太教的傳統中亦見這猶疑（斐羅《論十誡》 84～86，93～94）；事實上希臘傳統對起誓亦有顧忌者，認為可免則免（伊比德圖《手冊》33.5；戴奧革尼《哲學家生平》8.22）。雅各禁絕起誓，明顯是追隨耶穌的教導（太五33～37）。指著天或指著地起誓，見於猶太的傳統（斐羅《論特殊法律》2.2；《巴比倫他勒目》

〈論第七年〉35b），雅各的用字，反映出他熟悉耶穌的教訓，其用字與馬太福音甚為相似。根據馬太福音二十三章16至22節，耶穌責難文士和法利賽人指著不同的東西起誓：聖殿、殿裏的金子、天等，代表其誓言有不同程度的可信；耶穌在登山寶訓明言禁止起誓（太五34～37）：「……甚麼誓都不可起。（μήτε）不可指著天起誓，因為天是上帝的座位；（μήτε）不可指著地起誓，因為地是他的腳凳；（μήτε）也不可指著耶路撒冷起誓，因為耶路撒冷是大君的京城；（μήτε）又不可指著你的頭起誓，因為你不能使一根頭髮變黑變白了。」雅各書這裏則一連用了三個"μήτε"。"μὴ ὀμνύειν... τινὰ ὅρκον"「不要起……任何誓」與馬太福音五章34節"μὴ ὀμόσαι ὅλως"「完全不要起誓」相似。在新約中，保羅雖然也曾多次使用類似起誓的方式（參羅一9；林後一23，十一11；加一20；腓一8；帖前二5、10），表示其所言非虛，但這些所謂見證的公式，與這裏所提生活隨意起誓的做法，可能並不屬於同一類（Moo 2000:234）。有關拉比對宣誓的規定，參《米示拿》〈論宣誓〉。

你們說「是」時，就是「是」，「不是」就是「不是」，免得你們受審判。

馬太福音五章37節： ἔστω δὲ ὁ λόγος <u>ὑμῶν</u> <u>ναὶ ναί</u>, <u>οὒ οὔ</u>·
這裏則是： ἤτω δὲ <u>ὑμῶν</u> τὸ <u>ναὶ ναὶ</u> καὶ τὸ <u>οὒ οὔ</u>

這兩節經文之間平行點甚多（劃上底線），然而它們之間的關係並不容易釐清，雅各所用的希臘文比較接近古典希臘文（ὀμνύειν＋accusative），而馬太福音則較偏向於通用希臘文（ὀμνύειν＋ἐν＋dative）。有認為，馬太是屬於較早的版本（Mussner 1981:216），也有採完全相反的立場，認為雅各才是更早的版本（Dibelius 1976:251），亦有認為他們都取材自一份Q文獻（Reicke 1964:56; Hartin 1991:188～191），然而游斯丁（《護教書〔一〕》16.5）和亞歷山太的革利免（《雜篇》5.99.1，7.67.5）也有類似的警告，它們的寫法，更類似雅各書，而不是馬太福音的版本，因此有可能雅各是使用了在教會間流傳的耶穌傳統，可能是口傳的，也可能是一些寫下來的傳統，難以確定；也有可能是游斯丁將雅各書和馬太福音的版本揉合起來（Deppe 1989:148）。明顯雅各使用了耶穌的教訓，針對他所要勸導的羣體，「免得你們受審判」是雅各自己的引申，強調上帝的審判（比較太十二37：「因為要憑你的話定你為義，也要憑你的話定你有罪」）（Bauckham 1999A:92～93），他使用現在式禁誡性命令語，可能顯示在羣體中，仍有人以起誓方式處理紛爭。好像耶穌一樣，作者強調思想與言語的一致，心所想的，便應是口所說的，不應心口不一。審判是本書一個重要的主題，特別是末世的審判，作者經常將這主題與禁誡性的命令相連（二4、12～13，四11～12，五9）。這裏的介詞片語 “ὑπὸ κρίσιν ”「在審判之下」相當獨特，在〈七十士譯本〉和新約中都未有使用過。缺乏誠信要受到上帝的審判；這段經文總結了雅各書對言語倫理上的要求：言語要純全不帶虛假。

4.2 信心的禱告（五13～18）

五13 你們中間有人受苦嗎？他應該禱告；

作者使用了一連串三句簡短的問句，帶出三種情況，應有的三種反應，每一句都以“ τις ”「某人」作為主詞（作為 indefinite pronoun 而非 interrogative pronoun）“ ἐν ὑμῖν ”「你們中間」這介詞片語，在雅各書中多次出現（三13，四1，五14、19），在這總結的段落中出現了三次，強調羣體的生活。“ κακοπαθεῖν ”「受苦」一字同字根的名詞，已見於五章10節，指受著痛苦和折磨；在提摩太後書，保羅用在事奉的人在事奉中所要承受的苦楚（二9，四5；參二3），然而這裏並不局限於是否因迫害或事奉所帶來的苦痛，而是泛指人生在世，所會經歷的不幸和苦痛（參一2）。“ προσεύχεσθαι ”「禱告」這動詞在此段中多次的出現（五14、16、17、18），是這段的主題。在〈七十士譯本〉和新約中，這字很多時候用作祈求（創二十7、17；出十17；士十三8；撒上一10，二1；詩五3，三十一6，一〇八4；太五44，六5～6，二十四20；路十八1，二十二40；羅八26；腓一9；西一3；帖後一11）作者勸在受苦中的人要禱告，將自己的苦楚向上帝陳明，並不一定是要將受苦的源頭除去，而是讓上帝賜予他有足夠的能力承受苦楚，能堅定忍耐（五7～11；參一2～4），有智慧去面對人生的種種危機（一5）。

有心境暢快的嗎？他應該歌頌；

"εὐθυμεῖν"「心情暢快」這字不見於〈七十士譯本〉，在新約中見於使徒行傳（二十七22、25；參二十七36），在那裏的意思是「放心」，在此作心境暢快開朗，這動詞與"κακοπαθεῖν"「受苦」可以說是完全相反的心境。"ψαλλεῖν"「歌頌」在古典希臘文中用作玩樂器作樂，在〈七十士譯本〉和新約中，這字很多時候都用作向上帝歌頌（士五3；詩七18，九3，三十二2，一〇四2；《所羅門詩篇》3.1；弗五19）。禱告和歌頌是信徒聚會經常有的兩種活動（林前十四15）。此處雖然沒有明言歌頌的對象，但無疑是指上帝。

五14 你們中間有軟弱的嗎？他應該請教會的長老來，為他祈禱，

以上兩種是一般性的情況，這裏則是另一種獨特的情況，雖說是獨特，然而患病也是人生常遇到的事。作者再次重複五章13節首句的片語"ἐν ὑμῖν"「你們中間」，強調這軟弱的人，是信徒羣體的成員。"ἀσθενεῖν"「軟弱」原本的意思是經歷一些個人的不濟或脆弱（BDAG 142），有學者歸納出這字在當代希臘文獻中，有以下多種的用法：[43] 一般性的軟弱、婦女的軟弱、經濟上的脆弱、不起眼、缺乏智慧、年老、血管脆弱等，這字的基本含義，是有能力的相反。根據學者的研究（Warrington 2004:348），在〈七十士譯本〉中，這字出現八十三次，很多時候都用作翻譯希伯來文"כשׁל"，這字的意思指跌倒；"ἀσθενεῖν"「軟弱」這字也用作指各種的軟弱，包括情緒、經濟、氣力、道德和生命上；在斐羅的著作中，用在體力、道德、屬靈、智慧、身體上。特別的是，希伯來文中用作患病的字，在〈七十士譯本〉中從沒有翻譯作"ἀσθενεῖν"。在新約中，也有引申作道德或信心上的軟弱（羅四19，八3，十四1～2、21；林前八9、11～12；林後十一29；參《革利免二書》17.2），一個人屬靈的境況（羅五6），然而大部分都是指身體上有疾病（太十8，二十五36、39；路九2；約四46，五3；徒九37；腓二26～27；提後四20），因此大部分學者，都主張是指身體上患病。[44] 但不應只局限在身體上的患病，也包括屬靈和道德上（Warrington

43 Warrington 2004:347 n.4 引 H. von Staden, *Herophilus: The Art of Medicine in Early Alexandria* (Cambridge: University Press, 1989), pp. 221, 345。

44 例如 Howard 2001:259～262 認為這裏是指情緒低落，其他參 Armerding 1938:197～198；Hayden 1981:260～261；Wells 1986:102。

2004:350～351），這也涉及如何理解以下的「得救」、「起來」（五15）和「病人」、「醫治」（五16）。“ προσκαλέσθαι ”即傳召（參太十1，十八32，二十25；可三13、23；徒五40，六2，十三2、7，二十三23）或邀請（參太十八2；徒二十三17、18），意味著一種較正式的邀請。不論在希臘或猶太人的社會中，“ πρεσβύτερος ”「長老」都是指在社會或某羣體中的領袖，摩西就曾設立七十長老協助他管理以色列民（出十九7，二十四1；民十一16），在猶太人的社區，不論是村落或市鎮，並且在他們會堂之中，都有一些德高望重的長老，負責該社羣的事宜（參利四15；民十六25；申三十一9；書九2；士二十一16；撒上四3；撒下十七4；拉五5等）；在新約中，亦記載長老們是猶太議會的成員（太十五2，二十六3；路二十二52；徒四5，六12，二十三14，二十五15）。這種的管理方式，亦為早期彌賽亞運動所沿用，不只耶路撒冷教會中設有長老（徒十一30，十五2、4、6、22～23，十六4，二十一18），保羅和巴拿巴在外邦人的教會中，也設立長老（徒十四23），當保羅要離開以弗所教會時，敦促長老們要堅守真道，領導教會（徒二十17、28、32），在保羅圈子的教會（提前四14，五17～19；多一5）、彼得圈子的教會（彼前五1）和約翰圈子的教會中（約翰二和三書的作者都自稱為長老），都有長老這身分，他們是地方教會中的領袖，這些地方教會很多時候都是家庭的教會。稱為長老不一定代表他們是年長的，然而肯定他們在信仰上的資歷較深。此處長老是眾數的。這些長老被稱為教會（ἐκκλησία）的長老，雅各曾使用“συναγωγή ”「聚集」（二2）為信徒的聚集或聚集的地方。“ἐκκλησία ”「教會」一詞在當代並沒有「被召出來」的意思，根據希臘文獻和〈七十士譯本〉都顯示這字指一羣聚集在一起的人（參王上十九20；《馬加比一書》3.13；《便西拉智訓》26.5），在新約中也有這種用法（徒十九32、40）。這字在〈七十士譯本〉中，也用作一羣聚集到上帝面前去敬拜祂的人（參申四10，九10，十八16，三十一30），據此我們可見為何早期的彌賽亞運動認為這字用在他們的羣體身上是十分適當的，在各地聚集的信徒便成為各地的教會（林前四17；腓四14）。禱告之後使用“ἐπ’ αὐτόν ”這介詞片語，比較不尋常，一般來說，都是用“ ὑπέρ”「代表」（如太五44；西一9；雅五16）或“ περί”「關乎」（如西一3，四3；帖前五25；帖後一11，三1；來十三18）的介詞，很少用“ἐπί”，可能是向著那病人禱告（Mussner 1981:219），或按手在他身上為這病人禱告（Davids

1982:193; Hartin 2003:267）。

奉主的名，用油抹他。

“ἐν τῷ ὀνόματι τοῦ κυρίου”「奉主的名」，原文這介詞片語放在此句的最後，在分詞子句“ἀλείψαντες [αὐτὸν] ἐλαίῳ”「用油抹他」之前，雖然有認為主要動詞是禱告，因此這片語應連於“προσευξάσθωσαν ἐπ' αὐτὸν”「為他禱告」（Dibelius 1976:252），然而按距離來說，這片語更為接近分詞子句，因此較大機會是連於這分詞，另一可能是作者刻意將此介詞片語放至最後，為強調無論是禱告還是按手，都是要奉主的名。“ἐν τῳ ὀνόματι τοῦ κυρίου”「奉主的名」可以指主所吩咐的（參林前五4），但這說法在此處並不適合。這裏的意思是藉著主的名，在五章10節，雅各曾提及先知們是奉主的名傳言的，他們是奉這尊貴的名禱告聚集（二7），這名是指主基督耶穌的尊名，這亦是新約教會羣體的特徵，耶穌就曾教導他的門徒要奉祂的名祈求（約十四13、14，十五16，十六23、24、26），信徒是奉主的名受洗（徒二38，八16，十48，十九5；參太二十八19），奉主的名聚集（林前五4），為著主的名受逼害（徒十五26，二十一13），並藉主的名趕鬼（徒十九13；參可九38，十六17；路十17）和醫治（徒三6、16，四7、10；參九34）。此處不只是呼求主的名，求主醫治，更是在這名的權柄之下，靠賴這權柄去醫治。沒有證據顯示這裏奉主的名禱告，是與驅鬼有關。這裏所記載的，不能支持羅馬天主教臨終塗油的禮儀；抹油禱告是要救那人，而不是預備他的死。有認為，人的情欲是人患病的原因（instrumental cause），這情欲是出於魔鬼／鬼魔們，並受他們所支配（參《摩西啟示錄》19.3），因此疾病也是從魔鬼而來的攪擾（Albl 2002:135～143；另參 Dibelius 1976:252），但雅各書雖然將屬鬼魔與屬情欲的置於同一領域（三15），但卻未有清楚說明這兩者的關係，反強調人的情欲是出於他自己（一14）。

在古代希羅的社會，有證據顯示油可以作藥用（皮里紐〔老〕〔Pliny the Elder〕《自然歷史》23.39～40；希坡克拉底〔Hippocrates〕《養生錄》II, 65；門安德〔Menander〕《耕地者》60；參 Kee 1986:42～43, 49～51）；在猶太的社會，油也有作為藥用，這在舊約中已有提及（賽一6；耶八22），在猶太其他文獻中亦可見(《摩西啟示錄》8.2,9.3,13.1～2,40.1;《以斯拉四書》2.12;斐羅《論夢》2.58;《亞當與夏娃生平》36〔9.3〕;《約瑟與亞西納》8.5,15.5,16.6),在這些典外文獻中,油成為得著活力、健康和生命的工具(Porter 1993:41)。在新約也有記載以油作藥(路十34),耶穌的門徒也曾用油抹病人,治好他們的病(可六13),這使我們傾向理解此處並非指屬靈或道德上軟弱的情況,而是身體上有疾病。因此有認為這裏使用油,是作為醫治的工具,雖然不是一種藥油能醫百病,然而不只這種習慣已深入當代文化,有學者因此認為這裏是要讀者尋求醫藥上的治療(Seifrid 2000:33),但這樣應用並不妥當。但油作為藥不是這裏主要的目的;耶穌曾吩咐他的門徒如此行,也可能是使用油的原因,有學者認為耶穌和他的門徒經常使用抹油作醫病和趕鬼,這不只是一種儀式而已,而是象徵著在危難中上帝的同在,這油代表聖靈的臨在,能叫死人復活(Chilton 2005A:49, 63～65),但我們不能肯定這種醫病趕鬼的方式,在早期彌賽亞運動中有多普遍。亦有認為抹油的行動主要的意義是象徵性和宗教性的,根據舊約的記載,當祭司被分別出來供職時,也是透過抹油的儀式(出四十13、15),雖然在舊約〈七十士譯本〉中,大部分使用"χρίειν"這字作為祭司抹油,但也有使用"ἀλείφειν"這動詞(出四十15;民三3)。當長老們為病人抹油禱告時,他們是將這人分別出,求上帝記念這人(Martin 1988:202, 208～209; Shrogren 1989:105～106; Moo 2000:240～242),然而這解釋欠缺當代其他文獻的支持。有認為,以油作藥用是否有效並不重要,這行動是一種象徵,為要引發病人對上帝的信心,並且透過一種實際的外在行動,去表達禱告者的關懷(Mitton 1966:191; Hayden 1981:265),有時候,耶穌在施行醫治時,也使用其他的東西作媒介,發揮類似的功效(如可八22～26)。綜觀以上各種解釋,我們雖未能完全肯定抹油的作用,但可暫且歸結抹油一方面是引發信心,另一方面亦是強調上帝的信實,祂顧念在患難中屬祂的子民,會醫治他們,叫他們的生命重新得到復興,為他們重新帶來喜樂(特別參 Warrington 2004:355～357)。

「抹」(ἀλείψαντες)是過去不定式分詞,因此有認為抹油的行動,是在祈禱之後,但從文法的角度去看,並沒有定律說當過去不定式分詞置於主要動詞之後,這分詞的行動必定在主要動詞之後,只可以說可以是之後

（如 Johnson 1995A:331），也可以是同時間進行（Porter 1993:381, 383～387; Ropes 1916:305; Hartin 2003:267），但大概不會是之前（Thomas 1993:34; Hiebert 1992:295）；或許禱告和抹油的先後次序並不那麼重要，重要的是所提及三個元素：為病人禱告、用油抹他和奉主的名。

五15 出於信心的禱願，必能救那灰心的人，主必使他起來；

這裏的連接詞"καί"「和」，指這是承接14節所描述的情況，而不是指結果。雖然這裏"εὐχή"一字，在當代希臘語文獻、〈七十士譯本〉（創二十八20）和新約（徒十八18，二十一23）中，都是作許願，但這字在這裏不可能是指許願，因為在五章12節，雅各已禁止這種做法，況且這字同字根的動詞，可作願望或祈求（徒二十六29，二十七29；羅九3），因此這裏的意思應是祈求或禱願。這禱願必須是出於信心，這裏的信心，並非那病人的信心，而是長老們的信心。" τῆς πίστεως "「信心的」為 genitive of source，即「出於信心」。有認為，此處的信心是來自上帝的恩賜，不是人自己可以有的（Moo 1985:182，186），然而這種對信心的理解，並不符合雅各的用法。信心是指對上帝的忠誠，不偏離祂的心意，這亦可能是解釋此段經文的關鍵所在，就是要分辨上帝的心意，並按照上帝的心意而祈求（參 Moo 2000:244～245；Warrington 2004: 357～359）。" σῳζείν "「救」這動詞是將來式，用作肯定會發生，這字可用作拯救，也可用作痊癒，在雅各書多次使用這字作得救（一21，二14，四12，五20）；在福音書的記載中，當耶穌醫治病人時，多次對那得醫治的人說：「你的信救了你」（ἡ πίστις σου σέσωκέν σε；可五34；太九22；路七50，十七19，十八42），使徒行傳亦多次指出那些得蒙醫治的人，是因為他們相信主的名（路三16，四9～10，十四9）。這裏主要的意思是指痊癒，但也不排除末世的拯救（Hartin 2003:268），因為此處將「拯救」與禱告連上關係，若視作末世的拯救，便要將那病人看為同樣是屬靈或道德上軟弱的人（參五19～20）。" ὁ κάμνοντος "「灰心的人」可以指在病患中的人，原來的動詞（κάμνειν）在〈七十士譯本〉中出現了六次，其中四次指身體或體力上的脆弱（《馬加比四書》3.8，7.13；《所羅門智訓》4.16，15.9），這字在新約中另一次的出現見於希伯來書十二章3節，作「灰心」。與上文14節的

“ ἀσθενεῖν ”「軟弱」一字相似，這裏可看為是身體上患病的人，或是指灰心的人。若上文「主的名」是指基督，此處的“ ὁ κύριος ”「主」也是指基督。與“ σῴζειν ”「救」一樣，“ ἐγείρειν αὐτόν ”在福音書中常見於耶穌醫治的記載，向那被醫好的病人說的：癱子（太九5～7；可二9；路五23～24；約五8）；那一隻手枯乾的人（可三3）；那管會堂者的女兒（可五41；路八54）；拿因寡婦的兒子（路七14）；瞎子巴底買（可十49）；在墳墓中的拉撒路（約十一29）；這樣表達一方面指是那人得痊癒的表現，主叫他從病榻中起來，在使徒行傳四章10至12節，彼得指那瘸腿的乞丐得醫治是因為耶穌的死而復活：「……站在你們面前的這人得痊癒是因你們所釘十字架、上帝叫他從死裏復活的拿撒勒人耶穌基督的名……除他以外，別無拯救；因為在天下人間，沒有賜下別的名，我們可以靠著得救。」基督的復活——從死人中起來（ἐγείρειν ἐκ νεκρῶν），不只叫病人也得以起來，也成為將來死了的人得以從死人中復活的基礎。

他若犯了罪，就必蒙赦免。

作者於此引入第二個應許（Dibelius 1976:255），並使用了第三類條件句，即不肯定或是假設性的。這條件句的條件部分使用了婉曲完成式（periphrastic perfect）“ ᾖ πεποιηκώς ”「犯罪」，這種結構似有強調的意味（參 Porter 1992:46）：完成式那種狀態，過去的行動帶來現今的結果，過往的犯罪對現今還有影響，在這裏明顯指這人陷於病患之中，是因為他曾犯罪。舊約中已有將病患與人犯罪看為有因果的關係，例如申命記二十八章58至61節：「這書上所寫律法的一切話是叫你敬畏耶和華—你神可榮可畏的名。你若不謹守遵行，耶和華就必將奇災，就是至大至長的災，至重至久的病，加在你和你後裔的身上，也必使你所懼怕、埃及人的病都臨到你，貼在你身上，又必將沒有寫在這律法書上的各樣疾病、災殃降在你身上，直到你滅亡。」（參《便西拉智訓》28.3：「那些向人心懷忿恨，豈又期待從主那裏得醫治（ἴασις）嗎？」；王下十九15～19，二十3）。在新約，將病與罪兩者相連，似乎仍是相當普遍（約五14；可二5；參約九2～3）；保羅亦指出有人不按理吃主的餅，因而造成病患，甚而死亡（林前十一29～32）。同樣的關連，亦見於拉比的文獻之中（《米示拿》〈論安息日〉2.6；《巴比倫他勒目》〈論第七年〉32～33b，〈論許願〉41a，〈論祝福〉5a），《巴比倫他勒目》〈論祝福〉5a就有這樣的忠告：「若一個人遭逢各種痛苦，他就該自我省察。」然而，並非所有的疾病都是與犯罪有關，約伯便是最典型的例子，他患病是來自撒但的攻擊（參伯九13～21，十三18～十四22，二十一4～26，二十九1～三十31），這種罪與病的看法，同樣受到反省性智慧文獻如傳道書所質疑（三16～22，五12～17，六1～9，七15，九11；參伯九13～21）。耶穌也説那生來瞎眼的，與其父母或他的罪無關（約九2～3）。所以雅各在此處只是指到其中一種情況，就是因為犯罪的原故而帶來的病患，則所需要的是罪得赦免。“ ἀφεθήσεται αὐτῷ ”「他蒙赦免」這結構在〈七十士譯本〉和新約中相當普遍，用在祭司為犯罪人獻上贖罪祭，叫那人的罪得赦免（參利四20、26、31、35，五6、10、13、16、18、26，十九22；民十五25、26），這動詞的主詞應是指「罪」（利四20，五6：ἀφεθήσεται αὐτῷ ἡ ἁμαρτία；參賽二十二14），當然那能赦免人罪的是上帝。作者沒有清楚標明是那種罪，很可能是指與上帝或與人在忠實誠信的關係上犯了錯誤（Hutchinson Edgar 2001:212～213）。這裏假設了這犯罪的人知罪認錯，願意悔改，他的罪便得著赦免（四8～10）。

五16 所以你們要彼此認罪，互相代求，使你們得醫治。

“ οὖν ”將這節與上文連繫起來，從上文為病人的罪代禱，引申至這一般原則性的吩咐。“ ἐξομολογεῖν ”這字在〈七十士譯本〉和新約中，主要用作宣認或讚揚（參創二十九35；撒下二十二50；詩九2；賽四十五12；《便西拉智訓》39.6、15；路十21；徒十九18；腓二11）。在新約，“ ἐξομολογεῖν ”這字則用作承認自己的罪（可一5）。還有另一同字根的動詞“ ὁμολογεῖν ”，用法也類似，作宣認或讚揚（耶五十一25；太十32；約九22；羅十9～10；提前六12；多一16；來十一15；約壹二23，四2）和認罪（《便西拉智訓》4.26；約壹一9）。根據猶太人的傳統，認罪對個人和對羣體來説，都是重要的。在舊約中有不少關於認罪，以及因此得到寬恕和醫治的教導（利五5，十六21，二十六40；民五7；尼一16，九2；伯三十三26～30；箴二十9，二十八13；詩三十二5，三十八3～4、8，四十12，五十一2～5；參《所羅門詩篇》9.6；《馬加比三書》2.2～20，6.2～15）。例如詩篇三十二篇5節就強調要向上帝承認自己的罪：「我向你陳明我的罪，不隱瞞我的惡。我說：我要向耶和華承認我的過犯，你就赦免我的罪惡」；在贖罪日，祭司代表以色列民整個羣體獻上贖罪祭，之後將公山羊奉上：「兩手按在羊頭上，承認以色列人諸般的罪孽、過犯，就是他們一切的罪愆，把這罪都在羊的頭上……」（另參但九4～10；《巴錄書》1.14～2.10；《多比傳》3.1～6），在昆蘭羣體中，也鼓勵認罪這操練（《會規手冊》1.23～2.1；《大馬士革文獻》20.28～29）。這種認罪的實踐，也在早期教父的著作中可見（《黑馬牧人書》〈異象篇〉1.1.3，3.1.5；〈比喻篇〉9.23.4；《十二使徒遺訓》4.14；《革利免一書》51.3；《革利免二書》18.3；《巴拿巴書信》19.12）。雅各書在此強調成員之間要彼此的認罪，再次反映出他注重羣體的生活（ἀλλήλων「彼此」：四11，五9）。有些抄本在這裏使用“προσεύχεσθαι”「禱告」（A 048^{vid}），這字在新約中共出現八十五次，然而肯定，這裏原來讀文應是“εὔχεσθαι”「代求」（在新約中只出現六次），參五章15節“ἡ εὐχή”「禱願」；這字在〈七十士譯本〉和新約中都用作禱告，特別是為別人禱告（出八28，九28；申九20；徒二十六29，二十七29；羅九3；林後十三7；約叄2）。這裏再次重複“αλλήλων”「彼此」，羣體成員之間要彼此的祝願。“ὁμολογεῖν”「認罪」和“εὔχεσθαι”「代求」這兩個動詞都是現在式的，指重複（repetitive present）的在羣體中實踐。這樣的結果，是叫「你們」（眾數），即羣體中有關的成員，因此（ὅπως）能得到醫治。“ἰᾶσθαι”「醫治」這字在新約中屢次用於耶穌醫好患病的人（太八13，十五28；路五17，六18～19，七7，八47，九2、11、42，十三32，十四4，十七15，二十二51；徒九34，十38），保羅也行神蹟施行醫治（徒二十八8），然而這字不只局限於身體上得醫治，在〈七十士譯本〉中用作「醫治」背道或犯罪的（申三十3；賽六10，五十三5；耶三22），在新約中引申作屬靈上得到醫治（徒二十八27；來十二13；彼前二24）。有關禱告求醫治，《便西拉智訓》38.9與這裏的教訓非常類似：「我兒啊！當你在病患之中，切勿遲延，倒要向主禱告，祂就必醫治你」（τέκνον ἐν ἀρρωστήματί σου μὴ παράβλεπε ἀλλ᾽ εὖξαι κυρίῳ καὶ αὐτὸς ἰάσεταί σε）。有關禱告必蒙應允的應許及其理解，見釋義。

義人的祈禱能大大地發揮功效。

"δικαίος"「義人」在五章6節已出現過，根據猶太人的傳統，義人是指遵守妥拉的人（參詩一5～6，二12，七9，三十二1，三十三16，三十六39，九十六12，一四五8；箴四18，十6、16，十二3；《所羅門智訓》2.18，3.1；《便西拉智訓》35.6），在這裏作主詞屬格（subjective genitive）。在〈七十士譯本〉中，"πολύ"「多」與"ἰσχυ-"同字根的形容詞（或分詞作形容詞）曾三次一起出現（申二10，九14；賽八7），表達又多又大，因此這裏"πολὺ ἰσχύει"這片語雖可直譯為「能達成很多」（如 Hartin 2003:270），但看作「能很多地達成」更貼切，將"πολύ"「多」看為副詞（如可五38、43，六20；Johnson 1995A:335），這裏譯作「大大地發揮」。"ἐνεργουμένη"「有功效」這分詞可作關身語態或作被動語態，有看這作為被動語態，強調當上帝賜予能力時，禱告能發揮功效（Mayor 1913:177～179; Davids 1982:196～197）；然而無論是那種語態並不影響最終是上帝使禱告發生功效的（Martin 1988:212）。也可視作形容禱告，即「有功效的禱告」（Dibelius 1976:256; Laws 1980:234; BDAG 335; NRSV, NIV），也可作為修飾主要動詞"ἰσχύειν"，即「大有功效地發揮出來」（participle of manner；Adamson 1976:199），或「當他是有功效時」（temporal participle；參 Mussner 1981:228），或「當使用／發揮功效時」（Mayor 1913:178; Ropes 1916:309）。"ἐνεργουμένη"「有功效」這分詞在加拉太書五章6節，有類似的使用方式：「惟獨使人生發仁愛的信心才有功效」（πίστις δι' ἀγάπης ἐνεργουμένη），套用在這裏，即「義人的禱告大大發揮至有功效」，簡言為「義人的禱告能大大地發揮功效」。"δέησις"指代求（〈七十士譯本〉王上八28；代下六21；詩六10，十六1，二十一25，三十23，八十七3；伯四十27；《馬加比一書》7.37；《便西拉智訓》21.5，35.13，51.11；《巴錄書》2.14；路一13；羅十1；林後九14；腓一4；提後一3），先知以利亞正是代求蒙應允的好例子。以利亞是一個義人，他的禱告往往蒙上帝的垂聽，帶來一般人意想不到的效果。

五17 以利亞是和我們同樣性情的人，

作者已曾使用亞伯拉罕、喇合和約伯這些人物作為例子，這裏則使用大能的先知以利亞作為禱告蒙應允的例子。這裏形容以利亞是一個與讀者有“ ὁμοιοπαθής ”「同樣性情」，這字是由兩字組成“ ὁμοι ”「相似」＋“ πάθος ”「欲望、情感」，或可說「都是同樣一個有血有肉的人」（參《馬加比四書》12.13；斐羅《論變亂口音》7；特別參徒十四15：“ ὑμεῖς ὁμοιοπαθεῖς ἐσμεν ὑμῖν ἄνθρωποι ”比較這裏“ Ἠλίας ἄνθρωπος ἦν ὁμοιοπαθὴς ἡμῖν ”）。有學者認為使用這字，帶有同樣在痛苦中掙扎的意思（Ropes 1916:311; Hartin 2003:271），這並非不可能，但並不明顯。這樣強調以利亞與其他人一樣有血有肉，可能是在讀者的心目中，以利亞的地位崇高，他行大能的神蹟、他飛升天界，以及他在末後的日子，為主預備道路的角色，都不是一般人可以與之相提並論的（參瑪三22～23；《便西拉智訓》48.1～14；太十七1～18；路九8、33），然而以利亞同樣面對灰心（王上十九14）、恐懼（王上十九3）及敵人的迫害（王上十八17，十九2）。在《以斯得拉二書》（7.109）記載以利亞是大能的禱告者。作者在這裏引入以利亞，可能這書是寫給散居地十二支派的猶太人有關（雅一1），根據《便西拉智訓》8.10，他來是要復興以色列的國族，雅各書代表著這新興的彌賽亞運動，如何實現復興以色列國。

他懇切祈求，叫不要下雨，天就三年零六個月沒有下雨在地上。

“ καί ”這字可以是簡單連接詞，且是接續性的用法（大部分中英文譯本），也可視為帶有些微對比的用法，即「然而」（Johnson 1995A:336; NLT），但這裏的語調並未有那麼強烈。“ προσευχῇ προσεύχεσθαι ”直譯為「在禱告中禱告」是一種閃族語法（Moule 1959:177～178），即「懇切禱告」。“ τοῦ μὴ βρέξαι ”「叫不要下雨」（articular infinitive of purpose）。雖然在列王紀上並沒有說天不下雨是因為以利亞的祈禱，但猶太人的傳統確是這樣理解，例如《便西拉智訓》48.3上：「藉著主的道，他叫天閉塞。」（參《以斯拉四書》7.39；《西緬聖經故事集編》釋王上十七；啟十一6；路四25）有關祈求下雨的事的前因後果，記在列王紀上十七章1節至十八章46節，根據列王紀上十八章1節只記載，到了第三年，天還沒有下雨，但並未有提及三年零六個月沒有下雨在地上，這說法亦見於中世紀的猶太傳統（《利未記大米大示》19.5；參 O'Leary 1903～1904）。然而，路加福音四章25節說：「我對你們說實話，當以利亞的時候，天閉塞了三年零六個月，遍地有大饑荒……」根據天啟的傳統，「七」這完全的數字代表時日的滿足，「一七之半」即三年零六個月（或四十二個月或一百六十天）代表有限的時間，可以指審判或災難的日子（參但七25，十二7；啟十一2，十二14），這裏使用這數字，挑起末世的聯想。

五18 他又祈求，天就降下雨來，地也生出了成果。

事件記載於列王紀上十八章41至45節，以利亞上到迦密山頂，「屈身在地，將臉伏在兩膝之中」（十八42），以利亞的姿勢，明顯是在祈禱，他七次吩咐僕人去觀看，直至見到一小片雲從海裏上來。" ὁ οὐρανὸς... ἔδωκεν " 直譯「天賜下」，所用的動詞，正是雅各書一章5節和四章6節分別指上帝是那位賜予智慧和恩典的（參一17），天降下雨水，最終是因為上帝垂聽禱告，叫雨降下。在列王紀上有關以利亞求雨的記載中，並未有提及雨水使以色列人得到收成，當然這在農業社會中，特別是在猶大地，旱災是嚴重的問題，會造成農作物不收及饑荒。然而，這裏作者可能刻意將以利亞求雨和基督復臨連起來，使用了五章7節農夫為寶貴的出產（καρπός）而忍耐地等候秋霖春雨，那裏譯作出產的，正是這裏的「成果」。原本乾旱的土地，就好像人患了病一樣，不能正常的有美好生命的表現，土地得滋養就好像人得醫治一樣（Davids 1982:197; Johnson 1995A:337）。

申命記十一章16至17節就曾警告以色列民，他們若偏離正路，天便不再下雨：「你們要謹慎，免得心中受迷惑，就偏離正路，去事奉敬拜別神。耶和華的怒氣向你們發作，就使天閉塞不下雨，地也不出產，使你們在耶和華賜給你們的美地上速速滅亡。」根據《偽約拿單他爾根》列王紀上十八章37節，以利亞為以色列求火和求雨，是要叫以色列民藉此明白上帝的作為，主就是上帝，並且以祂的愛召喚他們回應主的道，叫他們敬畏上帝，不再對祂存異心（פליג לבהון），以利亞的禱告，不只是為以色列民求雨，而是仰望上帝的慈悲和愛顧，叫以色列民因見上帝的作為而悔改回轉。這種對以利亞禱告的演繹，和雅各書這裏所強調要彼此認罪、互相代求，並將迷途中的罪人挽回過來（五17～20），是非常吻合的。

五

全書總結——信徒彼此的責任（五19～20）

†

19 我的弟兄姊妹們，你們中間若有人偏離了真道，而有人帶引
他回頭，
20 他該知道，叫一個罪人從他的迷路上轉回，就是拯救了他的
生命出死亡，並且遮蓋許多的罪。

五19 我的弟兄姊妹們，你們中間若有人偏離了真道，

“ 'Aδελφοί μου ”「我的弟兄姊妹們」再一次宣告新的段落的開始，也是全書的總結。在結束時候，作者重申本書的目的。這是“ τις ἐν ὑμῖν ”「你們中間若有人」這片語自五章12節以來第三次出（參三1，四1）。作者在這裏使用了第三類條件句，視以下的情況實際在他們中間出現。“ πλανᾶν”這字的意思指迷途、偏離，在一章16節那裏作受騙，被引導離開了正軌（參彼後二15），在舊約中，「迷途」很多

時候指相當嚴重的錯誤（箴十四8；耶二十三17；結三十三10，三十四4）。在新約中多次用作在道德上的失迷（太十八12～13，二十四4～5、11；可十二24，十三5～6；羅一27；弗四14；帖後二11；提後三13；多三3；彼前二25；彼後二15～18；約壹二26，四6；啟二20；參林前六9，十五33；加六7）。"ἀληθεία"作「真道」，在一章18節上帝是以"λόγος ἀληθείας"「真理的道」即福音，是叫人成為上帝的子民，而那些嫉妒和高傲的人，是違背真道。這真道不只是叫人得生命，亦將人的生活行事納入正軌之中，在《所羅門智訓》5.6 有類似的表達：「是我們偏離了真理的道」（ἐπλανήθημεν ἀπὸ ὁδοῦ ἀληθείας）。

而有人帶引他回頭，

這裏重複了不定代名詞"τις"「某人」，在羣體中任何人，這是羣體每一成員的責任。"ἐπιστρέφειν"在先知書中常用作以色列人要回轉（〈七十士譯本〉賽六10，九12，四十六8，五十五7；耶三12，四1；結十八30～32；何三5，五4，六1；摩四16；珥二12；哈二17；亞一3；瑪二6，三7），新約中也是類似的用法（太十三15；路一16～17，二十二32；徒三19，九35，十一21，十四15，十五19，二十六18、20；林後三16；帖前一9）。這裏一方面是使這人轉離罪惡，另一方面是轉向上帝，轉向真理。這裏回應了一章1節對讀者的描述：「散居地的十二支派」，帶犯罪的人回頭，即重新被召聚到那更新的十二支派，就是耶穌作為彌賽亞所帶來上帝的國度，成為聖潔神的子民。

五20 他該知道，叫一個罪人從他的迷路上轉回，

"γινωσκέτω"「知道」有異文作"γινώσκετε"（B 69 1505 1518等），這異文是要澄清原來"γινωσκέτω"可能引起的誤會，以為主詞是「使人回轉的人」（Metzger 1975:685～686），用第二身眾數則很清楚是指讀者。"γινωσκέτω ὅτι"「你們該知道」是主句，是從五章19節開始條件句的應驗句（apodosis）。"γινώσκειν"「知道」一字在一章3節出現，現在總結時作者再次使用這字，形成首尾呼應，合乎上帝真道的生活是基於正確的知識。作者強調使人回轉的重要；他以另一種方式講述這任務："ὁ ἐπιστρέψας ἁμαρτωλὸν ἐκ πλάνης ὁδοῦ αὐτοῦ”「叫一個罪人從他的迷路上轉回」，偏離真理的人，就是罪人，也是誤入歧途的人（πλάνης ὁδὸς αὐτοῦ），這裏承接了上節的圖像，失迷真道的人是走自己錯誤的路。在新約中，“ἁμαρτωλός”「罪人」很多時候是指未承受救恩的人，然而雅各書兩次使用這字，都似是針對羣體中的成員（另一次於四8）。〈七十士譯本〉箴言十二章26節有這樣的諺語：「一個有知識的義人（δίκαιος）是他自己的好友，但是不敬虔人歪曲的目標叫他們犯罪（ἁμαρτάνοντας）追求邪惡，不敬虔人的路叫他們失迷（ἡ δὲ ὁδὸς τῶν ἀσεβῶν πλανήσει αὐτούς）。」學者莊遜認為這裏作者可能是旁索〈七十士譯本〉利未記十九章17節下：「總要指摘（ἐλέγξεις）你的鄰舍，免得因他擔罪」，這節的「指摘」平行於「叫……回轉」，「免得因他擔罪」平行於「遮蓋許多的罪」；但這裏是旁索的機會不大，一方面是兩段經文首句所用的動詞不同，意思亦有別，利未記所載的吩咐是指摘，他是否回轉，並非主旨，另一方面，第二句的「免得因他擔罪」是指那指摘他的人，但遮蓋許多的罪是指那罪人（參下節解釋，這是莊遜自己也接受的解釋；Johnson 1995A:339）。況且利未記十九章17節是法則，而雅各書這裏則不是，前者的重點在於自己，後者的重點在於他人。

就是拯救了他的生命出死亡，

“ψυχὴν αὐτοῦ ἐκ θανάτου”「他的生命出死亡」（支持這讀文的有 ℵ A 33 vg）有異文沒有“αὐτοῦ”（K L Ψ 049 056 0142）或是將“αὐτοῦ”「他的」放在“ἐκ θανάτου”「出死亡」之後（P^{74} B 614 1108 等），將“αὐτός”「他」作強調代名詞；這些異文的出現，可能是因為這裏“αὐτοῦ”「他」的位置，帶有含糊的地方，究竟這第二身代名詞是指那使人回轉的，還是那回轉的人。“ψυχή”這字雖可作靈魂，但這裏並非指靈魂對比於身體，在這裏是指那罪人的生命（一21：σῶσαι τὰς ψυχὰς ὑμῶν），這裏的生命指在上帝面前有的生命。對比於這種生命的是死亡，所指的死亡，也不只是肉身的死亡，而是在上帝面前的狀態，因罪得不到赦免而帶來最終的結果。罪最終帶來死亡，在新舊約中，這關連都是非常清楚的（參申三十19；伯八13；詩一6，二12；箴二18，十二28，十四12；羅五12；林前十五56）。這裏我們可以回索作者在一章15節對情欲—罪—死亡的分析：「情欲懷了孕，就產生罪來；罪既長成，就生出死來。」《便西拉智訓》21.10有這樣的諺語：「罪人的路（ὁδὸς ἁμαρτωλῶν）是鋪平的石，它的終點卻是陰間的坑溝。」這是作為彌賽亞運動的成員所必須努力的，叫迷路的罪人轉回得生命（參一17～18）。

並且遮蓋許多的罪。

彼得前書四章8節有類似的說法：「最要緊的是彼此切實相愛，因為愛能遮掩許多的罪（ἀγάπη καλύπτει πλῆθος ἁμαρτιῶν）」，雖然雅各書這裏與彼得前書在字句上有別，然而叫一個罪人回轉是愛的行動，這是毫無疑問的，彼得前書所言是一個較普遍的原則，這裏則是某種具體的行動。有學者認為彼得前書那段經文是引用箴言十章12節下：「愛能遮掩一切過錯」，從意思來說，這是肯定的，但〈七十士譯本〉在這裏的用字，與彼得前書的不同，茲將雅各書這節與上引兩段經文並列作比較：

箴十12下： πάντας δὲ τοὺς μὴ φιλονεικοῦντας καλύπτει φιλία
彼前四8： ἀγάπη καλύπτει πλῆθος ἁμαρτιῶν
雅五20： καλύψει πλῆθος ἁμαρτιῶν.

三者比較起來，彼得前書與雅各書較為接近，從這裏我們可以推斷極可能彼得前書和雅各書都不是直接使用箴言書，而是使用了（可能是從箴十12而引申出來）某種口述流傳（Johnson 1995A:339; Hartin 2003:285），《革利免一書》49.5和《革利免二書》16.4使用與彼得前書四章8節完全相同的語句，它們可能是取材於同樣的口述傳統，也可能後者是引用彼得的說話。

這裏所用"καλύπτειν"「遮蓋」一字在〈七十士譯本〉中可用在物質的遮蓋或覆蓋（如創七19；出八2，十四28），也可作「隱藏」（如箴十6、11；傳六4；但十二4；參林後四3），隱藏自己的罪孽，是不應該的（尼四5；詩三十一5），惟有上帝隱藏人的罪，才是有福的；詩篇三十一篇1節："μακάριοι ων ἀφέθησαν αἱ ἀνομίαι καὶ ὧν ἐπεκαλύφθησαν αἱ ἁμαρτίαι"「得赦免其過、遮蓋其罪的，這人是有福的」（另參羅四7），將赦免和遮蓋等同，這亦見於詩篇八十四篇3節：“ἀφῆκας τὰς ἀνομίας τῷ λαῷ σου ἐκάλυψας πάσας τὰς ἁμαρτίας αὐτῶν”「你赦免了你百姓的罪孽，遮蓋了他們一切的過犯。」從〈七十士譯本〉的背景，這裏「他遮蓋許多的罪」的主詞不可能是那曾犯罪而回頭的人，因為人是不應該遮蓋自己的罪的！而且從文理的順暢去看，似是指使罪人回頭的那人，許多的罪也不可能是指他的罪，[45] 同樣因為人不應遮蓋自己的罪，因此應是指那犯罪的人的罪。[46] 雖然在舊約中，惟有上帝才可遮蓋人的罪，然而人與人之間是需要彼此寬恕／赦免的，例如《便西拉智訓》28.2：「饒恕你的鄰舍所犯的過錯，那當你祈求時，你的罪也得寬容」，更重要的，耶穌十分注重在羣體中彼此寬恕的生活（參太六12、14，十八21～35）。莊遜認為這裏所指並非過去曾發生過的罪，而“καλύπτειν”遮蓋應作壓抑或止住，即能減少羣體中間的罪（Johnson 1995A:339），但這樣理解“καλύπτειν”這字，顯得牽強。這裏說很多的罪，並非要強調那罪人的罪孽深重，而是上帝恩典的豐厚（Davids 1989:136）。所強調的，不只是個人的責任，亦是作為上帝的羣體成員的責任，也是這羣體得以潔淨和完全的途徑。

釋義（五12～20）

論起誓（五12）

若三章1至12節的重點是要小心失言，這裏五章12節的重點則是不要食言。作者以不可起誓作為全書總結的開始，是因為誠信是個人和羣體是否健康的一個非常重要的指標，失了誠信，便壞了信譽、損了人格。相信雅各這裏是引申耶穌的教導：「你們又聽見有吩咐古人的話，說：『不可背誓，所起的誓總要向主謹守。』只是我告訴你們，甚麼誓都不可起。

45 支持那是指那使人回頭者的罪的學者也不少，Ropes 1916:315～316；Adamson 1976:204；Dibelius 1976:258；Laws 1980:239；Mussner 1981:233。

46 支持這論點的有 Mayor 1913:237～238；Davids 1982:201；Martin 1988:220；Johnson 1995A:339；Hartin 2003:285。

不可指著天起誓。因為天是上帝的座位；不可指著地起誓，因為地是他的腳凳；也不可指著耶路撒冷起誓，因為耶路撒冷是大君的京城；又不可指著你的頭起誓，因為你不能使一根頭髮變黑變白了。你們的話，是，就說是；不是，就說不是；若再多說就是出於那惡者」（太五33～37），舊約雖然沒有禁止起誓，只是禁止人起假誓：「不可指著我的名起假誓，褻瀆你神的名」（利十九12），因為以上帝的名字起誓，是以上帝為保證人，這就不再只是人與人之間的事，是將上帝拖進誓言之中，起假誓便是褻瀆上帝的名。然而，到了耶穌的時期，在猶太人社會中已出現了不同形式的起誓，以分別出哪些誓言要確實遵守，哪些不用，這種將人所說的話的真實分成等級，有不同程度的可信性，是絕對要不得的，會嚴重破壞人與人之間互信的關係，這也是耶穌完全禁絕起誓的原因。「是，就說是；不是，就說不是」，簡言之，即言必有信、言出必行，相反的是心口不一、言不由衷，出爾反爾、輕諾寡信。對於當代的文化來說，在一般的事務中，鮮有正式的公文，或是嚴格的司法程序，口頭的信譽便非常重要，一諾千金，是社會關係得以維繫的重要元素。中國《儒效》篇也有云：「知之曰知之，不知曰不知，內不自以誣，外不自以欺。」

然而在我們這個利欲薰心、以個人利益為中心的社會，關係愈來愈變得支離破落，人與人之間，就是家庭成員之間，也不容易建立互信坦誠的關係。每一個謊言都足以窒礙個人和羣體的生命，謊言的特性，是產生更多謊言以掩蓋之前的謊言。我們不得不對任何的信息，不論是大眾傳謀、各界的宣傳、互聯網的資訊（包括電郵、網誌），商業的、政治的、宗教的，甚而是教會的、個人的，都採取存疑不敢輕信的態度。耶穌和雅各並非要禁止法庭上以示慎重和莊嚴的起誓，或是在婚禮時那種嚴肅的承諾，而是針對在日常生活中，那種對個人誠信掉以輕心的態度，視起誓為一種達到自己目的手段，甚而用起誓去行騙！

教會要建立一個另類的、以真理為基礎的羣體和文化，忠實誠信是這信仰羣體及其成員所應有的特質，沒有誠信，便沒有信任，沒有信任，便難以建立完整合一的團體。這也不只是所關涉的信仰羣體的問題，也關乎這羣體所代表的信仰，是與上帝的榮譽尤關，個人及羣體都要認真地面對真理和上帝。

信心的禱告（五13～18）

在信仰羣體中，不同的人在人生不同的階段，都會有不同的遭遇，有時面對苦難，有時遭逢喜事，然而不同的心境的人，都可以來到上帝的面前。當面對困境時，不論是遭遇不公平的對待，被人用言語所傷害，或是被人毀謗、埋怨或欺騙，被富有人欺壓，或是因信仰的緣故而被社會排斥歧視，或是好像約伯一樣遭逢人生的災難，都可以禱告向上帝傾訴內心的苦痛，求上帝的保守引導，上帝沒有應許給我們即時的「止痛藥」，但祂應許與我們同在；在喜樂之時，以詩歌頌讚上帝的恩典（五13），新約多處鼓勵信徒向上帝獻上讚美（如林前十四15；弗五19；西三16；腓四4）。舊約詩篇有不同格式的詩歌，有個人的哀歌（如詩三十九，七十七，一四一等），也有羣體的哀歌（如詩十二，四十四，八十五等），亦有頌歌（如詩八，十九，一〇〇等），就是要表達人面對不同際遇時，會有的不同心境。上帝樂意聆聽我們內心感情的傾吐。

雅各從以上兩種普遍的情況，帶到以下一個獨特的情形，就是當他們中間有人患了病（五14～15）。患病本來就是人生難以逃避的事，雅各要借用這情況，説明個人的苦痛，也並非只是個人的事，也是信仰羣體的事。有別於因人的惡行而帶來的痛苦，若所患是嚴重的疾病，就更容易引發疑問：「為甚麼這疾病，會臨到我的身上？」或是：「我作了甚麼事，以致罹患頑疾？」疾病可以消磨及破壞人對別人、對信仰和對上帝的信任，叫人忿怒、埋怨、情緒低落，在絕望中哀痛。疾病也可叫人盲目地追尋得到醫治的途徑，到處奔波尋找名醫，或是參拜各種神明，甚而投靠法力巫術。在這情況下，信仰羣體的支持、鼓勵、探望、提醒和代禱，就益發來得重要。

這段經文在解釋上有兩方面的困難：（1）上帝是否會因著信徒的禱告，一定治好那患病的人？這是否一個絕對的應許？（2）若然如此，是否那病人得不到痊癒，乃因那為他禱告的人缺乏信心？是否因為他的疑惑而得不到應允（一6）？於此，有兩方面我們是可以肯定的：（1）我們要為患病的人得醫治懇切禱告；（2）現實的經驗告訴我們，不論為他的禱告的人，有否治病的恩賜，不是所有的病人都因禱告而得醫治，在禱告得醫治這事情上，我們不應有不切實際的期望。我們不像主耶穌，他能有百分之一百的成功率，因為他對上帝的心意，瞭如指掌。根據以上兩點，我們嘗試理解這段經文的意思。

當這信仰的羣體有人患病時，應該請教會的長老來，這裏假設了這人所患的病可能不輕，大概要臥病在床；長老為教會中的領導，在信仰上較成熟，他們要奉主的名，以基督的權柄，用油抹這病人。在新約時期，固然很多時使用油作藥。油並沒有法力的神效，這裏用油抹這病人，有將這人分別出來的含意，也要引發這人的信心，正如耶穌和昔日使徒們曾用油抹病人治病，長老們也承接這事奉，奉主的名，為病人抹油禱告（五14）。油對於那病人的作用，就好像洗禮時所用的水一樣。

這裏特別聲言要邀請長老為這病人禱告，明顯是指一些在信仰上較為成熟的，他們要以信心為這人禱告，一章5至6節作者已提及要以信心祈求智慧，這裏信心祈禱的目的，固然是叫這病人得醫治：「救那病人」，而信心包括順服於上帝的心意，這裏可能蘊含著一個分辨的過程，當長老們意會到上帝的旨意是叫這人得醫治時，他們以順服的心為這人禱告，這人便必定得著痊癒。信心的禱告無疑是叫我們期待上帝施行醫治。身體蒙上帝的醫治，也不過是我們最終得救的一小部分的經歷，最終上帝也會叫人從死裏復活，完全體會那完整的拯救（五15上）。

雅各再引入為病人禱告時的其中一種獨特的情況：若然這人是犯了罪。顯示這人患病是與他犯了罪有關，這種情況是可能存在的，不是所有病患，都是因為罪的原故，極需有智慧的人，幫助病者作出分辨。一個人過去所犯的罪，可以影響這人的身心靈，同時亦影響他與其他人，與上帝的關係。這病人便需要在上帝面前求寬恕，透過這些長老的代求，上帝必定會赦免這人的罪（五15下），叫他的身心靈、個人、羣體與上帝的關係，重新得到建立。

雅各從以上幾種的情況，引入在教會羣體生活中，一些重要的普遍性的原則。不只是作為長老的，為軟弱的肢體禱告，在羣體中信徒應培養彼此的信任，以致可以彼此承認所犯過的罪，叫罪對個人失卻那種操控的能力，在互相代求中，不只叫人得著赦免，並且得到支持和建立，這是上帝所使用的方法，叫生命得到醫治（五15），羣體得到建立。罪帶來一種自我孤立和放逐，使人與羣體的關係決裂，我們以為：「他們若知道我的真面目，他們便不會接納我」，這便造成隔膜，彼此認罪和互相代求，是彼此以真正的面目相會，讓神和好的愛，在人的中間具體地經歷得到，成員之間要學習以真誠、謙卑和信任，彼此相待，沒有恐懼，也沒有假冒，這是健康的信徒羣體生活不可缺少的，也是信徒個人靈命得堅固的途徑。[47] 有認為，這裏是初期教會信徒在崇拜中的集體認罪，當然這裏包括這種認罪的方式，但這方式並非用作迴避向人私下承認自己所犯的罪，特別這罪涉及與那位我們需要尋求他寬恕的人（太五21～26）。

作者用先知以利亞為例，闡釋義人的禱告，能大大發揮功效（五16～18），義人指行在上帝的旨意之中，他的罪已蒙赦免的人，並且願意誠心尋求上帝的旨意，不像那些被自己的欲望所沖昏的人，上帝不要答允他們的禱告（四3）。根據猶太人的傳統，在以色列復興之前，以利亞必先來臨，因此作者在此引用以利亞先知，不只是因他是禱告的榜樣，也是代求的榜樣：他為以色列民求火求雨，叫他們悔改，認識耶和華是真神；這也應是信徒彼此代求所有的目的（參五19～20）。以利亞並非「超人」，他與我們一樣，可以跌入懷疑和氣餒之中，然而我們可以和他一樣，因為所禱告的上帝還是那同一位的上帝。當以利亞禱告時，天就三年零六個月沒有下雨在地上，在舊約中並未有記載是這樣久，「三年零六個月」是七年的一半，在天啟文獻之中，代表有限的時間，特別是指經受苦難的日子。下雨及得著成果，也是五章7節當作者使用耕種的比方時，用作表達主來的日子。因此我們可從兩個不同的層次理解這段經文。一方面以利亞是一個非常適當作為禱告蒙應允的榜樣，因為聖經多次記載他的禱告蒙應允（王上十七1～王下二12），在撒勒法禱告叫寡婦兒子死而復生（王上十七15～24），在迦密山上禱告叫火降下，燒盡燔祭（王上十八1～39），他也禱告叫雨下在地上（王上十八41～45）。另一方面，根據猶太的傳統，以利亞與彌賽亞的來臨，有密切的關係。信徒要禱告，等候主的復臨，惟有主的復臨，才可叫萬象更新。信徒是初熟的果子（一18），還待那最終的收成。禱告是信心的運作，也是信徒羣體所具備的特徵，在祈求和禱告中，我們與信徒和上帝建立關係，以誠

47 對個人所犯的罪，是否有必要在羣體中公開宣認，這要看個別情況，若是涉及羣體的，便應尋求全羣的寬恕，然而若只是涉及一個人對一個人的，就必須考慮公開宣認的作用在哪裏。參 Smith, *The Voice of Jesus*, p.108。

心仰望上帝，以摯誠對待弟兄姊妹。正如何西阿書六章1至3節的應許：「來吧，我們歸向耶和華！他撕裂我們，也必醫治；他打傷我們，也必纏裹。過兩天他必使我們甦醒，第三天他必使我們興起，我們就在他面前得以存活。我們務要認識耶和華，竭力追求認識他。他出現確如晨光；他必臨到我們像甘雨，像滋潤田地的春雨。」（參耶十四19～22）教會是一個醫治的羣體，是一個信徒不斷經歷上帝的醫治和拯救的羣體。

信徒彼此的責任（五19～20）

作者在此信臨終結的時候，再次語重心長的提醒信徒要彼此守望。這是作者第三次使用「你們中間若有人」（參三1，四1），羣體成員之間應有相互守望的責任，若有成員偏離了真道，就是那能救他們生命的道（一18、21），另一位成員將他挽回過來，叫他能知罪悔改，脫離罪惡，轉向真理，這人所作的，是極之重要的服侍，是救亡的行動，且叫那人的罪能得到赦免，叫罪不致在羣體中蔓延。信徒不只是消極地坐視那犯罪的人離開教會，離開上帝，而是採取積極的態度，為他禱告，並將他挽回過來，這也是耶穌（太十八15～20）、保羅（加六1～2）和約翰（約壹五16～17）所教導的，紀律的目的並非審判他，而是挽回他，叫他重回正軌。不然，這人也是犯了知善而不行的罪（四17）！在今世這裏充滿信心考驗的場地（參一2），我們極需弟兄姊妹的提醒和指點，肩並肩一起的走在真理的道上走，終身永不偏離。

這總結正說明了雅各寫這信的目的，叫人得到提醒和警惕，叫信徒有則改之，無則加勉。雅各於此刻盡了作為教師的責任，將上帝所賜予的「鏡子」擺在我們的面前。信徒個人和羣體，能否正視自己的真面目，並上帝在真理上的要求，盡己愛上帝和愛鄰舍，竭力邁向完全嗎？我們又會如何對雅各的呼籲作出回應呢？

附　錄

雅各生平

†

1 雅各的骨棺

有關主的兄弟雅各，近年他的名字竟然上了國際新聞。2002年10月，《聖經考古評論》（*Biblical Archaeology Review*）宣告發現一個一世紀的骨棺（ossuary），相信曾用作承載耶穌的兄弟雅各的骸骨，在這骨棺上以亞蘭文刻有：「雅各，約瑟的兒子，耶穌的兄弟」（יעקוב יוסף אחוי דישוע）。這發布立時引起鬨動，不只引起學術界的關注，也引起傳謀的興趣（例如美國哥倫比亞廣播公司的節目《六十分鐘時事雜誌》，就曾兩次探討這件事），若是真品，則是至今為止惟一一件最早有關耶穌及其家人的物品。學者都一致同意這骨棺是來自公元一世紀，但對骨棺上的銘刻，則存在完全相反的看法，有認為這是出自兩種不同的手筆，明顯是贗品，亦有認為有兩種不同的字體，並非不正常，無論如何，此事已成刑事案件，涉及偽造古物及詐騙。考古學家麥能施（Magness 2005）從另一角度評論這骨棺，他認為這不大可能是主的兄弟雅各的骨棺，原因不是來自這骨棺本身，而是根據第二世紀教會的史家赫格西僕（優西比烏《教會歷史》2.23.4～18 轉引），雅各是葬於聖殿山，並且立有石碑，雖然雅各葬於聖殿山的機會甚微，可能他是葬在聖殿附近的墓地（參 Murphy-O'Connor 2003），這傳統顯示雅各並非被埋葬於石洞的墓室，便不是使用骨棺，而是被埋葬於地下，然後立碑為記。耶柔米亦記載這石碑於公元一至二世紀時，仍清楚可見的。況且雅各的家庭應該不會如此富有，有能力興建自己的石窟墓穴，這有別於耶穌要在安息日前安葬，他被安放的墓穴，可能是專為死刑犯人安葬的墓（特別參 McCane 2003:89～106）。事實上沒有任何記載說雅各借用別人墓室停屍，若將這些因素加起來，這骨棺屬於耶穌的兄弟雅各的機會，便大大降低了。[48]

在福音書中，曾記載耶穌有四個兄弟，其中一位是雅各（可六3//太十三55；參路八19；約二12，七3～4）。在保羅書信中，他被稱為「主的兄弟」（加一19；參徒一14；林前九5），被列為使徒，與磯法和約翰齊名（加一19），也是耶路撒冷教會的「柱石」之一（加二9），而且在排名上為首，或許正如有學者指出（Bütz 2005:18～19），雅各是現今教會所遺忘了的英雄（forgotten hero）。雅各曾參與於耶路撒冷的會議（加二1～10；徒十五1～20），並且根據保羅的見證，他曾見過復活的主（林前十五7）。

2 雅各——耶穌的弟兄

根據學者包衡的看法（Bauckham 1990:9），不論在猶太或外邦基督教會中，「主的兄弟」是初期教會所熟悉獨特的一班人（除新約福音書外，參徒一14；林前九5；加一19；優西比烏《教會歷史》2.23.4，3.20.1；參《使徒書信》5；《拿撒勒人福音書》2）。

有關雅各與耶穌的關係，歷來有三種不同的看法：

1. 愛爾衛修說（Helvidius，四世紀末）：雅各是耶穌出生之後，約瑟和馬利亞所生的兒子。這看法多受基督教抗羅宗人士所支持。贊成這

48 特別參 Evans 2005:228～230 總結若這骨棺真的是耶穌的兄弟雅各的骨棺，其意義何在。

看法的有特土良及波諾蘇(Bonosus;四世紀撒爾底迦主教)。[49] 伯咸(Bernheim 1997:18)提出兩個重要的支持:(1)耶穌是首生的兒子(路二7),似乎提示以後有其他弟妹;(2)馬太福音中記載約瑟雖娶了馬利亞,但並未有與她同房(一24～25),亦似乎假設了以後有夫婦的關係。這看法未有更早傳統的支持,原因可能是在未有爭論前,這是順理成章的理解。

2. 伊皮法紐説(Epiphanius of Salamis;敍利亞賽浦路斯的主教;約315～402年):雅各是約瑟前妻所生的兒子,約瑟在娶馬利亞時,年已八十(參《藥庫》,約370年),有四子兩女。這看法首見於《雅各原始福音》(9.2,17.1～2,18.1,二世紀中葉的旁經,亦見於《彼得福音書》〔公元二世紀末葉,俄利根所引: *In Matt*. 10.17〕和《多馬的耶穌孩提時期福音》16)。雅各應是四兄弟中為長的,約西次之。支持這看法的,有亞歷山太的革利免、俄利根、優西比烏等教父(游斯丁?)。東正教持這看法者眾。[50] 當比較馬可、馬太和約翰三卷福音書時,馬可和馬太記載在十字架下有三位女性:抹大拉的馬利亞、雅各和約西的母親馬利亞和西庇太兩個兒子的母親;約翰則記載了四位女性:耶穌的母親馬利亞、耶穌母親的姊妹、革羅罷的妻子馬利亞和抹大拉的馬利亞。比較之下可見符類福音書所載雅各和約西的母親馬利亞,就是耶穌的母親馬利亞;為要強調耶穌是神的兒子(可十五39;太二十七54),才不指出她是耶穌的母親。這點亦可用作支持第三種的看法。

有認為(Bernheim 1997:19)這種説法令人費解之處,在於為何路加強調耶穌作為首生的角色(二7、22～24),但從舊約的角度,以色列是耶和華的首生,但並非表示在他之後還有其他「弟妹」,而是他是嗣子,從神那裏承受應許為產業(如出四22～23;何十一1～3;賽六十三15～16,六十四8～9;耶三19,三十一9)。他在耶和華眼中具有獨特的地位。有學者則認為

49 晚近支持這看法的,亦有天主教的新約學者,參 Meier 1991:1.316～332。

50 支持這看法的,有 Lightfoot 1993(1865):252～291;Bauckham 1990:5～44;1994:686～700。

若然這說法是正確的，則雅各和耶穌根本就不是兄弟，因為他們沒有共同的父或母（Shank & Witherington 2003:206），然而我們不能否認馬太福音（一章）視耶穌是根據約瑟的家譜，作為大衛的後裔（參路一27），所以他也可說是約瑟的兒子（路四22；約六42），雅各便是他的兄弟。伊皮法紐認為約瑟是在雅各四十歲時才娶馬利亞，若是如此，則耶穌死時，雅各便已年約七十歲，到公元62年他殉道時，便已是差不多一百歲的老人了，這在當時的環境來說不太可能（Painter 2004:210～211），再加上這若是既有的傳統，為何耶柔米會不接受（Painter 2001:5～16）。對這看法持異議者多認為，伊皮法紐的看法，是要維護馬利亞自始至終都是童貞女，當約瑟與她結婚時，已沒有與他圓房的意圖。

3. 希路尼米修說（Hieronymus；耶柔米拉丁文的名字）：雅各是耶穌的表兄，根據猶太人的傳統，可稱為兄弟。他實是亞勒腓的兒子（可三18），亦稱為「小雅各」，是約西的兄弟（可十五40；參可六3），為十二使徒之一。這「小雅各」有別於「大雅各」，指西庇太的兒子（可三17；太四21；路五10，於公元44年殉道〔徒十二2〕），肯定有別於保羅在書信中所提及的雅各。雅各和約西的母親馬利亞（可十五40；太二十七56）是耶穌母親的姐妹，即革羅罷的妻子（約十九25）。奧古斯丁接受這看法，這也多為傳統羅馬天主教人士所支持。[51] 耶柔米首先提出這論說（383年），以對抗愛爾却修的說法。

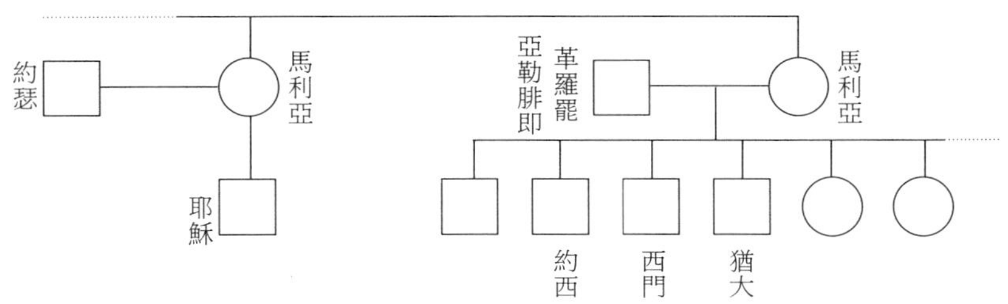

赫格西僕則認為約瑟與革羅罷為兄弟：

51　這與羅馬天主教「聖母無原罪」這教義有密切的關係。這教義在374年由伊皮法紐（約315～402）提出，在「康士坦丁第二次會議」（553年）及「拉特蘭會議」（649年）中得到確認。

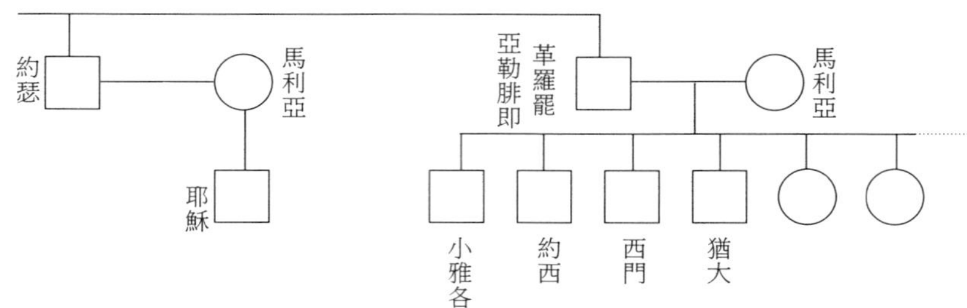

有學者(Bernheim1997:24～29)指出,雅各雖是使徒,但並非十二使徒之一(徒一13～14),大部分近代天主教的新約學者,均放棄將亞勒腓的兒子雅各、「小雅各」和「耶穌的兄弟雅各」三者等同。「小雅各」這樣的稱呼,可能正是用作將這人與之前馬可曾提及的兩個雅各分別出來。況且雅各和約西,並他們的兩個兄弟經常與耶穌母親連在一起,若他們與耶穌並非同一母親,為何他們自己的母親尚在,他們會這樣地靠近耶穌的母親呢?最可能的解釋倒是他們是馬利亞的兒子。況且約瑟夫稱雅各為耶穌的弟兄(ἀδελφός),在其他情況下談及表親時,卻使用另一字(ἀνεπσίος;參西四10),雅各是耶穌的表兄弟的說法成疑。[52] 同樣,這說法很可能仍是為了強調馬利亞的童貞,不只在生耶穌之前沒有與約瑟同房,之後也沒有!

總結:第三種看法的支持甚為薄弱,第一種的看法似乎較為順理成章,但第二種看法,卻有各種不同傳統的支持,然而伊皮法紐的版本不一定準確,例如他認為約瑟與馬利亞結婚時,雅各已有四十歲。值得注意的是,認為雅各等是約瑟與前妻所生(第二種看法),並不一定要接受馬利亞之後沒有與約瑟有性的關係,也不排除約瑟與馬利亞另有兒女。因此雖然這傳統備受多方的質疑,但這看法也是可能的。

3 耶穌在生時的雅各

根據符類福音的記載,耶穌的家人對耶穌的態度是負面的,然而馬可

52 Hartin 2004:26～35 認為雅各是耶穌的表兄弟雖難以確定,但可視為是耶穌的同輩親屬。

和馬太福音的重點，在對比耶穌的原生家庭，與那以上帝為父的另類家庭（參 Barton 1994；Painter 2004:20～41），路加福音就將對耶穌親屬負面的記載刪去。約翰福音在描述耶穌與他的母親（二1～12）和他的兄弟時（七3～8），都指出他的家人不明白他的使命，特別是關乎他的任務得以完成的時刻，他們的不信（七5），正在於此，根據約翰福音，「不相信」很多時候是由對耶穌的身分和使命的誤解，指沒有充足的信心，並不代表耶穌的家人完全拒絕耶穌，就是耶穌的門徒，也有顯出不信的時候（十四8～10，十六30～31）。反之，根據約翰的描述，耶穌的家人不時的與耶穌在一起，並且可能是他的支持者（Painter 2004:16～18；Bütz 2005:46～47；參 Hartin 2004:41）。福音書對耶穌生前與他家人的關係，在親疏上有不同的描繪，有可能在耶穌事奉的晚期，他的家人，包括他的兄弟雅各，也加入了耶穌所發起的彌賽亞運動（Bauckham 1990:46～57，2001:106），這可以解釋為何沒有任何傳統記載雅各的信道，只有記載他見過復活的主。

4 耶路撒冷教會的領袖雅各[53]

4.1 次經福音書的記載

《多馬福音》12節有這樣的記載：「門徒問耶穌說：『我們知道你將要離開我們，那誰會作我們的領袖呢？』耶穌回答他們說：『你們無論在哪裏，你們去找義者雅各，[54] 天地的存在都是因著他。』」《多馬福音》在此可能是取材自初期猶太基督徒，這甚而可能是屬於伊便尼派的傳統（Bauckham 1990:53; J. L. Gillman, *ABD* 2.621）。

根據二世紀猶太基督徒的《希伯來人福音》（frg. 13），有以下的記述：「當主將細麻布交給祭司的僕人後，他往找雅各，並向他顯現。因為雅各曾起誓，從他喝過主的杯這時刻，他不會再吃餅，除非他見到主從睡

53 Eisemann（1996A, 1996B）主張雅各即昆蘭羣體的始創人「公義的教師」，保羅則是「公義的教師」所針對的「說謊者」，那「邪惡的祭司」是亞拿尼斯（Ananus）。但這推測全無根據，牽強附會，沒有任何其他學者支持這看法。參 Cook 1994:137～143；Painter 2004:333～344；Davies 1999。

54 「義者」這稱呼用在耶穌的身上，參使徒行傳二十二章14節。

了的人中復活。過了一陣子，主說：『預備酒和餅!』並且隨即拿起餅來，祝謝了，擘開，遞給義者雅各，並且對他說：『我的兄弟，吃這餅，因為人子從睡了的人中復活了。』」這段說話表明雅各不只是耶穌的一位門徒，而且他可能是首位耶穌向之顯現的人物（Bauckham 1990:55），有學者（Chilton 2002:109）更認為雅各的權威，在於他將耶穌與但以理書中那人子等同，但單憑這裏的記載而作這推斷，不甚穩妥。在《拿·戈瑪第文庫》的《多馬福音》、《雅各藏經》、《雅各啟示錄一書》和《雅各啟示錄二書》中，雅各都被視作耶穌的繼承人，是耶路撒冷教會的領袖，並且他直接從復活的主那裏得到啟示，是重要的蒙啟示者，也說明他在教會中地位的崇高。

4.2 早期教父和基督徒史家的記述

根據優西比烏（《教會歷史》4.5.3～4，5.12.1～2）和伊皮法紐（《藥庫》66.21～22；公元四世紀），雅各是耶路撒冷的首位主教。根據優西比烏（《教會歷史》2.23.4～7）轉載赫格西僕（約110～180）的回憶錄（*Hypomnemata*）第五卷中說：「看管教會的權柄傳授予主的兄弟雅各，並使徒們。自主的時候至今，雅各被眾人稱為『義的』，雖有許多稱為雅各的，但這人自出娘胎已是聖潔的。他不喝清酒或濃酒，不吃肉類，從未有剃過頭髮，或以油膏抹自己，也從不到浴池去。[55] 他是惟一容許進到聖所裏的，因為他不穿毛衣，只穿麻布。他經常獨自進到聖殿，被人見到雙膝跪下，為人祈求得赦免，因為他不住的敬拜上帝，跪在那裏為百姓求赦免，以致他的膝頭變得像駱駝的皮一樣粗硬。因為他那超量的義，被人稱為『義者』（ὁ δίκαιος）和『奧卑阿斯』（ὠβλίας），希臘文的意思是『人民的護土牆』和『正義』（δικαιοσύνη），正如先知們指著他說的。」赫格西僕將先知所說的話與雅各相連，可能是指這些稱呼都是出自先知的。「義者」一字可能是取於以賽亞書三章10節，「鞏土牆」一字與以賽亞書

55 有學者（Chilton 2005B）認為基於這裏赫格西僕的描述和使徒行傳二十一章20至26節記載雅各建議保羅行拿細耳人之禮，證明雅各是拿細耳人，他甚而認為雅各視耶穌所帶動的運動，為產生更多拿細耳人的運動。這說法臆測居多，缺真憑實據。

五十四章11至12節所描述聖殿「四圍的邊界」（גבולך）有關（這字與希伯來文"גמל"「駱駝」一字為諧音相關語），[56] 正如加拉太書二章9節稱雅各為柱石之一，反映初期信徒視教會為末世的聖殿，使徒在其中擔承重要的地位，這裏同樣顯示雅各至於末世的聖殿來說，就好像聖殿的鞏土牆一樣。雅各被稱為「鞏土牆」亦見於伊皮法紐（《藥庫》78.7.1～8.2），他可能是使用了《雅各原始福音》的資料。第三個稱號「正義」（צדק）見於以賽亞書五十四章14節，這可能表示上帝透過雅各去建造末世的錫安（Bauckham 1999A: 206～209）。

《託羅馬的革利免名著作》（現存的版本應不早於公元四世紀末）的其中兩部分：〈託革利免名講道集〉和〈接受書信的明證〉，這兩份屬於猶太基督教的著作，可能成書於公元二世紀末；這兩份文獻內容有重疊的地方，似乎顯示出它們取材於同一份原稿，有認為這原稿取材於《雅各的上行》和《彼得的宣講集》。在〈接受書信的明證〉4.35，彼得警告讀者要慎防假使徒，他說：「不要相信任何教師，除非他帶著從耶路撒冷那裏主的兄弟雅各、或那些追隨他的人的證明」，視雅各為初期教會中有確立教師身分的權柄這一獨特地位的人。在另一份叫〈革利免致雅各書信〉的文獻，書信卷首語這樣稱雅各：「主教中的主教，管理耶路撒冷，就是眾希伯來人的聖教會和各處的聖教會」，在一份叫〈彼得致雅各書信〉，卷首語則稱雅各為「聖教會的主和主教」，這些後期的次經雖然有很多誇大和不可盡信的部分，然而這種對雅各高度的評價，有其真實的歷史根源。

這並非說耶穌的權柄，由其兄弟繼承，然而家族的關係，確是雅各和西緬（革羅罷的兒子，繼承雅各為耶路撒冷的主教）等得以在巴勒斯坦猶太人的教會中佔重要角色的其中一個原因。[57] 他們之所以成為教會的領袖，更是根源於他們從復活的主得到差遣，正如眾使徒一樣，同時也是基於他們個人的領導才能和恩賜。

56 Chilton 2002:111 認為"ὠβλίας"一字是來自亞蘭文"אבל"，即「哀慟」，因此這裏指雅各是一個哀慟者，但在沒有其他任何文獻的支持的情況下，這看法成疑。

57 這裏不贊成有認為耶穌開始了一個新的大衛王朝，耶穌死後雅各繼承了他成為這王朝領袖的說法（Tabor 2006）。

4.3 新約的記載

雅各作為主的兄弟，在初期教會中有其獨特的地位（參林前九1～6）。另一方面，雅各又是使徒，復活的主曾向他顯現。他可能是耶穌的教導的重要詮釋者，雅各書就反映出他如何將耶穌的教訓作個人的演繹（參緒論4.3）。雅各對猶太律法嚴格的態度，可見於使徒行傳十五章的耶路撒冷大會中；而在使徒行傳二十一章18至24節，他和其他長老們建議保羅行猶太人的潔淨之禮，以表明其虔守猶太人之律例。

據使徒行傳的記載，在教會初期，大概十二使徒都留駐在耶路撒冷（八1），雅各作為耶穌的兄弟，在此時（約公元44年起）亦漸次冒起。[58] 路加在使徒行傳十二章17節首次提及雅各，天使救了彼得出監後，到了馬可家，然後叫人通知「雅各和眾弟兄」，那裏沒有對雅各作任何的介紹，顯示雅各是教會中所熟悉的人物，極可能已是教會中的領袖，因此要向他匯報。期後雅各的地位日漸崇高，可能是因為他與耶路撒冷較保守的信徒有緊密的關係，加上十二使徒在耶路撒冷的影響力漸漸下降；西庇太的兒子雅各早已殉道（徒十二1～2；公元44年），其餘的像彼得和多馬等，都遠赴他方宣教。耶路撒冷的教會由一班長老，與使徒們一起領導（徒十五2、4、6、22、23，十六4），然而當巴拿巴和保羅將從安提阿教會所收集捐錢帶到耶路撒冷，給猶太的弟兄時，他們是送到眾長老那裏（徒十一30）。使徒行傳二十一章18節同樣也記載只有雅各和長老們，還逗留在耶路撒冷的使徒，那時可能已成為長老之一，合成十二長老。但雅各似不在這十二位長老之列，而是在他們之上，在耶路撒冷教會中，擁有獨特的地位（參《多馬福音》12）。根據優西比烏，雅各是耶路撒冷第一任的主教，雖然在一世紀中葉，大概在耶路撒冷教會還未使用「主教」這頭銜，但他作為耶路撒冷為首的地位，可能是取材於早期的傳統，是赫格西僕或在他之前已存在的傳統。

根據使徒行傳二十一章17至26節，當保羅帶同賙濟耶路撒冷貧窮人

---

58 有學者認為雅各一直都是耶路撒冷教會的領袖（Painter 2004:43～44；Bütz 2005:58～61 附和他的看法），但若是如此，為何在使徒行傳十二章之前，路加從沒有提及雅各？

的捐獻到了耶京時，因保羅面對指控，說他叫外邦的猶太人放棄摩西的律例，及不要孩子行割禮等，雅各和長老們建議保羅也行拿細耳人之例（參民六18～20；《米示拿》〈論拿細耳人〉2.5，4.7，6.8）。因此有學者認為雅各對聖潔和聖殿的關注，並耶穌被形容為拿撒勒（與拿細耳為諧音字）的耶穌（可一24），顯示雅各及接近耶穌的人，都理解耶穌是拿細耳人的身分，[59] 雅各同樣是拿細耳人（Chilton 2001A:146～149, 155～156，2002:121～123），根據優西比烏引述赫格西僕的描述（《教會歷史》2.23.5～7），雅各自母腹中已分別為聖，他滴酒不沾，吃素戒葷，也不剃鬚髮，這些都是拿細耳人所守的定例（民六3～5）。然而，赫格西僕可能只是將雅各描述為好像一位祭司一樣，可以自由進出聖殿，並不一定指他是拿細耳人。

5 雅各與早期彌賽亞運動

布朗（Brown 1983:74～75）正確地指出，清楚作猶太基督徒／信奉彌賽亞的猶太人，與外邦基督徒的區分，只在二世紀出現，是時基督教會大部分由外邦基督徒組成，猶太基督徒仍固執地實行作為猶太人的一切習俗。然在一世紀的教會，最少有四種不同的猶太—外邦基督教，基於猶太裔信徒向外邦人的宣教，將他們的神學及習俗，帶給外邦的信徒。布朗指出這種情況在使徒行傳的記載中，已見端倪。在耶路撒冷說希臘語的是猶太的信徒，他們與說希伯來語的信徒有三方面的分別：(1)希臘語的信徒說希臘語；希伯來語的信徒說希伯來或亞蘭語；(2)希臘語信徒來自受希羅文化影響的家庭，他們以希臘語起名，如司提反、伯哥羅、尼迦挪；有別於用希伯來譯音的名字，如西緬（西門）、猶大等；(3)希臘語的信徒不相信神仍住在耶路撒冷的聖殿之中（徒七47～51），但希伯來語的信徒仍繼續到聖

59　視耶穌為拿細耳人，沒有任何有力的支持，福音書反而記載耶穌與罪人同席，若耶穌是拿細耳人，這是難以想像的，亦沒有任何耶穌的對頭以這是違反拿細耳人的定例去攻擊耶穌。耶穌成長於拿撒勒，在當代稱呼一個不是來自本鄉的人，都是用他來自那地作為身分的辨認，與中國人的原籍相似。或許「拿撒勒」與「耶西的根」的「根」（ישי ונצר = *ys nzr*）的希伯來字根相似，故馬太福音在強調耶穌是大衛的子孫的同時，亦強調了他是那稱為拿撒勒人的，是出自先知預言的應驗（太二23）。

殿敬拜（二46，三1，五42）。

及後由希臘語信徒將福音傳給非猶太人，如撒瑪利亞人（八4～6）及外邦人（十一19～20），這些非猶太信徒與希臘語的信徒對猶太人的禮拜存同樣的態度。希伯來語的猶太信徒亦將福音傳予外邦人（參徒十五1、24；加拉太書及腓立比書三章的證據），所形成的猶太—外邦基督教，有別於希臘語信徒所建立的。由於不同的希伯來語的猶太信徒對猶太禮拜的態度各異，亦造成不同的猶太—外邦基督教。

保羅是能諳希伯來或亞蘭語的猶太信徒（林後十一22；腓三5；徒二十二2），有希伯來的名字掃羅，而且上耶路撒冷的聖殿敬拜（徒二十一26；二十四11）。在使徒行傳中，路加記載保羅與說希臘語的猶太人爭論（九29），他及其宣教隊伍（提摩太、伯基拉、亞居拉，參羅十六7）所建立的猶太—外邦基督教與希臘語猶太信徒所建立的，必定有分別。另一方面，在耶路撒冷的希伯來信徒，與保羅的神學立場迴異，他們攻擊保羅，並且認為外邦基督徒亦應接受割禮（加二；徒十五）。雅各和彼得所建立的猶太—外邦基督教可能是站在以上兩個不同立場之間。

布朗（1983:77～78）歸納出以下四種不同類型的猶太—外邦基督教，以下是根據他的分類作討論：[60]

1. 要求所有信徒均需奉行摩西的律法，包括割禮，才得享救恩的滿。這運動源於耶路撒冷，在加拉太和腓立比一帶的地方有其追隨者。有學者（Schille, *ABD* 1.935）稱此派為「猶太教式」猶太基督教（Judaistic Jewish Christianity）。這派及後發展為「猶太教化猶太基督教」（Judaizinig Jewish Christianity），在二世紀被看為是異端的運動，

60 Painter 2004:74～78，2005A:180～186 則分為六派：（1）所有信徒，不論猶太或非猶太裔，都必須行割禮，並奉行摩西的律法。（2）接受兩個不同並獨立的宣教使命，一者向非猶太人，另一向猶太人，但他們則只投身於向猶太人的宣教，這派以雅各為首，「使徒教令」代表了這派的立場。（3）以向猶太宣教為主，不論是以色列地還是散居地的猶太人，向非猶太人的宣教，只是向猶太宣教的結果，他們認為外邦信徒不需要行割禮及守摩西律法，但能守者更佳，正如他們自己一樣，這派的代表是彼得和後來的馬太福音。（4）猶太信徒守摩西的律法，但不要求非猶太信徒遵守，也不為守律法比不守律法的好，這派的代表是巴拿巴。（5）指派向萬國的宣教，包括猶太人，強調不需要割禮，不需要守摩西律法中禮儀的部分，保羅是這派的代表。他肯定福音先向猶太人，後向外邦人。（6）認為信徒不再受任何律法所束縛，這派的代表是哥林多教會中某些強調不受律法約束的信徒領袖。

其中包括以便尼派（Ebionites）。

2. 不要求外邦信徒接受割禮才可得救，但要求他們奉行猶太人的潔淨之禮。這運動源於耶路撒冷，可能與雅各和彼得有關，這派活躍於安提阿，亦可能在羅馬、加帕多家，本都及部分亞洲的省分。此派屬於「宣教式」（Missionary）猶太基督教（G. Schille, *ABD* 1:936），彼得是向受割禮的猶太人宣教的代表（加二7b）。
3. 不要求外邦信徒接受割禮才可得救，亦不要求他們奉行猶太人的潔淨之禮。他們不要求猶太信徒放棄割禮和猶太人的律例（徒二十16，二十一26，二十四11），這派以保羅及其宣教的隊伍為代表。有學者認為（Painter 2004:8 引述 W. Pratscher 的觀點），支持彼得的羣眾有別於支持雅各的羣眾，並且雅各並非反對保羅的，反而是他擔當了調和的角色（參 Ward 1992:784）。
4. 這派認為所有禮儀的律例對基督徒來說，不論是猶太人與否，均已無效。這運動源於耶路撒冷，經腓力傳至撒瑪利亞，後到腓利基、居比路和安提阿（參徒八40，二十一8起）。約翰福音和希伯來書可說是代表他們的作品（參《巴拿巴書信》）。

造成耶穌彌賽亞運動獨立於猶太教的基督教運動的原因複雜，以下是一些重要的因素：

1. 外邦基督教的壯大，特別希臘語的信徒羣體，強調猶太教禮儀的一翼，在這新的運動中，再沒有任何的角色。然而，包衡（Bauckham 1995A）對這點表示懷疑。
2. 在公元70年聖殿被毀後，猶太基督徒已再不能與信奉猶太教的人士一樣，一起參與聖殿的敬拜，他們亦不能參與任何重建聖殿的運動，包括其後巴柯巴（Bar Kokhba）的叛變。巴柯巴被視作彌賽亞，要重建聖殿，猶太基督徒當然不會參與，因為惟有耶穌是彌賽亞（參游斯丁《護教書〔一〕》31.6）。他們這種礙於參與的態度，使他們在猶大地的影響力，更顯式微。
3. 信徒羣體看自己為末世神的殿，沒有需要再參與聖殿的敬拜。而且外邦人漸次被納入這信眾羣體之中，作為這新聖殿的一部分，外邦信徒與猶太信徒一樣，同樣可以直接進到神的面前（林後六16～七1；弗二11～22；彼前二4～10），不需要虔守摩西所訂的律法，致使摩西律法，再不能成為神立約子民的標幟。

4. 猶太教人士將基督徒趕出會堂。

我們對早期猶太教與當時彌賽亞運動之間的關係，所有的歷史資料不多。除了以上提出的種種因素外，地方個別的因素，例如在羅馬城因基督徒與猶太教徒之間的爭執，使克勞第（Claudius）頒下御令驅逐猶太人出城一事（公元49年），造成羅馬城的基督教發展，以外邦人為主，加速了猶太教與這早期彌賽亞運動的全面公開決裂。早期猶太基督教的式微，可以説是基督教或彌賽亞運動的一大遺憾。[61]

6 早期猶太基督教與耶路撒冷大會

根據路加在使徒行傳十五章的記載，耶路撒冷大會的議決，對初期教會歷史的發展，有決定性的影響（歷來對徒十五章「使徒教令」（apostolic decree）是否存在，爭議甚多，可參 Painter 2004:52～53）。耶路撒冷教會在整個基督教運動開始的期間，帶有領導性的作用，除了因為十二使徒最初留駐於耶路撒冷之外，傳統上猶太人視耶路撒冷有獨特的地位，是世界的中心點，同時是猶太宗教活動的「總部」，散居的猶太人都以耶路撒冷為朝聖、敬拜的中心。有證據顯示在公元一世紀的時候，猶太公會對宗教條例和事務所作的決定，對散居的猶太人有一定的影響，且有信件顯示這種關係的存在（Bauckham 1995A:424～425）。

61 Hengel 1979:121："One of the tragic developments in the history of Christianity is that the 'church of the Jews', which showed great powers of perseverance even after AD 70, was not tolerated and supported in the further history by the Church of the Gentiles, despite the warning given by Paul in Rom. 11.17ff." 然而我們也應留意，猶太教與這由耶穌所引發的彌賽亞運動之間出現衝突，不是在外邦宣教之後才出現，在此之前初期教會便曾受到多次的逼害（參徒三～五章），更重要的，是耶穌也是在猶太教的領袖的手下被陷害，最後被釘十架的。

使徒行傳記載五旬節聖靈降臨在耶路撒冷信徒的身上，從散居之地來的猶太人，得聞福音（徒二5～11）。然後福音從朝聖者帶回他們的本地，福音漸次傳到耶路撒冷以外。耶路撒冷的教會順理成章的看自己為這宣教運動的起源及推動者，並且監督著整個運動的發展，這從使徒行傳的記載中可見端倪（徒八15～25，九27，九32～十一18，十一22～29，十二25，十五40）。使徒行傳十二章1至14節，處於巴拿巴和掃羅從安提阿將捐項送到耶路撒冷（十一30；約公元47年）及他們完成使命回安提阿之間（十二25），似乎是要說明耶路撒冷和安提阿之間在向外邦宣教這發展上彼此的關係。在這背景之下，耶路撒冷大會，作為耶路撒冷教會對整個外邦宣教運動所作具權威性的裁決，對整個宣教運動有深遠的影響。這影響可以是兩方面，外邦宣教迅速發展，卻危害到向猶太人的宣教；另一可能是要顧及猶太人的宣教，以致窒礙外邦宣教。因此要在兩者之間取得協調和平衡。

使徒行傳十二章17節記載彼得「出去，往別處去了」，此後甚少提及彼得，在耶路撒冷大會（徒十五章）中彼得的再度出現，只是重新肯定有關哥尼流傳道一事，確立向外邦的宣教，在路加的記載中，他不再是教會宣教及耶路撒冷教會中的主要人物。與此同時，這節經文亦引進雅各，可能同時意味著由十二使徒為首的耶路撒冷教會時期已經過去（十二1），由以眾長老為領袖時期的開始（參十一30，十二17）。希律亞基帕的迫害（公元43～44年），使徒雅各的去世，彼得的離去，雅各在此之前已是教會中的領袖，便順理成章的取代了使徒在耶路撒冷教會中的角色，成為眾長老之首。至二十一章18節，就清楚的表明這是彼得離去後，雅各連同眾長老成為耶路撒冷教會的領導。使徒行傳十五章（2、4、6、22，及十六4）屢次將使徒與長老並列，反映出其中一些使徒可能成為這長老羣體的一分子。會議結束時，雅各作了總結陳辭（十五19～21），所謂「使徒教令」，很可能很大部分是雅各的見解（十五19：「所以據我的意見」），使徒、長老們及耶路撒冷教會基本上是同意了雅各的看法，會議後向各地發出的信件，以使徒和長老的名義寄出。[62]

62 至於耶路撒冷教議的來龍去脈和「使徒教令」的重要性和往後的影響，參 Bauckham 1995A:462～480；Bockmuehl 2000。

值得注意的是，「使徒教令」中四條禁令（徒十五20），都是取材於利未記十七至十八章的。在利未記十七至十八章中，「在……中間」（בתוכם）這希伯來文的字共出現過五次（十七8、10、12、13，十八26）。十七章10節和12節是同一條的禁令，即這裏有四條禁令，不只是以色列人需要遵守，就是寄居在他們中間的外邦人也必須遵守的。這四條禁令與「使徒教令」中的四條禁令平行：(1)「禁戒偶像的污穢」，這亦是利未記十七章8至9節所禁止的；「污穢」在新約中只在這裏出現，在〈七十士譯本〉中出現過四次（但一8；瑪一7、12；《便西拉智訓》40.29），都是與食物有關，因此這裏的禁戒偶像包括了不可吃祭過偶像的食物，因為這是玷污的來源；然而並不局限於此，泛指凡與拜偶像有關的事；(2)「姦淫」，指利未記十八章26節總結十八章6至23節所指不可接受的性行為（與行經的女人交合、姦淫、同性戀行為、獸淫）；(3)「勒死的牲畜」，指未經放血的動物，見於利未記十七章13節（參斐羅《論特殊法律》4.122）；和(4)「血」，亦為利未記十七章10和12節所禁止。只有這四項是外邦信徒必須遵守的，因為在利未記十七至十八章中，這些禁令亦是適用在寄居在猶太人中間的外邦人身上。因此，「使徒教令」並非只是一種妥協，作為猶太人和外邦人得以同桌用膳的權宜之計，而是根據猶太的釋經方法，一方面確立外邦信徒不需要守摩西的律法成為神的子民，另一方面，他們需要遵守摩西律法中針對外邦人的四條禁令（詳參 Bauckham 1995A:452～462）。雅各書引用了利未記十九章18節，作為解釋摩西律法的鑰匙（二8），在利未記十九章亦有提及不可吃血和不可姦淫的禁令，這反映出雅各透過利未記這猶太教極重視的法典，去理解彌賽亞羣體所應有的生活方式（參 Chilton 2001A:145，2002:116～117），同樣雅各書也是使用利未記（十九章）中的條例，並予以引申和應用。

加拉太書二章9節亦支持雅各作為當時教會顯赫領袖的這幅圖畫，雅各的地位似乎凌駕彼得之上。在那裏稱「雅各、磯法、約翰」為教會的柱石（參《革利免一書》5.2），[63] 保羅將雅各排名於首，可能反映出雅各在教會中獨特

63 有關“στῦλος”「柱石」一字，在〈七十士譯本〉中常用作會幕所用的柱子或支持架（如出二十六15～37，二十七10～27，三十五11、17，三十六36、38，三十八10～20、28，三十九33、40，四十18）。所羅門在興建聖殿時，有兩根特別的銅的柱子，右邊的那根稱為雅斤，左邊的稱為波阿斯

的地位。保羅在安提阿及加拉太的對頭，可能挾雅各的名說話。極有可能彼得在向受割禮的人在猶大地之外的宣教上，仍佔領導的角色（二7），但在耶路撒冷的教會中，已不再是領袖。雅各作為耶路撒冷教會為首的，對整個基督教發展運動，有舉足輕重的影響力（參《多馬福音》12）。

7 雅各的殉道

有關雅各的死最可靠的證據，[64] 可說是約瑟夫的記載（《猶太古史》 20.9.1 §197～203）。[65] 根據他的記載，在公元62年，大祭司亞拿尼斯（Ananus），趁著羅馬總督費西提斯（Festus）的去世，繼任的阿彬尼斯（Albinus）尚未履任，他召開了猶太公會會議，控告雅各不守律法，並且將他用石頭打死。約瑟夫陳述這做法得不到大部分比較溫和的耶路撒冷人（法利賽人）的支持，他們密告亞基帕二世（Agrippa II），企圖阻止亞拿尼斯；亦有人將此事告知阿彬尼斯，他大怒，將此事轉告亞基帕二世，促他廢掉大祭司亞拿尼斯。亞基帕二世雖不是管轄猶大地，但卻有權興廢大祭司。

事實上，自從亞基帕一世（Agrippa I）去世後（公元44年），猶大地已由羅馬政府直轄，並且派巡撫／總督管理。在公元44至48年間，在巡撫提比留亞歷山大（Tiberius Alexander）的管理下，有一段較為平靜的時期。但期後在兩任巡撫契文尼斯（Cumanus）和腓力斯（Felix）的管治下，情況就大不相同；猶太人中的一些律法狂熱分子，漸漸受到羣眾的歡迎。特別在腓力斯的任下，匕首黨、土匪／俠盜和受擁戴的先知，到處崛起，在這亂世之時，腓力斯突然去世，他的繼任人又為尼祿（Nero）王所廢，亞拿尼斯就趁此機會，去除雅各和其他對頭。

（王上七15～22），其中一根在王帝按常站立的地方（王下十一14，二十三3）。根據以西結書，末後的聖殿也有兩根柱子（四十49，四十二6）。啟示錄三章12節應許那得勝的，要在上帝殿中作柱子。11QT（11Q19～20）34.15也提及聖殿有十二根柱子。

64 新約未有提及彼得或保羅的殉道，可能是因為他們都是死在羅馬政權之下，但為何未有記載雅各的死？是有點令人費解的。

65 但 Rajak 1983:131 n.73 則認為這記載並不完全可靠，可能是後來基督徒加插進去的。然而，Mason 1992:175 指出約瑟夫所載有關雅各的資料不多，且並非刻意對雅各歌功頌德，顯示這段記載是約瑟夫的，並不是後來基督徒加進去的。

在初期教會的傳統中，有關雅各的死有不同的記述。優西比烏引述亞歷山太的革利免的記載《概述》，那稱為義者的雅各，是在聖殿的頂被套錘的棒所擊斃的（《教會歷史》2.23.3）：

> 在主復活後，義者雅各、約翰和彼得得到主將更高的知識信託予他們，他們將這知識傳予其他使徒，其他使徒傳予那七十位，巴拿巴是其中之一。有兩位稱為雅各的，一位是義者，被人從護土牆上推了下來，用套錘棒擊打至死，另一位雅各是被砍頭的。

優西比烏認為更詳盡和可靠的，是赫格西僕的記述（有關赫格西僕的記載的可靠性，可參 Jones 1990:323～327），他說文士和法利賽人將雅各帶到殿頂，希望他否定對耶穌的信仰，並能運用他的影響力，說服羣眾不要因耶穌而誤入歧途，但雅各偏為耶穌作見證。文士和法利賽人一怒之下，將他從聖殿頂上推了下來，但這並未有將他殺死，他們便用石頭將他打死。[66] 若依這記載，雅各死時約為公元67年，然而這記載的可靠性較低。有關雅各被逼害有另一種說法，見於一份稱為《雅各的上行》（*Ascents of James*）的書，指他是從聖殿的梯級上被推了下來，但他只是受了傷，並不致於死。

優西比烏轉載赫格西僕的記述，當文士和法利賽人在未叫雅各站在殿垛時，向他喊叫說：「噢，義者（δίκαιε），我們應聽命於誰呢？既然眾人被騙追隨那釘十架的耶穌，告訴我們誰是「耶穌的門閘」（ἡ θύρα τοῦ 'Ιησοῦ）？」（《教會歷史》2.23.12），似乎意味著「耶穌的門」或「耶穌這門」是雅各的重要教導（Chilton 2002:111 n.9）。在此前他們曾質詢雅各（《教會歷史》2.23.8）：「誰是耶穌這門？」，雅各說他（耶穌）就是那救主，因此有人相信耶穌就是那基督。正如耶穌曾引用詩篇一百一十八篇22節房角石去表明他的身分（可十二10；參彼前二7），這裏也可能是使用同一章經文的20節：「這是耶和華的門，義人要進去！」亦即是說，新約的教會作為末世的聖殿，惟有藉著

66 另《雅各啟示錄二書》（CG V, 4）的記載與赫格西僕的十分相似，參 Bauckham 1999A: 201～202。有學者認為《雅各啟示錄二書》是抄襲赫格西僕的（參 Jones 1990:331 n.44 所羅列的支持者），然而 Painter 2004:180～181 卻有力地點出 Jones 忽略了它們之間不同的地方。Bauckham 1999A:202～205 則認為它們沿用了相同的資料。

耶穌那主的門，才得以進入，惟有他才是人的拯救（詩一一八21），雅各作為那義者，領導其他人進到這末世的聖殿。這亦成為猶太人要殺死雅各的原因（Bauckham 1999A: 209～210; Evans 1999:247）。

有可能雅各作為耶路撒冷教會為首的，因為保羅被指控違背律法，而受到牽連，被撒都該黨的亞拿尼斯指控，要求雅各否認其信仰，並與外邦信徒或是對律法存寬鬆態度的猶太基督徒劃清界線，但遭雅各拒絕，而招致殺身之禍。雅各可能被指是褻瀆上帝或是誤導他人敬拜其他神明。包衡（Bauckham 1999A:220～232）認為大祭司這樣作，是基於申命記十三章，凡是以耶和華的名字誤導他人的（十三5），或欺騙全城的（十三13），都要用石頭打死（十三10）。法利賽人因雅各不是因他自己犯律法而受審判，覺得對雅各不公平，因此提出抗議（約瑟夫《猶太古史》20.9.1）。根據優西比烏，耶路撒冷在公元70年被毀前得以保存，是因為雅各及其他使徒的原故，聖城被毀，是因為猶太人殺了雅各，招致上帝的審判（《教會歷史》3.7.7～9，3.11.1）。優西比烏和俄利根都指出這是約瑟夫的觀點，但約瑟夫並沒有這樣的評論，因此可能是優西比烏接受了俄利根的說法（參Painter 2004:208）。雅各死於公元70年之前，很可能是公元62年。根據優西比烏的記載，不只是雅各，其他耶穌的親屬都受到迫害（3.19.1～3.20.7，3.32.1～6）。這包括西緬在他雅努（Trajan）的任內殉道，被釘十字架，猶大的孫曾被多米田（Domitian）傳召問話。有關雅各的死不同文獻的記載：

	約瑟夫	革利免	赫格西僕	雅各的上行
從聖殿頂被推下來	✓	✓	✓	
從聖殿梯級被推下來				✓
被人亂棒打死		✓	✓	
被人用石頭打死	✓			
沒有在此事中死去				✓

8 總結

近代學者重申認定雅各對早期猶太基督教的貢獻，並他在當代教會中舉足輕重的地位，我們可以想像得到，他的殉道，對當時的猶太基督教來說，是一個沉重的打擊。他雖只單單遺留下一本雅各書，然而這書廣受眾信徒的歡迎，特別是華人信徒，這書就更是重要的警世明燈，是寶貴的生活指南，提醒我們要慎防被這俗情世界所污染，叫我們能在上帝的恩典和話語的塑造之下，在個人方面，建立完備的人格；在教會來說，建立一個和衷共濟、關愛社會的羣體。願那榮耀的主耶穌基督得著尊榮，也願我們的父上帝得著永遠的稱讚，阿們。

經外文獻漢英對照表

二劃

〈七十士譯本〉Septuagint
《十二使徒遺訓》*The Didache*
《十二族長遺訓》*Testament of Twelve Patriarchs*

三劃

《大馬士革文獻》*Damascus Document*
《反駁弗拉克斯》*Against Flaccus*

四劃

《巴比倫他勒目》*Babylonian Talmud*
《巴拿巴書信》*Epistle of Barnabas*
《巴錄二書》*2 Baruch*
《巴錄四書》*4 Baruch*
《巴錄書》*Book of Baruch*
《巴錄啟示錄》*Apocalypse of Baruch*
《手冊》（伊比德圖）*The Handbook*, Epictetus
〈比喻篇〉*Similitude*
《以斯拉四書》*4 Ezra*
《以斯拉啟示錄》*Apocalypse of Ezra*
《以斯得拉一書》*1 Esdras*
《以斯得拉二書》*2 Esdras*
《以諾一書》*1 Enoch*
《以諾二書》*2 Enoch*
《以賽亞升天記》*Ascension of Isaiah*
〈以薩迦遺訓〉*Testament of Issachar*

五劃

《出埃及記大米大示》*Exodus Rabbah*
《出埃及記問答》*Questions and Answers on Exodus*, Philo
《出埃及記講章》（俄利根）*Homilies on Exodus*, Origen
《尼奧菲特的他爾根》*Targum Neofiti*
《民數記大米大示》*Numbers Rabbah*
《生平》*The Life (Vita)*
《申命記大米大示》*Deuteronomy Rabbah*
〈示瑪〉*Shema*[c]

六劃

《伊利達和米達書》*Book of Eldad and Medad*
《伊格那丟致坡旅甲書》*Epistle of Ignatius to Polycarp*
〈先賢集〉*Aboth*
《多比傳》*Tobit*
《多馬的耶穌孩提時期福音》*Infancy Gospel of Thomas*
《多馬福音》*Gospel of Thomas*
《安提戈妮》*Antigone*
《米大示全集》Midrash
《米示拿》Mishnah
《自然歷史》*Natural History*
〈西乃抄本〉Codex Sinaiticus
《西卜神諭篇》*Sibylline Oracles*
〈西布倫遺訓〉*Testament of Zebulun*
《西緬聖經故事集編》*Yalkut Simoni*
〈西緬遺訓〉*Testament of Simeon*
〈但遺訓〉*Testament of Dan*
《別西大譯本》Peshitta
《利未記大米大示》*Leviticus Rabbah*
《利未記講章》（俄利根）*Homilies on Leviticus,* Origen
〈利未遺訓〉*Testament of Levi*

七劃

〈呂便遺訓〉*Testament of Reuben*
《希伯來人福音》*Gospel of the Hebrews*
《每個正直的人都是自由的》*That Every Good Person is Free*
《沙斯特士格言》*Sentences of Sextus*
《狄奧多田希臘文譯本》Theodotion Version

八劃

《亞伯拉罕啟示錄》*Apocalypse of Abraham*
《亞伯拉罕遺訓》*Testament of Abraham*
〈亞設遺訓〉*Testament of Asher*
《亞當與夏娃生平》*Life of Adam and Eve*
〈亞歷山太抄本〉Codex Alexandrinus
《使徒書信》*Epistles of Apostles*
〈命令篇〉Mandate
《坦庫瑪米大示》*Midrash Tanhuma*
《彼得的宣講集》*Preaching of Peter*
〈彼得致雅各書信〉*Letter of Peter to James*
《彼得福音書》*Gospel of Peter*
《所羅門智訓》*Wisdom of Solomon*
《所羅門詩篇》*Psalms of Solomon*
〈武加大譯本〉Vulgate

九劃

《便西拉智訓》*Sirach/Wisdom of Jesus Joshua ben Sirach*
〈便雅憫遺訓〉*Testament of Benjamin*
〈哈加達〉Haggadah
〈哈拉加〉Halakah
〈哈拉加米大示〉Midrash Halakah
《約伯遺訓》*Testament of Job*
《約瑟與亞西納》*Joseph and Aseneth*
〈約瑟遺訓〉*Testament of Joseph*
《耶利米書信》*Epistle of Jeremiah*
《耶利米書補篇》*Paraleipomena Jeremiae*
《耶路撒冷他勒目》*Jerusalem Talmud*
《致士每拿書》（伊格那丟）*Epistle of Ignatius to the Smyrnaeans*

《致腓立比書》（坡旅甲）*Epistle of Polycarp to the Philippians*
〈迦得遺訓〉*Testament of Gad*
《革利免一書》*Clement I*
《革利免二書》*Clement II*
〈革利免致雅各書信〉*Letter of Clement to James*

十劃

《哲學家生平》（戴奧革尼）*Lives of the Eminent Philosophers, Diogenes*
《哲學談話錄》（伊比德圖）*The Discourses,* Epictetus
《拿．戈瑪第文庫》*Nag Hammadi library*
〈拿弗他利遺訓〉*Testament of Naphtali*
《拿撒勒人福音書》Gospel of the Nazareans
《盎克羅的他爾根》*Targum Onkelos*
〈祝福篇〉（《巴比倫他勒目》）*Berakoth Babylonian Talmud*
〈祝福篇〉（《米示拿》）*Berakoth Mishnah*
《耕地者》*Georgos*
〈託革利免名講道集〉*Pseudo-Clementine Homilies*
《託福西萊德名書》*Pseudo-Phocylides*
《託羅馬的革利免名著作》*Pseudo-Clementines*
《馬加比一書》*1 Maccabees*
《馬加比二書》*2 Maccabees*
《馬加比三書》*3 Maccabees*
《馬加比四書》*4 Maccabees*
〈馬所拉抄本〉Masorah Text
《偽約拿單他爾根》*Targum Pseudo-Jonathan*
《偽約拿單的五經他爾根》*Targum Pseudo-Jonathan to the Pentateuch*

十一劃

《利亞門安德語錄》*Sentence of Syriac Menander*
〈接受書信的明證〉*Recognitions*
《教會歷史》（優西比烏）*Ecclesiastical History*
〈梵蒂岡抄本〉Codex Vaticanus
〈異象篇〉（《黑馬牧人書》）*Visions*

十二劃

《創世記大米大示》*Genesis Rabbah*
《創世記問答》*Questions and Answers on Genesis*
《寓意解經》*Allegorical Interpretation*
〈猶大遺訓〉*Testament of Judah*
《猶太古史》*The Antiquities of the Jews*
《猶太戰記》*The Jewish War*
《猶底特書》*Book of Judith*
《猶滴傳》*Judith*
《雅各的上行》*Ascents of James*
《雅各原始福音》*Protoevange-lium of James*
《雅各書註釋》（加爾文）*Commentary on James*
《雅各啟示錄一書》*First Apocalypse of James*
《雅各啟示錄二書》*Second Apocalypse of James*
《雅各藏經》*Apocryphon of James*
《黑馬牧人書》*The Shepherd of Hermas*

十三劃

〈奧斯堡信條〉Augsburg Confession
《會規手冊》*Manual of Discipline*
《節期書信》*Festal Letters*
《聖經古史》*Biblical Antiquities*
《聖經考古評論》*Biblical Archaeology Review*
《路得記大米大示》*Ruth Rabbah*
《路德大問答》*Luther's Large Catechism*

十四劃

《道德信函》*Moral Epistles*
〈駁斥奧斯堡信條〉Confutation of the Augsburg Confession

十五劃

《養生錄》*Regimen*
《摩西升天記》*Assumption of Moses*
《摩西啟示錄》*Apocalypse of Moses*
《概述》(亞歷山太的革利免)*Hypotyposes,* Clement of Alexandria
《誰是神選立的後嗣?》*Who Is the Heir of Divine Things?*
《論十誡》*The Decalogue*
〈論中間一道門〉(《米示拿》)*Baba Metzia Mishnah*
《論仁慈》(塞尼加)*On Benefits,* Seneca
〈論公會〉(《巴比倫他勒目》》)*Sanhedrin Babylonian Talmud*
《論友誼》(西塞羅)*Laelius on Frienship,* Cicero
《論心靈的安寧》(蒲魯他克)*On Peace of Mind,* Plutarch
〈論手〉(《米示拿》)*Yadaim Mishnah*
《論世界之創造》*On the Creation*
《論申命記》*Sifre on Deuteronomy*
〈論安息日〉(《巴比倫他勒目》)*Shabbath Babylonian Talmud*
〈論安息日〉(《米示拿》)*Shabbath Mishnah*
〈論安息日諸限制的融合〉(《巴比倫他勒目》)*Erubin Babylonian Talmud*
〈論估價〉(《巴比倫他勒目》)*Arakhin Babylonian Talmud*
《論利未記》*Sifra on Leviticus*
《論亞伯拉罕》*On the life of Abraham*
《論亞伯拉罕之遷徙》*On the Migration of Abraham*
《論亞伯與該隱之獻祭》*On the Sacrifices of Abel and Cain*
〈論叔娶寡嫂的婚姻〉(《耶路撒冷他勒目》)*Yebamoth Jerusalem Talmud*
《論法規》*Mekilta de-Rabbi Ishmael*
《論初步學習》*On the Preliminary Studies*
〈論宣誓〉(《巴比倫他勒目》)*Shebuoth Babylonian Talmud*
〈論宣誓〉(《米示拿》)*Shebuoth Mishnah*
《論約瑟》*On Joseph*
《論美德》*On the Virtues*
《論冥想生活》*On the Contemplative Life*
〈論拿細耳人〉(《米示拿》)*Nazir Mishnah*
《論栽種》*On Planting*
《論特殊法律》*The Special Laws*
《論神的不變》*On the Unchangableness of God*
《論耕種》*On Agriculture*
《論逃走與尋獲》*On Flight and Finding*
《論偉人》*On Giants*
《論基路伯》*On the Cherubim*

〈論第七年〉(《巴比倫他勒目》) *Shebiith Babylonian Talmud*
〈論許願〉(《巴比倫他勒目》) *Nedarim Babylonian Talmud*
〈論連續獻祭〉(《米示拿》) *Tamid Mishnah*
〈論最後一道門〉(《巴比倫他勒目》) *Baba Bathra Babylonian Talmud*
〈論棚子〉(《耶路撒冷他勒目》) *Sukkah Jerusalem Talmud*
〈論聖化〉(《耶路撒冷他勒目》) *Kiddushin Jerusalem Talmud*
〈論聖日〉(《巴比倫他勒目》) *Yoma Babylonian Talmud*
《論該隱的後裔和被逐》*On the Posterity and Exile of Cain*
〈論逾越節〉(《巴比倫他勒目》) *Pesahim Babylonian Talmud*
《論夢》*On Dreams*
〈論疑妻行淫〉(《土西他》) *Sotah Tosefta*
〈論疑妻行淫〉(《巴比倫他勒目》) *Sotah Babylonian Talmud*
《論賞與罰》*On Rewards and Punishments*
《論醉酒》*On Drunkenness*
《論醉醒》*On Sobriety*
《論變亂口音》*On the Confusion of Tongues*

十六劃

《戰卷》*War Scroll*
〈穆拉多利經目〉Muratorian Canon

十七劃

《禧年書》*Jubilees*

十八劃

《雜篇》(亞歷山太的革利免) *Miscellanies (Stromata)*, Clement of Alexandria

十九劃

《壞與好為敵》*That the Worse Attacks the Better*
《羅馬書註釋》(俄利根) *Homilies on Romans*, Origen
《藥庫》*Panarion*
〈證言集〉(《巴比倫他勒目》) *Eduyoth Babylonian Talmud*

二十劃

《饒舌》*On Talkativeness (De garrulitate)*

二十一劃

《護教書(一)》*First Apology (Apologia I)*

語法名詞英漢對照表

absolute use　絕對性的用法
adjective　形容詞
- substantival use of adjective　形容詞作名詞用

adjunctive use　附加的用法
adverb　副詞
aphorism　警句
appositive　同位
- in apposition　同位相等

article／definite article　冠詞／定冠詞
case　語法格
- accusative　直接受格
  - duration of time, accusative　期間直接受格
  - extant of time, accusative for　時效直接受格
  - predicate accusative　直接受格謂語
- dative　與格
  - advantage, dative of　得益與格
  - agent, dative of　代理與格
  - association, dative of　關聯與格
  - instrumental dative　工具與格
  - reference, dative of　指涉與格
  - sphere, dative of　空間與格
- genitive　屬格
  - appositive genitive　同位屬格
  - attributed genitive　性質屬格
  - attributive genitive　定語式屬格
  - content, genitive of　內涵屬格
  - definition, genitive of　定義屬格
  - description, genitive of　描述屬格
  - epexegetical genitive　解釋性屬格
  - means, genitive of　工具屬格
  - objective genitive　受詞屬格
  - origin, genitive of　來源屬格
  - possessive genitive　擁有屬格
  - production, genitive of　產生性屬格
  - quality, genitive of　品質屬格
  - source, genitive of　來源屬格
  - subjective genitive　主詞屬格
- nominative　主格
- vocative　呼格

chiasm　倒影結構（或作「對稱平行」、「扇形結構」）
clauses　子句
- apodosis　應驗句（或作「結果子句」）

conditional clauses 條件句
relative conditional clause 相關條件句
noun clauses 名詞子句
participle clauses 分詞子句
conjunction 連接詞
gender 語法性
feminine 陰性
masculine 陽性
neuter 中性
genitive construct 屬格結構
hendiadys 重名法
infinitive 不定詞／式
articular infinitive of purpose 冠詞不定詞表達目的
epexegetical infinitive 解釋性不定詞
intransitive indicative 不及物直述語氣
mood 語氣
indicative 直述語氣
imperative 命令語氣
conditional imperative 條件命令句
aorist imperative 過去不定式命令語氣
present imperative 現在式命令語（氣）
present prohibitive 現在式命令語氣的歇止語
prohibitive command 禁誡性的命令
prohibitive imperative 禁誡性命令語（氣）
subjunctive 假設語氣
aorist subjunctive 過去不定時態假設語氣
noun 名詞
demonstrative pronoun 指示代名詞
emphatic pronoun 強調代名詞
indefinite pronoun 不定代名詞（或稱「非指定代名詞」）
interrogative pronoun 疑問代名詞
quasi-proper noun 專有名詞
relative pronoun 關係代名詞
reflexive pronoun 反身代名詞
object 受詞
object position 受詞位置
paraphrastic construction 婉曲結構
participle 分詞
aorist substantive participle 過去不定時態分詞作名詞用
attributive participle 形容式分詞
causal participle 因由性分詞
concessive participle 讓步式分詞
modal participle 方式性分詞
participle of manner 方式性分詞
participle of result 結果性分詞
predicate participle 謂語性分詞
resultative participle 結果性分詞
temporal participle 時間性分詞
particle 小詞（另譯「質詞」、「語助詞」）
person 人稱
first person 第一身
second person 第二身
third person 第三身
predicate 謂語
prefix 前綴
preposition 介詞
prepositional phrases 介詞片語
recitative use 宣述的用法
rhetorical question 修辭問句／修辭反問語（又稱「反詰語」）
subject 主詞
tense 時態／式
present 現在時態／式
customary present 習慣性現在時態
gnomic present 原則性現在時態

repetitive present　重覆性現在時態
aorist　過去不定時態／式
aorist imperative　過去不定式命令語態
aorist subjunctive　過去不定時態假設語氣
constative aorist　事實性過去不定時態
gnomic aorist　原則性過去不定時態
ingressive aorist　進入性過去不定時態
perfect　完成時態／式
proleptic perfect　預料性完成時態
future　將來時態／式
periphrastic perfect　婉曲完成時態
verb　動詞
intransitive verb　不及物動詞
main verb　主要動詞
voice　語態
active　主動語態
passive　被動語態
causative passive　役使性被動語態
divine passive　避諱提及以神名為主詞的被動語態
middle　關身語態

參考書目

英文書目

Abegg, Martin G. 2006. 'Paul and James on the Law in Light of the Dead Sea Scrolls.' In *Christian Beginnings and the Dead Sea Scrolls,* edited by J. J. Collins and C. A. Evans, pp. 63～74. Acadia Studies in Bible and Theology. Grand Rapids: BakerAcademic.

Achtemeier, P. J. 1990. 'Omne verbum sonat: The New Testament and the Oral Environment of Late Western Antiquity.' *JBL* 109: 3～27.

Adamson, J. B. 1976. *The Epistle of James*. NICNT. Grand Rapids: Eerdmans.

______. 1989. *The Man and His Message*. Grand Rapids: Eerdmans.

Albl, M. C. 2002.' "Are Any among You Sick?" The Health Care System in the Letter of James.' *JBL* 121: 123～143.

Allison, D. C. 1993. *The New Moses: A Matthean Typology.* Edinburgh: T. & T. Clark.

______. 1994. 'Mark 12.28-31 and the Decalogue.' In *The Gospels and the Scriptures of Israel,* edited by Craig A. Evans and W. Richard Stegner, pp. 270～278. JSNTSup 104. Studies in Scripture in Early Judaism and Christianity 3. Sheffield: Sheffield Academic Press.

______. 2000. 'Exegetical Amnesia in James.' *ETL* 76:162～166.

______. 2001. 'The Fiction of James and its Sitz im Leben.' *RB* 118: 529～570.

Attridge, H. W. 1990.'Paraenesis in a Homily (λόγος παρακλήσεως): the Possible Location of, and Socialization in, the"Epistle to the Hebrews" .' *Semeia* 50: 211～228.

Aune, D. E. 1983. *Prophecy in Early Christianity and the Ancient Mediterranean World.* Grand Rapids: Eerdmans.

______. 1987. *The New Testament in Its Literary Environment.* Library of Early Christianity 8. Philadelphia: Westminster.

______. 1991. 'Romans as a *Logos Protreptikos.*' In *The Romans Debate,* edited by Karl P. Donfried, pp. 278~296. Revised and expanded edition. Peabody: Hendrickson.

Baasland, E. 1982. 'Der Jacobusbrief als Neutestamentliche Weisheitsschrift. ' *ST* 36: 119～139.

______. 1988. 'Literarische Form, Thematik und geschichtliche Einordnung des Jakobusbriefes.' *ANRW* II 25.5: 3546～3684.

Bailey, James L. & Lyle D. Vander Broek. 1992. *Literary Forms in the New Testament.* London: SPCK.

Baker, W. R. 1994. ' "Above All Else": Contexts of the Call for Verbal Integrity in James 5:12.' *JSNT* 54: 57～71.

______. 1995. *Personal Speech-Ethics in the Epistle of James.* WUNT 2/68. Tübingen: J. C. B. Mohr (Paul Siebeck).

______. 2002. 'Christology in the Epistle of James.' *EvQ* 74: 47～57.

Barton, S. C. 1994. *Discipleship and Family Ties in Mark and Matthew.* SNTSMS 80. Cambridge: Cambridge University Press.

Batten, A. 1999. 'An Asceticism of Resistance in James.' In *Asceticism and the New Testament,* edited by Leif E. Vaage and Vincent L. Wimbush, pp. 355~370. New York: Routledge.

______. 2000. 'Unworldly Friendship: The"Epistle of Straw" Reconsidered.' Unpublished Ph.D. Thesis. Toronto School of Theology, University of St. Michael's College, Toronto.

______. 2004. 'God in the Letter of James: Patron or Benefactor?' *NTS* 50:257～272.

Bauckham, R. 1990. *Jude and the Relatives of Jesus in the Early Church.* Edinburgh: T. & T. Clark.

______. 1991. 'The List of the Tribes in Revelation 7 Again.' *JSNT* 42: 99～115.

______. 1993. Review of P. J. *Hartin's James and the Q Sayings of Jesus. JTS* 44: 298～301.

______. 1994. 'The Brothers and Sisters of Jesus: An Epiphanian Response to John P. Meier.' *CBQ* 56: 686～700.

______. 1995A. 'James and the Jerusalem Church.' In *The Book of Acts in its Palestinian Setting,* edited by Richard Bauckham, pp. 415～480. Vol. 4 of *The Book of Acts in its First Century Setting.* Carlisle: Paternoster/Grand Rapids: Eerdmans.

______. 1995B. 'The Relevance of Extracanonical Jewish Texts to New Testament Study. ' In *Hearing the New Testament: Strategies for Interpretation,* edited by Joel B. Green, pp. 90～108. Grand Rapids: Eerdmans.

______. 1997. 'James, 1 Peter, Jude and 2 Peter.' In *A Vision for the Church: Studies in Early Christian Ecclesiology in Honour of J. P. M. Sweet,* edited by Markus Bockmuehl and Michael B. Thompson, pp. 153～166. Edinburgh: T. & T. Clark.

______. 1998. 'The Tongue Set on Fire by Hell (James 3:6).' In *The Fate of the Dead: Studies on the Jewish and Christian Apocalypses.* NovTSup 93. Leiden: E. J. Brill.

______. 1999A. *James: Wisdom of James, Disciple of Jesus the Sage.* London: Routledge.

______. 1999B. 'For What Offence Was James Put to Death?' In *James the Just & Christian Origins,* edited by Bruce Chilton and Craig A. Evans, pp. 199～232. Leiden: E. J. Brill.

______. 2001. 'James and Jesus. 'In *The Brother of Jesus: James the Just and His Mission,* edited by Bruce Chilton and Jacob Neusner, pp. 100～137. Louisville: WJKP.

______. 2004. 'The Wisdom of James and the Wisdom of Jesus. ' In *The Catholic Epistles and the Tradition*, edited by J. Schlosser, pp. 75～92. BETL 176. Leuven:

Leuven University Press.

______ . 2005. 'James, Peter and the Gentiles.' In *The Mission of James, Peter, and Paul: Tensions in Early Christianity,* edited by Bruce Chilton and Craig Evans, pp. 91～142. Leiden: E. J. Brill.

Bernheim, Pierre-Antoine. 1997. *James, Brother of Jesus.* Translated by John Bowden. London: SCM Press.

______ . 2004. 'La mort de Jacques, l'Épître de Jacques et la denunciation des riches. ' In *The Catholic Epistles and the Tradition,* edited by J. Schlosser, pp. 249～262. BETL 176. Leuven: Leuven University Press.

Bieder, W. 1949. 'Christliche Existenz nach dem Zeugniss des Jakobusbriefe.' *TZ* 5: 93～113.

Bindemann, von Walther. 1995. 'Weisheit versus Weisheit: Der Jakobusbrief als innerkirchlicher Diskurs.' *ZNW* 86: 189～217.

Black II, C. Clifton. 1988. 'The Rhetorical Form of the Hellenistic Jewish and Early Christian Sermon: A Response to Lawrence Wills.' *HTR* 81: 1～18.

Black, Matthew. 1964.'Critical and Exegetical Notes on Three New Testament Texts, Hebrews xi.11, Jude 5, James i.27.' In *Apophoreta: Festschrift fur Ernst Haenchen,* pp. 42～48. Berlin: Töpelmann.

Blackman, E. C. 1957. *The Epistle of James.* London: SCM Press.

Blondel, J.-L. 1980. 'Theology and Paraenesis in James. '*TD* 28: 253～256.

Boccaccini, Gabriele. 1991. *Middle Judaism: Jewish Thought, 300 B.C.E. to 200 C.E.* Minneapolis: Fortress.

Bockmuehl, Markus. 2000. 'James, Israel and Antioch. 'In his *Jewish Law in Gentile Churches: Halakhah and the Beginning of Christian Public Ethics,* pp. 49～84. Edinburgh: T. & T. Clark.

Boggan, C. W. 1982. 'Wealth in the Epistle of James. ' Unpublished Ph.D. Dissertation. The Southern Baptist Theological Seminary, Louisville: Kentucky.

Botha, J. Eugene. 2005. 'Simple Salvation, but Not of Straw... Jacobean Soteriology.' In *Salvation in the New Testament: Perspectives on Soteriology*, edited by Jan G. van der Watt, pp.398～408. SupNovT 121. Leiden: E. J. Brii.

Bottini, G. C. 1986. 'Sentenze di Pseudo-Focilide alla luce della Lettera di Giacomo.' *SBFLA* 38: 171～181.

______. 1998A. 'Letter of James (1).' *Studium Biblicum Franciscanum Jerusalem Series Essays* 7:1～6.

______. 1998B. 'Letter of James (2).' *SBFJSE* 8:1～5.

______. 1998C. 'Letter of James (3): Confession of Sins and Intercession (I).' *SBFJSE* 9:1～4.

______. 1998D. 'Letter of James (4): Confession of Sins and Intercession (II).'*SBFJSE* 10:1～6.

Boyle, M. O'R. 1985. 'The Stoic Paradox of James 2:10.' *NTS* 31: 611～617.

Braumann, Georg. 1962. 'Der Theologische Hintergrund des Jakosbusbriefes.' *TZ* 18: 401～410.

Brown, Raymond E. 1983. 'Not Jewish Christianity and Gentile Christianity but Types of Jewish / Gentile Christianity.' *CBQ* 45: 74～79.

Bryon, John. 2006. 'Living in the Shadow of Cain: Echoes of a Developing Tradition in James 5:1-6.' *NovT* 261～274.

Burdick, D. W. 1981. 'James.' In *Expositors Bible Commentary*, vol. 12, pp. 161～208. Grand Rapids: Eerdmans.

Butler, T. C. 1995. 'Announcement of Judgment.' In *Cracking Old Testament Codes: A Guide to Interpreting the Literary Genres of the Old Testament*, edited by D. B. Sandy and R. L. Giese, pp. 157～176. Nashville: Broadman & Holman.

Bütz, Jeffrey J. 2005. *The Brother of Jesus and the Lost Teachings of Christianity*. Vermont: Inner Traditons.

Cabaniss, Allen. 1975. 'A Note on Jacob's Homily.' *EvQ* 47: 219～222.

Cadoux, Arthur T. 1944. *The Thought of St. James*. London: Clarke.

Calvert-Koyzis, Nancy. 2004. *Paul, Monotheism and the People of God: The Significance of Abraham Traditions for Early Judaism and Christianity.* JSNTSS 273. London/New York: T. & T. Clark.

Cargal, T. B. 1993. *Restoring the Diaspora: Discursive Structure and Purpose in the Epistle of James.* SBLDSS 144. Atlanta: Scholars Press.

Carpenter, Craig B. 2000. 'James 4.5 Reconsidered.' *NTS* 46: 189～205.

Carr, A. 1901. 'The Meaning of Ó KOSMOS in James iii, 6. ' *Expositor 7th ser*. 8: 318～325.

Catchpole, D. R. 1991. Review of P. J. Hartin's *James and the Q Sayings of Jesus. ExpTim* 103: 26～27.

Chaine, Joseph. 1927. *L'Épitre de Saint Jacques*. Études Bibliques. Paris: Gabalda.

Chester, Andrew. 1994. 'The Theology of James.' In *The Theology of the Letters of James, Peter, and Jude*, by Andrew Chester and Ralph P. Martin, pp. 1～62. New Testament Theology. Cambridge: Cambridge University Press.

______ . 1998. 'Messianism, Torah and Early Christian Tradition.' In *Tolerance and Intolerance in Early Judaism and Christianity*, edited by Graham N. Stanton and Guy G. Stroumsa, pp. 318～341. Cambridge: Cambridge University Press.

Cheung, Luke L. 2003. *The Genre, Composition and Hermeneutics of James.* Paternoster Biblical and Theological Monographs. Carlisle: Paternoster.

Chilton, Bruce. 1999A. 'Introduction.' In *James the Just & Christian Origins*, edited by Bruce Chilton and Craig A. Evans, pp. 3～15. Leiden: E. J. Brill.

______ . 1999B. 'Conclusions and Questions.' In *James the Just & Christian Origins*, edited by Bruce Chilton and Craig A. Evans, pp. 251～267. Leiden: E. J. Brill.

______ . 1999C. 'James: Brother and Witness of Jesus.' *The Living Pulpit* 8/3: 34.

______ . 2001A. 'James in Relation to Peter, Paul, and the Remembrance of Jesus.' In *The Brother of Jesus: James the Just and His Mission,* edited by Bruce Chilton and Jacob Neusner, pp. 138～160. Louisville: WJKP.

______ . 2001B. 'Epilogue.' In *The Brother of Jesus: James the Just and His Mission*, edited by Bruce Chilton and Jacob Neusner, pp. 184～185. Louisville: WJKP.

______ . 2002. 'Getting It Right: Jesus, James, and Questions of Sanctity." In *The Missing Jesus: Rabbinic Judaism and the New Testament*, edited by Bruce Chilton, Craig Evans and Jacob Neusner, pp. 107～124. Boston: E. J. Brill.

______ . 2005A. *Mary Magdalene: A Bibliography*. New York: Doubleday.

______ . 2005B. 'James, Peter, Paul and the Formation of the Gospels.' In *The Mission of James, Peter,* and Paul: Tensions in Early Christianity, edited by Bruce Chilton and Craig Evans, pp. 3～28. Boston: E. J. Brill.

______ . 2005C. 'Wisdom and Grace.' In *The Mission of James, Peter, and Paul: Tensions in Early Christianity*, edited by Bruce Chilton and Craig Evans, pp. 307～322. Boston: E. J. Brill.

______ . 2005D. 'Conclusions and Questions.' In *The Mission of James, Peter, and Paul: Tensions in Early Christianity*, edited by Bruce Chilton and Craig Evans, pp. 487～494. Boston: E. J. Brill.

Cladder, H. J. 1904. 'Die Anlage des Jakobusbriefes.' *ZKT* 28: 37～57.

Collins, John J. 1997A. *Jewish Wisdom in the Hellenistic Age*. The Old Testament Library. Louisville: Westminster John Knox Press.

______ . 1997B. 'Wisdom Reconsidered, in Light of the Scrolls.' *DSD* 4: 265～281.

Cook, Edward M. 1994. *Solving the Mysteries of the Dead Sea Scrolls: New Light on the Bible*. Grand Rapids: Zondervan.

Crenshaw, James L. 1983. 'The Problem of Theodicy in Sirach: On Human Bondage.' In *Theodicy in the Old Testament*, edited by J. L. Crenshaw, pp. 119～140. Philadelphia: Fortress. Orginally published in *JBL* 94 (1975): 47～64.

Crossan, John Dominic. 1973. *In Parables: The Challenge of the Historical Jesus*. New York: Harper & Row.

______ . 1983. *In Fragments: The Aphorisms of Jesus*. San Francisco: Harper & Row.

Crotty, R. 1995. 'Identifying the Poor in the Letter of James.' *Colloquium* 27: 11～21.

Crüsemann, Frank. 1996. *Torah: Theology and Social History of Old Testament Law*. Translated by Allan W. Mahnke. Edinburgh: T. & T. Clark.

Dana, H. E. and Julius R. Mantey. 1955. *A Manual Grammar of the Greek New Testament*. New York: Macmillan.

Davids, Peter H. 1974. 'Themes in the Epistle of James that are Judaistic in Character.' Unpublished Ph.D. thesis. University of Manchester.

______ . 1976. 'The Poor Man' s Gospel.' *Themelios* 1: 37～41.

______ . 1978A. 'The Meaning of 'Απείρατος in James 1.13.' *NTS* 24: 386～392.

______ . 1978B. 'Tradition and Citation in the Epistle of James.' In *Scripture, Tradition, and Interpretation: E. F. Harrison Festschrift*, edited by W. W. Gasque and W. S.

LaSor, pp. 113～126. Grand Rapids: Eerdmans.

______. 1980. 'Theological Perspectives on the Epistle of James.' *JETS* 23: 97～103.

______. 1982. *The Epistle of James*. NIGTC. Grand Rapids: Eerdmans.

______. 1985. 'James and Jesus.' In *Gospel Perspectives V: The Jesus Tradition Outside the Gospels*, edited by David Wenham, pp. 63～85. JSNTSup 64. Sheffield: JSOT Press.

______. 1988. 'The Epistle of James in Modern Discussion.' *ANRW* II 25.5: 3621～3645.

______. 1989. *James*. New International Biblical Commentary. Peabody: Hendrickson.

______. 1993A. 'James and Paul.' In *DPHL*, 457～461.

______. 1993B. 'The Use of the Pseudepigrapha in the Catholic Epistles.' In *The Pseudepigrapha and Early Biblical Interpretation*, edited by James H. Charlesworth and Craig A. Evans, pp. 228～245. JSPSS 14/SSEJC 2. Sheffield: JSOT Press.

______. 1996. 'Controlling the Tongue and the Wallet: Discipleship in James.' In *Patterns of Discipleship in the New Testament*, edited by Richard N. Longenecker, pp. 225～247. McMaster New Testament Studies. Grand Rapids: Eerdmans.

______. 1999. 'Palestinian Traditions in the Epistle of James.' In *James the Just & Christian Origins*, edited by Bruce Chilton and Craig A. Evans, pp. 33～57. Leiden: E. J. Brill.

______. 2001. 'James's Message: The Literary Record.' In *The Brother of Jesus: James the Just and His Mission*, edited by Bruce Chilton and Jacob Neusner, pp. 66～87. Louisville: WJKP.

______. 2003. 'The Meaning of 'Απείρατος Revisited.' In *New Testament Greek and Exegesis: Essays in Honor of Gerald F. Hawthorne*, edited by Amy M. Donaldson and Timothy B. Sailors, pp. 225～240. Grand Rapids: Eerdmans.

______. 2005A. 'James and Peter: The Literary Evidence.' In *The Mission of James, Peter, and Paul: Tensions in Early Christianity*, edited by Bruce Chilton and Craig Evans, pp. 29～52. Boston: E. J. Brill.

______. 2005B. 'The Test of Wealth.' In *The Mission of James, Peter, and Paul: Tensions in Early Christianity*, edited by Bruce Chilton and Craig Evans, pp. 355～384.

Boston: E. J. Brill.

______ . 2005C. 'Why Do We Suffer? Suffering in James and Paul.' In *The Mission of James, Peter, and Paul: Tensions in Early Christianity,* edited by Bruce Chilton and Craig Evans, pp. 435～466. Boston: E. J. Brill.

Davis, J. A. 1984. *Wisdom and Spirit: An Investigation of 1 Corinthians 1.18-3.20 against the Background of Jewish Sapiential Traditions in the Greco-Roman Period*. New York: University of America.

Davies, Philip. 1999. 'James in the Qumran Scrolls.' In *James the Just & Christian Origins,* edited by Bruce Chilton and Craig A. Evans, pp. 17～31. Leiden: E. J. Brill.

Davies, W. David 1952. *Torah in the Messianic Age and/or the Age to Come*. JBLMS 7. Philadelphia: SBL.

______ . 1964. *The Setting of the Sermon on the Mount*. Cambridge: Cambridge University Press.

Deasley, A. R. G. 1972. 'The Idea of Perfection in the Qumran Texts.' Unpublished Ph.D. Thesis. University of Manchester, Manchester.

Delling, Gerhard. 1964. ' Απαρχη. ' *TDNT* 1.484～486.

______ . 1972. 'Τέλος κτλ. ' *TDNT* 8.49～87.

Denyer, N. 1999 'Mirrors in James 1:22-25 and Plato, Alcibiades 132c-133c.' *TynBul* 50:237～240.

Deppe, Dean. 1989. *The Sayings of Jesus in the Epistle of James*. Chelsea: Bookcrafters.

Derron, Pascale. 1986. *Pseudo-Phocylide Sentences*. Collection des Universités de France. Paris: Société D'édition «Les Belles Letters».

Deutsch, Celia. 1987. *Hidden Wisdom and the Easy Yoke: Wisdom, Torah and Discipleship in Matthew 11.25-30*. JSNTSup 18. Sheffield: JSOT Press.

Dibelius, Martin. 1976. *A Commentary on the Epistle of James*. Revised by Heinrich Greeven. Translated by Michael A. Williams. Hermeneia. Philadelphia: Fortress.

Dillman, C. N. 1978. 'A Study of Some Theological and Literary Comparisons of the Gospel of Matthew and the Epistle of James.' Unpublished Ph.D. thesis.

University of Edinburgh.

Donfried, Karl P. 1974. *The Setting of Second Clement in Early Christianity*. NovTSup 38. Leiden: E. J. Brill.

Doty, William G. 1973. *Letters in Primitive Christianity*. New Testament Series. Philadelphia: Fortress.

Dryness, William. 1981. 'Mercy Triumphs over Justice: James 2:13 and the Theology of Faith and Works.' *Themelios* 6: 11～16.

Duling, D. C. 1990. 'Against Oath.' *Forum* 6: 99～138.

Du Plessis, P. J. 1959. *ΤΕΛΕΙΟΣ. The Idea of Perfection in the New Testament*. Kampen: J. H. Kok.

Easton, Burton Scott. 1957. 'The Epistle of James.' *IB* 12. New York: Abingdon.

Eckart, Karl-Gottfried. 1964. 'Zur Terminologie des Jakobusbriefes.' *ThL* 89 : 522～526.

Edwards, Dennis R. 2003. 'Reviving Faith: An Eschatological Understanding of James 5:13-20.' Unpublished Ph.D. Dissertation. Catholic University of America, Washington.

Eisenman, Robert. 1996A. *The Dead Sea Scrolls and the First Christians: Essays and Translations*. Dorset: Element Books Limited.

______. 1996B *James the Brother of Jesus*. New York: Viking Penguin.

Elliott, John H. 1993. 'The Epistles of James in Rhetorical and Social Scientific Perspective: Holiness-Wholeness and Patterns of Replication.' *BTB* 23: 71～81.

Elliott-Binns, L. E. 1955A.'James i.21 and Ezekiel xvi.36: An Odd Coincidence.' *ExpTim* 66: 273

______. 1955B. 'The Meaning of ὕλη in Jas. III.5.' *NTS* 2: 48～50.

______. 1956. 'James I.18: Creation or Redemption?' *NTS* 3: 148～161

Evans, Craig A. 1999. 'Jesus and James: Martyrs of the Temple. ' In *James the Just & Christian Origins*, edited by Bruce Chilton and Craig A. Evans, pp. 233～249. Leiden: E. J. Brill.

______. 2001. 'Comparing Judaisms: Qumranic, Rabbinic, and Jacobean Judaisms Compared.' In *The Brother of Jesus: James the Just and His Mission*, edited by

Bruce Chilton and Jacob Neusner, pp. 161～183. Louisville: WJKP.

______ . 2005. 'A Fishing Boat, a House and an Ossuary: What Can We Learn from the Artifacts?' In *The Mission of James, Peter, and Paul: Tensions in Early Christianity*, edited by Bruce Chilton and Craig Evans, pp. 211～231. Boston: E. J. Brill.

Evans, M. J. 1983. 'The Law in James.' *Vox Evangelica* 13: 29～40.

Fabris, R. 1977. *Legge della libertà in Giacomo*. RivBSup 8. Brescia: Paideia.

Falkenroth, U. and Colin Brown. 1976. 'Patience.' *NIDNTT* 2.764～776.

Farmer, William R. 1999. 'James the Lord's Brother, according to Paul.' In *James the Just & Christian Origins*, edited by Bruce Chilton and Craig A. Evans, pp. 133～153. Leiden: E. J. Brill.

Fay, S. C. A. 1992. 'Weisheit–Glaube–Praxis: Zur Diskussion um den Jakobusbrief.' In *Theologie im Werden: Studien zu den theologischen Konzeptionen im Neuen Testament*, edited by J. Hainz, pp. 397～415. Paderborn: Verlag Ferdinand Schöningh.

Felder, Cain Hope. 1982. 'Wisdom, Law, and Social Concern in the Epistle of James.' Unpublished Ph.D. thesis. Columbia University, New York.

______ . 1982-83. 'Partiality and God's Law: An Exegesis of 2:1-13.' *Journal of Religious Thought* 39 :51～69.

Findlay, J. A. 1926. 'James iv.5.6.' *ExpTim* 37: 381～382

Fiore, Benjamin. 1992. 'Parenesis and Protreptic' *ABD* 5.162～165.

Fischel, H. A. 1973. 'The Uses of Sorites (*Climax, Gradatio*) in the Tannaitic Period.' *HUCA* 44:119～151.

Fitzmyer, Joseph A. 1979. *A Wandering Aramean: Collected Aramaic Essays*. SBLMS 25. Chico: Scholars Press.

Forbes, P. B. R. 1972. 'The Structure of the Epistle of James.' *EvQ* 44: 147～153.

Francis, F. O. 1970. 'The Form and Function of the Opening and Closing Paragraphs of James and 1 John.' *ZNW* 61: 110～126.

Frankemölle, Hubert. 1985. 'Gespalten oder ganz. Zur Pragmatik der theologischen Anthropologie des Jakobusbriefes.' In *Kommunikation und Solidarität*, edited

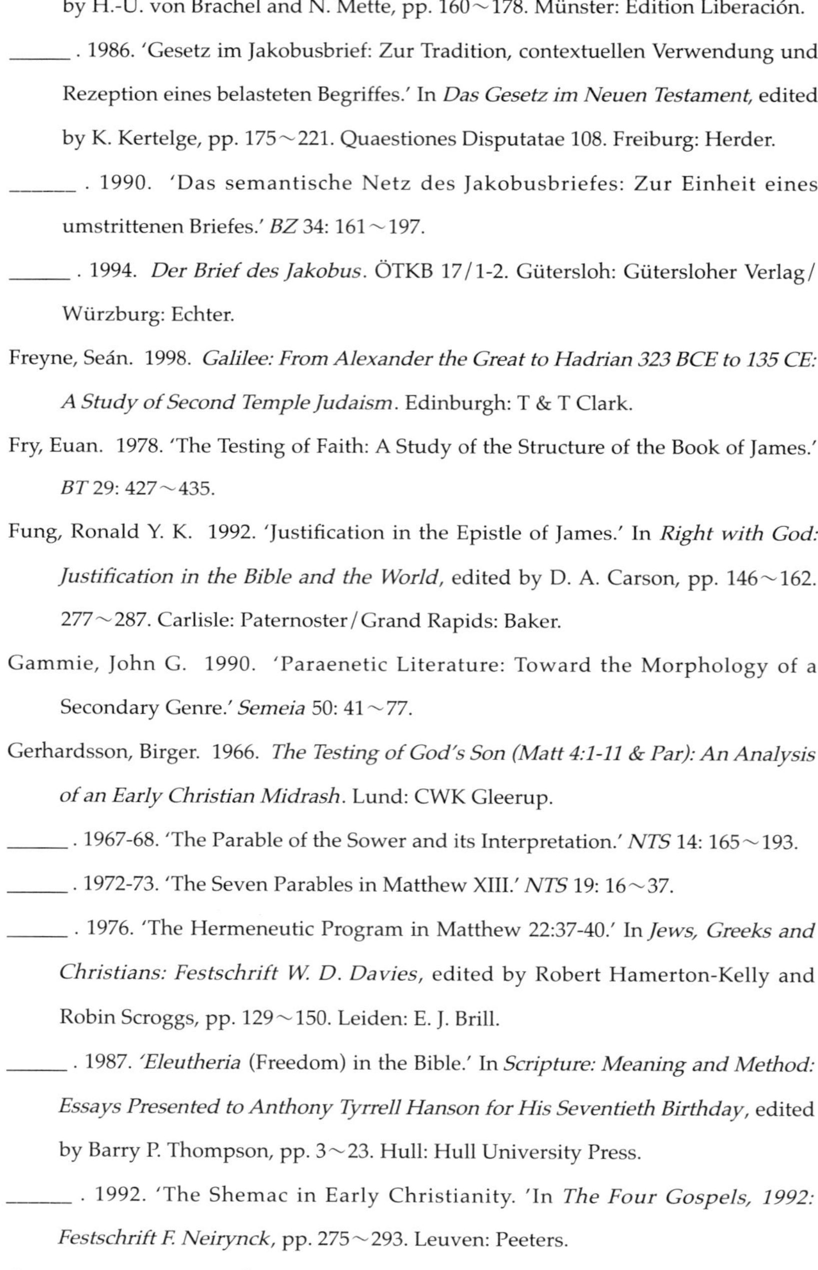

by H.-U. von Brachel and N. Mette, pp. 160～178. Münster: Edition Liberación.

______. 1986. 'Gesetz im Jakobusbrief: Zur Tradition, contextuellen Verwendung und Rezeption eines belasteten Begriffes.' In *Das Gesetz im Neuen Testament*, edited by K. Kertelge, pp. 175～221. Quaestiones Disputatae 108. Freiburg: Herder.

______. 1990. 'Das semantische Netz des Jakobusbriefes: Zur Einheit eines umstrittenen Briefes.' *BZ* 34: 161～197.

______. 1994. *Der Brief des Jakobus*. ÖTKB 17/1-2. Gütersloh: Gütersloher Verlag/ Würzburg: Echter.

Freyne, Seán. 1998. *Galilee: From Alexander the Great to Hadrian 323 BCE to 135 CE: A Study of Second Temple Judaism*. Edinburgh: T & T Clark.

Fry, Euan. 1978. 'The Testing of Faith: A Study of the Structure of the Book of James.' *BT* 29: 427～435.

Fung, Ronald Y. K. 1992. 'Justification in the Epistle of James.' In *Right with God: Justification in the Bible and the World*, edited by D. A. Carson, pp. 146～162. 277～287. Carlisle: Paternoster/Grand Rapids: Baker.

Gammie, John G. 1990. 'Paraenetic Literature: Toward the Morphology of a Secondary Genre.' *Semeia* 50: 41～77.

Gerhardsson, Birger. 1966. *The Testing of God's Son (Matt 4:1-11 & Par): An Analysis of an Early Christian Midrash*. Lund: CWK Gleerup.

______. 1967-68. 'The Parable of the Sower and its Interpretation.' *NTS* 14: 165～193.

______. 1972-73. 'The Seven Parables in Matthew XIII.' *NTS* 19: 16～37.

______. 1976. 'The Hermeneutic Program in Matthew 22:37-40.' In *Jews, Greeks and Christians: Festschrift W. D. Davies*, edited by Robert Hamerton-Kelly and Robin Scroggs, pp. 129～150. Leiden: E. J. Brill.

______. 1987. '*Eleutheria* (Freedom) in the Bible.' In *Scripture: Meaning and Method: Essays Presented to Anthony Tyrrell Hanson for His Seventieth Birthday*, edited by Barry P. Thompson, pp. 3～23. Hull: Hull University Press.

______. 1992. 'The Shemac in Early Christianity. 'In *The Four Gospels, 1992: Festschrift F. Neirynck*, pp. 275～293. Leuven: Peeters.

Gertner, M. 1964. 'Midrashic Terms and Techniques in the New Testament: The Epistle of James, a Midrash on a Psalm.' *SE 3* = TU 88: 463.

Geyser, A. S. 1975. 'The Letter of James and the Social Condition of His Addressees.' *Neot* 9: 25～33.

Gilbert, Maurice 1984 'Wisdom Literature.' In *Jewish Writings of the Second Temple Period*, edited by M. E. Stone, pp. 283～324. Philadelphia: Fortress / Assen: Van Gorcum.

Goppelt, Leonhard. 1982. *Theology of the New Testament*. Edited by Jürgen Roloff. Translated by John E. Alsup. 2 volumes. Grand Rapids: Eerdmans.

Gordon, R. P. 1975. 'και το τελος του κυριου εἰδετε (Jas.5.11).' *JTS* 26: 91～95.

Gowan, D. E. 1993. 'Wisdom and Endurance in James.' *HBT* 15: 145～153.

Gray, Patrick. 2004. 'Points and Lines: Thematic Parallelism between the Letter of James and the *Testament of Job*.' *NTS* 50: 406～424.

Green, J. Harold. 1993. *An Exegetical Summary of James*. Dallas: Summer Institute of Linguistics.

Green, Joel B. 1994. 'Good News to Whom? Jesus and the "Poor" in the Gospel of Luke.' In *Jesus of Nazareth: Lord and Christ: Essays on the Historical Jesus and New Testament Christology*, edited by Joel B. Green and Max Turner, pp. 59～74. Grand Rapids: Eerdmans/Carlisle: Paternoster.

______ . 2002. Review on 'Matt A. Jackson-McCabe, *Logos and Law in the Letter of James* (SNT 100; Leiden: Brill, 2001).' *RBL* 9.

Greeven, Heinrich. 1958. 'Jedes Gabe ist Gut, Jak. 1, 17.' *TZ* 14: 1～13.

Guthrie, Donald. 1990. *New Testament Introduction*. Revised edition. Leicester: IVP.

Guthrie, G. H. 1994. *The Structure of Hebrews: A Text Linguistic Analysis*. NovTSup 73. Leiden: E. J. Brill.

Hadidian, D. Y. 1952. 'Palestinian Pictures in the Epistle of James.' *ExpTim* 63: 227～228.

Hagner, Donald A. 1973. *The Use of the Old and New Testament in Clement of Rome*. NovTSup 34. Leiden: E. J. Brill.

Halpern-Amaru, Betsy. 1997. 'Exile and Return in Jubilees.' In *Exile: Old Testament, Jewish, and Christian Doctrines*, edited by James M. Scott, pp. 127～144. SJSJ 56.

Leiden: E. J. Brill.

Halson, B. R. 1968. 'The Epistle of James; "Christian Wisdom?" ' *SE* 4: 308～314 = TU 102.

Hanson, H. C. 1994. 'How Honorable! How Shameful! A Cultural Analysis of Matthew's Makarisms and Reproaches." *Semeia* 68: 81～111.

Harrington, Daniel J. 1996A. 'The *Râz Nihyeh* in a Qumran Wisdom Text.' *RevQ* 17: 550～553.

______. 1996B. *Wisdom Texts from Qumran*. London: Routledge.

______. 1997A. 'Ten Reasons Why the Qumran Wisdom Texts are Important.' *DSD* 4: 245～254.

______. 1997B. 'Two Early Jewish Approaches to Wisdom: Sirach and Qumran Sapiential Work A.' *JSP* 16: 25～38.

Hart George and Helen. 2001. *A Semantic and Structural Analysis of James*. Dallas: SIL Internatinal.

Hartin, Patrick J. 1989. 'James and the Q Sermon on the Mount/Plain.' *SBLSP* 28: 440～457.

______. 1991. *James and the Sayings of Jesus*. JSNTSup 47. Sheffield: JSOT Press.

______. 1993. ' "Come Now, You Rich, Weep and Wail..." (James 5:1-6).' *Journal of Theology for Southern Africa* 84: 57～63.

______. 1996. ' "Who is Wise and Understanding among You?"(James 3:13). An Analysis of Wisdom, Eschatology and Apocalypticism in the Epistle of James.' *SBLSP*: 483～503. Now abridged and reprinted in *Conflicted Boundaries in Wisdom and Apocalypticism*, edited by B. G. Wright III and L. M.Wills, 149～168. SBLSS 35. Atlanta: Society of Biblical Liteature, 2005.

______. 1999. *A Spirituality of Perfection: Faith in Action in the Letter of James*. Collegeville: Liturgical Press.

______. 2004. *James of Jerusalem: Heir to Jesus of Nazareth*. Interfaces. Collegeville: Liturgical Press.

Hartley, J. E. 1992. *Leviticus*. WBC 4. Dallas: Word.

Hengel, Martin. 1974. *Judaism and Hellenism: Studies in their Encounter in Palestine during the Early Hellenistic Period*. Translated by John Bowden. 2 Volumes. London: SCM / Philadelphia: Fortress.

______ . 1974, 79. *Earliest Christianity*. Translated by John Bowden. London: SCM Press.

______ . 1985. 'Jakobus der Herrenbruder - der erste "Papst". 'In *Glaube und Eschatologie: FS. W. G. Kümmel*, edited by Erich Gräßer and Otto Merk, pp. 71～104. Tübingen: J. C. B. Mohr (Paul Siebeck).

______ . 1987. 'Der Jakobusbrief als antipaulinische Polemik.' In *Tradition and Interpretation in the New Testament: Essays in Honor of E. E. Ellis*, edited by Gerald F. Hawthorne with Otto Betz, pp. 248～278. Grand Rapids: Eerdmans.

______ . 1989 *The 'Hellenization' of Judea in the First Century after Christ*. London: SCM.

Hiebert, D. Edmond. 1979. *The Epistle of James*. Chicago: Moody.

Hoffman, Lawrence A. (Ed.). 1997. *My People's Prayer Book: Traditional Prayers, Modern Commentaries*. Vol. 1: *The Sh'ma and its Blessings*. Vermont: Jewish Lights Publishing.

Hogan Maurice. 1998. 'The Law in the Epistle of James.' *SNTU* 22: 79～91.

Hollander, H. W. and M. de Jonge. 1985. *The Testaments of the Twelve Patriarchs: A Commentary*. SVTP 8. Leiden: E. J. Brill.

Hollenbach, Paul W. 1987. 'Defining Rich and Poor Using Social Sciences.' *SBLSP*: 50～63.

Hoppe, Rudolf. 1977. *Der theologische Hintergrund des Jakobusbriefes*. Forschung zur Bibel, no. 28. Würzburg: Echter.

Horsley, Richard A. 1993. *Jesus and the Spiral of Violence: Popular Jewish Resistance in Roman Palestine.* Minneapolis: Fortress.

Horst, Pieter W. van der. 1978A.'Pseudo-Phocylides and the New Testament.' *ZNW* 69: 202.

______ . 1978B. *The Sentences of Pseudo-Phocylides*. SVTP 4. Leiden: E. J. Brill.

Hort, F. J. A. 1909. *The Epistle of St James*. London: Macmillan.

Howard, J. Keir. 2001. *Disease and Healing in the New Testament: An Analysis and*

Interpretation. Lanham: University Press of America.

Hutchison Edgar, David. 2001. *Has God Not Chosen the Poor?: The Social Setting of the Epistle of James*. Sheffield: Sheffield Academic Press.

Instone-Brewer, David. 2004. 'James as a Sermon on the Trials of Abraham.' In *The New Testament in Its First Century Setting: Essays on Context and Background in Honour of B. W. Winter on His 65th Birthday*, edited by P. J. Williams, et al, pp. 250～268. Grand Rapids: Eerdmans.

Isaac, Marie E. 2002. *Reading Hebrews and James: A Literary and Theological Commentary*. Macon: Smyth & Helwys.

Jackson-McCabe, Matt A. 1996. 'A Letter to the Twelve Tribes in the Diaspora: Wisdom and "Apocalyptic" Eschatology in the Letter of James.' *SBLSP*: 504～517.

______. 2001. *Logos and Law in the Letter of James: The Law of Nature, The Law of Moses, and the Law of Freedom*. NovTSup. Leiden: E. J. Brill.

______. 2003. 'The Messiah Jesus in the Mythic World of James.' *JBL* 122: 701～730.

Jacobs, I. 1976. 'The Midrashic Background for James II.21-23.' *NTS* 22: 457～464.

Jenkins, C. R. 2003. 'Faith and Works in Paul and James." *BSac* 159: 62～78.

Jeremias, Joachim. 1954-55. 'Paul and James.' *ExpTim* 66: 368～371.

______. 1959. 'Jac. 4:5: ἐπιποθει.' *ZNW* 50: 137～138.

Johanson, B. C. 1973. 'The Definition of "Pure Religion" in James 1:27 Reconsidered.' *ExpTim* 84: 118～119.

Johnson, Luke Timothy. 1982. 'The Use of Leviticus 19 in the Letter of James.' *JBL* 101: 391～401.

______. 1983. 'James 3:13-4:10 and the *Topos* περι φθονου.' *NovT* 25: 327～347.

______. 1985. 'Friendship with the World/Friendship with God: A Study of Discipleship in James.' In *Discipleship in the New Testament*, edited by F. F. Segovia, pp. 166～183. Philadelphia: Fortress.

______. 1988. 'The Mirror of Rememberance (James 1:22-25).' *CBQ* 50: 632～645.

______. 1990.'Taciturnity and True Religion James 1:26-27.' In *Greeks, Romans and Christians*, edited by B. L. Balch, I. Ferguson,and W. A. Weeks, pp. 329～339.

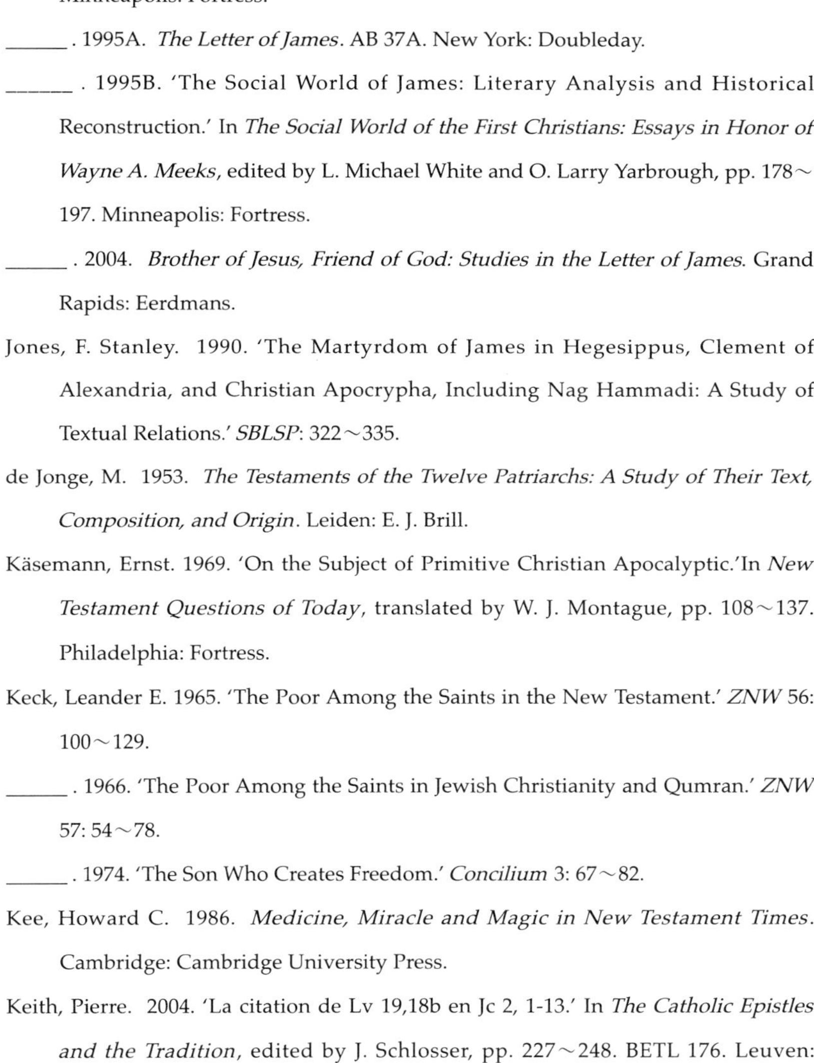

Minneapolis: Fortress.

______. 1995A. *The Letter of James*. AB 37A. New York: Doubleday.

______. 1995B. 'The Social World of James: Literary Analysis and Historical Reconstruction.' In *The Social World of the First Christians: Essays in Honor of Wayne A. Meeks*, edited by L. Michael White and O. Larry Yarbrough, pp. 178～197. Minneapolis: Fortress.

______. 2004. *Brother of Jesus, Friend of God: Studies in the Letter of James*. Grand Rapids: Eerdmans.

Jones, F. Stanley. 1990. 'The Martyrdom of James in Hegesippus, Clement of Alexandria, and Christian Apocrypha, Including Nag Hammadi: A Study of Textual Relations.' *SBLSP*: 322～335.

de Jonge, M. 1953. *The Testaments of the Twelve Patriarchs: A Study of Their Text, Composition, and Origin*. Leiden: E. J. Brill.

Käsemann, Ernst. 1969. 'On the Subject of Primitive Christian Apocalyptic.'In *New Testament Questions of Today*, translated by W. J. Montague, pp. 108～137. Philadelphia: Fortress.

Keck, Leander E. 1965. 'The Poor Among the Saints in the New Testament.' *ZNW* 56: 100～129.

______. 1966. 'The Poor Among the Saints in Jewish Christianity and Qumran.' *ZNW* 57: 54～78.

______. 1974. 'The Son Who Creates Freedom.' *Concilium* 3: 67～82.

Kee, Howard C. 1986. *Medicine, Miracle and Magic in New Testament Times*. Cambridge: Cambridge University Press.

Keith, Pierre. 2004. 'La citation de Lv 19,18b en Jc 2, 1-13.' In *The Catholic Epistles and the Tradition*, edited by J. Schlosser, pp. 227～248. BETL 176. Leuven: Leuven University Press.

Kelber, Werner H. 1985. 'From Aphorism to Sayings Gospel and from Parable to Narrative Gospel.' *Forum* 1: 23～30.

Kennedy, George. 1963. *The Art of Persuasion in Greece*. Princeton: Princeton University Press.

Kilpatrick, G. D. 1967. 'Übertreter des Gesetzes, Jak 2:11.' *TZ* 23: 433.

Kirk, J. A. 1969. 'The Meaning of Wisdom in James: Examination of a Hypothesis.' *NTS* 16: 24～38.

Kistemaker, Simon J. 1986. *Exposition of the Epistle of James and the Epistles of John*. New Testament Commentary. Grand Rapids: Baker.

Kittel, Gerhard. 1931. 'Die Stellung des Jakobus zu Judentum und Heidenschristentum.' *ZNW* 30: 145～157.

______. 1942. 'Der geschichtliche Ort des Jakobusbriefes.' *ZNW* 41: 71～105.

______. 1950. 'Der Jakobusbrief und die apostolischen Väter.' *ZNW* 43: 54～112.

Klein, Martin. 1995. *'Ein vollkommenes Werk': Vollkommenheit, Gesetz und Gericht als theologische Themen des Jakobusbriefes*. Beiträge zur Wissenschaft vom Alten und Neuen Testament; H.139=Folge 7, H.19. Stuttgart: W. Kohlhammer Druckerei GmbH.

Kloppenborg, John S. 1992. *Review of P. J. Hartin's James and the Q Sayings of Jesus. CBQ* 54: 567～568.

______. 2004. 'The Reception of the Jesus Tradition in James.' In *The Catholic Epistles and the Tradition*, edited by J. Schlosser, pp. 93～141. BETL 176. Leuven: Leuven University Press.

______. 2007. 'Diaspora Discourse: The Construction of Ethos in James.' *NTS* 53: 242～270.

Knowling, R. J. 1904. *The Epistle of St. James*. Westminster Commentaries. London: Methuen.

Knox, W. L. 1937. 'The Divine Wisdom.' *JTS* 38: 230～237.

Koch, K. 1969. *The Growth of the Biblical Tradition: The Form-Critical Method*. Translated by S. M. Cupitt. London: Adam & Charles Black.

Koester, Helmut. 1982. *Introduction to the New Testament.* Vol. 2: *History and Literature of Early Christianity*. Philadelphia: Fortress.

Konradt, Matthias. 1998. *Christliche Existenz nach dem Jakobusbrief: Eine Studie zu seiner soteriologischen und ethischen Konzeption*. SUNT 22. Göttingen: Vandenhoeck & Ruprecht.

______. 1999. 'Theologie in der "strohernen Epistel" : Ein Literaturbericht zu neueren Ansätzen in der Exegese des Jakobusbriefes.' *Verkündigung und Forschung* 44: 54～78.

______. 2004. 'Der Jakobusbrief im frühchristlichen Kontext. Überlegungen zum traditionsgeschichtlichen Verhältnis des Jakobusbriefes zur Jesusüberlieferung, zur paulinischen Tradition und zum 1. Petrusbrief. ' In *The Catholic Epistles and the Tradition*, edited by J. Schlosser pp. 171～212. BETL 176. Leuven: Leuven University Press.

Kuhn, K. G. 1952. 'Πειρασμός-ἁμαρτία-σάρξ im Neuen Testament und die damit Zusammenhangenden Vorstellungen.' *ZTK* 49: 200～222.

______. 1958. 'New Light on Temptation Sin and Flesh in the New Testament.' In *The Scrolls and the New Testament*, edited by K. Stendahl, pp. 54～64, 265～270. London: SCM Press.

Kümmel, Werner Georg. 1975. *Introduction to the New Testament*. Translated by Howard Clark Kee. 17th edition. London: SCM Press.

Laato, Timo. 1997. 'Justification According to James: A Comparison with Paul.' Translated by Mark A. Seifrid. *Trinity Journal* 18: 43～84.

Lapide, Pinchas. 1986. *The Sermon on the Mount: Utopia or Program for Action ?* Eugene: Wipf and Stock Publishers.

Laws, Sophie. 1973-74. 'Does Scripture Speak in Vain? A Reconsideration of James IV.5.' *NTS* 20: 210～215.

______. 1980. *A Commentary on the Epistle of James*. BNTC. London: A. & C. Black.

______. 1982. 'The Doctrinal Basis for the Ethics of James.' *SE* 7: 299～305.

Levine, B. A. 1989. *Leviticus*. JPS Torah. Philadelphia: Jewish Publication Society.

Lieberman, Saul. 1977. 'How Much Greek in Jewish Palestine?' In *Essays in Greco-Roman and Related Talumdic Literature*, edited by Henry A. Fischel, pp. 325～343. New York: KTAV.

Lightfoot, J. B. 1993. *St. Paul's Epistle to the Galatians*. Reprint, originally published in 1865. Peabody: Hendrickson.

Lightfoot J. B. and J. R. Harmer (Ed.) 1992. *The Apostolic Fathers: Greek Texts and*

English Translations of Their Writings. Edited and Revised by Michael W. Holmes. 2nd Edition. Grand Rapids: Baker.

Limberis, Vasiliki. 1997. 'The Provenance of the Caliphate Church: James 2.17-26 and Galatians 3 Reconsidered.' In *Early Christian Interpretation of the Scriptures of Israel: Investigations and Proposals*, edited by C. A. Evans and J. A. Sanders, pp. 397～420. JSNTSup 148. Sheffield: Sheffield Academic Press.

Lindemann, Andreas. 1979. *Paulus im ältesten Christentum: Das Bild des Apostels und die Rezeption der paulinischen Theologie in der frühchristlichen Literatur bis Marcion*. BHT 58. Tübingen: J. C. B. Mohr (Paul Siebeck).

Lips, H. von. 1990. *Weisheitliche Traditionen im Neuen Testament*. WMANT 64. Neukirchen-Vluyn: Neukirchener Verlag.

Llewelyn, S. R. 1997. 'The Prescript of James.' *NovT* 39: 385～393.

Lodge, J. G. 1981. 'James and Paul at Cross-purposes? James 2.22.' *Bib* 62: 195～213.

Lohse, Eduard. 1957. 'Glaube und Werke: Zur Theologie des Jakobusbriefs.' *ZNW* 48: 1～22.

______. 1991. *Theological Ethics of the New Testament*. Translated by M. Eugene Boring. Minneapolis: Fortress.

Longenecker, Richard N. 1970. *The Christology of Early Jewish Christianity*. London: SCM.

Luck, Ulrich. 1967. 'Weisheit und Leiden: Zum Problem Paulus und Jakobus.' *ThLZ* 92: 253～258.

______. 1971. 'Der Jakobusbrief und die Theologie des Paulus.' *ThGl* 61: 161～179.

______. 1984. 'Die Theologie des Jakobusbriefes.' *ZTK* 81: 1～30.

Lüdemann, Gerd. 1989. *Opposition to Paul in Jewish Christianity*. Translated by M. E. Boring. Minneapolis: Fortress.

Lund, Nils Wilhelm. 1942. *Chiasmus in the New Testament: A Study in the Form and Function of Chiastic Structures*. Reprint. Peabody: Hendrickson.

McKnight, Scot. 1990. 'James 2:18a the Unidentifiable Interlocutor.' *WTJ* 52: 355～364.

______. 1999. 'A Parting within the Way: Jesus and James on Israel and Purity.' In

James the Just & Christian Origins, edited by Bruce Chilton and Craig A. Evans, pp. 83～129. Leiden: E. J. Brill.

Magonet, Jonathan. 1983. 'The Structure and Meaning of Leviticus 19.' *HAR* 7: 151～167.

Malherbe, Abraham J. 1983. 'Exhortation in First Thessalonians.' *NovT* 25: 238～256.

______ . 1986 *Moral Exhortation: A Greco-Roman Sourcebook*. Library of Early Christianity 6. Philadelphia: Westminster.

Malina, Bruce J. and Jerome H. Neyrey. 1988. *Calling Jesus Names: The Social Value of Labels in Matthew*. Foundations and Facets: Social Facets. Sonoma: Polebridge.

Malina, Bruce J. and Chris Seeman. 1993. 'Envy.' In *Biblical Social Values and their Meaning: A Handbook*, edited by John J. Pilch and Bruce J. Malina, pp. 55～59. Peabody: Hendrickson.

March, W. E. 1974. 'Prophecy.' In *Old Testament Form Criticism*, edited by J. H. Hayes, pp. 141～177. San Antonio: Trinity University Press.

Marconi, G. 1988. 'La "sapienza" nell' esegesi di Gc 3,13-18.' *RivB* 36: 239～254.

Marcus, J. 1982. 'The Evil Inclination in the Epistle of James.' *CBQ* 44: 606～621.

______ . 2001. Review on 'Matt A. Jackson-McCabe, *Logos and Law in the Letter of James* (SNT 100; Leiden: Brill, 2001).' *CBQ* 64: 578～579.

Marmorstein, A. 1929. 'The Background of the Haggadah VI: Diatribe and Haggada [sic].' In *Essays in Greco-Roman and Related Talumdic Literature,* edited by Henry A. Fischel, pp. 48～69. New York: KTAV. Originally published in *Classical Philology* 24 (1929): 258～252.

Marshall, S. S. C. 1969. 'Διψυχος: A Local Term?' *SE* 6: 348～351 = TU 112 (1973).

Martin, Ralph P. 1988. *James*. WBC 48. Waco: Word.

Martin, Troy W. 1992. *Metaphor and Composition in 1 Peter*. SBLDS 131. Atlanta: Scholars Press.

Marucci, Corrado 1995. 'Das Gesetz der Freiheit im Jakobusbrief.' *ZKT* 117: 317～331.

______ . 2004. 'Sprachliche Merkmale des Jakobusbriefes.' In *The Catholic Epistles and the Tradition*, edited by J. Schlosser, pp. 263～272. BETL 176. Leuven: Leuven University Press.

Mason, Steve. 1992. *Josephus and the New Testament*. Peabody: Hendrickson.

Massebieau, L. 1895. 'L'Épître de Jacques est-elle l'oeuvre d'un Chrétien?' *RHR* 32: 249～283.

Maynard-Reid, Pedrito U. 1987. *Poverty and Wealth in James*. Maryknoll: Orbis Books.

Mayor, J. B. 1913. *The Epistle of St. James*. 3rd edition. Originally New York: Macmillan, 1913. Reprinted. Grand Rapids: Zondervan.

McCane, Byron R. 2003. *Roll Back the Stone: Death and Burial in the World of Jesus*. Harrisburg: Trinity Press International.

McLaren, James S. 2001. 'Ananus, James, Earliest Christianity. Josephus' Account of the Death of James.' *JTS* 52: 1～25.

Meier, John P. 1991. *A Marginal Jew: Rethinking the Historical Jesus*. Vol. 1. New York: Doubleday.

Metzger, Bruce M. 1975. *A Textual Commentary on the Greek New Testament*. Corrected Edition. Stuttgart: United Bible Societies.

Meyer, Arnold. 1930. *Das Rätsel des Jacobusbriefes*. BZNW 10. Giessen: Töpelmann.

Millar, C. J. S. 1971. 'The Primitive Christology in the Epistle of James.' Unpublished Ph.D. dissertation. Graduate Theological Union, Berkeley.

Milgrom, Jacob. 1991. *Leviticus 1-16: A New Translation and Commentary*. AnB 3. New York: Doubleday.

Mitchell, Margaret M. 1991. *Paul and the Rhetoric of Reconciliation: An Exegetical Investigation of the Language and Composition of 1 Corinthians*. Louisville: Westminster/John Knox Press.

Mitton, C. Leslie. 1966. *The Epistle of James*. London: Marshall, Morgan & Scott.

Mlakuzhyil, George. 1987. *The Christocentric Literary Structure of the Fourth Gospel*. AnBib 117. Rome: Pontifical Biblical Institute.

Moo, Douglas J. 1985. *James*. Tyndale New Testament Commentaries. Grand Rapids: Eerdmans.

______ . 2000. *Letter of James*. Pillar New Testament Commentary. Grand Rapids: Eerdmans.

Moore, George Foot. 1997. *Judaism: In the First Centuries of the Christian Era: The Age of Tannaim*. 2 volumes. Reprint. Peabody: Hendrickson.

Motyer, Alec. 1985. *The Message of James*. The Bible Speaks Today. Leicester: IVP.

Moule, C. F. D. 1959. *The Idiom Book of the New Testament Greek*. Cambridge: Cambridge University Press.

Murphy, Roland E. 1958. 'Yeser in the Qumran Literature.' *Bib* 39: 334～344.

______ . 1962. 'A Consideration of the Classification "Wisdom Psalms".' VTSup 9: 156～167.

Murphy-O'Connor, J. 2003. 'Where was James Buried?' *Bible Review* 19:34～42.

Mussner, Franz. 1970. 'Perfection.' *BEBT*: 2.658～667.

______ . 1981. *Der Jakobusbrief*. 4th edition. Freiburg: Herder.

Myllykoski, Matti. 2006. 'James the Just in History and Tradition: Perspectives of Past and Present Scholarship (Part I).' *CBR* 5:73～122.

Neirynck, F. 1991. 'Q^{Mt} and Q^{Lk} and the Reconstruction of Q.' In *Evangelica II*, edited by F. van Segbroeck, pp. 475～480. BETL 99. Leuven: Leuven University Press. Originally published in *ETL* 66 (1990): 385～390.

Neusner, Jacob. 1999. 'Vow-Taking, the Nazirites, and the Law: Does James' Advice to Paul Accord with Halakhah?' In *James the Just & Christian Origins*, edited by Bruce Chilton and Craig A. Evans, pp. 59～82. Leiden: E. J. Brill.

______ . 2005. 'Sin, Repentance, Atonement and Resurrection: The Perspective of Rabbinic Theology on the Views of James 1-2 and Paul in Romans 3-4.' In *The Mission of James, Peter, and Paul: Tensions in Early Christianity*, edited by Bruce Chilton and Craig Evans, pp. 409～434. Boston: E. J. Brill.

Nickelsburg, George W. E. 1972. *Resurrection, Immortality, and Eternal Life in Intertestamental Judaism*. Harvard Theological Studies 26. Cambridge: Harvard University / London: Oxford University Press.

______ . 1979. 'Riches, the Rich, and God's Judgment in 1 Enoch 92:105 and the Gospel according to Luke.' *NTS* 25: 324～344.

Nicol, W. 1975. 'Faith and Works in the Letter of James.' *Neot* 9: 7～24.

Niebuhr, Karl-Wilhelm. 1987. *Gesetz und Paränese: Katechismusartige Weisungsreihen in der frühjüdischen Literatur*. WUNT 2/28. Tübingen: J. C. B. Mohr (Paul Siebeck).

______ . 1998. 'Der Jakobusbrief im licht Frühjüdischer Diasporabriefe.' *NTS* 44: 420～443.

Ng-Law, Esther Yue. 2003. 'Father-God Language and OT Allusions in James.' *TynBul* 54: 41～54.

Noack, Bent. 1964. 'Jakobus wider die Reichen.' *ST* 18: 10～25.

Obermüller, Rudolf. 1972. 'Hermeneutische Themen im Jakobusbrief.' *Bib* 53: 234～244.

O'Boyle, M. 1985. 'The Stoic Paradox of James 2:10.' *NTS* 31: 611～617.

O'Leary, de Lacey. 1903-04.'Rabbinical Illustrations of the Epistle of James.' *ExpTim* 15: 334～335.

Overland, Paul. 2000. 'Did the Sage Draw from the Shema? A Study of Proverbs 3:1-12.' *CBQ* 62:424～440.

Painter, John. 2001. 'Who Was James? Footprints as a Means of Identification. ' In *The Brother of Jesus: James the Just and His Mission*, edited by Bruce Chilton and Jacob Neusner, pp. 10～65. Louisville: WJKP.

______ . 2004. *Just James: The Brother of Jesus in History and Tradition*. 2nd Edition. Columbia: University of South Carolina.

______ . 2005A. 'James and Peter: Models of Leadership and Mission.' In *The Mission of James, Peter, and Paul: Tensions in Early Christianity*, edited by Bruce Chilton and Craig Evans, pp. 143～209. Boston: E. J. Brill.

______ . 2005B. 'The Power of Words: Rhetoric in James and Paul.' In *The Mission of James, Peter, and Paul: Tensions in Early Christianity*, edited by Bruce Chilton and Craig Evans, pp. 235～273. Boston: E. J. Brill.

______ . 2006. 'James as the first Catholic Epistle.' *Interpretation* 60: 245～259.

Palmer, Earl F. 1997. *The Book that James Wrote*. Grand Rapids: Eerdmans.

Parunak, H. Van Dyke. 1981. 'Oral Typesetting: Some Uses of Biblical Structure.' *Bib*

62: 153～168.

______. 1983. 'Transitional Techniques in the Bible.' *JBL* 102: 525～548.

Pearson, Birger Albert. 1973. *The Pneumatikos-Psychikos Terminology in 1 Corinthians: A Study in the Theology of the Corinthian Opponents of Paul and Its Relation to Gnosticism*. SBLDS 12. Missoula: Scholars Press.

Penner, Todd C. 1996. *The Epistle of James and Eschatology: Re-reading an Ancient Christian Letter*. JSNTSup 121. Sheffield: Sheffield Academic Press.

______. 1999. 'The Epistle of James in Current Research.' *CR:BS* 7: 257～308.

Perdue, Leo G. 1981. 'Paraenesis and the Letter of James.' *ZNW* 72: 241～256.

______. 1986. 'The Wisdom Sayings of Jesus.' *Forum* 2: 3～35.

Perkins, Pheme 1995. *First and Second Peter, James, and Jude*. Interpretation. Louisville: John Knox Press.

Perrin N. and D. C. Duling 1982. *The New Testament: An Introduction*. New York: Harcourt, Brace, Jovanovich.

Peterson, David G. 1982. *Hebrews and Perfection: An Examination of the Concept of Perfection in the Epistle to the Hebrews*. SNTSMS 47. Cambridge: Cambridge University Press.

Pfeiffer, Ernst. 1850. 'Der Zusammenhang des Jakobusbriefes.' *TSK* 23: 163～180.

Pines, S. 1992. 'Notes on the Twelve Tribes in Qumran, Early Christianity and Jewish Tradition.' In *Messiah and Christos: Studies in the Jewish Origins of Christianity: Presented to David Flusser on the Occasion of His Seventy-Fifth Birthday*, edited by Ithamar Gruenwald, Shaul Shaked and Gedaliahu G. Stroumsa, pp. 151～154. TSAJ 32. Tübingen: J. C. B. Mohr (Paul Siebeck).

Piper, Ronald A. 1991. *Review of P. J. Hartin's James and the Q Sayings of Jesus. EvQ* 65: 84～86.

Poirier, John C. 2006. 'Symbols of Wisdom in James 1:17.' *JTS* 57:57～75.

Popkes, Wiard. 1986. *Adressaten, Situation und Form des Jakobusbriefes*. SBS 125/26. Stuttgart: Katholisches Bibelwerk.

______. 1992. 'New Testament Principles of Wholeness.' *EvQ* 64: 319～332.

______. 1994. 'The Law of Liberty (James 1:25; 2:12).' In *Festschrift Günter Wagner*, edited

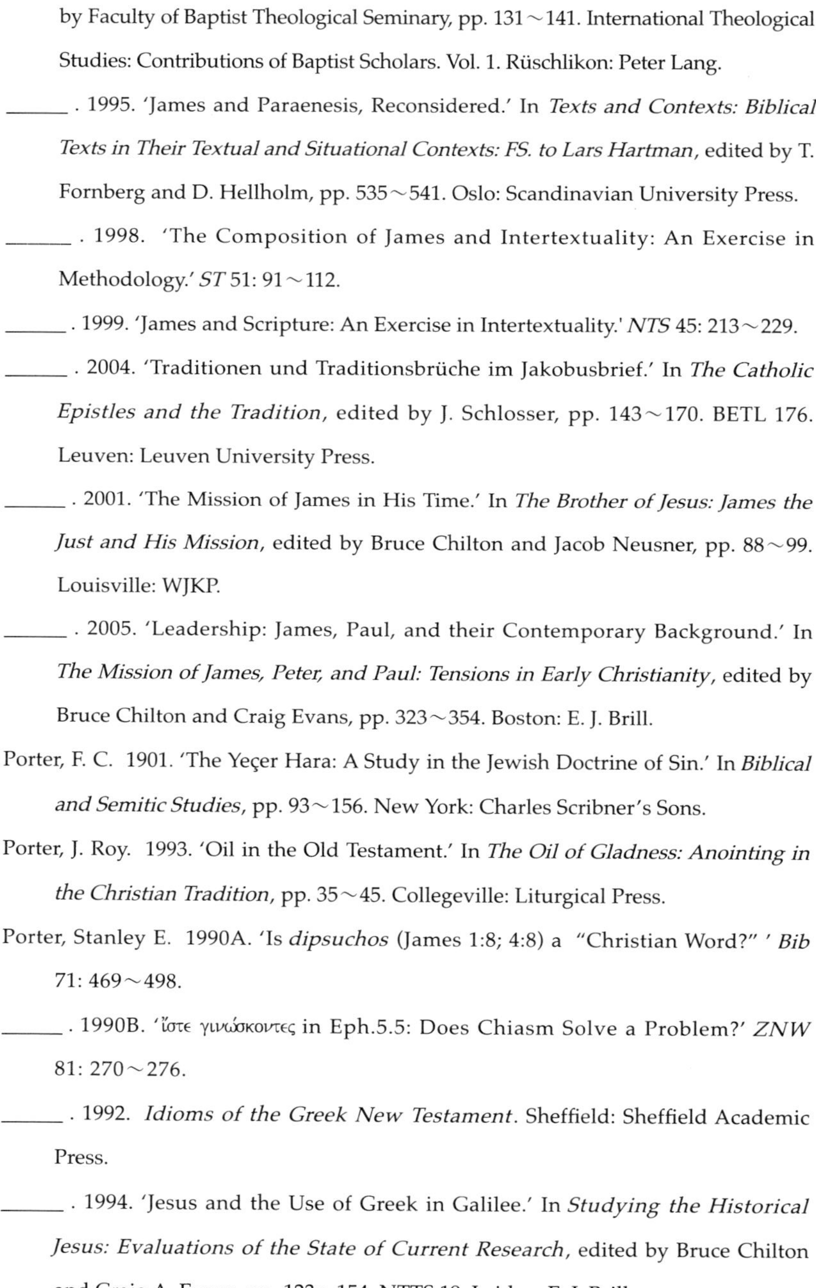

by Faculty of Baptist Theological Seminary, pp. 131～141. International Theological Studies: Contributions of Baptist Scholars. Vol. 1. Rüschlikon: Peter Lang.

______ . 1995. 'James and Paraenesis, Reconsidered.' In *Texts and Contexts: Biblical Texts in Their Textual and Situational Contexts: FS. to Lars Hartman*, edited by T. Fornberg and D. Hellholm, pp. 535～541. Oslo: Scandinavian University Press.

______ . 1998. 'The Composition of James and Intertextuality: An Exercise in Methodology.' *ST* 51: 91～112.

______ . 1999. 'James and Scripture: An Exercise in Intertextuality.' *NTS* 45: 213～229.

______ . 2004. 'Traditionen und Traditionsbrüche im Jakobusbrief.' In *The Catholic Epistles and the Tradition*, edited by J. Schlosser, pp. 143～170. BETL 176. Leuven: Leuven University Press.

______ . 2001. 'The Mission of James in His Time.' In *The Brother of Jesus: James the Just and His Mission*, edited by Bruce Chilton and Jacob Neusner, pp. 88～99. Louisville: WJKP.

______ . 2005. 'Leadership: James, Paul, and their Contemporary Background.' In *The Mission of James, Peter, and Paul: Tensions in Early Christianity*, edited by Bruce Chilton and Craig Evans, pp. 323～354. Boston: E. J. Brill.

Porter, F. C. 1901. 'The Yeçer Hara: A Study in the Jewish Doctrine of Sin.' In *Biblical and Semitic Studies*, pp. 93～156. New York: Charles Scribner's Sons.

Porter, J. Roy. 1993. 'Oil in the Old Testament.' In *The Oil of Gladness: Anointing in the Christian Tradition*, pp. 35～45. Collegeville: Liturgical Press.

Porter, Stanley E. 1990A. 'Is *dipsuchos* (James 1:8; 4:8) a "Christian Word?" ' *Bib* 71: 469～498.

______ . 1990B. 'ἴστε γινώσκοντες in Eph.5.5: Does Chiasm Solve a Problem?' *ZNW* 81: 270～276.

______ . 1992. *Idioms of the Greek New Testament*. Sheffield: Sheffield Academic Press.

______ . 1994. 'Jesus and the Use of Greek in Galilee.' In *Studying the Historical Jesus: Evaluations of the State of Current Research*, edited by Bruce Chilton and Craig A. Evans, pp. 123～154. NTTS 19. Leiden: E. J. Brill.

Powell, C. H. 1950. ' "Faith" in James and its Bearing on the Problem of the Date of the Epistle.' *ExpTim* 62: 311～314.

Prentice, W. K. 1951. 'James, the Brother of the Lord.' In *Studies in Roman Economic and Social History: FS. to A. C. Johnson*, edited by P. R. Coleman-Norton, pp. 144～151. Princeton: Princeton University Press.

Pretorius, E. A. C. 1994. 'Coherency in James: A Soteriological Intent?' *Neot* 28: 541～555.

Price, Robert M. 2001. 'Appendix: Eisenman's Gospel of James the Just: A Review." In *The Brother of Jesus: James the Just and His Mission*, edited by Bruce Chilton and Jacob Neusner, pp. 186～197. Louisville: WJKP.

Prockter, Lewis J. 1989. 'James 4:4-6 Midrash on Noah.' *NTS* 35: 625～627.

______ . 1997. 'Faith, Works, and the Christian Religion in James 2:14-26.' *EvQ* 69: 307～332.

Puech, Emile. 2003. 'James the Just, or Just James? The "James Ossuary" on Trial.' *Bulletin of the Anglo-Israel Archaeological Society* 21: 45～53.

Rajak, Tessa. 1983. *Josephus: The Historian and His Society*. Philadelphia: Fortress.

Reed, Jeffrey T. 1993. 'Using Ancient Rhetorical Categories.' In *Rhetoric and the New Testament: Essays from the 1992 Heidelberg Conference*, edited by Stanley E. Porter and Thomas H. Olbricht, pp. 292～324. JSNTSup 90. Sheffield: JSOT Press.

Reese, James M. 1982. 'The Exegete as Sage: Hearing the Message of James.' *BTB* 12: 82～85.

Reicke, Bo. 1964. *The Epistles of James, Peter and Jude*. AB 37. Garden City: Doubleday.

Rendall, Gerald H. 1927. *The Epistle of St. James and Judaic Christianity*. Cambridge: Cambridge University Press.

Reumann, John. 1999. 'Christology of James.' In *Who Do You Say That I Am*?, edited by Mark Allan Powell and David R. Bauer, pp. 128～139. Louisville: WJKP.

Richardson, Kurt A. 1997. *James*. NAC 36. Nashville: Broadman & Holman.

Riesner, Rainer. 1999. 'Synagogues in Jerusalem.' In *The Book of Acts in its First Century Setting*, vol.4: *Palestinian Setting*, edited by Richard Bauckham, pp. 179～211. Grand Rapids: Eerdmans.

Robbins, Vernon K. 1996. 'Making Christian Culture in the Epistle of James.' *Scriptura* 59: 341～351.

Roberts, David J. 1972. 'The Definition of "Pure Religion" in James 1:27.' *ExpTim* 83: 215～216.

Roberts, J. H. 1986. 'Pauline Transitions to the Letter Body.' *BETL* 73: 93～99.

______. 1986. 'Transitional Techniques to the Letter Body in the Corpus Paulinum.' In *A South African Perspective in the New Testament: Essays by South African New Testament Scholars Presented to Bruce Manning Metzger during his Visit to South Africa in 1985*, edited by J. H. Petzer and P. J. Hartin, pp. 187～201. Leiden: E. J. Brill.

Robertson, A. T. 1934. *A Grammar of the Greek New Testament in the Light of Historical Research*. Nashville: Broadman.

Ropes, James Hardy. 1916. *Epistle of St. James*. ICC. Edinburgh: T. & T. Clark.

Sawicki, Mariamne. 2005. 'Person or Practice? Judging in James and in Paul.' In *The Mission of James, Peter, and Paul: Tensions in Early Christianity*, edited by Bruce Chilton and Craig Evans, pp. 385～408. Boston: E. J. Brill.

Schiffman, Lawrence H. 1995. *Reclaiming the Dead Sea Scrolls: Their True Meaning for Judaism and Christianity*. ABRL. New York: Doubleday.

Schlatter, Adolf. 1956. *Der Brief des Jakobus*. Stuttgart: Calwer Verlag.

Schmitt, J. 1986. 'You Adulteresses: The Image in James 4:4.' *NovT* 28:327～337.

Schnabel, E. J. 1985. *Law and Wisdom from Ben Sira to Paul*. WUNT 2/16. Tübingen: J. C. B. Mohr (Paul Siebeck).

Schneider, Johannes. 1961. *Die Briefe des Jakobus, Petrus, Judas und Johannes*. NTD 10. Göttingen: Vandenhoeck & Ruprecht.

Schnider, von Franz. 1987. *Der Jakobusbrief*. Regensburg: Friedrich Puster.

Schnittjer, Gray Edward. 1999. 'Seeing the Reflection of the Torah: Reading Cycle Intertextuality and the Letter of James.' Paper presented to the ETS, Boston.

Schökel, L. Alonso. 1973. 'James 5,2 [*sic*] and 4, 6.' *Bib* 54: 73～76.

Schrage, Wolfgang. 1973. 'Der Jakobusbrief. ' In *Die Katholischen Briefe*, edited by H. Balz and W. Schrage. Göttingen: Vandenhoeck & Ruprecht.

______ . 1988. The *Ethics of the New Testament*. Translated by David E. Green. Edinburgh: T. & T. Clark.

Scott, Julius J. 1979. 'Non-Canonical References to James, the Relative of Jesus as Sources for a Study of Jewish Christianity.' A paper read at SBL, 1979. Available from 'http: // www.wheaton.edu / DistanceLearning / Jas-n-cn.htm.'

______ . 1980. 'James the Relative of Jesus and the Expectation of an Eschatological Priest.' *JETS* 25: 323～331.

______ . 1999. 'Commas and Christology of the Epistle of James.' Unpulished paper read at Evangelical Theological Society, National Meeting, Danvers, MA.

Scott, James M. 1995. 'Philo and the Restoration of Israel.' *SBLSP*: 553～575.

______ . 1997. 'Exile and the Self-Understanding of Diaspora Jews in the Greco-Roman Period. ' In *Exile: Old Testament, Jewish, and Christian Doctrines*, edited by James M. Scott, pp. 173～218. SJSJ 56. Leiden: E. J. Brill.

Seifrid, Mark A. 2000. 'The Waiting Church and Its Duty: James 5:13-20.' *Southern Baptist Journal of Theology* 4:32～39.

Seitz, Oscar J. F. 1944. 'The Relationship of the Shepherd of Hermas to the Epistle of James.' *JBL* 63: 131～140.

______ . 1947. 'Antecedents and Signification of the Term "*Dipsychos*". ' *JBL* 66: 213～223.

______ . 1957-58. 'Afterthoughts on the Term "*Dipsychos.*" ' *NTS* 4: 327～334.

______ . 1959. 'Two Spirits in Man: An Essay in Biblical Exegesis.' *NTS* 6: 82～95.

______ . 1964. 'James and the Laws.' *SE* 2=TU 87: 472～486.

Sevenster, J. N. 1968. *Do You Know Greek: How Much Greek Could the First Jewish Christians Have Known?* NovTSup 19. Leiden: E. J. Brill.

Shanks, Hershel and Ben Witherington. 2003. *The Brother of Jesus: The Dramatic Story and Meaning of the First Archaeological Link to Jesus and His Family*. New York: HarperSanFrancisco.

Shepherd, M. H. 1956. 'The Epistle of James and the Gospel of Matthew.' *JBL* 75: 40～51.

Sidebottom, E. M. 1967. *James, Jude and 2 Peter.* NCB. Grand Rapids: Eerdmans.

Sigal, Philip. 1981. 'The Halakhak of James. ' In *Intergermi Parietis Septum (Eph. 2:14): Essays Presented to Markus Barth*, edited by Dikran Y. Hadidian, pp. 337～354. Pittsburgh: Pickwick.

Skehan, Patrick W. and Alexander A. DiLella. 1987. The *Wisdom of Ben Sira*. AnBib 39. New York: Doubleday.

Sleeper, C. Freeman. 1998. *James.* Abingdon New Testament Commentaries. Nashville: Abingdon.

Sloyan, Gerhard. 1977. 'James.' In *Hebrews, James, 1 and 2 Peter, Jude, Revelation*, pp. 28～49. Proclamation Commentaries. Philadelphia: Fortress.

Snyman, A. H. 1991. 'Discourse Analysis: A Semantic Discourse Analysis of the Letter to Philemon.' In *Text and Interpretation: New Approaches in the Criticism of the NT*, edited by P. J. Hartin and J. H. Petzer, pp. 83～99. NTTS 15. Leiden: E. J. Brill.

Soards, Marion L. 1989. 'The Early Christian Interpretation of Abraham and the Place of James within that Context.' *IBS* 9: 18～26.

Spitta, F. 1896. *Der Brief des Jakobus*. Zur Geschichte und Literatur des UrChristentums 2. Göttingen: Vandenhoeck und Ruprecht.

Spitaler, Peter. 2007. 'Διακρίνεσθαι in Mt. 21:21, Mk. 11:23, Acts 10:20, Rom. 4:20, 14:23, Jas. 1:6, and Jude 22—the "Semantic Shift" That Went Unnoticed by Patristic Authors.' *NovT* 49: 1～39.

Spittler, R. P. 1983. 'Testament of Job.' *OTP*: 829～868.

Stählin, Gustav. 1974. 'Φίλος, κτλ.' *TDNT* 9.113～171.

Stauffer, E. 1952. 'Das "Gesetz der Freiheit" in der Ordensregel von Jericho.' *TLZ* 77: 528～532.

Stegner, William Richard. 1988.'The Ancient Jewish Synagogue Homily.' In *Greco-Roman Literature and the New Testament*, edited by David E. Aune, pp. 51～70. SBLSBS 21. Atlanta: Scholars Press.

Stevenson, J. B. 1924. 'St. James' Sermon Notes.' *ExpTim* 35: 44.

Stirewalt, Martin Luther. 1991. 'The Greek Letter-essay.' In *The Romans Debate*, edited by Karl P. Donfried, pp. 147～171. Revised and expanded edition. Peabody: Hendrickson.

______ . 1993. *Studies in Ancient Greek Epistolography*. SBLRBS 27. Atlanta: Scholars Press.

Stowers, Stanley K. 1981. *The Diatribe and Paul's Letter to the Romans*. SBLDS 57. Chico: Scholars Press.

______ . 1986. *Letter Writing in Greco-Roman Antiquity*. Library of Early Christianity 5. Philadelphia: Westminster.

______ . 1992. 'Diatribe.' *ABD* 2.190～193.

Stuart Cohen, G. H. 1984. *The Struggle in Man between Good and Evil: An Inquiry into the Origin of the Rabbinic Concept of Yeser Hara'*. Kampen: Uitgeversmaatschappij J. H. Kok.

Stulac, George M. 1990. 'Who are "the Rich" in James.' *Presbyterion* 16: 89～102.

Syreeni, Kari. 2002. 'James and the Pauline Legacy: Power Play in Corinth?' In *Fair Play: Diversity and Conflicts in Early Christianity, Essays in Honour of Heikki Räisänen*, edited by Ismo Dunderberg, Christopher Tuckett and Kari Syreeni, pp. 397～437. Leiden: E. J. Brill.

Tabor, James D. 2006. *The Jesus Dynasty: The Hidden History of Jesus, His Royal Family, and the Birth of Christianity*. New York: Simon & Schuster.

Tamez, Elsa. 2002. *The Scandalous Message of James: Faith without Works is Dead*. Translated by John Eagleson. New York: Crossroad.

Tasker, R. V. G. 1956. *The General Epistle of James*. TNTC. Grand Rapids: Eerdmans.

Taylor, Mark E. & Guthrie, George H. 2006. 'The Structure of James.' *CBQ* 68: 681～705.

Taylor, Mark E. 2004. 'Recent Scholarship on the Structure of James.' *CBR* 3: 86～115.

Terry, R. B. 1992. 'Some Aspects of the Discourse Structure of the Book of James.' *Journal of Translation and Textlinguistics* 5: 106～125.

Thomas J. C. 1993. 'The Devil, Disease and Deliverance: James 5.14-16.' *JPT* 2:25～50.

______ . 1998. *The Devil, Disease and Deliverance: Origins of Illness in New*

Testament Thought. JPTSup 13. Sheffield: Sheffield Academic Press.

Thompson, M. 1991. *Clothed with Christ: The Example and Teaching of Jesus in Romans 12.1-15.13*. JSNTSup 59. Sheffield: JSOT Press.

Thurén, Lauri. 1995. 'Risky Rhetoric in James?' *NovT* 37: 262～284.

Thyen, Hartwig. 1955. *Der Stil der jüdisch-hellenistischen Homilie*. FRLANT N.F. 47. Göttingen: Vandenhoeck & Ruprecht.

Tiller, Patrick A. 1998. 'The Rich and Poor in James: An Apocalyptic Proclamation.' *SBLSP* 2: 909～920. Now reprinted in *Conflicted Boundaries in Wisdom and Apocalypticism*, edited by B. G. Wright III and L. M. Wills, pp.169～179. SBLSS 35. Atlanta: Society of Biblical Literature, 2005.

Tollefson, Kenneth D. 1997. 'The Epistle of James as Dialectical Discourse.' *BTB*:62～69.

Townsend, Michael J. 1975. 'James 4:1-14: A Warning Against Zealots?' *ExpTim* 87: 211～213.

______. 1981. 'Christ, Community and Salvation in the Epistle of James.' *EvQ* 53: 115～123.

______. 1994. *The Epistle of James*. Epworth Commentaries. London: Epworth.

Tsuji, Manabu von. 1997. *Glaube zwischen Vollkommenbeit and Verweltlichung: eine Untersuchung zur literarischen Gestalt und zur inhaltlichen Kohärenz des Jakobusbriefes*. WUNT 2/93. Tübingen: J. C. B. Mohr (Paul Siebeck).

Turner, Nigel. *Grammatical Insights into the New Testament*. Edinburgh: T. & T. Clark.

______. 1976. *Style. A Grammar of New Testament Greek*. Edited by J. H. Moulton. Vol 4. Edinburgh: T. & T. Clark.

Unnik, W. C. van. 1983. ' "Diaspora" and "Church" in the First Centuries of Christian History.' In *Sparsa Collecta*, part 3, pp. 95～105. NovTSup 31. Leiden: E. J. Brill.

______. 1993. *Das Selbstverständnis der jüdischen Diaspora in der hellenistisch-römischen Zeit*. AGAJU 17. Leiden: E. J. Brill.

Urbach, E. E. 1975. *The Sages—Their Concepts and Beliefs*. 2 Volumes. Jerusalem: Magnes Press.

VanderKam, James C. 1997. 'Exile in Jewish Apocalyptic Literature.' In *Exile: Old Testament, Jewish, and Christian Doctrines*, edited by James M. Scott, pp. 89～125. SJSJ 56. Leiden: E. J. Brill.

Van de Sandt, H. 2007. 'James 4, 1-4 in the Light of the Jewish Two Ways Tradition 3, 1-6.' *Bib* 88:38～63.

Vermes, Geza. 1995. *The Dead Sea Scrolls in English*. London: Penguin Books.

Verseput, Donald J. 1997A. 'James 1:17 and the Jewish Morning Prayers.' *NovT* 39: 177～191.

______ . 1997B. 'Reworking the Puzzle of Faith and Deeds in James 2:14-26.' *NTS* 43: 97～115.

______ . 1998. 'Wisdom, 4Q185, and James.' *JBL* 17: 691～707.

______ . 2000. 'Genre and Story: The Community Setting of the Epistle of James.' *CBQ* 117: 96～111.

______ . 2001. 'Plutarch of Chaeronea and the Epistle of James on Communal Behavior.' *NTS* 47: 502～518.

Via, Dan Otto. 1969. 'The Right Strawy Epistle Reconsidered: A Study in Biblical Ethics and Hermeneutic.' *JR* 49: 253～267.

______ . 1990. *Self-Deception and Wholeness in Paul and Matthew*. Minneapolis: Fortress.

Viviano, Benedict Thomas. 2004. 'La Loi parfaite de liberté. Jacques 1, 25 et la Loi.' In *The Catholic Epistles and the Tradition*, edited by J. Schlosser, pp. 213～226. BETL 176. Leuven: Leuven University Press.

Vögtle, A. 1936. *Die Tugend- und Lasterkataloge im Neuen Testament* Neutestamentliche Abhandlungen 16. Münster: Aschendorff.

Vouga, François. 1984. *L'Épître de Saint Jacques. Commentaire du Nouveau Testament* XIIIa. Genève: Labor et Fides.

Wachob, Westley Hiram. 2000. *The Voice of Jesus in the Social Rhetoric of James*. SNTSMS 106. Cambridge: Cambridge University Press.

______ . 'The Apocalyptic Intertexture of the Epistle of James.' In *The Intertexture of Apocalyptic Discourse in the New Testament*, edited by D. F. Watson, pp. 165～

185. SBLSS 14. Atlanta: Society of Biblical Literature.

Wachob, Westley Hiram and Luke T. Johnson. 1999. 'The Sayings of Jesus in the Letter of James. ' In *Authenticating the Words of Jesus*, edited by B. Chilton and C. A. Evans, pp. 430～450. Leiden: E. J. Brill.

Wall, Robert W. 1990. 'James as Apocalyptic Paraenesis,' *ResQ* 32: 11～22.

______ . 1995. 'Reading the New Testament in Canonical Context.' In *Hearing the New Testament: Strategies for Interpretation*, edited by Joel B. Green, pp. 370～393. Grand Rapids: Eerdmans.

______ . 1997. *Community of the Wise: The Letter of James*. The New Testament in Context. Valley Forge: Trinity Press International.

______ . 2001. 'The Intertexuality of Scripture: The Example of Rahab (James 2:25).' In *The Bible at Qumran: Text, Shape, and Interpretation*, edited by Peter W. Flint, pp. 217～236. Studies in the Dead Sea Scrolls and Related Literature. Grand Rapids: Eerdmans.

Wall, Robert W. and Eugene E. Lemcio. 1992. 'James and Paul in Pre-canonical Context.' In their *The New Testament as Canon: A Reader in Canonical Criticism*, pp. 250～271. JSNTSup 76. Sheffield: Sheffield Academic Press.

Wallace, Daniel B. 1996. *Greek Grammar beyond the Basics: An Exegetical Syntax of the New Testament*. Grand Rapids: Zondervan.

Walter, T. Wilson. 2001. 'Turning Words: James 4:7-10 and the Rhetoric of Repentance.' In *Antiquity and Humanity: Essays on Ancient Religion and Philosophy, Presented to Hans Dieter Betz on His 70th Birthday*, edited by Adela Yarbro Collins and Margaret M. Mitchell, pp. 357～382. Tübingen: Mohr Siebeck.

Walters, J. R. 1995. *Perfection in New Testament Theology*. Lampeter: Mellen Biblical Press.

Wanke Joachim. 1978. 'Die urchristlichen Lehrer nach dem Zeugnis des Jakobusbriefes.' In *Die Kirche des Anfangs, für Heinz Schürmann*, edited by R. Schnackenburg, Josef Ernst, and Joachim Wanke, pp. 489～512. Freiburg: Herder.

Ward, Roy Bowen. 1963. 'James and Paul: Critical Review.' *ResQ* 7: 159～164.

______ . 1966. 'The Communal Concern of the Epistle of James.' Unpublished Ph.D. thesis. Harvard University.

______ . 1968. 'The Works of Abraham: James 2:14-26.' *HTR* 61: 283～290.

______ . 1969. 'Partiality in the Assembly: James 2:2-4.' *HTR* 62: 87～97.

______ . 1973. 'James of Jerusalem.' *ResQ* 16: 175～190.

______ . 1976. 'Abraham Traditions in Early Christianity." In *Studies on the Testament of Abraham*, edited by G. W. E. Nickelsburg, pp. 173～184. SCS, 6. Missoula: Scholars Press.

______ . 1992. 'James of Jerusalem in the First Two Centuries.' *ANRW* II 26.1: 779～812.

Warden, Duane. 2000. 'The Rich and Poor in James: Implications for Institutionalized Partiality.' *JETS* 43: 247～257.

Warrington, Keith. 2004. 'Healing Here and Now: James 14-18.' *International Review of Mission* 93: 346～367.

Watson, Duane F. 1993A. 'James 2 in Light of Greco-Roman Schemes of Argumentation.' *NTS* 39: 94～121.

______ . 1993B. 'The Rhetoric of James 3:1-12 and a Classical Pattern of Argumentation.' *NovT* 35: 48～64.

______ . 1995. *Review of Timothy B. Cargal's Restoring the Diaspora: Discursive Structure and Purpose in the Epistle of James, JBL* 114: 348～351.

Weber, K. 1996. 'Wisdom: False and True (Sir. 19:20-30).' *Bib* 77: 330～348.

Wengst, Klaus. 1988. *Humility: Solidarity of the Humiliated-The Transformation of an Attitude and its Social Relevance in Graeco-Roman, Old Testament-Jewish and Early Christian Tradition*. Translated by John Bowden. London: SCM Press.

Wernberg-Møller, P. 1961-162. 'A Reconsideration of the Two Spirits in the Rule of the Community (1QS III, 13-IV, 26).' *RevQ* 3: 413～441.

Wessel, W. W. 1953. 'An Inquiry into the Origin, Literary Character, Historical and Religious Significance of the Epistle of James.' Unpublished Ph.D. thesis. University of Edinburgh.

Westermann, Claus. 1967. *Basic Forms of Prophetic Speech*. Translated by H. C.

White. London: Lutterworth.

White, John L. 1986. *Light from Ancient Letters*. Foundations and Facets. Philadelphia: Fortress.

______ . 1984. 'New Testament Epistolary Literature in the Framework of Ancient Epistolography.' *ANRW* II 25.2: 1730～1756.

White, L. 1986. 'Grid and Group in Matthew's Community: The Righteousness/Honor Code in the Sermon on the Mount.' *Semeia* 35: 61～90.

Wibbing, S. 1959. *Die Tugend- und Lasterkataloge im Neuen Testament*. BZNW 25. Berlin: Verlag Alfred Töpelmann, 1959.

Wifstrand, Albert. 1948. 'Stylistic Problems in the Epistle of James and Peter.' *ST* 1: 170～182.

Wilckens, Ulrich. 1968. 'Σοφία, κτλ.' *TDNT* 7.465～76, 496～528.

Wilkin, Robert N. 2002. 'Another Views of Faith and Works in James 2.' *Journal of the Grace Evangelical Society* 15:3～21.

Williams, James G. 1981. *Those Who Ponder Proverbs: Aphoristic Thinking and Biblical Literature*. Biblical and Literature Series 2. Sheffield: Almond Press.

Wills, Lawrence. 1984. 'The Form of the Sermon in Hellenistic Judaism and Early Christianity.' *HTR* 77: 277～299.

Wilson, W. T. 2002. 'Sin as Sex and Sex with Sin: The Anthropology of James 1:12-15." *HTR* 95:147～168.

Windisch, Hans and Herbert Preisker. 1951. *Die Katholischen Briefe*. HNT 15. Tübingen: J. C. B. Mohr (Paul Siebeck)

Witherington III, Ben. 1994. *Jesus the Sage: The Pilgrimage of Wisdom*. Edinburgh: T. & T. Clark / Minneapolis: Fortress.

Wolfson, Harry Austryn. 1948. *Philo. Foundations of Religious Philosophy in Judaism, Christianity, and Islam*. 2 volumes. Cambridge: Harvard University Press.

Wolmarans, J. L. P. 1992. 'The Tongue Guiding the Body: The Anthropological Presuppositions of James 3:1-12.' *Neot* 26: 523～530.

______ . 1994. 'Male and Female Sexual Imagery: James 1:14-15, 18.' *Acta Patristica et*

Byzantina 5:134～141.

Wolverton, Wallace J. 1956. 'The Double-Minded Man in the Light of Essene Psychology.' *ATR* 38: 166～175.

Wuellner, Wilhelm. 1978. 'Der Jakobusbrief im Licht der Rhetorik und Textpragmatik.' *LB* 43: 5～66.

Yates, Jonathan P. 2004.'The Reception of the Epistle of James in the Latin West. Did Athanasius Play a Role?' In *The Catholic Epistles and the Tradition*, edited by J. Schlosser, pp. 273～288. BETL 176. Leuven: Leuven University Press.

Young, Richard A. 1994. *Intermediate New Testament Greek: A Linguistic and Exegetical Approach*. Nashville: Broadman & Holman.

York, John O. 1991. *The Last Shall Be the First: The Rhetoric of Reversal in Luke*. JSNTSup 46. Sheffield: JSOT Press.

Young, Franklin. 1948. 'The Relation of 1 Clement to the Epistle of James.' *JBL* 67: 339～345.

Zerwick, Maximilian. 1963. *Biblical Greek*. Rome: Pontifical Biblical Institute.

______ . 1988. *A Grammatical Analysis of the Greek New Testament*. Translated, revised and adapted by Mary Grosvenor. Rome: Editrice Pontificial Biblical Institute.

Zmijewski, Josefh. 1980. 'Christiche "Vollkommenheit": Erwägungen zur Theologie des Jakobusbriefs.' *SNTU* 5: 50～78.

中文書目

李保羅。2005。《雅各書：聖經結構式註釋》。香港：漢語聖經協會。

張略。2001。〈抗衡文化的智慧——雅各書『兩面派』的觀念〉，頁141～162，載《生命的學問：中國神學研究院銀禧院慶文集》，余達心編。香港：中國神學研究院。

______ 。2003A。〈普通書信〉，頁201～219，載《聖經研究導引》，周永健編。香港：中國神學研究院。

______ 。2003B。〈完美與完美主義〉。《中神院訊》9至10月: 2。

______。2005。〈雅各書：使人完全的智慧〉。《山道期刊》8: 45～55。

梁康民。1995。《雅各書》。天道聖經註釋。香港：天道書樓。

麥啟新。2006。〈雅各是在回應保羅嗎？〉。《讀經與譯經》，頁3～4。摘錄自漢語聖經協會（尚未出版）《新約文學釋經範本：馬可福音、腓立比書、雅各書》。

馮蔭坤。1989。〈雅各書中的『稱義』〉。《中國神學研究院期刊》7: 50～90。

黃錫木、孫寶玲、張略著。2002。《新約歷史與宗教文化導論》。聖經導論叢書。香港：基道出版社。

賴若瀚。2002。《永活的信仰——雅各書詮釋》。香港：天道出版社。